Bolsillo

s

España, tres milenios de historia

Antonio Domínguez Ortiz

España, tres milenios de historia

Prólogo de
John Elliott
a la 2.ª edición

Marcial Pons Historia
2007

Primera edición, diciembre de 2000
Primera reimpresión, febrero de 2001
Segunda reimpresión, marzo de 2001
Tercera reimpresión, marzo de 2001
Cuarta reimpresión, abril de 2001
Quinta reimpresión, mayo de 2001
Sexta reimpresión, septiembre de 2001
Séptima reimpresión, febrero de 2003
Octava reimpresión, julio de 2003
Segunda edición, mayo de 2004
Primera reimpresión, febrero de 2005
Segunda reimpresión, mayo de 2005
Primera edición en bolsillo, mayo de 2007
Primera reimpresión en bolsillo, diciembre de 2010

San Sotero, 6 - 28037 MADRID
☎ 91 304 33 03
ISBN-13: 978-84-96467-51-4
Depósito legal: M. 47.166-2010
Diseño de cubierta: Manuel Estrada. Diseño gráfico
Impresión: Closas-Orcoyen, S. L.
Polígona Igarsa. Paracuellos de Jarama (Madrid)
MADRID, 2007

Índice

Prólogo a la segunda edición

Universalmente llorado por sus compañeros y por un amplio círculo de amigos y admiradores, tanto dentro como fuera de España, don Antonio Domínguez Ortiz murió el 21 de enero de 2003 a los noventa y tres años. Su vida se prolongó lo bastante para permitirle ver y disfrutar, a su manera característicamente modesta, del extraordinario éxito de su libro, España, tres milenios de historia, *publicado con excelentes críticas algo más dos años antes. En marzo de 2001, poco después de dicha publicación, me escribió para solicitar mi opinión sobre el libro, del cual me enviaba amablemente un ejemplar. «Probablemente», decía, «será mi última obra importante, pues a mi edad ya sólo podré acometer áreas secundarias para cumplir con compromisos pendientes. Mi curiosidad por todo lo que ocurre en este pícaro mundo sigue viva pero ya no tengo la misma capacidad de trabajo, mi corazón está cansado y ya viajo poco». A continuación miraba hacia el futuro, comentando en primer lugar la cercanía de lo que prometía ser una buena primavera tras las lluvias torrenciales del invierno. «El campo estará precioso y las sierras llenas de nieve». La carta proseguía así: «Estará recibiendo también los innumerables volúmenes generados por la actividad de la Sociedad Estatal para los cen-*

tenarios de Carlos V y Felipe II. Y ya se acentúan los preparativos para celebrar el de Isabel la Católica, ¡que será interesante y controvertido! Seguro que me pedirán colaboración, aunque no sé si podré hacer algo. No sé mucho de aquel reinado».

Era una carta espléndidamente característica, escrita, como siempre, en una máquina que, al parecer, carecía de acentos. Las referencias personales típicamente desapasionadas y sin un ápice de auto-compasión; el repentino vislumbre, como por una ventana, de la primavera granadina, dibujada por un hombre que, si bien rodeado de libros, no perdió nunca sensibilidad para la belleza natural y las cosas sencillas de la vida; el comentario irónico sobre los «innumerables» volúmenes conmemorativos, en los que él tan generosamente había colaborado, junto a la perspectiva de nuevas conmemoraciones y nuevas exigencias de tiempo y dedicación; y su modesta protesta de no tener un conocimiento profundo del reinado de Isabel la Católica: todo ello evoca a la perfección el talante y personalidad de uno de los mejores historiadores que ha vivido y trabajado en la España del siglo XX.

Quizá la clave de su vida de historiador resida, no obstante, en las sencillas palabras: «Mi curiosidad por todo lo que ocurre en este pícaro mundo sigue viva». Era ésta una curiosidad que le acompañó siempre, y le mantuvo activo, trabajando y escribiendo casi hasta el día de su muerte. Acaso su corazón estuviera cansado, pero hasta el final conservó la claridad de pensamiento y la determinación de cumplir al máximo sus obligaciones como historiador, comunicando a otros los frutos de esa insaciable curiosidad que le llevaba a pasar, año tras año, muchas y solitarias horas en bibliotecas y archivos.

Mi primer recuerdo de don Antonio, que se remonta a 1954 o 1955, es de verle sentado en una de las mesas para investigadores del Archivo General de Simancas, revisando sistemáticamente el legajo de documentos que tenía delante, y anotando cuidadosamente los datos de interés en innumerables fichas. Todos sus actos, como su conversación, eran mesurados y pausados. Las fichas archivísticas que pacientemente acumuló a lo largo de los años representaban un inmenso depósito de información nueva, un arsenal al que recurrir para los reveladores ejemplos y los asombrosos detalles ilustrativos que daban frescura y novedad incluso a un artículo menor o una conferencia sobre un tema histórico muy manido.

Su producción histórica es prodigiosa: casi cuarenta libros y unos cuatrocientos artículos en el transcurso de una vida larga e inmensamente productiva [1]. *Sin embargo, su primer libro, y uno de los más atractivos,* Orto y ocaso de Sevilla, *no se publicó hasta 1946 cuando Domínguez Ortiz tenía ya treinta y cinco años. Antes tuvo que aprender el oficio de historiador. Hijo de un tallista, era artesano por naturaleza, pese a constatar —tras cuatro años juveniles trabajando en el taller de su padre, en su ciudad natal de Sevilla— que la talla de imágenes religiosas no era lo suyo. Pero este legado artesanal se volcó en su quehacer, y halló expresión en la paciente estructuración de su material documental y en la claridad y orden con que iba presentando sus argumentos y desarrollando sus temas.*

Una vez dominado el oficio, Domínguez Ortiz produjo un venero continuo de trabajos que han enriquecido, han dado profundidad y han transformado nuestro conocimiento y comprensión de la historia de la España moderna. Domínguez Ortiz renovó la historia social española con sus densos volúmenes sobre La sociedad española en el siglo XVII *(1963-1973) y* Sociedad y Estado en el siglo XVIII español *(1976), y con sus estudios sobre las minorías marginadas de conversos y los moriscos* [2]. *Su* Política y hacienda de Felipe IV *(1960) fue una innovadora interpretación de un período crítico de la historia hacendística española, basado en su extenso trabajo en el archivo de Simancas. Exploró las consecuencias sociales y políticas de las medidas fiscales de la Corona en su precursor librito,* Alteraciones andaluzas *(1973), e iluminó con luz clara la historia de su amada Andalucía en una serie continua de libros y artículos a todo lo largo de su vida activa.*

Gran parte de esta enorme producción, especialmente en sus primeros años, era obra de un historiador que trabajaba en un relativo aislamiento, por elección y por circunstancia. No pertenecía a ninguna escuela histórica pero se mantenía al día de los títulos publicados, extranjeros y nacionales, y se quedó con lo que prefería de los diversos movimientos historiográficos de su tiempo, sin

---

[1] Véase la bibliografía de Antonio Luis Cortés Peña, actualizada hasta el 2003, y publicada en *Historia social,* núm. 47 (2003), pp. 131-156. Todo este número de la revista está dedicado a «Domínguez Ortiz y la historia social de la España moderna», y contiene valiosos ensayos sobre diferentes aspectos de su contribución al replanteamiento de la historia social de la España moderna.

[2] *La clase social de los conversos en Castilla,* en la Edad Moderna, Madrid, CSIC, 1955; *Los judeoconversos en España y América,* Madrid, Istmo, 1971; *Historia de los moriscos. Vida y tragedia de una minoría* (en colaboración con Bernard Vicent), Madrid, Revista de Occidente, 1978.

dejar jamás que influyeran en él de manera excesiva. Por temperamento, Domínguez Ortiz era un historiador empírico que atendía primero a los documentos y construía su trabajo en torno a ellos, aplicándoles su formidable inteligencia histórica y una fuerte dosis de sentido común. Esta independencia de pensamiento, que contribuyó a hacerle tan excelente historiador, tuvo sus efectos en su carrera profesional. Hombre de integridad absoluta, no tenía ninguna afiliación ideológica, nunca se plegó a los vientos políticos y nunca obtuvo la cátedra de universidad que parecería justa recompensa a la calidad y cantidad de sus publicaciones.

Pero como catedrático de una serie de institutos de enseñanza media, finalizando en el Instituto Beatriz Galindo de Madrid, del cual se jubiló en 1979, desarrolló el arte de la exposición clara y paciente, que tanto provecho produjo en su obra escrita. Quizá sus propias experiencias en los difíciles primeros años en la enseñanza, antes de que le llegara el reconocimiento nacional e internacional, sirvieran también para hacerle un hombre extraordinariamente generoso cuando la gente recurría a él en busca de ayuda. Sin estudiantes propios de doctorado, escuchaba pacientemente a jóvenes historiadores en busca de orientación en el comienzo de sus carreras, y siempre estaba dispuesto a darles información extraída de su vasto fondo de materiales de archivo. En la primera carta que recibí de él, escrita en Granada en 1955, me decía: «Le veo a Vd. algo desanimado y con ganas de marcharse de Madrid; tal vez el ambiente catalán le resulte más acogedor; pero en Madrid hay también muchísimo material, sobre todo en la sección de Consejos del AHN», y pasaba a ofrecerme algunas referencias útiles. Sin duda habrá otros innumerables historiadores a quienes diera aliento y consejo similares.

Esta buena disposición a compartir generosamente sus conocimientos con los demás, sin hacer jamás alarde de ellos, era totalmente típica del hombre. El éxito, cuando le llegó —su elección en 1974 para la Real Academia de la Historia y como Miembro Correspondiente de la British Academy, seguida de una profusión de honores y distinciones, entre ellos el premio Príncipe de Asturias de Ciencias Sociales en 1982— le dejó aparentemente inalterado, aunque acaso aumentara su confianza en seguir su propia senda. Siguió siendo tan modesto como siempre; su discernimiento siguió siendo, también como siempre, un modelo de agudeza y ponderación. Ante todo, no perdió nunca la vocación de explicar e interpretar la historia de su país natal en modos que la hicieran accesible al lector profano.

Dicha vocación encontró expresión en libros de texto, en obras generales dentro de grandes colecciones, como su volumen sobre El Antiguo Régimen *(1988) para la Historia de España dirigida por Miguel Artola, y finalmente en lo que, según me dijo, iba a ser su «última obra importante»:* España, tres milenios de historia, *publicada aquí en esta nueva edición. No es dado a muchos historiadores alcanzar la edad de noventa años no sólo con sus facultades intactas sino también con su apetito de trabajo sin merma; y menos aún serán los que utilicen el tiempo que les queda para resumir el conocimiento acumulado y la perspectiva extraída de una vida entera de lecturas, investigaciones y enseñanza con objeto de elaborar un estudio extenso sobre la historia de su país para el público general. Esto es, no obstante, lo que hizo don Antonio.*

En su «A guisa de prólogo» deja muy claro que lo que le movió fue un profundo amor a su país, y un fuerte sentido de que, debido al actual énfasis en la enseñanza de la historia contemporánea y debido a la tendencia hoy en boga hacia planteamientos excesivamente sociológicos, las nuevas generaciones estaban llegando a la madurez con muy pocos conocimientos de la historia pasada de su país, y escasa comprensión de esenciales hechos históricos. Este libro había sido escrito, como él mismo decía, «con cierto aire de testimonio literario», como contribución personal a lo que él consideraba la urgente misión de devolver a España su historia.

Si hay una palabra que puede compendiar esta obra, la palabra es «perspectiva». «Para una visión adecuada de los últimos veinte años», dice Domínguez Ortiz al final del libro [p. 417]... «faltan aún documentos, faltan testimonios y falta, sobre todo, perspectiva». Sin embargo, para un historiador que era magistral a la hora de presentar el pasado en forma sencilla y apetecible, el pasado en sí no era nunca sencillo y quizá ni siquiera el paso de tres o cuatro siglos fuera suficiente para suministrar una perspectiva clara. ¿Qué tendrían que haber hecho, por ejemplo, Felipe IV y sus ministros frente a los crecientes problemas de la España del siglo XVII*? «Aún hoy», escribe [p. 195], «considerando el problema con una perspectiva de siglos, la respuesta no está clara». Son necesarios conocimientos, paciencia y la capacidad para entrar en mundos mentales ajenos y distantes si el historiador quiere tener la perspectiva del pasado que le permita formarse juicios ponderados. Y aun así, porque los hechos son complejos, porque los seres humanos no siempre actúan de manera racional, y porque el azar* *forma parte de todo acontecimiento histórico, siempre hay aspectos del pasado que seguirán esquivándonos.*

Era en parte debido a su clara conciencia de todo esto que don Antonio Domínguez Ortiz era tan excelente historiador. Se aproximaba al pasado, como todo buen historiador, con la debida humildad y nunca apresuraba sus juicios. Pero esto no le impedía formular concisos y expresivos veredictos sobre los hombres y los acontecimientos una vez había estudiado la evidencia, como se advierte en sus comentarios de pasada sobre el desafortunado Carlos II [p. 206] o sobre el carácter de Francisco Franco [pp. 393-394]. Pero sus observaciones y juicios surgen de una larga perspectiva temporal —Franco es comparado con Felipe II, la generación del 98 con los arbitristas del siglo XVII *[p. 337]— y sus conclusiones descansan sobre el conocimiento acumulado a lo largo de una vida dedicada a la lectura, la investigación y la reflexión.*

Es esta amplia perspectiva de la historia de España, en torno a cómo ha evolucionado y ha llegado a ser como es, lo que convierte España, tres milenios de historia *en un libro tan sugerente. Es, como Domínguez Ortiz quería, el testamento literario de un sabio historiador que quiso relatar para nuevas generaciones la historia de su país como él había llegado a entenderla. Y se esforzó para hacerles el relato asequible pero sin ocultar la complejidad del pasado y las dificultades inherentes a su interpretación. Lo que él deseaba era que se distanciaran, como había hecho él, de la agitación del presente y se preguntaran por qué su país, para bien o para mal, había llegado a ser la España que hoy conocemos.*

Pero el libro contiene también un sub-texto, encerrado en la sola palabra de su título, España. *Es ésta una obra dedicada a la historia de España y de* todos *sus moradores. En un momento dado, quien fue el menos ideológico de los historiadores y tanto hizo con su propia obra para promover la historia regional, deja que asome su preocupación: «las grandes figuras de la Hipania romana ejercitaban instintivamente ese arte de las fidelidades múltiples que los nacionalismos excluyentes de nuestros días parecen haber olvidado» [p. 31]. Don Antonio, con noventa años y tres milenios a su espalda, seguía pensado en el futuro.*

John ELLIOTT

A guisa de prólogo

Es muy conocido el cuentecillo del escultor a quien regalan un gran tronco de noble madera con el que piensa realizar un san Cristóbal y tras varias peripecias se queda en la mano de un mortero. La gestación de este librito tiene alguna semejanza con el susodicho cuentecillo: la idea original arranca de cuando en mis años mozos (infantiles casi) soñaba con emular o superar a don Modesto Lafuente escribiendo una historia de España de dimensiones colosales, «desde los tiempos más remotos hasta nuestros días». Luego, la realidad se fue imponiendo; escribí manuales didácticos que debían ajustarse a ciertas normas legales y trabajos de investigación en los que tenía libertad para elegir materia y método. Me circunscribí a una época bastante amplia de nuestro pasado, aunque sin perder nunca de vista que esa época era parte de un todo mucho más amplio. La esperanza de escribir algún día una historia total de España que recogiera lo esencial de las investigaciones en curso se fue diluyendo conforme avanzaba la marea alta de una bibliografía que convertía al presunto piloto en un náufrago que bracea en busca de un madero que lo sostenga a flote. Sin embargo, nunca perdía la esperanza de echar algún día una ojeada al conjunto. Una aspiración que conjuga el deseo personal de perfilar la imagen de una España «madre de muchos pueblos» y la aspiración del docente que querría transmitir esa imagen a un público amplio. Al escribir las siguientes páginas he aparcado mi vocación de investigador para volver a aquella otra de docente, nunca olvidada, aunque el Estado me haya declarado fuera ya de sazón para ejercerla. He resistido más de una vez a la tentación de insertar una cita, una nota, para mantener ese carácter.

Escribo estas páginas, con cierto aire de testamento literario, para responder a una demanda imperiosa, para colaborar en una tarea de renovada actualidad. Parece superfluo añadir una historia de España más a las muchas que inundan el mercado, pero el hecho de que el mercado las siga absorbiendo prueba que responden a una necesidad, satisfacen unas aspiraciones, llenan un vacío; el vacío que deja la ausencia de una auténtica enseñanza histórica en los actuales planes de enseñanza obligatoria, en cuya parte general (no quiero referirme aquí al problema de las historias regionales) aparece una historia contemporánea que se supone es lo único que debe aprender nuestra juventud y que no siempre está concebida como auténtica historia, sino como un conjunto de datos y antecedentes para entender un informe de tipo sociológico sobre la situación actual de España.

Este sociologismo es la herencia de una escuela pedagógica que, tras haber causado grandes estragos en el sistema educativo de la Europa occidental, ahora retrocede, dejando como secuela unas generaciones escolares ayunas de formación histórica. Y como nuestro retraso cultural respecto a Europa, aunque se vaya acortando, existe, ahora estamos en pleno debate sobre algo que ya debería estar resuelto hace tiempo. Se trata, en suma, de recuperar el sentido histórico de los hechos, para lo que es esencial la temporalidad, la causalidad, el antes *y el* después*. El sociólogo estudia en abstracto el concepto de* crisis agraria*, por ejemplo. El historiador estudia el encadenamiento de una serie de crisis concretas, ligadas a unos entornos, y entonces no nos basta retroceder al siglo* XIX *para entender las crisis agrarias del* XX*, hay que ir mucho más atrás, individualizar, enlazar con ideas, sentimientos, leyes que pueden datar de hace muchos siglos.*

La generación actual tiene la intuición de que la información histórica que recibe en los centros no es completa ni adecuada, y en un esfuerzo instintivo por reparar esa deficiencia se interesa por obras históricas, incluso las de aquellas edades y materias que, con arreglo a ciertos criterios, «no sirven para nada», porque, si quere-

mos saber algún dato concreto, podemos recurrir al Espasa o al ordenador, reservando el ordenador que la naturaleza nos ha colocado en la caja encefálica para las alineaciones de los equipos que, ése sí, es un contenido *que no merece la reprobación que cae sobre la serie de los reyes de la Casa de Austria.*

Escribo, pues, estas reflexiones que abarcan desde que el conjunto de los pueblos que viven en la piel de toro adquieren un sentido de unidad, al menos visto desde fuera, desde las noticias consignadas por escritores griegos y romanos. Si la fecha de 1100 a. J. para la fundación de Cádiz es exagerada, puede, sin embargo, decirse que desde el Hierro hay ya en la Península ciertos factores de unidad e interrelación entre sus pueblos. Por eso no me parece exagerado hablar de un Trimilenario. Se dirá, por ejemplo, que había más relaciones entre los pueblos del sur de Hispania con otros del Mediterráneo que con la cultura de los castros. Evidentemente; pero hubo relaciones entre la Turdetania y los pueblos del noroeste; luego, los romanos unieron ambas culturas con la Vía de la Plata, y en adelante no dejó de haber relaciones, migraciones, rutas de peregrinación...

No me he propuesto hacer una historia convencional. No es preciso buscar omisiones, lagunas. Las conozco, son deliberadas. Lo que yo he querido hacer es un cañamazo de historia política que es el sustento de las demás historias. Y sobre ese fondo enhebrar algunos episodios, algunos comentarios que pueden coincidir o no con los de los lectores. No es posible entablar con ellos un diálogo como tantas veces he mantenido en mis clases. Pero a ellos corresponde el juicio (que temo), el veredicto (que acepto) y la última palabra.

Diciembre de 2000

Capítulo I

Los orígenes. La romanización. España visigoda

Sólo puede hablarse de una historia de España cuando los diversos pueblos que la forman comienzan a ser percibidos desde el exterior como una unidad. Mucho después llegará la asunción de ese mismo sentido de unidad por los propios hispanos. Desde mediados del primer milenio a. J. escritores griegos comenzaron a dar noticias sobre pueblos del remoto occidente recogiendo tradiciones aún más antiguas. La más remota se refiere a la fundación de Cádiz por colonos fenicios; por la misma fecha comienzan las entradas de indoeuropeos (celtas) a través de los Pirineos, pero de ellas sólo tenemos información arqueológica, mientras que de las culturas del Sur y del Mediterráneo, además de abundantísimo material, tenemos escritos que revelan fechas, nombres, datos concretos que poco a poco disipan las nieblas del anonimato y van dando forma y color a los acontecimientos. Pero para estos primitivos informantes ya había ciertos rasgos que abarcaban lo mismo a los pueblos históricos del Sur y del Este que a los anónimos del Norte y del Oeste: vivían en un mismo espacio, grande, lejano, en los confines del mundo, pues más allá sólo existía un océano sin límites conocidos. Allí se situaban personajes y hechos maravillosos; historia y mitología se confundían. Había pueblos guerreros, poseedores de grandes riquezas agrícolas y ganaderas; pero eran las riquezas mineras: hierro, cobre, estaño, oro y plata, las que más excitaban la imaginación. Eran riquezas no sólo tangibles, sino transportables, que convertían el mito en apetecible realidad, accesible a los más osados. Roma, con más conocimiento de causa, hizo suyos esos mitos concernientes a: la vastedad del país, lo numeroso de su población, el valor de sus gentes, la abundancia y variedad de sus recursos. Con esos elementos, en gran parte ciertos, en otra parte deformados, se creó la imagen unitaria de Hispania destinada a perdurar a pesar de todos los posteriores avatares.

En mis libros de texto infantiles constaba la dualidad que está en la base de nuestra historia primitiva: España fue poblada por iberos y celtas, de cuya unión surgieron los celtiberos. Ochenta años después sigue manteniéndose este hecho esencial de la Hispania protohistórica; hubo unos pueblos iberos en el Sur y en el Este cuya procedencia se ignora, unos pueblos celtas, indoeuropeos, que atravesaron los Pirineos por ambas extremidades y se desparramaron por el interior, y unas tribus que se llamaron a sí mismas celtiberas en el valle del Ebro y las tierras contiguas de la Meseta. Hay opiniones diversas acerca de esas irrupciones célticas; pudieron ser invasiones masivas o infiltraciones. Tal vez se combinaron ambos fenómenos. La primera oleada, alrededor del año 1000, afectó a la mitad norte de España; la segunda fue más amplia, llegó hasta las tierras del Sur, aunque con menos fuerza, mezclándose, diluyéndose, rellenando huecos, pero sin alterar el carácter predominantemente ibérico del Sur y del Este. Esa segunda oleada coincidió con el apogeo del Hierro y la máxima expansión de los «campos de urnas» (cinerarias). Sin embargo, ni el uso del hierro ni el rito de la incineración fueron exclusivos de los celtas. Más unidad les daba la lengua, reconocible por topónimos diseminados desde el extremo oeste de Europa hasta el Asia Menor, desde los galos, britanos y galaicos hasta los gálatas de Anatolia. Algo de esa antigua comunidad subsiste aún entre irlandeses, bretones y galaicolusitanos; algunas sensibilidades, algunos objetos. Muy celtizada aparece la cultura de los castros, que ocupó todo el noroeste peninsular. Que-

1. (adj) Dícese de un pueblo hispánico prerromano que habitaba la Tartéside región situada en el occidente de la actual Andalucía y que tuvo por capital a Tartesos. Los Romanos la llamaron después Turdetania

dan aún millares de castros coronando los montes de Galicia, confines asturleoneses y norte de Portugal, testimonios de una cultura poco desarrollada, con viviendas circulares de piedra y ramaje agrupadas sin orden dentro de un recinto defensivo. En el área celtizada había unidades y federaciones de grupos humanos unidos por lazos familiares, gentilicios, no formas superiores de organización política.

Mención aparte merece el pueblo vasco, de misteriosos orígenes. No es cierto que fuera impermeable a influencias exteriores; quedan huellas de presencia céltica y romana; el Cristianismo penetró en fecha más temprana de lo que se creía. También parece probado que la lengua vasca abarcó en tiempos remotos un área más extensa que en la actualidad; por ejemplo, en los altos valles pirenaicos. Pero sigue siendo una incógnita tanto el origen de esa lengua como el del pueblo que la habla.

El estudio de las culturas ibérica y tartesia ha recibido en los últimos años un gran empuje por el extraordinario número y calidad de los hallazgos arqueológicos, en especial en el valle Bético, pero también en las costas desde el Algarve portugués hasta el Rosellón y el Languedoc. No formaban los iberos una unidad étnica, sino cultural; sobre una importante base en la cultura megalítica del Bronce tardío (segundo milenio a. J.) las relaciones comerciales con las culturas avanzadas del Mediterráneo oriental, griegos y fenicios, dieron lugar a un magnífico despliegue, superior al del resto de la Península y comparable con la cultura etrusca y otras mediterráneas.

Entre esas culturas ibéricas sobresale la de Tartesos, cuyo apogeo coincidió con los siglos VII-VI a. J. Su área se circunscribía al valle inferior del río Betis o Tartesos, hoy Guadalquivir, incluyendo la ría de Huelva, donde se han localizado yacimientos importantes ligados a la explotación de las minas de plata, hierro y cobre. El área de influencia de Tartesos fue muy amplia, incluyendo casi toda Extremadura, parte de La Mancha y toda la costa mediterránea del sureste. Los elementos de aquella cultura incluyen capítulos tan avanzados como el urbanismo, vías de comunicación, escritura, industrias de lujo, poesía, estratificación social y formas políticas superiores. Los viajes de los griegos les permitieron conocer directamente esta cultura, y sobre la realidad bordaron mitos relacio-

2. (adj) = bético = Natural de la antigua Bético, hoy Andalucía

nados con su visión sobre los orígenes de la humanidad, en la que mezclaron héroes y reyes fabulosos (*Habis,* inventor y propagador de técnicas) y otros datos de cuya certeza no se puede dudar porque están apoyados con los resultados de las excavaciones, que no cesan de incrementarse.

Se piensa hoy por los especialistas que Argantonio (literalmente «El Hombre de la Plata») fue un personaje real, aunque los griegos fabularan acerca de su longevidad, como la de otros monarcas benéficos. También parece probado su filohelenismo. No es imposible que en ocasiones solemnes se revistiera de las fastuosas joyas que forman el tesoro del Carambolo o de otras análogas, y que habitara un palacio semejante al descubierto en Zalamea de la Serena (Badajoz), un cuadrado de 25 x 25 metros repleto de objetos de lujo y de consumo, y que además de palacio sería santuario, pues la monarquía tartésica era de tipo sagrado orientalizante. Los contrastes sociales eran grandes; existía una nobleza, un artesanado, unos campesinos tal vez de condición servil. El hallazgo de liras y otros instrumentos musicales sugiere la existencia de esclavas cantoras y tañedoras de instrumentos, e inevitablemente pensamos en las bailarinas de Gades, tan apreciadas en la antigua Roma. La religiosidad parece que era también de tipo avanzado, con diosas de la fecundidad, de las que nos han quedado muestras espléndidas.

Este mundo refinado entró en crisis hacia el año 500 a. J. a consecuencia de luchas por el predominio que abarcaron todo el ámbito mediterráneo; cae Tiro en poder de los persas y le sustituye Cartago como núcleo semítico expansivo con gran poderío militar; luchan griegos y cartagineses, se debilita la presencia griega en el sur de Hispania y se incrementa la púnica en puntos costeros (Adra, Almuñécar, Gades), con penetraciones hacia el interior. Hay huellas numerosas de decadencia e incluso desaparición de focos tartésicos. La monarquía orientalizante fue sustituida por poderes locales regidos por estirpes guerreras. Se multiplican los símbolos guerreros, tanto en las esculturas como en el ajuar funerario, en el que abundan los ejemplares del *soliferreum* (lanza) y la espada curva (falcata). Los miembros de estas aristocracias ecuestres se enterraban en sepulturas individuales que a veces son de imponente tamaño. Los poblados también acusan este clima bélico: son *oppida,* puntos fortificados. Los enemigos que combatían serían varios: los cartagineses, las bandas de merodeadores lusitanos y otros pueblos célticos o celtizados del interior; las propias oligarquías en lucha entre ellas y con los vecinos. El resultado de esta crisis fue la conversión de Tartesos en Turdetania, una región que comprendía un área más restringida, el bajo Betis, con una población posiblemente idéntica, con una considerable riqueza agrícola y minera, y una herencia cultural considerable. Los romanos la encontraron más equilibrada, más pacífica, dispuesta a comprar a los romanos paz y seguridad a cambio de independencia.

En el Mediterráneo oriental, desde Almería hasta el sur de Francia, prosiguió la evolución de los pueblos iberos, más influidos aquí por la cultura griega, que a través de Rosas, Ampurias y otras colonias emanaba de Massalia (Marsella), que por la semítica, que, sin embargo, tenía una fuerte presencia en Baleares. Esa cultura ibérica de gran influencia clásica penetraba en el mundo celtibérico de la cuenca del Ebro con bastante fuerza, como se demuestra, por ejemplo, en los restos de Azaila y otros poblados con presencia de templos de origen griego. Esas tribus celtibéricas, que se extendían hasta la Meseta (Numancia), no perdieron sus virtudes guerreras, como pudieron después comprobar los romanos. En otros espacios mesetarios, que en conjunto debieron estar muy poco poblados, había tribus *(vacceos)* dedicadas al cultivo cerealista, pero eran más frecuentes las actividades de tipo pastoril (lusitanos, vettones), lo que explica la existencia de toscas esculturas zoomorfas que quizás indicaban vías pecuarias o límites tribales. Pero incluso en estas zonas más agrestes existía un avanzado trabajo del metal, ya para decoración, ya para armamento.

Y en el noroeste un mundo celtizado, sin refinamientos materiales, sin escritura, sin acusada estratificación política ni social, que quizás mantenía alguna relación con el mundo tartesio-turdetano para el aprovisionamiento de estaño, y tal vez también con los pueblos de la Armórica y Cornualles, que aún no habían entrado en el ámbito histórico.

Éste era el panorama que ofrecía Hispania en el siglo III a. J. cuando la rivalidad entre Roma y Cartago la introdujo en el ámbito de la historia universal. La secuencia de los hechos es bien conocida y no es preciso relatarla: Cartago había desplazado a sus competidores de la costa norte de Berberia y sur de Hispania; había entrado en contacto y en conflicto primero con las colonias griegas de occidente y luego con la emergente potencia romana. La primera guerra púnica expulsó a los cartagineses de Sicilia; como compensación los cartagineses decidieron ampliar su presencia en Hispania, de donde ya obtenían metales y soldados mercenarios. En 226 a. J. firmaron con los romanos un tratado que fijaba el Ebro como límite de sus zonas de influencia. Hacia la misma fecha fundaron Cartago Nova en un excelente puerto natural del sureste peninsular. Desde aquí iniciaron una penetración hacia el interior que les llevó hasta la actual Salamanca; pero de esas correrías no quedó huella perdurable. Donde la colonización cartaginesa alcanzó intensidad fue en la Turdetania y el sureste, zonas donde, unas veces *manu militari* y otras mediante alianzas con reyezuelos y oligarquías locales, establecieron una infraestructura económica, de escaso interés cultural, pero que constituyó una sólida apoyatura en la segunda guerra púnica.

Se inició ésta con motivo (o pretexto) de la toma de Sagunto por Aníbal; era una colonia griega situada en el área de influencia cartaginesa, pero protegida por lazos de amistad con Roma. La épica defensa de la ciudad, llevada hasta el sacrificio final, ha sido explotada por la historia tradicional, pregonera del valor y el patriotismo español, con una falta total de visión adecuada de los hechos. Pero eso pertenece ya al pasado. La segunda guerra púnica (218-201 a. J.) se desarrolló en dos escenarios: mientras Aníbal, con un ejército en el que figuraban muchos mercenarios hispanos, atravesaba los Pirineos y los Alpes para atacar Roma y, tras grandes triunfos iniciales, quedaba empantanado en el sur de Italia, un ejército de ciudadanos romanos cortaba la vía de los suministros que desde Hispania llegaban a Aníbal; contaba con el apoyo de las colonias griegas (Marsella, Ampurias) y los que pudiera granjearse en un país a cuyos pueblos no interesaban unos ni otros, dispuestos a someterse al más fuerte o venderse al mejor postor. Muerto Cneo Escipión le sucede Escipión el Africano, que conquista Cartago Nova y Cádiz, último reducto del poderío cartaginés en la Península. El desplome de la Hispania cartaginesa influyó de manera decisiva en el final, victorioso para Roma, de su pugna secular con Cartago, que en adelante desaparece del horizonte peninsular. La tercera guerra púnica sólo sirvió para ratificar esa desaparición no sólo de España, sino de la historia universal; advertencia a todos de que Roma era una potencia implacable que no admitía la derrota ni la existencia de un posible enemigo.

Los pueblos de Hispania padecerían las consecuencias del imperialismo romano; aunque habían llegado a tierras hispanas de forma accidental, las ventajas conseguidas, los triunfos alcanzados, la acogida indiferente o benévola que hallaron en Turdetania, las riquezas que ofrecía a los codiciosos, no sólo mantuvieron la presencia militar de Roma, sino que gradualmente se extendió a todos los pueblos, a todos los territorios. Un tópico de la historia tradicional se basa en que mientras César sometió la Galia en sólo ocho años, Roma necesitó doscientos para conquistar Hispania. Es cierto que la resistencia de los pueblos hispanos fue larga y encarnizada, pero la duración real de la lucha fue mucho menor. Para someter el Sur y el Levante, o sea, el ámbito propiamente ibérico, les bastó reprimir algunas resistencias aisladas y ofrecer paces ventajosas que en algunos casos incluían repartos de tierras y liberaciones de pueblos avasallados; el caso más conocido es el de los habitantes de Lascuta, en la actual provincia de Cádiz, a los que se liberó de los lazos de vasallaje que los unían a los de la vecina Hasta Regia. Se da la circunstancia de que Hasta fue probablemente la capital del antiguo reino de Tartesos, lo que quizás estuviera en el origen de esta situación de vasallaje.

Los episodios más duros de la lucha tuvieron lugar en el centro, en tierras celtibéricas y lusitanas. Lucha sin cuartel en la que algunos jefes militares romanos cometieron atrocidades como degollar o vender como esclavos pueblos con los que se habían concertado treguas o se les había prometido reparto de tierras. En sentido contrario, tampoco hay que magnificar exageradamente a bandas dedicadas tradicionalmente al bandidaje, como serían las que acaudillaba Viriato. En cuanto a la épica gesta de Numancia no fue la de una población aislada contra toda la potencia romana; los numantinos estaban apoyados por las tribus celtiberas de las comarcas vecinas. El final de la resistencia no fue el suicidio, sino la capitulación de los pocos supervivientes.

La caída de Numancia (133 a. J.) representó el final de varias décadas de resistencia, la más dura que habían encontrado las legiones romanas. Siguieron años de tranquilidad, turbada sólo por las repercusiones de las luchas civiles de los propios romanos (guerras sertorianas y pompeyanas) que propiamente hablando no pertenecían a la lucha de los pueblos hispanos contra Roma. Hacía mucho tiempo que estaba ya en marcha la romanización cuando Augusto decidió terminar con la independencia de que aún disfrutaban las tribus del Norte: galaicos, cántabros y astures. Más que la defensa de las poblaciones del llano, el motivo de las hostilidades fue la explotación de las riquezas mineras de aquellas regiones. Las hostilidades duraron diez años con algunos intervalos: desde el 29 al 19 a. J. Sólo entonces se pudo considerar enteramente pacificada Hispania. Una paz que suscita muchas reservas y que un historiador romano expresó así: «Llaman pacificar un país a destruirlo». En la larguísima historia de la resistencia de Hispania contra Roma hubo bastantes episodios que justificaban esta opinión.

La *romanización* fue un hecho decisivo en nuestra historia; está en la base de la existencia de España como unidad nacional. Fue un proceso muy largo; empezó con la Conquista y en cierta medida continuó aún después de la caída del Imperio, porque la Iglesia cristiana en algunos aspectos tomó el relevo. De manera sintética pueden resumirse así sus principales manifestaciones:

Inmigración: los cinco o seis millones de habitantes que se calcula formarían la población hispana se acrecentaron con colonos llegados de Italia, una veces de forma individual, otras en verdaderas oleadas; muchos miles se asentaron en calidad de soldados veteranos después de sus años de servicio en las legiones; otros llegaron atraídos por las posibilidades económicas, como propietarios, administradores o empleados. Los recién llegados se fundieron pronto con la masa indígena; el propio emperador Trajano parece haber tenido antecesores hispanos por la rama materna. Hay también constancia de la llegada de galos y aun de orientales (sirios, judíos...).

Urbanización: fenómeno de gran importancia relacionado con la inmigración, pero también producto de la política de

Roma y del impulso de la economía, aunque la ciudad romana era más bien un área residencial para clases acomodadas y un centro de poder que un núcleo de actividades secundarias. A las ciudades preexistentes, como Cádiz, Hispalis, Ampurias, la colonización romana agregó otras nuevas: Valencia, Zaragoza, Itálica, Mérida... A juzgar por la exigüidad de sus recintos (entre doce y sesenta hectáreas) sólo excepcionalmente alcanzaría alguna de estas ciudades los 50.000 habitantes. Otras, como Gerona (la *parva Gerunda* de Prudencio), apenas llegarían a los cinco mil. Pero su influencia era muy superior a lo que indican estas cifras. Seguían las normas del urbanismo romano: plano ortogonal, foro, templos, centros cívicos; en muchos casos, teatro, anfiteatro, alcantarillado y conducción de agua potable, es decir, un urbanismo de un nivel que se perdió con el fin del Imperio y que no volvió a alcanzarse hasta épocas muy recientes.

Inmigrados romanos y nativos asimilados formaban, con sus servidores y clientes, la población de estas ciudades. Su calificación jurídica era diversa: hubo ciudades dotadas de todos los privilegios cívicos, como si fueran réplicas de Roma, mientras que otras, de origen nativo, sometidas bajo pactos, tenían que pagar tributo *(stipendiarias)*. Privilegiadas eran las *colonias* en las que se asentaban soldados licenciados, a los que se atribuía un lote de tierra: Mérida, Valencia, Zaragoza, León... El binomio Hispalis-Itálica presenta gran interés: Hispalis (Sevilla) fue fundación fenicia sobre un primitivo asentamiento ibérico; en sus proximidades se encontró el tesoro del Carambolo, formado por joyas ¿reales? del siglo VI. Sometida a Roma, recibió ciudadanos romanos a los que discurseó Julio César.

A diez kilómetros de Hispalis se encuentran las ruinas de Itálica, asentamiento precoz (206 a. J.) de veteranos elevado a categoría de colonia por Adriano. Nada más evocador que recorrer la parte excavada de la ciudad, contemplar su perfecta urbanización, las lujosas moradas de donde se han extraído mosaicos y estatuas; ciudad aristocrática, complemento de Hispalis, gran centro comercial y burgués gracias a la navegabilidad del Betis, ruta cómoda y barata para la exportación de los productos del valle.

Como las ciudades, las vías romanas no fueron superadas en Europa hasta el siglo XVIII: calzadas y puentes construidos con técnicas avanzadas, descuidados después o reparados de forma chapucera, aseguraron un mínimum de intercomunicación en Europa durante dos milenios. No era un tejido espeso porque su coste, a cargo de los municipios, era alto, aunque en su construcción interviniera mano de obra requisada, incluyendo soldados de las legiones. Su finalidad era doble: económica y política, con predominio de la segunda, lo que explica su trazado, ahorrando curvas, con pendientes más accesibles a la marcha del legionario que a los vehículos. La Vía Augusta era una obra colosal que iba desde Gades a Roma, un recorrido de casi tres mil kilómetros esmaltado por *mansiones* y miliarios, de los que se han recogido gran cantidad. Era el cordón umbilical que ligaba Hispania a la Urbe, mientras las vías trazadas en el interior de la Península aseguraban la ligazón entre las diversas provincias y dotaban de unidad administrativa y económica al conjunto ejerciendo variedad de funciones. Gracias a la Calzada de la Plata, que unía Hispalis con Mérida y Astorga, los turdetanos ya no temían las incursiones de los depredadores lusitanos; las legiones vigilaban las zonas insumisas y la vital producción de las minas del Bierzo, que proporcionaron al Estado y la economía de Roma la mayor parte del oro que necesitaban.

La lengua fue otro factor principalísimo de romanización y de cohesión interna. No sabemos cuántas lenguas indígenas se hablaban en España; lo que es seguro es que un galaico no podía entenderse con un balear. No hubo un plan programado de enseñanza del latín ni se exigió su uso a los pueblos sometidos, pero se fue imponiendo lentamente, primero entre los indígenas asimilados, con más retraso entre las masas rurales. Consta que en la Bética en el siglo I se hablaba casi exclusivamente latín y lo mismo ocurría en la Tarraconense; más tardía fue la latinización de la Lusitania y la Gallecia, donde, después de finalizada la época imperial, aún proseguía trabajosamente, con el concurso de la Iglesia cristiana, la tarea de latinización; al final quedó sólo un reducto, el dominio del vasco, en la zona más refractaria a la romanización. La paulatina disgregación de la antigua lengua en los siglos oscuros originó una multitud de dialectos romances, entre los que tardíamente se iría imponiendo la mayor fuerza expansiva del castellano.

La romanización de la sociedad hispana fue también un proceso lento y complejo. En las sociedades avanzadas del Sur y del Levante fue rápida y sencilla la asimilación de las elites indígenas a las categorías superiores de la sociedad romana. La riqueza, los servicios prestados y los matrimonios mixtos eran los cauces que facilitaban esa asimilación. La categoría más alta, la senatorial, requería la posesión de una fortuna considerable en bienes rústicos y la presencia continua, o al menos frecuente, en Roma. La categoría siguiente era la de los caballeros *(equites)*. También desempeñaban altas tareas administrativas, aunque no de la categoría de las senatoriales. Con frecuencia, su fortuna procedía del comercio, de los negocios, y ello deslustraba un poco su condición, porque en Roma estaba muy viva la preocupación por lo que mucho después se llamó en España la *limpieza de oficios;* las tareas manuales estaban desprestigiadas y también el comercio al por menor. Cicerón dedicó a esta cuestión una larga parrafada en su tratado *De Officiis*, y concluyó que si bien el comercio al por menor es indigno de un hombre de noble cuna, *mercatura magna et copiosa non est admodum vituperanda,* «el comercio al por mayor no es digno de censura». Quince siglos más tarde todavía se estaban debatiendo en España estas cuestiones.

Muy pocos, y todos de origen itálico, eran en Hispania los miembros de la clase senatorial, pero muchos, y de diverso origen, los équites, atraídos por las grandes posibilidades de hacer buenos negocios que aquí existían; increíble es la noticia de que en Gades había quinientos caballeros, más que en ninguna otra ciudad, excepto Roma; pero es indudable que debían ser numerosos teniendo en cuenta el extraordinario auge de aquel puerto y lo numeroso de su flota; en ella se fundían los recuerdos del pasado semítico, simbolizado por el famosísimo templo de Hércules, y la intensidad de una colonización romana que dio figuras como los Balbos y el agrónomo Columela.

Las clases trabajadoras estaban agrupadas en corporaciones o gremios que defendían las condiciones laborales y cierto grado de seguridad social. Otra cuestión que preocupaba mucho tanto a las clases altas como a las bajas era la referente a exequias y enterramiento; aquéllas las resolvían por sus propios medios, elevando de construcciones para uso familiar; los pobres se agrupaban en asociaciones para subvenir aquellos gastos.

Aunque existía un artesanado numeroso y competente, como lo demuestra la enorme cantidad de objetos que llenan nuestros museos, la gran mayoría de la población estaba adscrita a las actividades del sector primario: la pesca, con tradición antiquísima, porque ya los fenicios comercializaban los productos pesqueros obtenidos en las costas meridionales; el aprovechamiento de los bosques, extensísimos, que proporcionaban madera de construcción, leña y alimento, hasta el punto de que para muchas tribus del Norte castañas y bellotas eran parte esencial de su dieta; la ganadería: cerdo, cabras, vacas, ovejas, en parte en régimen trashumante, con los consiguientes conflictos con los agricultores. Ya entonces, antes de que se produjeran cruces con los caballos árabes, los ibéricos tenían fama por su airoso porte, capacidad para el trabajo y ardor en los combates.

La explotación de los recursos mineros, ya ampliamente explotados por los colonizadores primitivos, recibió un gran impulso con los romanos; extendieron las prospecciones a regiones a las que nunca accedieron fenicios ni cartagineses, y fueron tan exhaustivas que son pocos los yacimientos de gran riqueza que se han descubierto después. Éste es uno de los aspectos en los que mejor se manifiesta la interacción entre el país conquistador y el conquistado; Roma se benefició enormemente de nuestras riquezas mineras, pero también dejó un legado en prospecciones, métodos y utillaje, infrautilizado pero no perdido en los siglos posteriores. Asombra que con una técnica tan inferior a la nuestra fueran capaces de cavar y entibar galerías, desaguar pozos y llevar la explotación hasta profundidades de más de doscientos metros. A un coste humano elevadísimo, por supuesto. Pocos años resistían unas labores tan duras los prisioneros de guerra, los esclavos y los condenados que a golpes de látigo las ejecutaban. Pero se ha comprobado también la existencia de trabajadores libres, sometidos, sin duda, a un régimen menos cruel.

Esclavos y hombres libres ejecutaban también las labores agrícolas, predominantes como en toda economía no desarrollada. A esa economía del Mundo Antiguo se la ha venido llamando *esclavista* siguiendo la clasificación marxista de los «modos de producción», hoy muy contestada. La esclavitud fue un fenómeno general en la Antigüedad, pero con grandes diferencias de tiempos y lugares. En Roma hubo una gran afluencia de esclavos en los últimos tiempos de la República y los primeros del Imperio como consecuencia de las guerras victoriosas, primera y principal fuente de la esclavitud. Su destino era muy variable; siempre y en todo lugar la suerte del esclavo ha dependido más del carácter del dueño que de las disposiciones legislativas. Los hubo que escalaron altos puestos en la administración imperial. Tirón, secretario de Cicerón, inventor de un sistema de taquigrafía, no debía pasarlo mal. Pero eran excepciones; la mayoría estaban descontentos con su suerte. *Tot servi, tot hostes,* escribió Séneca, o dicho en romance: «Tantos esclavos, como enemigos». Tan evidente era el peligro que corría un amo cruel que la ley ordenaba que si un esclavo mataba a su amo fueran ejecutados con el matador todos sus compañeros de esclavitud. Sin embargo, había pobres gentes que se autovendían para poder comer todos los días. También eran muchos los que pasaban a la categoría de libertos, ya comprándose con el *peculio,* el dinero ahorrado con permiso del dueño, ya porque éste lo liberaba por humanidad o por un cálculo interesado: el liberto no estaba a cargo de su amo, pero le debía ciertos servicios.

Desde el siglo II d. J. las cosas empezaron a cambiar: disminuyó el número de esclavos y mejoró su condición jurídica siguiendo el influjo de las ideas religiosas y filosóficas; el esclavo seguía sin tener personalidad jurídica, pero, entre otras medidas, su vida dejó de estar a merced de su dueño. En el dominio agrario empezó a extenderse la idea de que el trabajo hecho de mala gana por el esclavo mejoraría hecho por un semilibre, un *colono.* Pero este nuevo régimen de propiedad no se nutría sólo de antiguos esclavos; muchos pequeños propietarios a quienes amenazaba el despojo y la ruina preferían entregar su tierra a un señor poderoso y seguirla cultivando como colono; ganaban seguridad a cambio de perder libertad; no podían abandonar su parcela y debían entregar una parte de la cosecha; quedaban así prefiguradas dos instituciones típicas del Medioevo: la distinción entre dominio útil y dominio eminente de la tierra, y la servidumbre en forma de adscripción a la gleba.

El proceso de concentración rural se fue incrementando hasta dominar el panorama del agro en los últimos siglos del Imperio; por todas las regiones de Hispania se extendieron las *villas* de quinientas, mil y hasta dos mil hectáreas; muchas autosuficientes, porque además de las explotaciones agropecuarias y forestales disponían de las artesanías más necesarias. Cada vez con más frecuencia los dueños se retiraban de unas ciudades empobrecidas y cargadas de impuestos, dejando su administración en manos de unos *decuriones* de clase media empobrecidos también y que de buena gana abandonarían sus cargos de haber podido, pues eran responsables no sólo con su fortuna, sino con sus cuerpos de una fiscalidad agobiante. Con los grandes propietarios también abandonaban las ciudades sus clientes y servidores; disminuyeron o acabaron los espectáculos públicos y las distribuciones gratuitas de víveres. En cambio, el señor latifundista desafiaba a la administración, no pagaba impuestos, tenía cárcel y hasta un embrión de ejército propio. Había fortunas colosales, personas que tenían docenas de grandes fundos repartidos en lugares tan remotos entre sí como Hispania, Italia y África. Una de estas personas debió ser la Eteria o Egeria, probablemente una gallega que largo tiempo hizo turismo religioso por los Santos Lugares y países contiguos. Por la misma época, a comienzos del siglo V, dos grandes latifundistas, Didimo y Veriniano, defendieron bastante tiempo los pasos de los Pirineos frente a la invasión bárbara con sus propios recursos, con gentes reclutadas en sus latifundios.

Este exceso de concentración de la propiedad si, por un lado, explica la crisis de un Estado que había perdido el control sobre los ciudadanos más poderosos, por otro está en probable relación con un curioso y mal conocido fenómeno: el de los *bagaudas*, que entre fines del siglo III y (con máxima intensidad) la primera mitad del V, protagonizaron revueltas sociales en el suroeste de Galia y en la cuenca del Ebro. Aparecen luchando contra todos los poderes establecidos: los grandes propietarios, las legiones romanas, la Iglesia; más tarde, contra los visigodos. Era, por tanto, un movimiento de gran fuerza y amplitud, capaz de enfrentarse a ejércitos regulares. En su base parece que estaba el tremendo descontento de las clases bajas, esclavos rústicos, pastores, colonos, pero no es descartable que contaran también con profesionales que organizaran militarmente tales movimientos, puesto que fueron capaces de hazañas como la toma de Ilerda. Pero ¿por qué se circunscribió el movimiento en Hispania a la Tarraconense? Se ha pensado en la posible intervención de vascones. También se apunta que allí eran muchas y ricas las villas saqueadas. Desde allí los disturbios se propagaron hasta la Gallecia, donde los revoltosos operaban en 456. Después cesan las noticias, por otra parte muy dispares e inconcretas, sobre los bagaudas. Los epítetos de los cronistas (*esclavos, rústicos, salvajes*) no dejan dudas sobre la categoría de los sublevados. La revuelta fue, dice José María Blázquez, «una consecuencia de la intensa crisis económica y social del Bajo Imperio y de la decadencia de la ciudad».

La gran crisis del siglo III también señaló un corte en el panorama intelectual de Hispania; escritores hispanos constituyeron la médula de la Edad de Plata: los dos Sénecas, Lucano, Quintiliano, Marcial, Pomponio Mela, Columela, fueron figuras destacadísimas de una cultura que no por englobarse dentro del conjunto de la literatura romana tenemos que dejar de considerar como nuestra; salvando los excesos en que algunos historiadores han incurrido, no hay que caer en el extremo opuesto; las grandes figuras de la Hispania romana ejercitaban instintivamente ese arte de las fidelidades múltiples que los nacionalismos excluyentes de nuestros días parecen haber olvidado. Trajano tenía sangre ibera por la rama materna; de Adriano consta que se interesó por su Itálica natal; Teodosio tenía raíces hispánicas muy profundas; el caso del bilbilitano Marcial me parece especialmente ilustrativo: más de veinte años residió en Roma ejerciendo como poeta satírico una crítica demoledora que le proporcionó más fama que dinero; quizá con cierta sensación de fracaso se retiró a su ciudad natal, y no deja de ser interesante constatar que además de ciudadano de un municipio romano y bien introducido en la Urbe, que entonces simbolizaba la humanidad entera, reconocía con cierto orgullo su ascendencia celtibera: «*ex celtis genitus et ex iberis*».

Nada ilustra mejor la profundidad del corte operado en el siglo III como ver que tras aquel elenco de escritores hay un vacío impresionante y luego renace otra cohorte literaria, no tan brillante pero de ninguna manera desdeñable y plenamente inmersa en la cultura cristiana: Juvenco, Prudencio, Orosio... La obra poética del primero no está teñida de ningún nacionalismo. El galaico Orosio redactó, según las ideas de su maestro san Agustín, una Historia Universal con el intento de eximir de responsabilidad al Cristianismo en la ruina del Imperio Romano. Siempre había habido calamidades y, por supuesto, no le faltaron datos para respaldar esta tesis. La figura de Aurelio Prudencio Clemente es mucho más importante; sus obras de controversia teológica no despiertan hoy el menor interés, pero sí sus relatos sobre los mártires; que éstos sean todos hispanos, que escribiera que: «Dios mira con agrado a los hispanos», son indicios que no hay que exaltar ni ignorar si tratamos de hacer de él una especie de precursor del «patriotismo español». Tal expresión sería un perfecto anacronismo; España, en el sentido actual, no existía entonces. Prudencio, ante todo, se sentía romano, y muy orgulloso de serlo, porque, según él, la distancia entre el romano y el bárbaro era la misma que separaba al bípedo del cuadrúpedo, pero esta romanidad esencial no era incompatible con el sentimiento de pertenecer a una parte privilegiada de aquel gran conjunto.

La decadencia y fin del Imperio Romano de occidente es uno de los grandes temas de la Historia Universal; las teorías para explicarlo son muchas y ninguna satisface por completo: a la antigua boga por la explicación militar, simbolizada en las hordas de bárbaros saqueando los palacios romanos, sucedieron las tesis basadas en las crisis económicas y sociales; la decadencia militar no sería una causa, sino un efecto. Ambos tipos de explicaciones no son incompatibles; hubo, sin duda, profundas causas sociales: ruina de los pequeños agricultores que perdían sus tierras o las donaban a un señor para volver a recibirlas en calidad de colonos, ensanchamiento de las diferencias sociales, revueltas; también graves problemas económicos y monetarios: formación de dos circuitos, uno de monedas de oro, sólo accesible a los privilegiados, y otro de monedas de bronce, responsables de una inflación que en vano se quiso restringir con edictos fijando precio a las mercaderías. Pero sin hablar de los cambios de mentalidad, también profundos, los motivos puramente político-militares fueron de gran envergadura; el

Imperio padecía de una contradicción en su cúpula que nunca pudo solventar: teóricamente era una república, pero en realidad era, o trataba de ser, una monarquía; de donde nacían continuas luchas por el poder, sin que los intentos de crear una dinastía estable se consolidaran, con lo que los poderes *de facto*, los pretorianos, los legionarios, decidían con arreglo a sus intereses y preferencias.

Dos emperadores hispanos cerraron la época brillante, aunque con programas distintos: Trajano (97-117 d. J.) llevó el Imperio a su máxima extensión con la conquista de la Dacia y Mesopotamia; Adriano, tras largas visitas de inspección, pasó a la defensiva y ejecutó numerosas fortificaciones en el *limes* o frontera. La situación general permaneció estable hasta mediados del siglo III, cuando arreciaron las embestidas de las tribus germánicas, presionadas ellas mismas por los jinetes de las estepas sobre las líneas del Rin y el Danubio. Apareció entonces con claridad que el ejército romano era indisciplinado e insuficiente; trescientos mil hombres eran pocos para defender unas fronteras tan extensas, pero muchos para ser bien remunerados, porque se trataba de mercenarios desarraigados que no combatían en defensa de sus propios lares. Las inscripciones sepulcrales señalan la presencia de galos y otros pueblos en Hispania, y de militares de origen hispano en guarniciones del Rin y hasta de Oriente. La indisciplina de estos mercenarios llegó al colmo a mediados del siglo III; diversos jefes militares lucharon entre sí por el título imperial, y esta anarquía facilitó la ruptura de las líneas fronterizas de occidente, lo que acaeció, por lo menos, en dos ocasiones: entre el 262-268 y hacia el 276. Las consecuencias para Hispania fueron tremendas porque en el interior no había nada prevenido para resistir a los germanos; tres siglos antes los aguerridos cántabros y celtiberos les hubieran hecho frente, pero la *Pax Romana* los había desarmado; habían cesado las luchas tribales, se vivía en seguridad, las ciudades no estaban fortificadas; indicios de bienestar que podían transformarse en tragedia. Los textos literarios son poco explícitos, pero las ruinas detectadas por los arqueólogos son elocuentes: todo el litoral mediterráneo quedó arrasado; el interior sufrió menos, pero también se aprecian destrucciones en la Meseta, y no sólo en las ciudades, sino en las villas donde moraban los latifundistas.

Hubo después una recuperación y un reajuste general a las nuevas circunstancias en todo el Imperio, que tomó formas claramente monárquicas y contó en el siglo IV con emperadores enérgicos. Se restauraron las ciudades, pero en tamaño más pequeño y ceñidas por muros que hacían incómoda la estancia. Se restauraron también las villas rústicas, aunque sin la esplendidez de las anteriores. En esta última fase de la Hispania romana todo habla de un descenso de la población y la riqueza; la Bética dejó de exportar su aceite; muchas explotaciones mineras y la mayoría de las instalaciones pesqueras del Estrecho no reanudaron sus trabajos, o lo hicieron a pequeña escala. Los hallazgos artísticos son inferiores en cantidad y calidad. Abundan, en cambio, los hallazgos de tesorillos que denuncian un clima de temor e inseguridad.

Otra novedad importantísima trajo el Bajo Imperio: la propagación del Cristianismo. Ningún tema de nuestra historia tiene orígenes tan oscuros, ninguno ha sido contaminado con tantas fábulas y leyendas; prescindiendo de las invenciones de los que podríamos llamar «falsificadores profesionales» del siglo XVII, ya de mucho tiempo atrás corrían relatos sobre los primeros tiempos cristianos que la crítica más elemental no puede admitir: Santiago no pudo predicar en España porque murió en Palestina antes de la dispersión de los apóstoles; de la Virgen del Pilar no hay noticias antes del siglo XIII; san Pablo manifestó su intención de predicar en Hispania, pero no hay ningún testimonio de que llegara a hacerlo; los «innumerables mártires de Zaragoza» fueron dieciocho... ¿Qué es lo que podemos decir con seguridad en esta materia?

Podemos afirmar que las religiones de los primitivos pueblos de Hispania fueron conservadas tenazmente entre campesinos y pastores, mientras en las ciudades se introducían las divinidades del Olimpo grecorromano y el culto a Roma y el emperador. En esos mismos medios urbanos hallaron seguidores cultos orientales como los de Isis y Mitra, y también halló acogida otra religión llegada de oriente, el Cristianismo. El cuándo y cómo no se sabe, pero hay muchos indicios de que antes del siglo III ya estaba bien implantada en ciudades de las zonas más romanizadas, y que el África romana, o sea, la actual Túnez, debió desempeñar un papel importante en la evangelización. Religión urbana, pues, de clases altas y medias, no religión de esclavos y oprimidos, como se ha venido diciendo. Quizás la primera semilla se depositó en las juderías y luego se extendió a gentiles ansiosos de encontrar respuesta a los problemas de la vida y del más allá; no es casual que sarcófagos y necrópolis nos proporcionen sobre este Cristianismo primitivo una información abundante, complementaria de la muy escasa que nos ofrecen los textos literarios. Muchos sarcófagos, los mejores, los más caros, venían de África y de Roma; sólo podían encargarlos familias que disponían de elevados recursos.

Las pocas noticias sueltas que tenemos del Cristianismo hispano en el siglo III contrastan con la relativa abundancia de datos que poseemos del IV. A comienzos del mismo se celebró un concilio en Iliberis, la actual Granada, con asistencia de diecinueve obispos y veinticuatro presbíteros, la mayoría de la provincia Bética, pero también hubo representantes de Cartagena, Évora, Toledo, Mérida y León, lo que demuestra no sólo la extensión de la nueva fe, sino una conciencia de unidad. La ausencia de obispos gallegos y cántabros es significativa. Sin embargo, Galicia se incorporó también, y con cierto protagonismo, a la nueva fe por la predicación del controvertido Prisciliano, sobre el sentido social de su doctrina se ha escrito mucho pero se ha probado poco.

La persecución desencadenada por varios emperadores contra la nueva creencia tuvo raíces políticas; los cristianos negaban el culto a Roma y sus símbolos, lo que se consideraba como un acto de traición. Arreció la persecución a fines del siglo III y comienzos del IV, precisamente como factor de lucha contra una de las presuntas causas de la decadencia. Incluso emperadores excelentes como Diocleciano creyeron que debían tratar de aniquilar aquel culto extraño, aquella mentalidad universalista contraria a las tradiciones de Roma. No sabemos cuántas fueron las víctimas de las persecuciones; centenares, quizás miles en toda Hispania; no se trataba de matar a todos los cristianos, sino a las cabezas, los dirigentes, privar a los simples adeptos de los derechos cívicos, destruir sus iglesias, libros sagrados y objetos litúrgicos. Algunos mártires consiguieron perenne celebridad después de que Constantino devolviera la paz a la Iglesia: santa Eulalia de Mérida, Justa y Rufina, que en Hispalis tenían un modesto comercio de objetos de loza; santa Engracia de Zaragoza, san Félix de Gerona y otros cuya memoria permaneció a través de los siglos, porque la veneración a los mártires y sus reliquias no fue sólo característica del Cristianismo primitivo; se conservó con enorme fuerza a través de los siglos y sirvió de base a monumentos, peregrinaciones, ritos y numerosos testimonios de religiosidad popular.

No es fácil representarnos hoy, tras el descenso tan acusado del sentido de lo numinoso, de lo sagrado, lo que significaba para una población la posesión de reliquias de estos mártires; sólo más tarde y en mucho menor grado se valoraron también las reliquias de los *confesores,* de los que habían conseguido la bienaventuranza por sus virtudes, pero no habían derramado su sangre entre tormentos. Aquellos héroes y heroínas se consideraban protectores no sólo de individuos, sino del conjunto de la ciudad, a cuyo prestigio contribuían en grado sumo. El deseo de poseer estos protectores o de aumentar los que ya se tenían explica que durante los siglos posteriores, casi hasta nuestra misma época, los pueblos aceptaran y defendieran falsedades patentes y que en los templos se acumularan reliquias inverosímiles.

Descansar eternamente protegidos por estos intercesores era la máxima aspiración de los cristianos. Las ideas de los paganos sobre la supervivencia eran confusas y contradictorias; tan pronto se representaba a los muertos como sombras que vagaban por el Averno llenos de nostalgia por su pasada existencia terrestre, como se los imaginaban habitando en la tumba, prolongando la vida en compañía de sus seres queridos, como expresa la lápida sepulcral de una matrona de la Bética: *Haec est domus mea cum meis,* «ésta es mi casa (que comparto) con los míos». Las ideas de los cristianos sobre la vida de ultratumba eran más definidas y más consoladoras. Rechazaron la cremación de los cadáveres, tan frecuente en la Antigüedad, y practicaron sólo el rito de la inhumación, más acorde con la doctrina de la resurrección de la carne. El estudio de las necrópolis es tan interesante para conocer las mentalidades como los detalles de la vida del difunto; las inscripciones sepulcrales son, con mucho, las más frecuentes y proporcionan material para el estudio de la sociedad, demografía, profesiones y otros muchos aspectos de la vida en la Antigüedad.

El cambio de ideas y costumbres, el celo y proselitismo de los cristianos, aumentó paulatinamente su número; cuando en el año 313 el emperador Constantino les otorgó la libertad religiosa todavía eran minoritarios en el Occidente; dos clases, las dos clases extremas de la sociedad, permanecían refractarias: la más elevada, constituida por senadores y altos funcionarios, eran paganos por patriotismo, por afecto tradicional a la religión del Estado y sus dioses tutelares. También intervenía un factor cultural: ¿cómo renegar de las divinidades loadas y descritas por Homero, Virgilio y Ovidio? En el otro extremo, la plebe urbana estaba muy apegada a los espectáculos públicos de los que disfrutaban gratis, y que la Iglesia cristiana proscribía, los de los anfiteatros por su crueldad, los teatrales por contrarios a la moral. La resistencia de la gran masa de los campesinos se basaba sobre todo en la ignorancia, la rutina y el apego a sus viejas creencias, que en muchos casos eran ritos, supersticiones antiquísimas, mezcladas con algunos elementos tomados del Olimpo grecorromano.

Tras la fugaz reacción protagonizada por Juliano *El Apóstata* fue otro emperador hispano quien infligió el golpe mortal al paganismo. Teodosio no era un hombre culto como Trajano y Adriano, sino un duro administrador y guerrero, salido de una familia riquísima de la Meseta. Por íntima convicción o por creer que la unidad religiosa fortalecería al Imperio, empeñado en una lucha a muerte contra los bárbaros, entre 390 y 392 dictó varios decretos prohibiendo el culto público y privado a los antiguos dioses; sólo el culto cristiano en su versión católica (crecía con gran fuerza en Oriente la herejía arriana) sería permitido. Su hijo y sucesor Arcadio asestó otro golpe a la cultura tradicional aboliendo los espectáculos públicos. Una generación más tarde ya el paganismo entre las clases altas se consideraba extinguido, mientras la religiosidad popular se degradaba al nivel de supersticiones residuales en los medios rurales *(pagani)*.

* * *

La época visigótica es una especie de agujero negro en nuestro pasado por la escasez de información y la lentitud de los cambios; tuvo una duración aproximada de tres siglos, tanto como toda la Edad Moderna, pero si ésta ofrece información para llenar miles de volúmenes, todo lo que sabemos y podemos decir acerca del reino visigodo cabe en una docena; el arrasamiento causado por la invasión árabe se llevó por delante toda la documentación oficial. La privada debió ser muy poca; había tal escasez de soportes que se utilizaban láminas de pizarra para burilar toscamente unas palabras. La literatura visigoda, la fuente de nuestra información, se reduce en lo esencial a unos escuálidos cronicones, una importante compilación jurídica, el Fuero Juzgo, y documentación eclesiástica, en la que sobresalen por su interés los cánones de los concilios, ricos en detalles también sobre la situación de la población laica.

Las fuentes arqueológicas también son de una pobreza extrema; se interrumpió la construcción de obras públicas; apenas hay restos de villas y, lo que es muy significativo, las excavaciones en los recintos urbanos han proporcionado muy poco y muy pobre material; sólo una delgada capa entre el nivel romano y el musulmán, de cronología incierta por la dificultad de distinguir lo tardorromano de lo visigodo. Estas carencias son por sí mismas elocuentes: testimonian la ralentización de las actividades, la ruralización de la sociedad. En este desierto destacan algunos oasis en los que se ha volcado la atención de los historiadores: la formación del primer Estado hispánico, la fusión de razas, la obra de san Isidoro.

La formación de un Estado hispánico tenía su precedente en unas divisiones administrativas de la Hispania romana cada vez más ajustadas a la realidad; la última, debida al emperador Diocleciano, incluía la diócesis de Hispania en la prefectura de las Galias; dicha diócesis, a cargo de un *Vicarius Hispaniarum*, de cuya actividad tenemos pocas noticias, comprendía las provincias Bética, Cartaginense, Tarraconense, Gallecia y Lusitania. Luego se le agregó la Baleárica y también pertenecía a dicha diócesis la Mauritania Tingitana, o sea, la mayor parte de Marruecos, aunque la romanización se limitara a las llanuras. El Estado visigodo, tal como quedó configurado tras la absorción del reino suevo y la expulsión de los bizantinos que se habían apoderado del litoral sureste, coincidía en lo esencial con la diócesis de Hispania y además comprendía la Septimania, o sea, el sureste de la

Galia. Fue la prefiguración de un Estado español, y su *pérdida* fue lamentada como «la pérdida de España», motivo de una larga *reconquista.* Fue el referente privilegiado para muchas generaciones posteriores; una época deprimida, una sociedad injusta se idealizaron, poniendo el acento en el conquistador, en el elemento germánico, extendiendo arbitrariamente el *goticismo* y aupándolo sobre la masa infinitamente superior de los hispanorromanos, a pesar de la imposibilidad de demostrar la filiación de las capas superiores de la población hispana medieval respecto a sus hipotéticos antecesores visigodos, a pesar de que las comarcas cuyos habitantes reclamaban la hidalguía universal eran precisamente las que habían sido más refractarias a la penetración de los godos. Y estas inconsecuencias, estas palmarias contradicciones, dominaron el pensamiento e incluso buena parte de la literatura histórica de nuestro Siglo de Oro.

Despojada de estos oropeles, la España visigoda se nos aparece plena de contradicciones y con más elementos negativos que positivos. La cúpula del poder adolecía del mismo defecto que el Imperio Romano: una monarquía electiva, abierta por su propia esencia a todas las ambiciones. En teoría, todos los godos eran electores; en la práctica, solamente los más poderosos, los introducidos en el palacio real *(officium palatinum)* y el Consejo *(Aula Regia).* Después del III Concilio de Toledo también los prelados católicos intervinieron en la elección, y trataron de proteger la persona del rey mediante la ceremonia de la unción con el óleo consagrado que les daba el carácter de representantes de la divinidad, y redactando los cánones más explícitos contra los que atentaran contra su persona; pero todo fue inútil contra la ambición de los jefes de facciones que no dudaban en recurrir a la sublevación y el asesinato para conseguir sus fines.

Error común es imaginarse a las tribus germánicas como hordas sedientas de sangre y de botín; había entre ellas grados de comportamiento relacionados con su más o menos larga convivencia con los romanos; vándalos y alanos dejaron bien acreditada su mala reputación. Los suevos esparcieron el terror por varias regiones de España antes de formar en Gallecia un reino relativamente estable. Los visigodos, cristianos de la secta arriana como los suevos y vándalos, frecuentaron las fronteras del Imperio desde Macedonia hasta los Pirineos, unas veces como atacantes, otras como defensores a sueldo. Su comportamiento y el de los emperadores parece incomprensible; asaltan y saquean Roma el año 410 y a poco los vemos subvencionados por Roma para que actúen en su nombre y limpien Hispania de las tribus que merodeaban y los bagaudas que saqueaban villas y ciudades. La explicación, sin embargo, es simple: los jefes bárbaros no eran caudillos sedientos de gloria y de conquistas, lo que querían era proteger a sus pueblos de los ataques de los nómadas de las estepas, proporcionarles un territorio donde encontraran seguridad y alimentos. La región ideal era África, o sea, Túnez, fértil en granos hasta la llegada de los nómadas de Arabia; dos veces trataron los visigodos de llegar allí sin conseguirlo; realizaron la hazaña los vándalos partiendo del estrecho de Gibraltar.

Los visigodos recibieron tierras en el sur de Francia y se les garantizaron unas raciones de trigo; a cambio pusieron un poco de orden, colaborando con los grandes propietarios y lo poco que quedaba del ejército imperial; una parte de ellos quedaron establecidos en Hispania, pero el centro del poder visigodo permanecía en la Galia; en 451 contribuyeron a rechazar la gran ofensiva de los hunos de Atila. La relación de los visigodos con los romanos fue cambiando de carácter al paso que la posición de los emperadores se debilitaba; de soldados asalariados se convirtieron en miembros de un Estado independiente, el reino de Tolosa, que seguía manteniendo con Hispania relaciones mal definidas y enviando al sur de los Pirineos colonos militares y populares que extendían su área de influencia en todas direcciones, aunque el estudio de sus necrópolis revela que sus asentamientos más densos estaban en la zona triguera de la Tierra de Campos y los rebordes montañosos que separan la cuenca del Duero de la del Ebro. El traslado definitivo del pueblo y la visigoda monarquía de la Galia a Hispania ocurrió como consecuencia de la batalla de Vouillé (507), en la que los francos derrotaron a los visigodos.

La nueva capital fue Toledo, elección explicable por su posición central y el carácter inexpugnable de su emplazamiento. Desde allí, los reyes visigodos completaron la unidad de Hispania. Atanagildo fue el primer rey visigodo que usó manto, cetro y corona, pero a costa de ceder a las tropas bizantinas enviadas por el emperador Justiniano unas bases en la costa que fueron ampliando con la colaboración de los habitantes de la Bética y la Cartaginense. Esta misma oposición de las poblaciones del sur al dominio visigótico explica la ayuda que prestaron a Hermenegildo, hijo de Leovigildo, usurpador del trono, derrotado y muerto en prisión. Cuando su hermano Recaredo sucedió a Leovigildo se convirtió al Catolicismo, consciente de que la diferencia religiosa era el principal obstáculo para la fusión entre visigodos e hispanorromanos.

Fue abolida también la prohibición de matrimonios mixtos, dictada seguramente por el temor de que la minoría visigoda quedara diluida en la mayoría hispanorromana. No sabemos hasta qué punto se produjo una mezcla de razas, ni cuál era entonces el volumen de población; hay autores que la rebajan hasta menos de cuatro millones a causa de las epidemias, abandono de tierras cultivables y despoblación de las ciudades. Es posible que estos cálculos sean exagerados; de todas formas, los hispanorromanos se contaban por millones, mientras que los visigodos a lo sumo serían doscientos mil, pues solamente en algunas comarcas centrales formaban grupos compactos; por eso la mezcla de razas debió influir poco en la etnia hispana.

Lo mismo puede decirse de la cultura en general; el arrianismo desapareció en España sin dejar trazas; de su lenguaje, prescindiendo de algunos nombres propios, sólo quedan una docena de vocablos en el español actual, entre ellos *guerra,* que nada tiene que ver con el latín *bellum* y en cambio está emparentado con el alemán *krieg;* recuerdo de la especialización de funciones que se produjo en la Península: las armas, privilegio de los invasores; las artes de la paz para los sometidos. En la controvertida cuestión de la legislación visigoda advertimos, por encima de las dudas que todavía existen, cómo hay una confluencia del Derecho romano y de las leyes o costumbres germánicas, y cómo paulatinamente se llega a una síntesis en la que, permaneciendo algunos elementos germanos, prevalece, sin embargo, la tradición jurídica romana, que contaba con el apoyo de la masa de la población y el apoyo de la Iglesia Católica.

El largo proceso de construcción de un Estado llegó a su culminación entre la segunda mitad del siglo VI y la primera del VII; en el aspecto territorial, por la absorción del reino suevo y la recuperación de las comarcas conquistadas por los bizantinos, y en su estructura interna, por la equiparación de ambas razas, los matrimonios mixtos y la unidad religiosa realizada cuando en el III Concilio de Toledo, el año 589, una de las fechas más simbólicas de nuestra historia, Recaredo, con la mayoría de los nobles de su corte, abrazó el Catolicismo. Fuera de la unidad religiosa sólo quedaron los judíos, motivo principal, aunque seguramente no único, de las crudas persecuciones que desde entonces sufrió esta activa minoría urbana.

Exaltado por este panorama, san Isidoro, arzobispo de Sevilla, prorrumpió en una *Alabanza de España (De laude Spaniae)*, modelo de otras posteriores que, a pesar de su brevedad, es un texto fundamental para el estudio de la idea de España como nación:

> «De todas las tierras que se extienden desde el mar de Occidente hasta la India tú eres la más hermosa. ¡Oh sacra y venturosa España, madre de príncipes y de pueblos!... Tú eres la gloria y el ornamento del mundo, la porción más ilustre de la Tierra... Tú, riquísima en frutas, exuberante de racimos, copiosa de mieses, te revistes de espigas, te sombreas de olivos, te adornas de vides. Están llenos de flores tus campos, de frondosidad tus montes, de peces tus ríos...».

El texto, que sirve de introducción a la *Historia Gothorum*, termina con un elogio a «la florentísima nación de los godos», sucesores de la «aurea Roma» en los favores de España. A pesar de su brevedad este texto sugiere varias consideraciones. A fines del siglo IV un poeta galorromano, Ausonio, evocó en un poema las principales ciudades del mundo, comenzando, como es lógico, por Roma, seguida de Constantinopla y otras. De España ensalza a Hispalis, a la que parece conceder categoría de capital *(«Submittit cui tota suos Hispania fasces»)*, y después a Córdoba, Tarragona y Braga. San Isidoro, al elogiar a España, no menciona ninguna ciudad, ni siquiera Toledo, la *urbs regia*. Sólo ensalza sus campos, sus montes, sus ríos. ¿Indicio de la ruralización, de la decadencia de unas ciudades en las que poco había que elogiar? Podría ser. El elogio de los godos también es sintomático; superada la diferencia de religiones, ningún obstáculo había para que ambas razas se unieran en lo que Isidoro pinta como místicos desposorios con frases que, a pesar de su aulicismo, no emplearía si los godos fueran sentidos por los demás españoles como opresores tiránicos. Pero lo que más nos interesa es la implícita y rotunda afirmación de una España con personalidad bien definida. Y que la suya no era una voz aislada lo confirma que la irrupción sarracena fuera después calificada como «la pérdida de España».

La familia de san Isidoro procedía de Cartagena y su traslado a la Bética pudo estar relacionado con los disturbios ocasionados por la invasión bizantina. Así se explicaría su entusiasmo por los godos cuando en toda España, y en especial en el Sur, seguía considerándose a los emperadores de oriente como la verdadera y legítima fuente de poder. La figura del santo se yergue como un monolito en medio del desierto; objetivamente sus obras numerosas y variadas no son de gran calidad, pero en una Europa donde los estudios conocían un profundo eclipse fueron estimadísimas, como lo prueba el gran número de manuscritos conservados. No hubiera podido redactar sus *Etimologías* de no disponer de una biblioteca excepcionalmente rica para la época; proporcionar un compendio de tipo enciclopédico del saber antiguo cuando los copistas de los monasterios se afanaban principalmente en reproducir textos litúrgicos fue un servicio a la ciencia que influyó en el renacimiento carolingio y perpetuó su memoria. Un siglo después Alcuino de York le llamó «doctor de todas las iglesias de lengua latina».

Nos explicamos el entusiasmo de la Iglesia española y su adhesión a la monarquía gótica si pensamos en las ventajas inmensas que le proporcionó la conversión de Recaredo al Catolicismo y el reconocimiento de éste como religión del Estado. El ya grande influjo que tenía como heredera de la cultura romana y soporte privilegiado de la sociedad hispana se acrecentó hasta convertirse en legitimador de las instituciones, aliado imprescindible de unos monarcas cuya autoridad era precaria, cuya vida misma estaba en continuo riesgo. La secular alianza del Trono y el Altar tuvo en esos años su comienzo. Se ensalza a los Concilios de Toledo como precedentes de las cortes, pero poco puede espigarse en sus actas que denote una intención de mejorar la estructura social, basada en la injusticia y la opresión de los débiles. Ningún interés tenían los obispos en promover reformas, y los sucesos relacionados con la deposición de Wamba son en este sentido bastante elocuentes: Wamba fue elevado al trono a la muerte de Recesvinto el año 672; sus ocho años de reinado registraron notables éxitos, narrados por san Julián, que como primado era la máxima autoridad de la Iglesia hispana; sofocó la rebelión del conde Paulo en la Septimania, dispersó una armada árabe que desde el norte de África pretendía alcanzar las costas de España, prosiguió la política de Chindasvinto y Recesvinto de fortalecer el poder real, acabar con la anarquía nobiliaria y robustecer el ejército; el pueblo visigodo había perdido gran parte de su vocación guerrera y los hispanorromanos hacía siglos que estaban poco familiarizados con las armas. Fue preciso ordenar a los terratenientes que enviaran un cupo de siervos para el ejército, pero solían enviar a los más inútiles. Wamba conminó con graves penas a los nobles y al alto clero (en la práctica venían a ser la misma cosa) que no obedecieran las leyes. Su descontento alentó la ambición de Ervigio; urdieron una trama para quitar el trono a Wamba sin quitarle la vida: le administraron una pócima que le privó momentáneamente del conocimiento, le revistieron del hábito monástico y le inhabilitaron mediante la tonsura clerical para ejercer el poder. Wamba acabó su vida en un monasterio. El alto clero intervino en la conjura, según resulta de las actas del XII Concilio de Toledo, que reconoció al usurpador como legítimo rey. El arzobispo de Toledo, Julián, que pocos años antes había ensalzado a Wamba, ahora colaboraba con sus enemigos. En aquellos años finales de la monarquía visigoda la postura de la jerarquía eclesiástica contrajo una grave responsabilidad, porque la actitud de los padres del XII Concilio no fue un hecho excepcional; Sisberto participó en las conjuras contra Egica, sucesor de Ervigio, y en el acto final del drama aparece la figura legendaria de Oppas, arzobispo de Sevilla, aliado de los invasores árabes contra don Rodrigo. La triste suerte de la Iglesia española después de la batalla del Guadalete se forjó en la conducta irresponsable de sus más altos representantes.

Al egoísmo y la anarquía en los estratos superiores de la nación se sumaban la inercia de unas masas populares nada interesadas en mantener un orden social injusto. La escasez de población urbana era consecuencia de la debilidad de los sectores secundario y terciario: la artesanía, reducida a cubrir las necesidades más elementales y la fabricación de objetos de lujo para los nobles y las iglesias, seguía encuadrada en el ámbito gremial, y el escaso comercio estaba monopolizado por los judíos, cuya situación se agravó desde la proclamación del Catolicismo como religión oficial. Las medidas represoras distanciaron aquella minoría de las autoridades civiles y eclesiásticas, y éstas respondieron redoblando la violencia en una trágica espiral cuyas fases conocemos por la legislación recogida en el *Forum Judicum.* Recaredo obligó a bautizar a los hijos de matrimonios mixtos; Sisebuto decretó la conversión obligatoria de todos los judíos; el IV Concilio de Toledo reconoció que esta medida no era conforme al espíritu evangélico, pero, ante el hecho consumado, debían comportarse como cristianos. Una conspiración urdida contra el rey Egica acarreó la sentencia de esclavitud contra todos los judíos, pero quizás la medida no alcanzó efectividad, puesto que al ocurrir la invasión árabe vemos a los judíos cooperando activamente con los invasores.

La gran mayoría de la población pertenecía al campesinado. En una sociedad prefeudal no era fácil la existencia de los pequeños propietarios, godos o hispanorromanos; por eso muchos preferían «encomendarse» a un señor en calidad de *bucelarios,* un grupo que recuerda al de los *clientes* romanos; formaban el séquito del señor que los alimentaba y en el caso de los grandes señores podían suministrarle la base de un ejército privado.

Los colonos procedían de la situación existente en el Bajo Imperio; eran hombres libres en teoría, pero no podían abandonar la tierra que cultivaban, pues en una época de gran debilidad demográfica una tierra sin cultivadores carecía de valor. La prestación que el colono debía entregar al señor era variable: una parte de la cosecha o una cantidad fija. Su posición social era intermedia entre la libertad y la esclavitud, dependiendo en gran medida del carácter del señor y del *villicus* que administraba sus fincas.

No conocemos la proporción de siervos que había en la sociedad visigótica, pero no cabe duda de que era muy elevada. La Iglesia retomó el cambio de mentalidad que desde el Bajo Imperio había mejorado su suerte; se le reconocían ciertos derechos: podía casarse y tener un peculio con el que eventualmente podría conseguir la libertad. Pero, como gran propietaria, inmersa en el orden social existente, la Iglesia consideraba la esclavitud como una institución necesaria, consecuencia del pecado, en lo que seguía las huellas de san Pablo; aconsejaba que se tratara bien a los siervos, pero desaprobaba que algunos sacerdotes, llevados de un celo indiscreto, procedieran a manumisiones que podían arruinar a las iglesias; se consideraba que el mantenimiento de una parroquia requería el trabajo de doce siervos, lo que indica que el excedente generado por éstos era muy pequeño, de acuerdo con la escasa productividad de unas técnicas completamente estancadas.

La importancia que tenía la esclavitud en aquella sociedad nos lo revela el amplio lugar que ocupaba en la legislación, tanto civil como canónica; el Fuero Juzgo consagra las 21 leyes del libro IX, título I, al solo tema de los siervos fugitivos, que debía ser algo frecuentísimo; se conminaba con graves penas a los pueblos en los que se albergaban, a los que les daban trabajo en sus fincas, a los que facilitaban su huida... Hechos en los que se adivinan no sólo motivos de humanidad, sino deseos de aprovecharse de una mano de obra escasa, a la vez que denuncian el riesgo de un sistema que impulsaba a tantos a intentar la evasión. Una de las leyes prohibía al amo matar a su siervo so pena de destierro y confiscación de bienes, pero podía librarse de la pena simplemente buscando unos testigos que dijeran que el siervo lo había amenazado o que el amo no había tenido intención de matarlo. Otra ley prohibía a los «amos crueles» las mutilaciones corporales de sus esclavos. Los matrimonios entre señores y esclavos se consideraban una abominación digna de las mayores penas, y también las simples relaciones sexuales entre una señora y su esclavo. De los abusos de que hacían objeto tantos señores a sus siervas nada se dice. Son lacras permanentes del fenómeno esclavista, porque esas leyes visigóticas nos recuerdan cosas que pasaban no más lejos que el pasado siglo en Estados Unidos; agravados, por supuesto, en una época en la que la violencia era tan habitual que la ley eximía de responsabilidad al maestro que *corregía* al discípulo, aunque de las heridas recibidas se le siguiera la muerte.

El descontento de la gran masa de la población rural, libre o esclava, se manifestaba en revueltas de las que tenemos poca información. Ya hemos referido en páginas anteriores que en el movimiento priscilianista, muy activo en el noroeste, quizás hubiera, bajo apariencias religiosas, una inquietud de tipo social, hecho frecuente hasta los comienzos de los tiempos modernos. Prisciliano, de origen galaico, fue condenado por su misticismo heterodoxo, mezclado con ideas gnósticas y de exagerado ascetismo, en varios concilios, pero esta condena de carácter espiritual sirvió de pretexto al emperador Máximo para arrogarse el título de defensor de la fe ordenando su ejecución en Treveris (385). Fue el primer hispano muerto bajo la acusación de herejía, aunque no por el poder eclesiástico, sino por el civil. La muerte de Prisciliano no impidió que sus seguidores se mostraran muy activos, sobre todo en la Gallecia, hasta finales del siglo VI.

Pueden también rastrearse motivaciones sociales en el extraordinario desarrollo de la vida monacal, posible refugio de seres maltratados, insatisfechos; formaban comunidades numerosas regidas por alguna de las muchas reglas que entonces se dictaron. Su importancia económica era grande: combinaban la oración con el trabajo, laboraban tierras, criaban ganados, por sí mismos y ayudándose por siervos. Procuraban también disponer de las artesanías esenciales para ser en todo lo posible autosuficientes. Otros buscaban la evasión por el camino opuesto: se aislaban en vez de agruparse; eran anacoretas, ermitaños, se enclaustraban en un lugar o, por el contrario, se dedicaban a un vagabundeo (los *giróvagos*); una picaresca con apariencias religiosas que siempre ha existido.

Nada tiene de extraño que en una sociedad muy sacralizada la religión fuera utilizada como válvula de seguridad por los descontentos. En las alturas el problema tenía otros matices; los altos cargos eclesiásticos fueron capturados por los ambiciosos que los utilizaron para sus propios fines. En realidad, la Iglesia más que responsable fue víctima de unas circunstancias cada vez más deterioradas. Las luminosas perspectivas abiertas por los Concilios III y IV, la unión religiosa, la unión de razas, el reforzamiento del Estado, todas aquellas promesas se derrumban después de la deposición de Wamba. Los sucesos ocurridos en los últimos reinados son muy oscuros; faltan fuentes; las pocas alusiones que pueden espigarse en las crónicas posteriores aluden a la división de la clase dirigente en facciones irreconciliables; sin duda por eso existen dos tradiciones acerca del rey Witiza: una favorable a su memoria y otra que lo describe como un tirano, justificando así la elección de Rodrigo contra las aspiraciones de los witizanos. La traición de éstos en la batalla del Guadalete y la legendaria *pérdida de España* fue el acto final del drama de un reino «dividido contra sí mismo», según la expresión evangélica, y condenado a perecer.

Capítulo II
Conquista y Reconquista

En 1937 apareció, póstuma, *Mahoma y Carlomagno,* de Henri Pirenne, una de las obras históricas más importantes del siglo XX. Su tesis puede resumirse así: las invasiones germánicas, aunque espectaculares, no cambiaron las bases económicas y sociales creadas por el Imperio Romano; los nuevos Estados se adaptaron a las antiguas circunscripciones, el ordenamiento jurídico cambió poco y lo mismo ocurrió con las relaciones sociales; los germanos se integraron, adoptaron la religión de los vencidos, la gran propiedad siguió dominando en el agro, persistió la vida urbana porque persistieron las relaciones económicas y el Mediterráneo siguió siendo un frecuentado medio de comunicación. Con las conquistas de los árabes en el siglo VII todo cambió: en el este del Mediterráneo el Imperio Bizantino se defendió bien y mantuvo su prosperidad, pero en Occidente las comunicaciones marítimas se hicieron raras y peligrosas, el comercio internacional casi desapareció, apenas circuló ya la moneda de oro, la economía se contrajo, las ciudades disminuyeron de número y tamaño, los soberanos, que no disponían de numerario, empezaron a pagar los servicios con tierras, el enquistamiento económico transcendió al ámbito político y social anunciando la aparición del feudalismo. Esta tesis, sostenida con gran talento y copia de datos, ha sido después discutida y, en parte, demolida, pero queda en ella mucho aprovechable. Su argumentación se aplica principalmente a la Galia y al Imperio de Carlomagno.

El caso de España es distinto; aquí la llegada de los árabes rompió lazos marítimos, pero creó o reforzó otros nuevos; era una nación partida en dos, una bajo la sombra de Mahoma y otra que se amparaba en Carlomagno, y esa misma duplicidad la hallamos en todos los campos de la actividad humana, por ejemplo, el nervio del comercio internacional, la moneda de oro. A fines de la monarquía visigoda las pocas monedas de oro circulantes eran muy pequeñas y de muy baja ley: no más de diez quilates. El comercio exterior no se interrumpió del todo, pero las antes activas comunicaciones marítimas habían descendido tanto que, por citar un solo ejemplo, una carta de Recaredo al papa Gregorio el Magno es contestada con enorme retraso porque encontrar un navío que fuera de Roma a España a veces tardaba años. Tampoco se cumplía en la España visigótica la continuidad de instituciones que postulaba Pirenne; la que tenía mayor vitalidad, el municipio, quedó truncada por la retirada de los poderosos a sus villas y la desaparición de los decuriones. El caso de España era muy distinto del de Francia, principal referente del historiador belga; aquí la conquista árabe revitalizó en vez de obstaculizar el papel del Mediterráneo como cauce de comunicación exterior.

Esto quiere decir que la Conquista y posterior Reconquista fueron fenómenos de inmensa trascendencia que singularizaron los destinos de España, haciéndola bascular hacia África y hacia Oriente hasta que la mayor capacidad potencial del Norte, de Europa, la integró de nuevo en su órbita. Este movimiento pendular, con muchos vaivenes, duró seis siglos y medio si lo hacemos terminar a mediados del siglo XIV, cuando, con la conquista del Estrecho por los cristianos, cesó toda posibilidad de intervención africana; el reino nazarita de Granada fue un mero epílogo que no podía alterar el hecho irrevocable de la reintegración de España al ámbito occidental. Ese dilatadísimo horizonte temporal se divide en dos fases de una desigualdad sorprendente: cuatro años de Conquista, seis siglos de Reconquista. La explicación de una disimetría tan llamativa ha de buscarse no sólo en la diversa actitud de las poblaciones concernidas, sino en una mayor solidaridad de los musulmanes a uno y otro lado del Estrecho frente a la ayuda muy escasa, muy esporádica, que a la España cristiana llegó a través de los pasos pirenaicos; no necesitaba el rico Occidente de las tierras de España, mientras que las poblaciones norteafricanas siempre codiciaron las tierras de la otra orilla.

Cumpliendo el mandato coránico de la *yihad* los árabes conquistaron con relativa facilidad el África bizantina, desde Egipto hasta Túnez. Tropezaron, en cambio, con feroz resistencia en el Magreb, cuya conquista y pacificación no terminó hasta el año 709 con la conquista de Tánger. Ceuta estaba en poder de los visigodos; según la tradición, su gobernador, el mítico conde don Julián, habría facilitado a los árabes el paso del Estrecho, por venganza personal o por connivencia con los partidarios y descendientes del rey Witiza. Es muy posible que esa leyenda encierre un fondo de verdad, y la posterior conducta de los witizanos lo apoya, pero, sin necesidad de apoyarse en la traición de un bando nobiliario, los árabes hubieran emprendido la conquista del Estado visigodo en cumplimiento de su misión religiosa, que además les ofrecía la perspectiva de abundante botín; una tarea en la que podían contar con la cooperación de los bereberes.

Prescindiendo de detalles como la batalla que tuvo lugar el año 711 (tanto da que fuera en el Guadalete, el Barbate o la Janda), hay una coincidencia sustancial entre las fuentes árabes y cristianas sobre el desarrollo de los acontecimientos. La más próxima a los hechos es la crónica redactada probablemente en Córdoba por un mozárabe el año 754; ofrece un relato muy superficial, insistiendo en los aspectos dramáticos: «Aunque todos los miembros se convirtieran en lenguas no podrían expresar los males sin cuento que afligieron a España». Las fuentes árabes son más tardías; recogen tradiciones alteradas por el paso del tiempo, lo que ocasiona divergencias, pero hay ciertas coincidencias en los hechos esenciales. Tarik, vencedor en el Guadalete, no encontrando resistencia eficaz después de su victoria, se encaminó a Toledo por el camino más corto y en la capital halló copioso botín. Su jefe inmediato, Muza, celoso del éxito de su subordinado, desembarca a su vez y sigue una ruta más occidental, capturando dos ciudades de primer orden: Hispalis (Sevilla) y Mérida. Ambos jefes se reunieron en Toledo. A partir de aquí un ejército musulmán se dirigió hacia el noroeste y otro por el valle del Ebro ocupó Zaragoza y Barcelona. En el 715 podía darse por terminada la Conquista de la Península, salvo pequeños enclaves. El avance continuó en años sucesivos hasta que en el 732 la caballería de Carlos Martel le puso término en Poitiers.

Éste es el esquema de los hechos, que da pie a ciertas evidencias, algunas conjeturas y también algunos misterios, como el de la palabra Al Andalus con que los conquistadores designaron el terreno ocupado, palabra cuyo origen y etimología son desconocidos. Es evidente, en cambio, que la Conquista de España no se debió tanto al poder de los vencedores como a la impotencia de los vencidos. No se sabe el volumen del ejército con el que Tarik se enfrentó a don Rodrigo; se habla de 12.000 hombres, en su mayoría beréberes, mientras que Muza habría contado con unos 18.000, con predominio de árabes. Otras partidas más pequeñas debieron cruzar el Estrecho, pero de todas formas hubieran sido absorbidas por los millones de nativos si en éstos hubiera habido una voluntad firme de resistencia.

Faltaba esa voluntad; la masa popular era pasiva y las clases dirigentes no consiguieron galvanizarla; el aparato estatal desapareció, quedando al descubierto la inconsistencia del Estado visigodo; la guerra se redujo a una serie de episodios inconexos, asedios de ciudades en las que los restos del ejército vencido trató de hacerse fuerte; donde las fortificaciones eran sólidas la resistencia duró meses, como fue el caso de Mérida, de la que se dice en el Ajbar Machmua que tenía unas murallas «como no han hecho otras los hombres». Pero este caso era excepcional; Córdoba, a pesar de su rango, tenía sus defensas en tan mal estado que el gobernador prefirió encerrarse con los pocos hombres con que contaba en la iglesia de san Acisclo. Los relatos de la Conquista son como una radiografía de la monarquía desaparecida: un conjunto de células gobernadas por jefes o clientelas locales que, al desaparecer el poder central, buscan una avenencia tratando de salvar lo que pudieran de sus intereses por medio de pactos. Conocemos el texto de uno de esos pactos, el que creó el protectorado de Todmir en Murcia, pero hubo otros casos y otras fórmulas, incluyendo la adopción de la religión triunfante, como hicieron los Banu Casi de Aragón. También se islamizaron los witizanos y recibieron en pago de su traición una parte del patrimonio fiscal del Estado, que consistía en miles de fincas rústicas con su correspondiente dotación de siervos y un inmenso tesoro de joyas, oro y piedras preciosas. Esta masa de bienes, que era lo que se habían estado disputando las facciones nobiliarias durante siglos, procedía de una parte del antiguo patrimonio del Estado romano, de otra de las incautaciones y confiscaciones operadas durante la etapa visigótica en los bienes de los condenados, los traidores, los vencidos. Después del Guadalete debió operarse una gigantesca rebatiña, atestiguada por los textos y por los hallazgos arqueológicos. El tesoro de Guarrazar es el más importante de los hallados hasta ahora, pero ¡cuántos otros permanecerán todavía enterrados! Esto explica que durante la Edad Media existiera toda una literatura de tipo esotérico, con recetas y encantamientos para hallar tesoros. Pues bien, a pesar de lo mucho que se ocultó, a pesar de que los fugitivos llevarían lo más fácilmente transportable, el botín de los vencedores fue enorme, sobre todo en Toledo, abandonada cobardemente sin lucha. Aunque adornada de detalles fantásticos, debe de tener un fondo de verdad la disputa entre Tarik y Muza sobre el hallazgo de la legendaria Mesa de Salomón, de incalculable valor.

Es lógico sospechar que en aquel ambiente caótico los bajos fondos también participaron del saqueo de iglesias y palacios, y que los esclavos y siervos de la gleba encontraron oportunidades para mejorar su condición. Los perdedores, en unos casos concertaron pactos para salvar lo salvable, otros se refugiaron en las montañas del noroeste, entre tribus indómitas que serían la base de una revancha; otros fueron retrocediendo lentamente hacia la Tarraconense y cuando la marea inundó también estas tierras se internaron en la Septimania y en los dominios de los reyes francos, y aquí ya no estamos en el terreno de las hipótesis, sino de realidades comprobadas, pues son muchos los documentos carolingios del siglo VIII referentes a los *hispani* llegados a la zona pirenaica, núcleo inicial de la Marca Hispánica.

Comparando la invasión árabe con la visigótica se aprecian profundas diferencias: aquélla fue fulminante, ésta muy lenta; las dos provocaron la entrada de etnias distintas cuya fusión con la nativa fue laboriosa. La reacción de la masa indígena fue en ambos casos muy débil, excepto en las poblaciones poco romanizadas del Norte. En ambos casos, diferencias religiosas oponían vencedores y vencidos, pero mientras en el caso de los visigodos no puede hablarse de persecución y al final se dejaron integrar e incluso concedieron un papel esencial a la Iglesia de los vencidos, la invasión arábiga fue una guerra religiosa, lo que añadió más violencia al fenómeno, y como la sede casi única del saber era la Iglesia Católica, las destrucciones operadas tuvieron efectos culturales muy nefastos. Nos imaginamos a los monjes llevando consigo algo de la herencia isidoriana, trasplantada a regiones remotas. Así se explica la presencia de numerosos ejemplares de las *Etimologías* en Occidente. De la antigua Septimania, fieramente disputada entre los musulmanes establecidos en Narbona y los francos, salieron para altos destinos algunos de los más destacados personajes eclesiásticos de la Galia carolingia: Agobardo, Claudio de Turín, Teodulfo, poeta y teólogo, colaborador de Carlomagno, quien lo nombró obispo de Orléans.

En el otro extremo, en el ángulo noroeste peninsular, a pesar de la rudeza de los habitantes, muy someramente cristianizados, un pasaje del Ajbar Machmua revela que también allí la lucha revestía un carácter religioso; refiriéndose a las consecuencias de la sublevación de Pelayo en Asturias dice: «Los muslimes de Galicia y Astorga resistieron largo tiempo hasta que... en el año 33 (o sea, en 748-749) fueron vencidos y arrojados de Galicia, volviéndose a hacer cristianos todos aquellos que estaban dudosos en su religión y dejando de pagar los tributos». El pasaje citado parece referirse a los indígenas, no a los bereberes de reciente y dudosa islamización. En todo caso testifica el tremendo caos no sólo material, sino moral que debía reinar en España por aquellas fechas. Es posible que aquellos años de mediados del siglo VIII representen el punto de inflexión más bajo de toda la historia de España; el país estaba nominalmente regido por el califa abbasí residente en Damasco a través de unos gobernadores o walíes entre los que no faltaron personajes de carácter, pero que no podían desarrollar una política coherente por el escaso tiempo que duraba su mandato (se sucedieron veinte en cuarenta años) y por la indisciplina de las tropas bajo su mando. No había diferencia clara entre el ejército y el pueblo invasor, y éste se hallaba dividido en cuatro etnias muy distintas y muy hostiles entre sí: los árabes de Arabia, por decirlo así; los *yemeníes* (del Yemen, en el extremo sur de la península arábiga); los sirios, mucho más al Norte, en la región de Damasco, capital de los abbasíes, y la masa de los bereberes, recién convertidos, de fidelidad dudosa y considerados de categoría inferior.

Aun antes de terminar la Conquista de España ya habían estallado las luchas entre árabes y bereberes; se quejaban éstos de que se les había relegado a las tierras más pobres. Puede sorprender que una pequeña minoría se quejara de no tener sitio en un país medio despoblado, pero hay que considerar que, como más tarde los españoles en América, lo que los invasores buscaban no eran tierras para cultivar, sino gentes que las cultivaran para ellos. A consecuencia de la invasión la producción agraria debía estar muy desorganizada; no sólo hubo fuga de propietarios, sino de los siervos adscritos a ella. Campos y caminos debían estar llenos de incontrolados, y los esfuerzos de las nuevas autoridades por fijar la población, establecer un catastro, normalizar la percepción de rentas y tributos, no debió de dar muchos resultados. Caminamos un poco a ciegas en este terreno, que es fundamental, porque no existe documentación pública ni privada y los cronistas árabes ignoran por completo a la población nativa; relatan con detalle las luchas de los invasores entre sí, pero no dicen una palabra de la población sometida, sumida en la pasividad y el desprecio; sólo más tarde, con la revuelta de los *muladíes* comienzan a aparecer en escena.

En líneas generales los árabes se reservaron las mejores tierras en los valles del Guadalquivir y del Ebro, y los bereberes se instalaron en zonas menos fértiles de León, Extremadura y Levante. La noticia de revueltas en Berbería contra los árabes, el resentimiento acumulado entre los bereberes de España y las consecuencias de unos años de gran esterilidad en los años 740 provocaron una formidable sublevación; no consiguieron los bereberes arrancar el poder a los árabes, pero hubo amplios movimientos de población. La consecuencia más importante fue el abandono de tierras en la zona noroeste, facilitando la ampliación del área que ya controlaba el recién creado reino asturiano.

Las noticias que tenemos sobre el origen de este reino proceden de crónicas muy posteriores que magnifican los hechos. Según la versión tradicional, Pelayo, de la noble sangre de los reyes godos, que en un principio había colaborado con los invasores, escapó de Córdoba y se dirigió, como tantos otros magnates, a las montañas de Asturias, encabezando una rebelión que triunfó en Covadonga, inicio de la Reconquista. La crítica actual admite el hecho reduciéndolo a sus justas proporciones; hubo una batalla, quizás no más que una escaramuza, en el año 718 o, según los cálculos actuales, un poco más tarde; unos centenares de enemigos murieron en el combate; otros perecieron ahogados en la retirada. Los cristianos vieron en estos hechos la mano de Dios. Los clérigos y magnates refugiados no sólo dieron un sentido providencial a estos hechos, sino que trataron de restaurar el sistema precedente, organizando una administración, una Iglesia, una corte a imitación de la visigoda que tras una breve estancia en Cangas de Onís se instaló en Oviedo, que llegó a ser pálido reflejo de la *urbs regia* toledana.

La unión de la tradicional agresividad de los montañeses y su tendencia expansiva con los principios racionalizadores y organizativos de los refugiados constituía un instrumento político-militar de gran eficacia, pero los gobernantes instalados en Córdoba no advirtieron la amenaza latente en aquella alianza hasta mucho más tarde. Con Alfonso I la monarquía asturiana inicia su expansión hacia el sur de las montañas, hacia las planicies de la cuenca del Duero, castigando con destrucciones sistemáticas su escasa población hasta formar un vacío estratégico, a lo que colaboró la voluntaria retirada de los bereberes.

A mediados del siglo VIII varios hechos decisivos cambiaron el rumbo de los acontecimientos: en Francia se consolidó el poder de la dinastía carolingia; en Italia, los lombardos expulsaron a los bizantinos de Rávena, último punto de apoyo que les quedaba en aquella península; en el mundo árabe, los califas omeyas son sustituidos y exterminados por los abbasíes, que trasladan la capital del Califato de Damasco a Bagdad. Abderramán, superviviente de la matanza, desembarca en Almuñécar y se proclama emir con el apoyo de su extensa clientela; se hace reconocer soberano, rompe lazos políticos con el Califato e instala su capital en Córdoba, restaurada de sus pasadas ruinas (756). La vieja capital de la Bética iba a revivir y superar sus días de esplendor y Al Andalus ya no sería una provincia lejana gobernada por emires sin autoridad y desgarrada por conflictos tribales. El primer emir independiente luchó por acabar con la anarquía y establecer las bases de un verdadero Estado.

Para ello tenía que luchar en varios frentes; la presión exterior todavía no era peligrosa; el peligro mayor era interno y dimanaba de la difícil coexistencia de razas y pueblos con intereses divergentes. La supremacía de los árabes no podía ponerse en cuestión, pero estaban separados por odios intensos: yemeníes contra sirios, partidarios de los omeyas y del nuevo poder abbasí; bereberes descontentos, y también aumentaba la fermentación entre los hispanos, ya se mantuvieran en la religión cristiana (*mozárabes*), ya se hubiesen convertido al Islam (*muladíes*). Para precaverse de tantos enemigos Abderramán I utilizó un recurso muy empleado también por sus sucesores: constituir un ejército permanente, mercenario, con gentes de toda clase y condición, incluyendo esclavos extranjeros (*eslavos*).

Se ha emitido la hipótesis, plausible, de que entre esta nube de adversarios de Abderramán I figurasen los árabes de la Frontera Superior, o sea, de lo que luego se llamó Aragón, y que buscasen el apoyo de Carlomagno ofreciéndole la plaza de Zaragoza; el Caudillo franco aceptó, pero a última hora los conjurados cambiaron de parecer y halló cerradas las puertas de la ciudad. Durante el regreso la retaguardia de su ejército, mandada por Rolando, fue atacada y destruida en el paso de Roncesvalles (778). El hecho causó en Occidente enorme impresión y fue inmortalizado por el más célebre de los poemas épicos. Aunque en la redacción que conocemos, bastante posterior al suceso, éste se presenta como una lucha entre cristianos y musulmanes, existe bastante acuerdo en que los vascos debieron ser los únicos o principales responsables de la tragedia.

Las noticias llegadas desde unas tierras del Norte que entonces parecían enormemente lejanas no interesaban mucho en el Sur, en la antigua Bética y sus aledaños, verdadero corazón de Al Andalus por su fertilidad, su proximidad al norte de África, sus puertos en comunicación con el Oriente. Córdoba se revistió de nuevas murallas, el emir trató con los cristianos para que le cedieran la basílica de san Vicente sobre cuyas ruinas edificó una gran mezquita. El engrandecimiento de la capital formaba parte de la política de Abderramán de fortalecer y prestigiar la dinastía; pero fuera de las familias ligadas a los Omeyas era escaso el grado de adhesión a la dinastía y al Estado. El largo reinado del primer emir independiente fue una inacabable lucha para reprimir disidencias, comprar fidelidades, armonizar grupos sociales que convivían sin conciencia ni voluntad de unidad, y lo mismo puede decirse de sus sucesores Hixem I y Alhakem I. El particularismo separatista era especialmente fuerte en Toledo, que señoreaba las tierras del Tajo Medio y cuya subordinación a Córdoba era nominal. Alhakem se valió de una treta para eliminar la oligarquía toledana. Con la misma energía feroz reprimió un movimiento insurreccional de la plebe de la propia Córdoba; los revoltosos fueron diezmados, ejecutados en gran número, arrasadas sus casas. Los supervivientes tuvieron que buscarse un hogar fuera de España y después de muchas vicisitudes se instalaron unos en la isla de Creta y otros en la recién fundada ciudad de Fez.

En tales circunstancias poca atención podían prestar los emires a lo que ocurría en las lejanas fronteras del Norte. Aún no se percibía con claridad el peligro y los emires se limitaban a enviar muy de tarde en tarde alguna expedición de castigo. En el ángulo noroeste el desinterés de los andalusíes era total; no les interesaban aquellas tierras húmedas y frías, buenas para acoger mozárabes perseguidos, pero no árabes refinados. Por su parte, los reyes asturianos no disponían de colonos suficientes para efectuar una repoblación sistemática, por eso se limitaban a efectuar incursiones profundas por toda la cuenca del Duero, incluyendo gran parte de la antigua Lusitania. Esta política tenía que conducir a la despoblación de las zonas más afectadas. Se ha discutido mucho sobre la efectividad de la despoblación de la Meseta norte; no se considera hoy que fuera total, como sostenía Sánchez Albornoz; trabajos arqueológicos y onomásticos demuestran que, agazapados en los repliegues del terreno, en especial entre el Duero y el Sistema Central, subsistieron pequeños grupos humanos en condiciones muy precarias. La repoblación con gentes venidas del Norte y llegadas del Sur estableciendo un cordón defensivo no tuvo lugar hasta el siglo X.

En la cuenca del Ebro y ángulo nordeste la situación era distinta; allí no hubo despoblación; acogiéndose a pactos o por medio de interesadas conversiones al islamismo subsistió la población anterior; incluso en los valles pirenaicos había una notable presencia humana. La lejanía e impotencia del reino cordobés favoreció la tendencia expansiva de la monarquía franca; tras la reconquista de Narbona los carolingios llevan su ofensiva al sur de los Pirineos: Gerona cae en poder de los francos el 797, Barcelona el 801, pero la ofensiva se detuvo en el Llobregat; con las comarcas al Norte del río se constituyó la Marca Hispánica que, según el modelo carolingio, debía ser antemural del Imperio. De aquí resultó una notable disimetría en el avance del proceso reconquistador que tuvo consecuencias perdurables para el orden futuro, político y cultural, de España: avanzando en un amplio frente desde las montañas cantábricas, lo que luego fue el reino castellano-leonés alcanzó la frontera del Tajo en 1085, fecha de la conquista de Toledo, mientras en el Este los cristianos, a pesar de la esporádica ayuda de los francos, no hallaban vacíos estratégicos, avanzaban muy lentamente frente a la oposición de una población arabizada que se pegaba al terreno; Zaragoza no cayó en manos cristianas hasta el año 1118 y Lérida en 1149. Esta ventaja espacial y temporal explica que, aun después de haberse desgajado Portugal, la Corona de Castilla tuviera en el conjunto peninsular una superioridad incontestable.

No debemos olvidar que estamos en el tiempo largo de unas sociedades que se movían con gran lentitud; lo que nosotros mediríamos en decenios o lustros entonces requería siglos. ¿Qué novedades aportó el siglo IX en Al Andalus? Los problemas seguían siendo los mismos; de tarde en tarde surgía una novedad, como la aparición en las costas andaluzas de aquellas temibles naves vikingas que por toda la Europa occidental remontaban los ríos y esparcían el terror y la destrucción. La condición de río navegable del Guadalquivir, excepcional en la Península, ventaja muy apreciable, en este caso resultaba contraproducente: los *mayus* (extraño nombre que se daba a los normandos) remontaron el río, asaltaron Sevilla, robaron y asesinaron a placer, y se extendieron por las cercanías sosteniendo a la vez violentos combates con las tropas de refuerzo enviadas desde Córdoba.

Este episodio, aunque enojoso, era excepcional, pero había otros problemas endémicos, casi diríamos estructurales, que cobraron especial violencia durante el mando de los últimos emires: desde la proclamación de Abderramán II en 822 a la de Abderramán III en 912, la heterogeneidad de la población y su incapacidad para integrarse en una patria común era una fuente perenne de inestabilidad. Los conflictos de estos grupos entre sí y con el Estado revestían con gran frecuencia carácter religioso, y no debe negarse la parte de sinceridad que hubiera en ese componente religioso, muy difícil de separar de otras motivaciones y del papel que situaciones de este tipo brindan a personalidades ambiciosas y audaces. También conviene tener presente, tratándose de una sociedad islámica en la que no existía distinción entre religioso y laico, sagrado y profano, que en lo que con cierta impropiedad llamaríamos *clero* musulmán de Al Andalus, muy estricto, muy influyente, predominaba la doctrina malekí, la más rigurosa, casi podríamos decir la más *integrista* de las cuatro escuelas ortodoxas en que se reparte el Islam sunní.

El fondo de la población andalusí seguía siendo el hispanorromano, con ligeras aportaciones visigodas y judías. La aportación árabe, importante en calidad y rango, no lo fue en cantidad; podríamos estimarla en unas cincuenta mil personas, verdadera aristocracia, acaparadora de cargos, tierras y distinciones. En el siglo IX las violentas luchas entre las diversas tribus y linajes árabes se fueron esfumando. Al contrario que los árabes, el número de bereberes no cesó de aumentar por el goteo constante de inmigrados. Su actitud respecto a los árabes seguía siendo distante y reivindicativa; en cambio, su religiosidad islámica era sincera, a pesar de su tardía conversión.

Los judíos desempeñaron un gran papel en los comienzos de la Conquista como auxiliares de los invasores; descendió después su protagonismo e incluso se manifestaron tendencias antihebraicas, pero, en general, se les respetó su condición de *gentes del Libro*, con autonomía interna en sus aljamas e intervención destacada en la gestión de asuntos públicos. Aunque hubo pocos conversos al Islam, su cultura se arabizó fuertemente, lo que acentuó su papel de intermediarios y transmisores respecto a las culturas árabe y latina.

El fenómeno más llamativo fue el de la conversión de grandes masas de nativos al Islam. Sobre la amplitud y ritmo de estas conversiones hay pocos elementos de evaluación; el esfuerzo más interesante ha sido hasta ahora el del profesor Richard W. Bulliet, quien, basándose en los numerosos datos que tenemos sobre escritores y ulemas, propone un modelo de conversión lenta, tardía. Un 10 por ciento en el siglo VIII, poco más de un 20 por ciento en el IX; en el X, o sea, en el esplendor del Califato, los musulmanes ya serían por lo menos la mitad de la población, proporción que subiría al 80 por ciento, y en el siglo XII sería islámica la casi totalidad de la población de Al Andalus. Hay que tener en cuenta que para dicha fecha ya se habían producido acciones violentas de almorávides y almohades con huida y deportaciones de cristianos.

El profesor Barceló discrepa; cree que la islamización fue más rápida en las clases rurales, lo que contradeciría la regla casi general del mayor apego de las masas campesinas a sus creencias tradicionales; pero hay que tener en cuenta que la cristianización de los campesinos en la época visigoda fue muy superficial y que no pocos pasarían directamente del paganismo al Islam. Cualquiera que sea la opinión que se tenga sobre estos cálculos es innegable que durante el emirato y el Califato, es decir, durante siglos, hubo una coexistencia relativamente pacífica entre las tres religiones, siempre respetando la supremacía del Islam. En principio, los matrimonios mixtos estaban prohibidos; si se producían, los hijos debían educarse como musulmanes. Los actos públicos de culto estaban prohibidos para judíos y cristianos; no se podían edificar iglesias o sinagogas sin autorización especial. Por último (y este hecho jugaba a favor de las conversiones), judíos y cristianos estaban sometidos al pago de impuestos especiales. Una evolución análoga tuvo lugar en Berberia, pero aquí el Cristianismo desapareció con más rapidez, lo que, sin duda, está en relación con la superficialidad de la implantación de la cultura romano-cristiana en esa zona.

Los cristianos que pasaban al Islam eran llamados *muladíes.* Como se trataba de un acto que cambiaba el estatus jurídico de la persona necesitaba estar acreditado en acto público. Un formulario notarial proporciona el modelo siguiente: «Fulano de tal, sano y en pleno dominio de sus facultades mentales, aporta testigos para este acto por el que renuncia a la religión cristiana y abraza la islámica. Afirma que no hay más Dios que Allah, el único; que Muhammad es su siervo, que Jesús, hijo de María, es su enviado, su verbo y su espíritu, que transmitió a María. Se ha purificado y ha rezado. Acepta las normas del Islam: ablución, limosna legal y peregrinación a la Casa Santa... Da gracias a Dios que lo encaminó al Islam, única religión, que anula las demás y las supera a todas. Su conversión ha sido espontánea, sin temor ni esperanza de recompensa.» Puede advertirse que el respeto con que son tratadas las figuras de Jesús y María facilitaría el paso que daba el converso y acallaría sus escrúpulos. A pesar de todo, los más ambiciosos no resistían la tentación de embrollar sus orígenes y hacerse pasar por descendientes de árabes, como hizo Ibn Hazm, el autor de *El Collar de la Paloma,* como hicieron tantos otros; por eso, basarse en la abundante literatura biográfica y genealógica para investigar procedencias es un método cuestionable. Con la conversión desaparecían las barreras jurídicas, pero permanecían las sociales; por eso, en los frecuentes movimientos de protesta los muladíes aparecían asociados a los mozárabes, los siervos y otras minorías descontentas.

Los mozárabes (plural de *mostarab,* mixto de árabe) eran cristianos de religión, pero arabizados en muchos aspectos; adoptaban nombres árabes, se preciaban de cultivar la poesía árabe, no comían productos del cerdo y en su atuendo y maneras mostraban el atractivo que ejercía sobre ellos una civilización considerada superior. Es una historia triste la de los mozárabes; en los tiempos que siguieron inmediatamente a la Conquista se beneficiaron de pactos y concesiones que, conforme se afirmaba y extendía el Islam, se fueron reduciendo. Formaban minorías influyentes en las grandes ciudades como Toledo, Córdoba, Sevilla. Tenían iglesias, clérigos, obispos incluso, que a veces celebraban concilios, y autoridades propias que aplicaban en los litigios las normas del Derecho canónico y el Fuero Juzgo. La autoridad superior era el *comes,* conde, que representaba a su pueblo ante las autoridades islámicas.

Esta situación legal parece favorable, y de hecho muchos mozárabes debían estar satisfechos con su situación, pero otros se resentían de las trabas legales y sociales que pesaban sobre ellos, y, sobre todo, había un grupo clerical exaltado que veía con indignación la pérdida de tradiciones, las conversiones, el retroceso irreversible del Cristianismo y la cultura clásica a él asociada. Piénsese que Eulogio, obispo de Córdoba y la figura preeminente de aquella comunidad, tuvo que viajar hasta una abadía de Navarra para procurarse obras tan esenciales como la *Eneida* de Virgilio y las *Etimologías* de san Isidoro. ¡A esto había quedado reducido el patrimonio cultural de la Iglesia visigoda! Este sentimiento de frustración y un hálito de enfermizo misticismo debieron ser los motores del extraño movimiento registrado en alguna parte del clero cordobés que provocaba el martirio voluntario; para ello bastaba pronunciar en público algunos insultos contra Mahoma y su doctrina, lo que conducía a la decapitación inmediata. El emir Abderramán II veía con disgusto estos incidentes; a petición suya se reunió un concilio que declaró no ser aquéllos auténticos mártires, sino más bien suicidas. Sin embargo, el clima entre los mozárabes cordobeses siguió siendo muy tenso; Mohamad I, nuevo emir, aumentó las medidas vejatorias contra los cristianos, incrementó los tributos, hizo demoler las iglesias edificadas después de la Conquista y sancionó la condena a muerte del obispo Eulogio, la figura más destacada de aquel grupo. Su delito era haber protegido la conversión al Cristianismo de una joven musulmana (año 859).

Más sosegada fue la existencia de los mozárabes de Toledo, ciudad que mantenía una actitud de resistencia permanente frente a las autoridades cordobesas y en la que la convivencia de credos y razas fue ejemplar. Florecientes fueron también, hasta las persecuciones del siglo XII, las comunidades mozárabes de Sevilla, Mérida y Zaragoza. Esta mozarabía urbana fue agitada por movimientos heterodoxos que revelan, de una parte, la insuficiencia doctrinal que afectaba a buena parte del clero y, de otra, la contaminación de conceptos islámicos; se referían a la Trinidad y a la divinidad de Cristo en un sentido que parecía querer acortar distancias con la doctrina coránica. La más famosa de estas herejías fue el *adopcionismo* (Jesús, no verdadero Dios, sino hijo adoptivo de Dios) defendida nada menos que por el arzobispo de Toledo, Elipando. La controversia fue seguida con gran interés tanto en la España cristiana del Norte (réplica a Elipando por el obispo Félix de Urgell) como en el resto de Occidente.

Sin duda hubo una relación entre la insurrección de Omar Ben Hafsun y estas inquietudes espirituales. Omar era nieto de un terrateniente de familia hispanogoda que había abrazado el Islam y, en calidad de muladí, había experimentado las ventajas e inconvenientes de este grupo. La polémica reinante acerca del significado del movimiento que acaudilló Omar no busca una causa única; es evidente que fueron varias, y que se inscriben en el confuso panorama de revueltas que sacudieron Al Andalus, y en especial sus comarcas meridionales, en el siglo IX. El descontento generalizado nacía de múltiples raíces: la arrogancia de la aristocracia árabe dominante, los esfuerzos de los emires por consolidar un Estado que no tenía bases firmes y que, a falta de un amplio consenso ciudadano, necesitaba el apoyo de un ejército mercenario. Este ejército, y los esplendores de la corte, requerían la recaudación de tributos, tarea difícil en una sociedad que generaba excedentes muy modestos, y como esta presión fiscal aceleraba el proceso de conversión, había que aplicarla también a los fieles islámicos transgrediendo las normas del Corán.

La guerrilla dirigida por Omar recogía, pues, descontentos de varia procedencia; desde Bobastro, en la serranía de Ronda, donde aún se conservan restos de una fortaleza y una iglesia, el movimiento insurreccional se extendió en todas direcciones: Archidona, Écija, Baena, Lucena, Elvira, Jaén, llegaron a estar en sus manos, siempre de forma ocasional, porque el movimiento que acaudillaba era esencialmente rural, no contaba con el apoyo de la burguesía urbana; algunas similitudes ofrecía con los *bagaudas* y con los carlistas catalanes del siglo XIX, que ocupaban ciudades, extraían de ellas recursos voluntarios, pero eran incapaces de retenerlas. Aunque hubo épocas en las que dominó territorios extensos y firmó paces, no logró crear ni siquiera el embrión de un verdadero Estado. Al final de su azarosa existencia Omar volvió al Cristianismo de sus antepasados o, por mejor decir, hizo público lo que mantenía en secreto, pues Abderramán III hizo desenterrar su cuerpo al tomar Bobastro para mostrar que no estaba circuncidado. Sus hijos, cristianos también, resistieron hasta el año 928 en que se entregaron a Abderramán III.

Había este emir asumido el poder supremo el año 912 en las difíciles circunstancias que hemos visto; el emirato cordobés parecía un edificio ruinoso, carcomido por las disensiones internas y amenazado por unos Estados cristianos septentrionales cada vez más agresivos; las incursiones de Ordoño II de León abarcaban casi toda la antigua Lusitania y en los límites de Galicia se consolidaba la repoblación cristiana. En La Rioja la situación seguía siendo muy confusa, el Ebro no actuaba como frontera. Toledo, con toda la zona del Tajo Medio, continuaba su tradición de autonomía, de rebeldía permanente frente a las autoridades cordobesas. En suma, inestabilidad interior y múltiples amenazas exteriores. ¿Cómo, partiendo de bases tan precarias, consiguió el emirato-califato cordobés elevarse a una situación tan brillante en el siglo X?

No tenemos suficiente información para dar respuestas decisivas; mucha parte del éxito tendría carácter más coyuntural que estructural y estaría ligado a las dotes personales de Abderramán III y de Alhakem II. Por lo pronto, que el primero reinara nada menos que cuarenta y nueve años (del 912 al 961) ya fue una baza importante a favor de la estabilidad; no introdujo cambios esenciales en la administración, sino que aplicó con firmeza aquellas normas esenciales que venían rigiendo la administración central y, sobre todo, el ejército; la población de Al Andalus, en general, no era guerrera, por eso los emires basaban su ejército en los contingentes árabes y bereberes, pero éstos eran indisciplinados; más seguridad podía tenerse en los esclavos comprados en los mercados especializados de Oriente y de la misma Europa; en algunas ciudades de Francia había judíos especializados en este tráfico; operaban, sobre todo, con prisioneros de pueblos del Este europeo, que por ello han recibido el nombre de *eslavos;* vendían castrados (eunucos) para el servicio doméstico; algunos llegaron a ocupar altas posiciones en la corte. La mayoría eran destinados al servicio militar, ignoraban la lengua del país, no se mezclaban con los indígenas y estaban sometidos a una rígida disciplina.

Sostener un numeroso ejército mercenario era costoso y daba origen a quejas por la dura fiscalidad, pero debió haber también en el siglo X andalusí un crecimiento económico, visible en el desarrollo de las ciudades. Ante todo, la de Córdoba; su campiña no estaba entonces desierta, la poblaban innumerables alquerías, de suerte que el límite de la aglomeración urbana se tornó impreciso: más allá de las murallas se extendían por largo trecho los barrios suburbanos, los campamentos militares y, sin solución de continuidad, la enorme ciudad residencial construida por Abderramán III en la falda de la sierra (Medina Azahara). Otra semejante, aunque de menores dimensiones, edificó Almanzor a fines del siglo en dirección opuesta: la Alamiriya. Las descripciones ponderativas de los contemporáneos y los restos de poblaciones periurbanas que aparecen en las excavaciones han llevado a calcular con enorme exceso la población de la Córdoba califal; es posible que en épocas de máxima concentración de tropas se rebasaran los cien mil e incluso ciento cincuenta mil habitantes en el conjunto de la aglomeración urbana, una cifra prodigiosa en una época en la que París y Roma no pasaban de cuarenta mil, pero hablar de medio millón carece de cualquier fundamento. Tras las sucesivas ampliaciones la gran mezquita llegó a tener diez mil metros cuadrados de superficie, suficiente para albergar gran muchedumbre en las horas de rezo.

La estabilidad política conseguida tras la derrota de los seguidores de Omar Ben Hafsun y la vuelta a la obediencia de Toledo, Mérida, Valencia y demás territorios insumisos favoreció la actividad económica, lo cual encajaba dentro de la favorable coyuntura de todo el Occidente en el siglo X. Pero, además, la España califal sacó provecho de sus relaciones con Oriente en cuanto a perfeccionamientos agrícolas, mejora y ampliación de las técnicas de regadío e introducción de nuevas plantas alimenticias que mejoraron la dieta y permitieron alimentar una población en fase de crecimiento: arroz, naranjo, caña de azúcar, melón, sandía, nuevas variedades de cereales y también plantas de aprovechamiento industrial como el moral y el algodón. Los avances agrícolas fueron a la par con los de la artesanía y el comercio a gran distancia. No existía una distinción clara entre marina comercial y de guerra; la actividad de las atarazanas servía indistintamente como factor comercial y defensivo. En ambos aspectos el ámbito sudeste, que miraba a la vez al Magreb y al Oriente, resultaba privilegiado, de ahí la prosperidad de una nueva ciudad que creció en medio de una estepa desolada: Almería.

A esta bonanza económica se unió otro factor de prestigio en beneficio de Abderramán III: la crisis del Califato de Bagdad, suplantado en el norte de África por los *fatimitas,* chiitas heterodoxos; la respuesta de Abderramán fue proclamarse califa y defender aquella importante porción de poder e influencia que siempre trataron de mantener los musulmanes españoles en las costas norteafricanas, control indispensable para la recluta de soldados y la recepción del oro de Sudán. Ambas cosas eran inseparables: si no había oro, no se podían acuñar los renombrados *dinares,* y si no había buenas monedas, no se podía pagar a los indispensables mercenarios.

La proclamación de Abderramán III como califa tuvo lugar el año 929. Voló la fama del nuevo poder que se levantaba en Occidente: el emperador Otón I de Alemania le envió una embajada; el emperador bizantino le regaló un ejemplar del célebre manual de Dioscórides y envió artistas que realizaron los mosaicos del mihrab de la gran mezquita. Progresaban las obras de Medina Azahara con el concurso de miles de trabajadores diestros en todas las artes; junto a restos romanos aprovechados lucían las maravillas del arte oriental; guardias de diversas razas velaban su sueño; concubinas de toda procedencia poblaban su harem; poetas cantaban sus loores. Sin embargo, el califa no era feliz; en una ocasión confesó que sólo había tenido doce días de total felicidad. Problemas de psicología personal y los cuidados propios de regir un imperio explicarían en parte esta actitud, no rara en grandes gobernantes que han gobernado por sí mismos y no han dejado la pesada labor en manos de ministros y favoritos.

Entre sus problemas el más preocupante era la actitud cada vez más agresiva de los Estados cristianos del Norte.

No existía ya el desierto estratégico del valle del Duero; los *infieles* habían repoblado ciudades, levantado castillos y desde allí lanzaban ofensivas hacia el Sur; navarros y leoneses disputaban a los musulmanes los ricos valles de La Rioja; incursiones más profundas amenazaban Toledo y Mérida. Se luchaba con éxito diverso en los accesos de la Meseta norte; aunque divididos, los cristianos se mostraban solidarios ante el formidable peligro que representaban los enormes ejércitos que subían desde Córdoba en la estación propicia; en 939, cuando Abderramán llegó a Simancas, encontró ante sí caballeros procedentes de un amplio frente, desde Viseo, en lo que más tarde se llamó Portugal, hasta Bambaluna (Pamplona). Fue un choque de dos masas de caballería muy duro; el desastre sobrevino en la retirada: Abderramán perdió toda su impedimenta y a duras penas salvó la vida. Cuando llegó a Córdoba mandó crucificar a sus generales, a los que acusó de traición. Quizá esa reacción desproporcionada e injusta nos desvela por qué Abderramán III, a pesar de todo su poder y magnificencia, no se sentía feliz. En adelante siguió enviando expediciones de castigo, pero nunca más se puso al frente de sus tropas.

Alhakem II heredó de su padre un Estado sólido y próspero, sin rival en Europa, una administración desarrollada, una corte brillante y un ejército numeroso. Nunca llegó Al Andalus a mayor altura. No era hombre belicoso, se limitó a dejar que sus generales dirigieran las campañas de rutina contra los Estados cristianos del Norte cuando no reconocían su hegemonía y las demostraciones de fuerza necesaria para mantener su posición más allá del Estrecho frente a las amenazas que pudieran sobrevenir de las tribus bereberes y de los Fatimitas de Egipto. Su personal inclinación le llevaba al mundo de las letras, la poesía, la música. A los esplendores de Medina Azahara (joyas, marfiles, tapices) añadió la mayor biblioteca que existía entonces en Occidente. Sin embargo, este hombre culto y bien intencionado se dejó enredar en una intriga palaciega cuyo resultado fue nombrar a un heredero incapaz que sería juguete de su madre la sultana y de su favorito Abu Amir Muhamad, luego condecorado con el título de Al Mansur (*El Victorioso*). Como tantas veces ocurre en la historia, de pequeñas causas surgen grandes efectos siempre que esas causas pequeñas liberen tensiones ocultas o pongan al descubierto grietas cubiertas de oropeles. La sultana y el primer ministro prescindieron pronto del nuevo califa, Hixem II, con el pretexto de que quería renunciar a toda actividad política para dedicarse únicamente a la meditación y las prácticas religiosas. El pretexto estaba bien elegido, porque Almanzor quería apoyarse en el ejército y en el clero, que, como queda dicho, seguía la escuela malekí, estricta y pacata. Los numerosos alfaquíes, ulemas y muftíes cordobeses no veían con buenos ojos aquella inmensa biblioteca que había reunido Alhakem II, donde, sin duda alguna, había obras filosóficas y científicas no compatibles con la estricta ortodoxia. El primer ministro no tuvo inconveniente en permitir que hicieran un expurgo, y no hay que ver en ello una artimaña política: la piedad de *El Victorioso* era sincera; aliada con el afán de lograr la gloria militar, explica la constancia con la que durante veinte años castigó los reinos cristianos con devastadoras expediciones: iglesias y monasterios fueron objetivos preferidos, sus edificios arrasados hasta los cimientos, sus moradores cautivados o degollados, como ocurrió a la numerosa comunidad de san Pedro de Cardeña. El episodio más espectacular de esta cruzada anticristiana fue la destrucción del templo que albergaba los restos de Santiago, famoso ya en toda la cristiandad; sus puertas y campanas se llevaron a Córdoba a hombros de cautivos y se utilizaron en las obras de ampliación de la gran mezquita como símbolo del triunfo del sometimiento de la Cruz a la Media Luna.

Sin embargo, para valorar en su justa medida este colosal enfrentamiento entre las dos mitades de España en los años finales del siglo X hay que recordar ciertas circunstancias: Almanzor no parece haber considerado la posibilidad de eliminar los reinos cristianos; tomó Barcelona y a los pocos años la abandonaron sus tropas. Concedió treguas y paces a reyes que parecía que estaban ya al borde de la ruina total. Más aún: estableció alianzas con mujeres cristianas, una princesa de Asturias y otra navarra. En sus incursiones depredadoras solía servirse de mercenarios cristianos y contingentes enviados por tributarios. La consecuencia que se saca de estos hechos es que Almanzor no creía posible destruir los reinos cristianos del Norte, lo que confiere a su obra político-militar, a pesar de su relevancia, un carácter provisional y pasajero. Los reinos del Norte se plegaron como cañas ante el vendaval, pero no se rompieron; pocos años después de la muerte del Caudillo musulmán (año 1002) resultaban más amenazadores que nunca. En contraste con esta vitalidad, el derrumbamiento del Califato fue tan rápido y total que da pie a pensar que no era un auténtico organismo, sino un artilugio cuyas partes, sujetas con alambre, se dispersaron en cuanto desapareció el puño de hierro que las mantenía unidas.

La crisis tuvo una fase inicial que podemos llamar legitimista; durante ocho años hubo una sensación de continuidad: un hijo de Almanzor continuó la política de su padre; a su muerte surge un cisma entre los partidarios de los Omeyas y los de la nueva dinastía creada por Almanzor, situación muy confusa, porque Almanzor nunca derrocó de modo expreso a los Omeyas. Es difícil figurarse a las tropas y a la plebe cordobesa luchando a muerte por unos figurantes; lo decisivo era, en la capital, la lucha de intereses opuestos: la administración palatina, los militares berberiscos y al fondo un populacho ávido de botín. Primero fue saqueado y destruido el palacio de Almanzor, luego tocó la misma suerte a Medina Azahara. Y mientras estos hechos sucedían, en la capital las fuerzas centrífugas, largo tiempo contenidas, triunfaban por doquier. Cuando en 1031 fue depuesto el último califa fantoche hacía tiempo que el Califato omeya había dejado de existir; algunas piezas sueltas de los palacios reales se hallan dispersas en los museos, alguna página se ha encontrado de la fabulosa biblioteca de Alhakem II, sin duda rica en miniaturas y encuadernaciones de inestimable valor. Las milicias bereberes, que rompieron la disciplina al faltarles las pagas, y la plebe de aluvión que atrae toda gran ciudad fueron los depredadores materiales, pero las razones profundas de tantos desastres fueron otras.

La unidad del Califato dependía de la existencia de un gobierno central fuerte; tras el saqueo de Córdoba y los palacios reales por los berberiscos no había ya nada capaz de frenar las fuerzas centrífugas que desembocaron en el régimen de los *taifas*. Hay cierta tendencia a penalizar esta etapa de la historia de Al Andalus, lógica por otra parte; todos los espíritus selectos de la época, como Ibn Hazm o Ibn Hayan, lamentaron la desaparición del Califato porque anunciaba una pérdida de poder del Islam en la Península y anunciaba una dependencia inevitable, ya de los reinos cristianos, ya de los poderes imperantes en el Magreb. Pero hay que preguntarse si estas consecuencias adversas tenían que haberse producido forzosamente; si en el norte de España existían simultáneamente media docena de Estados, ¿por qué no podría haber veinte o más en Al Andalus? Algunos de estos reinos, demasiado pequeños, sucumbieron pronto; tal sucedió con las taifas berberiscas de Carmona, Morón, Arcos y otras; pero otros reinos tenían bases geopolíticas suficientes y larga tradición de autogobierno, por ejemplo, Toledo o la Zaragoza de los Tuchibies, que de hecho había venido gozando de una soberanía tolerada por los califas. La población nativa acogió la desintegración del Califato con sentimientos mezclados; el concepto de un Estado nacional sólo podía ser vislumbrado por algunas mentes privilegiadas. De hecho, en la formación de los reinos de taifas y en las muchas remodelaciones que sufrió su número y distribución los sentimientos de la población indígena quedaban supeditados a la relación de fuerzas entre las oligarquías, ellas mismas de diversa procedencia y cambiante signo, y ello ayuda a comprender su poca estabilidad y desastroso fin.

En principio, aquellos territorios que dominaron los bereberes, caso frecuente en el Sur, con los reinos de Málaga y Granada a la cabeza, contaban con escaso apoyo de la población local, poco amiga de aquellas bandas violentas y extranjeras; donde tomaron el mando los eslavos, miembros de aquella aristocracia cívico-militar que había gozado de la confianza de Almanzor, aceptaban su mando con menos repugnancia. La máxima estabilidad parecía reservada a las taifas dirigidas por oligarquías locales de secular arraigo, de estirpe árabe mezclada muchas veces con familias muladíes; el caso más típico, Sevilla, ciudad de composición racial muy compleja en la que los bandos se habían disputado el poder en enfrentamientos sangrientos. Al caer el Califato el control recayó en la familia de los Banu Abbad, de origen árabo-yemenita. En Córdoba las cosas ocurrieron de otra manera: al desgajarse una a una las antiguas *coras* o provincias se quedó sola; no tenían los linajes cordobeses interés por hacerse cargo de una ciudad en plena ruina cuyos habitantes, al desaparecer el Califato, emigraban dejando la ciudad reducida a su nivel primitivo: 40.000-50.000 habitantes. No había que pensar en expansiones o recuperaciones; a lo sumo, en conservar la independencia como república urbana, pero acabó siendo absorbida por el reino de Sevilla, el más expansivo. La Sevilla de Motadid y Motamid, los reyes poetas, llegó a abarcar, por conquista o absorción, desde el Algarve portugués a los confines de la taifa valenciana.

Pero ni siquiera esta macrotaifa era capaz de resistir a los reinos cristianos del Norte. Volvía a ponerse de relieve uno de los defectos fundamentales del Islam español: la escasa vocación guerrera de una población de alto nivel económico y cultural que prefería las artes de la paz. No había más alternativa que comprar la paz pagando parias o comprar la guerra pagando mercenarios. Emires y califas habían elegido la segunda alternativa, los reyezuelos de taifas prefirieron la primera con pésimos resultados. Algunos de ellos tuvieron bajo su mando territorios extensos con ciudades importantes y numerosos castillos: taifas de Zaragoza, Valencia, Toledo, Badajoz, que había suplantado a Mérida y abarcaba un enorme territorio a ambos lados del Guadiana. Si en el Norte —repito— vivían y convivían media docena de reinos cristianos, en el centro-sur podían haber prolongado largo tiempo su existencia otra media docena de Estados musulmanes, pero faltaba, entre otras cosas, espíritu de cooperación ante un peligro común. Sólo en un caso se manifestó la necesaria solidaridad: en 1064 gentes del Norte (francos y normandos) atravesaron el Pirineo aragonés y se lanzaron contra la floreciente ciudad de Barbastro cometiendo desafueros inauditos; se extendió la noticia por Al Andalus y una fuerza conjunta recuperó la ciudad. Pero éste fue un hecho aislado; la norma habitual era la disensión, las guerras fratricidas, muchas veces en cooperación con los cristianos.

Fernando I de Castilla y León y su sucesor Alfonso VI eran los que podían sacar más ventajas de esta situación; hubieran podido imponer una especie de protectorado a los reyezuelos de taifas en condiciones moderadas, que no les impulsaran a tomar la resolución desesperada de buscar ayuda más allá del Estrecho, pero su actitud fue demasiado agresiva: en unas ocasiones practicaron una política de conquista y anexiones; el fruto más considerable fue la toma de Toledo el año 1085, fecha clave en el proceso reconquistador. Pero, con más frecuencia, prefirieron convertir a los taifas en tributarios, quizás porque comprendían que, sin una reserva humana que completara la Conquista con la repoblación, carecería de solidez la mera ocupación del territorio. El sistema combinaba el acercamiento diplomático, incluso con ayuda militar contra los vecinos, y la brutal coacción mediante expediciones punitivas que arrasaban los territorios; pero los inmensos tesoros que habían reunido los califas se habían dilapidado en la época de las revueltas y el numerario de que disponían los reyezuelos era reducido; como, por otra parte, mantenían cortes ostentosas, los ingresos regulares eran insuficientes; tuvieron que imponer tributos no autorizados por el Corán y, en casos extremos, recurrir al despojo de los ciudadanos ricos. Si aun así no se reunían las cantidades necesarias se recurría a la alteración monetaria, como revela una anécdota relativa al rey Motamid de Sevilla: era el más poderoso de los taifas y aun así no había conseguido reunir la elevadísima cantidad que debía entregar a la embajada que Alfonso VI envió con este objeto. El judío encargado de pesar las piezas de oro las rechazó con palabras insultantes que irritaron profundamente a aquel príncipe tan famoso por su incontrolable violencia como por su refinada cultura; el judío deslenguado fue crucificado y Motamid tuvo que dar disculpas, a la vez que seguía meditando en el problema que preocupaba a todos los andalusíes: ¿cuál de las dos calamidades era preferible: continuar esclavizados a las exigencias de los cristianos o pedir auxilio a los correligionarios de Marruecos?

Para comprender la gravedad del dilema hay que hacer una referencia a la situación al otro lado del Estrecho: toda potencia política instaurada en España ha tratado, o bien de controlar aquellas tierras, o, por lo menos, dominar las *llaves* (Tánger, Ceuta, Tetuán) sirviéndose de ellas ya como cabezas de puente, ya como puntos defensivos. La Bética romana tuvo como complemento a la Mauritania Tingitana; los últimos reyes godos no olvidaron esta necesidad geopolítica y su caída se atribuye a la traición del gobernador de una de esas plazas; la conquista árabe suprimió, en cierto modo, el Estrecho en su papel de foso, sustituyéndolo por el de puente. Los califas extendieron las medidas preventivas ante el peligro que podía llegar del Este, de los fatimitas. En 790 la dinastía idrisita fundó Fez con la colaboración de gran número de emigrados andalusíes. No lejos se conservan las ruinas de Volubilis, legado de la presencia romana.

El reino idrisita fue derrocado por los almorávides, tribus camelleras del Sahara a quienes Abdala Ibn Yasim había caldeado con su celo religioso, duro y fanático hasta un extremo increíble; aquellos hombres a quienes llamaban *velados*, porque protegían el rostro de las arenas del desierto con un velo negro, sometieron a los habitantes de los oasis, luego a los negros de la curva del Níger y finalmente Marruecos y el occidente argelino. Su jefe, Yusuf Ibn Tasufin, fundó Marrakech en 1062. En 1084 se apoderó de Ceuta. Pero hacer pasar un ejército a través del Estrecho en pequeñas naves siempre fue una operación lenta y complicada. Yusuf no pudo impedir que el año siguiente Alfonso VI se apoderase de Toledo, un hito crucial en la pugna entre dos culturas. En 1086, ante las peticiones de socorro que recibía de los reinos de taifas, encabezó un ejército mixto de africanos y andalusíes que venció a los castellanos en Sagrajas, cerca de Mérida. En un segundo viaje luchó y triunfó en Aledo, aliviando la presión que los cristianos ejercían sobre el flanco sureste. Su conocimiento directo de la debilidad de aquellos pequeños reinos le sugirió la idea de absorberlos, y en un tercer viaje se apoderó de Granada, Málaga y Sevilla (cuyo último rey murió en el exilio) dando fin a aquellas culturas urbanas donde se mezclaban el refinamiento, la corrupción, una interpretación algo laxa de los preceptos coránicos y una cultura profana de brillantes destellos.

La inestabilidad del Imperio Almorávide condujo a su fragmentación y la formación de lo que suele llamarse «segundos reinos de taifas», de características parecidas a los anteriores y tan poco capaces como ellos de enfrentarse al poder creciente de los cristianos. Las repúblicas mercantiles de Italia también se interesaban por estos despojos; naves de Génova y de Pisa, unidas a las de Alfonso VII de Castilla, conquistaron Almería, principal emporio entonces del comercio mediterráneo de la España islámica.

Entre tanto, en el norte de África seguían los espíritus en ebullición: los montañeses del Atlas (almohades) suplantaron a los nómadas saharianos animados de un integrismo islámico que hacía hincapié en la unicidad del Ser Supremo. Nuevamente se vieron los andalusíes en el dilema de someterse a los cristianos en un régimen de parias, que si se hubiera mantenido dentro de unos límites razonables podrían haber aceptado como mal menor, o pedir el auxilio de aquellos norteafricanos que detestaban. Prevaleció la segunda opción y en un principio parecía que esa elección era acertada, porque si bien el centro de gravedad del Imperio Almohade siguió estando en el norte de África, la porción andalusí gozó de amplia autonomía y Sevilla, su capital, fue embellecida con grandiosos monumentos: ampliación del recinto amurallado, del arsenal, construcción de la gran mezquita y su célebre alminar, indicios todos de prosperidad comercial y supremacía política. El régimen almohade parecía bastante sólido, sobre todo cuando, en 1195, sus guerreros derrotaron al ejército de Alfonso VIII en Alarcos. Pero seguía subsistiendo el principal obstáculo a la consolidación del régimen almohade en Al Andalus: poca armonía entre las gentes de uno y otro lado del Estrecho, dependencia militar respecto a unas tropas africanas poco apreciadas por los andalusíes. El sur de España y el norte de África seguían siendo dos trozos mal soldados de una construcción imperial de apariencias grandiosas pero de cimientos poco sólidos, como se vio tras la falta de reacción a la derrota de las Navas de Tolosa (1212), pórtico del derrumbe de todo el Islam de la cuenca del Guadalquivir.

La espectacular mutación del siglo XI nos obliga a reiterar y precisar algunos conceptos sobre la llamada Reconquista, fenómeno puramente español, sin equivalente en Europa, generador de la individualidad hispánica y cuya simplificación en los manuales escolares ha producido tantas confusiones y malentendidos. La Reconquista no fue lo contrario de la Conquista, aunque así parecieran entenderlo los cronistas cristianos. Evidentemente, hay congruencias, semejanzas: el factor religioso, aunque no único, estuvo presente durante ocho siglos de luchas. La marcha de los ejércitos fue inversa: los árabes y sus aliados avanzaron de Sur a Norte; los cristianos de Norte a Sur, lo que da la impresión de un tejer y destejer, enmendar un entuerto, recuperar lo perdido. Esto creían verlo claro los miembros de las minorías dirigentes de los

Estados del norte peninsular y trataban de inculcar estas ideas en las masas populares. Pero mirando las cosas de cerca se apreciaban notables diferencias. Los invasores del siglo VIII eran unas bandas guerreras que derrotaron al ejército visigodo y se apoderaron de toda la Península, ya con breves episodios bélicos, ya con acuerdos o pactos con oligarquías locales. La masa no tenía voluntad ni medios de resistir. En aquel primer empuje las hordas invasoras no se detuvieron ni siquiera en los Pirineos, pues la catedral de la Seo de Urgell tuvo que ser restaurada después de su profanación. Solamente algunos recónditos valles, como los de Andorra, se libraron de la invasión.

En el Oeste los árabes también llegaron hasta el mar. Hubo un gobernador árabe en Gijón, aunque la presencia extraña en aquellas breñas fue de poca duración. No era la primera vez que pueblos conquistadores hollaban aquellos parajes; hay testimonios de una presencia romana en la costa cantábrica: rarísimos en el País Vasco, son algo más abundantes en Cantabria y en la Asturias centro-oriental; faltan edificios de gran fuste pero se han recogido inscripciones funerarias, elementos decorativos e incluso algún que otro testimonio de la existencia de villas. Algunos de estos elementos fueron reutilizados en la época visigoda, prueba de que el aislamiento de aquellas poblaciones no era total, por lo menos al este del Nalón; al Oeste, hasta Galicia, la falta de restos es total. Dentro de lo poquísimo que sabemos, los indicios hacen pensar que la romanización no caló en profundidad, que subsistieron las antiguas unidades tribales y familiares y que la vida urbana era desconocida. Las ciudades (Astorga, León, Vitoria) fueron creadas y defendidas por romanos y visigodos como puntos defensivos contra unas poblaciones que se sentían estrechas en las montañas y buscaban alimentos en las llanuras.

¿Qué sucedió para que no mucho después de la invasión árabe el diploma del rey Silo nos enseñe que había en Asturias una cancillería regia que expedía documentos con una caligrafía perfecta, para que los monumentos ramirenses demuestren que allí trabajaron canteros que continuaban las técnicas de la mejor tradición constructora de Roma? La explicación tradicional es la única posible: hubo una emigración de clérigos y magnates desde la zona invadida hasta aquellas tierras que produjeron una revolución social y mental; los detalles, los procedimientos, los ignoramos y probablemente los ignoraremos siempre. Quizás la inmigración no fue pacífica; quizás hubo resistencia, revueltas. Hay una mención aislada referente a la represión de una rebelión de siervos por el rey Aurelio. El exasperante laconismo de las crónicas no nos permite saber más y la investigación arqueológica no da mucho de sí. Lo cierto es que aquellas tierras rebeldes a toda sujeción nos aparecen en los tiempos del Emirato y el Califato como un contrapoder muy modesto en la forma pero muy eficaz en cuanto a potencia bélica.

Este hecho es fundamental: emires y califas tuvieron que mantener ejércitos profesionales, costosos y de fidelidad con frecuencia dudosa. En el Norte cristiano la sociedad y el ejército eran una misma cosa, como en la antigua Roma, y esto dio a aquellos Estados pobres, embrionarios, una ventaja que a la postre resultó decisiva. Las gentes del Norte eran aguerridas por secular herencia del primitivismo tribal, pero también porque al trasponer los montes y establecerse en la siempre amenazada llanura se convertían en «gentes de frontera», una frontera que se fue desplazando de Norte a Sur sin perder su peligrosidad, al punto de que incluso en el siglo XV, cerca ya de terminar la fantástica aventura iniciada en los Pirineos, se condonaban penas por delitos atroces avecinándose algunos años en los pueblos fronterizos con el reino de Granada. Y como ya desde los comienzos de la Reconquista la fuerza principal era la caballería, el asentamiento no sólo era un factor indisoluble de la acción militar, sino que atacaba en su raíz aquel igualitarismo primitivo (tesis tan cara a Sánchez Albornoz) en la repoblación de la cuenca del Duero. Efectivamente, hubo facilidades para el asentamiento de hombres libres, dueños de parcelas que cultivaban y defendían, pero ese germen democrático se agostó pronto no sólo por la presión de los más poderosos, sino porque no todos podían mantener un caballo, y pronto surgió una *caballería villana* con privilegios semejantes a los que gozaban caballeros de linaje.

Entre todos los núcleos cristianos del Norte, el reino astur-leonés fue, con mucha diferencia, el más importante, no sólo por el refuerzo visigodo y después mozárabe que le llegó desde las tierras del Sur, sino porque su campo de expansión era amplísimo; Galicia, que incluía el norte de lo que luego se llamó Portugal, tenía una personalidad y algunos islotes urbanos, pero no llegó a cuajar como Estado propio, ni siquiera cuando el auge del culto a Santiago la ligó a Occidente por el cordón umbilical de las peregrinaciones y su arzobispado compitió y aun suplantó al toledano como primera institución eclesiástica de España. Unas veces unida al reino astur-leonés, otras separada de forma más bien personal que funcional, Galicia fue una gran reserva de hombres y de espacio para los reyes de Asturias y León.

El traslado de la capitalidad desde Oviedo hasta el antiguo campamento romano, de la Legión VII realizado por Ordoño II a comienzos del siglo X, no sólo dotó de un símbolo al futuro escudo de España; anunciaba la intención de cambiar las incursiones depredadoras de los tres primeros Alfonsos por una política de repoblación sistemática que hiciera de la cuenca del Duero el centro de gravedad de la dinastía, relegando a un segundo plano a Galicia y Asturias. Este esquema tripartito aún se enriquecería con un cuarto elemento hacia el Este, Castilla, «un pequeño rincón», una tierra amenazada y por eso llena de castillos, entre los cántabros, los vascones y el alto Ebro, con centro en las frías parameras de Burgos y apetencias hacia las montañas sorianas, ricas en finos pastos, y los valles de La Rioja, codiciados por todos los pueblos circundantes. Al contrario que Galicia y Asturias, de talante generalmente sumiso, Castilla nació con ímpetus suficientes para combatir a la vez contra el soberano leonés y contra los ejércitos califales. Los hombres de esta tierra dura y fría dan una impresión de vitalidad tremenda; Fernán González, fundador del condado autónomo de Castilla, se enfrentó a la vez con sus soberanos leoneses y con un Califato de Córdoba en pleno apogeo. En el siglo siguiente saldrá de aquellas tierras un héroe no ya nacional, sino universal: Rodrigo Díaz de Vivar.

En un Estado que para los patrones de la época era muy grande no podían faltar los particularismos, pero a la postre sólo Portugal, en fechas más tardías, se separó del conjunto, y Castilla, que comenzó su carrera actuando con acusado particularismo, al fin no sólo se integró, sino que lideró el mayor de los Estados salidos de la Reconquista. Una parte de este éxito hay que cargarlo en cuenta a la solidez de un principio monárquico que sobrevivió a todos los avatares; ciertamente, hubo conjuraciones, guerras civiles, incluso algunos repartos familiares reveladores de que la noción del Estado estaba aún muy lejos de haberse librado de tintes personalistas pero, en conjunto, la monarquía leonesa tuvo una solidez que no habían tenido las anteriores; el mérito no hay que atribuirlo sólo al apoyo de la Iglesia; ya se lo había dado antes a los reyes godos sin grandes resultados; a pesar de la unción sagrada y las más enérgicas fórmulas de los concilios aquella monarquía cayó víctima de sus discordias internas. La ausencia de cohesión y lealtad fue debida a la falta de un ejército profesional. El ejército visigodo era reclutado con gran proporción de elementos marginados; el *pretorianismo* fue una causa mayor de inestabilidad en el Imperio Romano y después en el Califato cordobés. Ese terrible factor de disolución interna no existía en los reinos cristianos; allí hubo guardias palatinas, condottieros y algunos esbozos de ejércitos privados como el que reunió el Cid, pero estos gérmenes de insubordinación no representaban el peligro que las milicias berberiscas, eslavas y cristianas, que acabaron reduciendo a migajas el Califato cordobés. El prestigio que la monarquía astur-leonesa adquirió y legó a sus sucesores se condensó en forma de un *legitimismo monárquico* que constituyó uno de los cimientos de la monarquía española, por lo menos hasta Carlos IV de Borbón.

Al este de Castilla-León la Reconquista se vació en moldes muy peculiares: hubo un protagonismo vasco, diferenciado a pesar de la pequeñez del territorio: el Oeste, lo que hoy cubren las provincias de Guipúzcoa y Vizcaya, casi libres de influjos romanos, muy tardíamente cristianizadas, siguió teniendo unas estructuras sociales arcaicas, sin ciudades, sin obispos. El territorio alavés y Navarra eran zonas de contactos y mezclas, favorecidos por la existencia de pasos practicables en los Pirineos occidentales hacia la llanura de Aquitania y la savia proporcionada por las peregrinaciones a Santiago que, más allá de su significado religioso, acarreaba hombres, productos, ideas, y como en todas las ocasiones en los que una montaña pobre colinda con áreas agrícolas, la tentación de completar la escasa dieta alimenticia con los cereales, los frutales y el vino de las llanuras. Navarra tenía un centro urbano de cierta importancia, Pamplona, fundada por Pompeyo, sede de un obispado, perdida y recobrada a raíz de la invasión arábiga; su influencia se completaba con la de los monasterios, que ejercían ciertas funciones urbanas en territorios de acusado ruralismo; en el de San Salvador de Leyre reposan los restos de numerosos reyes, reinas y príncipes navarros. Había una contradicción entre el aislacionismo vasco y la situación de su país en un cruce de caminos; de ahí dimanaron, a lo largo de toda la historia, coexistencias problemáticas y giros inesperados; muy pronto aparecen en Navarra familias emergentes como los Arista, en relación con los Banu Casi de Tudela, muladíes descendientes de un Casius que lograron mantener su dominio sobre una zona fronteriza especulando con las disensiones entre cristianos y musulmanes. Fracasado en Roncesvalles el intento de Carlomagno de intervenir en la región y eventualmente crear una *marca* fronteriza, la política navarra se movió durante siglos entre sus vecinos peninsulares en un juego de luchas y alianzas que tan pronto ampliaban como encogían aquel reino. Una coincidencia de elementos favorables llevó a Sancho el Mayor (h. 992-1035) a integrar bajo su mando, a más de sus territorios patrimoniales, el condado de Castilla y el Alto Aragón. Pero a su muerte repartió sus dominios entre sus hijos, demostrando así la falta de un verdadero ideario político. Nunca volvería Navarra a tener semejante oportunidad; encerrada en estrechos límites por el avance reconquistador de Aragón y Castilla, estaba destinada a girar en su órbita o en la del vecino francés.

En Cataluña se daba, aún más que en Cantabria y Asturias, el contraste entre unos valles pirenaicos superpoblados y unas llanuras despobladas, cubiertas de malezas. El tránsito de expediciones guerreras había ahuyentado a la población; en las ruinas de Ampurias sobrevivían en condiciones míseras un puñado de familias. La estancia en la costa era también muy peligrosa; los montes de la Costa Brava estaban desiertos, cubiertos de densos bosques. La repoblación se efectuó por el sistema de la *presura,* la ocupación de una parcela con autorización de la autoridad, en este caso el conde. Los condados que integraban la Marca Hispánica actuaban con gran fluidez; se producían uniones y permutaciones bajo la supervisión más teórica que real de los últimos carolingios, poco interesados en el control de aquella región remota. En cambio, se hacía cada vez más efectiva la hegemonía del condado de Barcelona. La falta de apoyo del monarca franco a esta ciudad, emblemática a pesar de su pequeñez (no más de tres mil habitantes), destruida por Almanzor, sirvió de pretexto al conde Borrell II para proclamarse independiente, a la vez que aseguraba su hegemonía sobre los demás condados catalanes. Completó la operación alcanzando el reconocimiento de esta nueva situación por el Pontificado; sirvieron de agentes los monjes cluniacenses que, como en Navarra y Castilla, eran a la vez agentes de desarrollo económico, guías espirituales y medio de enlace con Europa.

La *implosión* del Califato cordobés fue, también para Cataluña, la oportunidad para un viraje decisivo; ya no habría que temer a las periódicas razzias que asolaban el país; por el contrario, los signos de prosperidad se multiplicaban; en el siglo XI el oro abundaba en Cataluña de tal manera que, según P. Bonnassié, Barcelona se convirtió en la primera plaza europea de acuñación de monedas de áureo metal. La procedencia no está clara, pero es casi seguro que se relaciona con botines de guerra y salarios de mercenarios catalanes llamados por los bandos que se disputaban los despojos del Califato. Sin embargo, los progresos territoriales fueron lentos, porque el Islam estaba sólidamente implantado al sur del Llobregat, y aun dividido en taifas se defendió largo tiempo contra las fuerzas unidas de catalanes y aragoneses. Tortosa no cayó hasta el año 1148; con anterioridad se había rendido Tarragona, ciudad cargada de simbolismo, cabeza de la antigua Tarraconense, elevada a la categoría de sede arzobispal, competidora de Santiago, Braga y Toledo en la disputa por la primacía eclesiástica de la España cristiana.

Capítulo III
La España de las tres culturas

La unidad de España, prefigurada ya en la diócesis romana de Hispania, se realizó, aunque fuera en condiciones precarias, en el reino visigodo; unidad política y, hasta cierto punto, unidad religiosa, tras la conversión de los arrianos y la reducción de la minoría judía a una condición próxima a la esclavitud. Este aparatoso edificio, de débiles cimientos, se derrumba con la invasión árabo-berberisca, tras la que siguen centurias de división política e ideológica; nunca estuvieron los pueblos de España más lejos de la unidad; sin embargo, ésa es precisamente la época en la que Américo Castro fijó el nacimiento de la idea de España. Idea basada, según él, en el choque de culturas, del que saldría, como la chispa del pedernal, un destello creador, España, no como unidad, sino como diversidad, producto del choque y convivencia de tres culturas: cristiana, árabe y judía. Sánchez Albornoz impugnó esta concepción de nuestros orígenes, contraponiéndole la tesis clásica, renovada con su prodigiosa erudición: España, creación de Roma, representante de una cultura cristiana y occidental, beligerante frente al Islam, a pesar de préstamos ocasionales cuya importancia no hay que negar ni tampoco magnificar.

Distante del extremismo de ambos autores, de los que mucho he aprendido, me considero más cercano a la tesis de Sánchez Albornoz; la de don Américo tiene el mérito de haber removido aguas estancadas y abierto nuevas perspectivas; han disminuido sus adeptos en el campo de los especialistas en el arabismo y Judaísmo hispánicos, y no sólo por motivos científicos, sino porque a muchos de esos especialistas no agrada que el Judaísmo o el Islam se consideren piezas fundamentales en la construcción de España, una entidad que sienten como extraña y hostil. Ésta es la postura actual de no pocos extranjeros. Dentro de España las tesis de don Américo siguen teniendo partidarios, y aun los que no compartimos sus tesis reconocemos la valía de sus aportaciones y la deuda que con él hemos contraído. Se barajan también mucho sus ideas en medios más próximos al ensayismo, mezclando realidades pretéritas y presentes, valoraciones sobre lo que España fue y lo que deberá ser en el futuro; polémica avivada por los problemas derivados de la inmigración y en algunas comunidades también por premisas ideológicas extracientíficas. En la mayoría de estas polémicas se aprecia sobra de voluntarismo y escasez de información imparcial y contrastada, aunque los datos abundan; lo que se echa en falta muchas veces es diligencia en recogerlos e imparcialidad al interpretarlos.

La ceremonia de la confusión comienza ya desde el concepto de cultura; se habla, por ejemplo, de *culturas multiculturales,* lo que es pura contradicción; las altas culturas tienen múltiples raíces, pero unificadas por el tiempo y una larga elaboración dentro de un marco común. La equiparación de la cultura hebraica a la cristiana y la islámica también se basa en un error; las tres tienen en la Biblia una raíz común, pero el Judaísmo no tiene pretensiones de universalidad; es la religión de un pueblo, con escasa vocación de proselitismo. Su cultura peculiar es religiosa; no tuvieron dificultad en aceptar del entorno otros elementos culturales, y esa flexibilidad los convirtió en mensajeros ideales para las tareas de mediación e intercambio cuya expresión más notable fueron las traducciones realizadas en diversos puntos de España en la Edad Media. La figura del converso, esencial para la comprensión de nuestra historia, es la última fase de esa disponibilidad del judío para la adaptación.

La cultura árabe ocupa un lugar intermedio entre el universalismo cristiano y el nacionalismo de tintes racistas del hebreo. No se identifica con el pueblo árabe, pero es indudable que éste ocupa un rango especial dentro del mundo islámico; islamizar es arabizar, aunque se trate de razas muy distintas, sobre todo en cuanto al idioma; el árabe es la lengua sagrada porque en ella escribió Alá el Corán; tal respeto se le tiene al texto sagrado que de ahí dimana en buena parte el enorme retraso de los países islámicos en aceptar la imprenta. ¿Puede aplicarse un medio mecánico a la reproducción de un texto divino? Y las cosas no quedan ahí. Un arabista que traduzca el Corán a otro idioma comete, si no una profanación, por lo menos una indelicadeza de la que debe disculparse ante sus colegas. En las tres religiones hay fundamentalistas que exigen la aplicación íntegra y literal de la Ley, pero el integrismo cristiano nunca ha sido tan extenso y tan estricto, entre otras cosas porque siempre hubo en Occidente, como herencia de Roma, un poder secular, temporal, muy relacionado con el poder eclesiástico, pero distinto de él, y no pocas veces en abierta lucha; una situación que no puede concebirse en el Islam. La interpretación literal del Corán puede tomar perfiles más o menos duros utilizando materiales tomados de la *Sunna* (Tradición). En la España islámica prevalecieron, según dijimos, las interpretaciones rigoristas propias de la escuela malequí.

Las polémicas sobre la España de las tres culturas giran en torno a dos temas principales: la calidad de la convivencia y el nivel intelectual, con sus repercusiones en el conjunto de la cultura europea. En el primer aspecto hay que recordar que tanto el Islam como el Cristianismo aspiran a conseguir la conversión de toda la Humanidad; el primero acentúa más la obligación de procurarlo, acudiendo si es preciso a la *yihad* (guerra santa). El cristiano no está sometido de modo expreso a esta obligación; incluso ha sido siempre mayoritaria la opinión de que la evangelización se haga por vías pacíficas, pero en la práctica se ha considerado normal «hacer la guerra al infiel». Un Derecho internacional que consagrara las relaciones de todos los hombres de cualquier raza o religión en plan de igualdad sólo fue esbozado por España en el siglo XVI por los doctores de la Escuela de Salamanca.

La conquista de España fue hecha con una mezcla de acciones militares y pactos. En las luchas posteriores, aunque los cristianos del Norte se beneficiaban de la condición de *gentes del Libro,* el sentido general fue la ofensiva hasta conseguir el reconocimiento de un vasallaje de tintes humillantes. En los relatos de las batallas suele designarse a los cristianos como *politeístas,* y la mención de sus reyes siempre la acompañan los cronistas con el inciso «Dios lo maldiga». La conducta con los vencidos dependía del temperamento del vencedor; desde el principio abundaron los episodios de extrema violencia. Álvaro Paulo, mozárabe cordobés del siglo IX, recordaba que los árabes habían destruido «los templos que habían construido con mucho trabajo y arte nuestros antepasados». El cronista Al-Makkari recuerda que en su avance hacia el noroeste Muza «no dejó iglesia que no fuese quemada ni campana que no fuese rota». Del wali Ocba dice Aljoxani que «llevaba su celo religioso hasta el punto de que cuando caía en su poder un prisionero no lo mataba sin darle la oportunidad de salvar la vida mediante la conversión al Islam», y añade que más de dos mil prisioneros cristianos se acogieron a este eficacísimo método de obtener conversiones. Las devastaciones y tropelías con las que Almanzor hacía méritos para entrar en el paraíso son bien sabidas. Y tampoco es necesario insistir en que por parte cristiana se cometían parecidas atrocidades; por ejemplo, en la toma de Barbastro, o en la de Baeza, después de la batalla de las Navas; los vencidos fueron pasados a cuchillo, sus hijos y mujeres reducidos a esclavitud, y el cronista que relata estos hechos comenta: «No hay palabras para expresar la felicidad de este día».

El siglo XI aparece en el ámbito hispanomusulmán como un intermedio de paz religiosa y pacífica convivencia, aunque con excepciones; la más notable, el *pogrom* antijudío ocurrido en Granada el año 1066; en aquella taifa berberisca el reyezuelo Badis había concedido un poder excesivo a la familia hebrea de los Negrela; la reacción popular se cifró en miles de muertos y la huida de los supervivientes, que fueron a engrosar la importante aljama de Lucena, en la campiña cordobesa; desde entonces la presencia judía en Granada fue muy reducida. José Luis Lacave considera probable pero no probada la existencia de una sinagoga en el barrio de la Antequeruela; aquella poco relevante comunidad judía debió incrementarse en algunos centenares de familias que huían de la recién establecida Inquisición en los últimos años del reino nazarí.

El paréntesis de los reinos taifas terminó con las invasiones de almorávides y almohades, invasiones favorecidas por los dictámenes de los alfaquíes y ulemas que reprochaban a los reyezuelos su escaso celo por la fe islámica y su tolerancia hacia cristianos y judíos. En lenguaje actual diríamos que representaban el integrismo islámico; en realidad la palabra (y los hechos) siempre ha existido; por ejemplo, Algacel defendía el *Islam integral* frente a los *filósofos,* y desde entonces hasta hoy mismo puede seguirse idéntica reclamación, y la aplicación de la *sharia* o ley islámica en todos los aspectos de la vida política y social. Añadiendo otras exigencias, como el velo de las mujeres, que no constan en el Corán.

Prácticamente el mozarabismo terminó en el siglo XII con la huida de miles de cristianos a los reinos del Norte y la deportación de otros muchos a Marruecos. Tanto el territorio cristiano como el musulmán se beneficiaron de aquella aportación en una época de gran debilidad demográfica y escasez de brazos. Los mozárabes acogidos en Castilla y León denotaban las huellas de una convivencia secular; muchos tenían nombres cristianos y no pocos estaban circuncidados. Bastantes elementos culturales de nuestra Baja Edad Media que hoy atribuimos a supervivencias mudéjares en realidad son de procedencia mozárabe, y eso ayuda a comprender las muy abundantes huellas del pasado andalusí en territorios donde apenas quedaron musulmanes tras las conquistas del siglo XIII y subsiguientes expulsiones.

A los judíos, inicialmente bien tratados por los conquistadores islámicos y colaboradores tanto en tareas de guerra como de gobierno, también les alcanzó la ola de integrismo almohade; no fueron pocos los que, como Maimónides, tuvieron que expatriarse para escapar al dilema muerte o conversión. Hay que poner en relación esa diáspora con la aparición de las primeras aljamas en tierras cristianas: la de Tudela en Navarra (1170), la de Zaragoza cinco años después y la de Zorita de los Canes en Castilla. No se trataba de los primeros grupos de judíos; ya existían en fechas muy anteriores, sino de su reconocimiento jurídico como comunidad organizada. No son raros los datos que pueden aducirse como muestras de convivencia y respeto mutuo, pero la adscripción de muchos judíos al cobro de rentas reales y señoriales y a la usura legal (hasta un 12 por ciento *semanal* les autorizaba a cobrar el fuero de Cuenca) explican que, con independencia de motivos religiosos, los judíos fueran objeto de odio unas veces, de burla otras, de prevención siempre; recuérdese el episodio del Cid y los prestamistas judíos que relata el Poema.

El endurecimiento de las relaciones religiosas no debe imputarse sólo a los invasores africanos; en la Europa cristiana, en la Europa de las Cruzadas, aumentaban también los síntomas de intolerancia; se mata y expulsa a los judíos en Alemania, en Francia y otros países, y se instaura la Inquisición contra los albigenses. Tan extendido estaba en Europa el odio religioso que los cruzados que habían acudido a España a repeler la ofensiva almohade se sintieron ofendidos porque Alfonso VIII les prohibió repetir las matanzas que efectuaron en Toledo y Calatrava y no participaron en la batalla de las Navas de Tolosa. También hay que hacer constar que en España tuvieron en un principio escaso cumplimiento las prescripciones del IV Concilio de Letrán (1215) que prohibían otorgar cargos públicos a judíos y sarracenos y les obligaban a llevar distintivos discriminatorios en las vestiduras.

El espíritu de cruzada era uno de los aspectos de la creciente solidaridad de los reinos hispánicos con el resto de Occidente: intereses comerciales, religiosos, militares e intelectuales se mezclaban con el visto bueno del Papado, los progresos de la colonización *franca* (entendiendo por francos a todos los ultrapirenaicos), el auge de las peregrinaciones a Santiago y el interés de los muy influyentes monjes cluniacenses por aquel campo de expansión que se abría hacia Occidente. Las relaciones no eran meramente espirituales: Alfonso VI había prometido a los abades de Cluny 240 libras de oro anuales con cargo a las sustanciosas parias que percibía de los reyezuelos andalusíes; cuando la reacción almorávide interrumpió los pagos, la famosa abadía borgoñona y sus faraónicos planes constructivos conocieron una grave crisis. Es un curioso ejemplo de los lazos de solidaridad material y espiritual que unían la España cristiana con el resto de Occidente.

Una solidaridad que también tenía aspectos negativos: las ambiciones de los cluniacenses, demasiado influyentes con Alfonso VI, las novedades que traían, no eran del agrado de los castellano-leoneses; no les gustó que un francés, el monje Bernardo, fuera nombrado arzobispo de Toledo y rompiera la palabra real apoderándose de la gran mezquita para convertirla en catedral. Mucho menos gustó que los cluniacenses, siguiendo inspiraciones romanas, sustituyeran el antiquísimo rito mozárabe de origen visigodo por el romano. Alfonso VI, como su sucesor, usó a veces el título de emperador para indicar que no reconocía ningún vínculo de vasallaje respecto al emperador romano-germánico, pero por estas concesiones de tipo religioso indicaba una dependencia hacia las corrientes que llegaban de ultrapuertos.

Parecidos vientos soplaban en el condado de Portugal, a punto ya de desgajarse del reino castellano-leonés; la toma de Lisboa (1147) ocurrió cuando ya declinaba la ofensiva almorávide. En ella tomaron parte, junto a los portugueses, soldados y marinos franceses, ingleses y alemanes. Se perfilaba la dinastía portuguesa con fuerte influencia francesa, borgoñona concretamente, en curiosa anticipación de la influencia que siglos más tarde había de tener aquella tierra nórdica en los destinos hispanos.

La reacción de los almorávides fue tan efímera como la que entre fines del XII y comienzos del XIII protagonizaron los almohades; esta vez no se trataba de los hombres del desierto, sino de las montañas del Atlas; también eran guerreros feroces y fundamentalistas intransigentes; pero la suerte estaba ya echada; podían los marroquíes obtener algún triunfo parcial, pero no alterar el curso de la historia, que se decantaba en favor de un Occidente en pleno auge. Tras la victoria de las Navas de Tolosa (1212) los dominios almohades a este lado del Estrecho se deshicieron rápidamente. La base del fracaso de aquel imperio, de apariencia brillante y que dejó en Sevilla monumentos tan notables como la gran mezquita, su minarete (Giralda) y la enorme cerca de siete kilómetros de longitud, hay que buscarla en la imposibilidad de reunir en un mismo esfuerzo a andalusíes y almohades. Sólo la torpeza de la política cristiana impidió que cristianos y musulmanes se unieran en el mismo rechazo a las gentes de la otra orilla del Estrecho. En Al Andalus a los almohades se les apreciaba como guerreros, pero se les temía y despreciaba como rudos gobernantes.

Las grandes conquistas cristianas del siglo XIII plantearon en términos agudos un problema que estaba en la base de las relaciones entre los pueblos peninsulares y explica por qué la Conquista duró unos pocos años y la Reconquista siglos. La Conquista dio lugar a un Estado islámico centrado en el Sur, en tierras fértiles y bien pobladas que absorbieron sin dificultad a los invasores, mientras que el resto del territorio, que era casi un desierto salpicado de oasis, quedó soldado al Emirato, luego Califato, por tratados de alianza y dependencia, lazos frágiles, como se demostró al fraccionarse aquella endeble construcción política; pero la Reconquista fue acompañada de una lenta repoblación aprovechando el tradicional exceso demográfico de las regiones septentrionales. La repoblación daba consistencia a las nuevas adquisiciones, pero era un proceso muy lento. Al producirse la ocupación del valle del Guadalquivir y el reino de Murcia todavía La Mancha estaba medio desierta. Fernando III ideó una fórmula que ya tenía precedentes en la conquista del reino de Toledo y las tierras levantinas: mantener la población conquistada, limitando la presencia cristiana a la ocupación de las ciudades. Este dominio directo se completaría con un tratado con el reino de Granada, que se mantendría como Estado vasallo, completando así la tarea iniciada cinco siglos antes. La prueba de que Fernando III pensaba haber terminado su tarea histórica en España tras la conquista del valle bético es que cuando le sorprendió la muerte se preparaba nuevamente a la lucha, pero en África.

Tal estado de cosas, tal visión de España, suponía la aceptación de un estatus que considerasen justo y tolerable, los pueblos de las tres culturas, tal como expresan los elogios a su memoria en la inscripción tetralingüe (latín, castellano, árabe y hebreo) inscrita en su sepultura en la capilla real de la catedral de Sevilla. El proyecto fracasó por varios motivos: en primer lugar, la incapacidad de los reinos castellano-leoneses para asegurar una repoblación efectiva de tan vastos territorios. Las capitulaciones imponían a los vencidos la obligación de abandonar las ciudades, los recintos urbanos amurallados, lo que se explica por razones militares, pero desorganizaba completamente la sociedad musulmana; una conversión tan radical de profesiones y hábitos de vida era imposible, por lo que muchos andalusíes prefirieron el destierro. La suerte de los que quedaron en el campo no debió ser tampoco nada favorable a los vencidos por la altanería de los nuevos pobladores; unos pasaron el Estrecho, otros se refugiaron en el reino nazarí, cuya cualidad de vasallo siempre fue letra muerta. Las grandes sublevaciones de 1264-1266 en la Baja Andalucía y Murcia obligaron a reconocer el fracaso de los planes primitivos.

Alfonso X tuvo que renunciar a la convivencia de dos sociedades; un modelo que en Valencia tampoco había funcionado bien. No obstante, como estaba lleno de buena voluntad hacia el Islam y sus seguidores, planeó el establecimiento en Sevilla de unos Estudios Generales para los que se obtuvo bula pontificia y que debería haber sido una especie de universidad euroárabe. Una escuela parecida se creó o se readaptó en Murcia; allí enseñaba a oyentes de las tres religiones un maestro de gran prestigio, Ahmed Ibn Abu Bakr, al que se hicieron tentadoras proposiciones para que se bautizara, pero cuando sus correligionarios fueron expulsados él también se refugió en el reino granadino.

Estos intentos de aproximación estaban condenados al fracaso por el clima de creciente intolerancia, que también era responsable de que la frontera no fuera una línea, sino una ancha franja en la que la existencia estaba llena de peligros. No era nada envidiable la suerte de los prisioneros; por eso se multiplicaron las gestiones de las órdenes redentoras, trinitarios y mercedarios, y también se convirtió en profesión la de *alfaqueque;* eran personas que servían de intermediarios, procuraban informaciones y gestionaban rescates.

Todavía hubo en los siglos XIII y XIV una última arremetida del Magreb contra los reinos cristianos de lo que empezaba a denominarse Andalucía; no se trataba de recuperar España para el Islam, tarea imposible, sino de ensanchar el territorio del reino nazarí aprovechando las discordias entre los cristianos; fue la ofensiva de los benimerines, de cuya violencia en tierras de Jaén da testimonio la crónica de Alfonso X con estas palabras: «No pasaron junto a árbol que no talaran, ni por aldea que no arrasaran, ni por mieses que no incendiaran. Se apoderaron de todos los rebaños, mataron a los hombres que encontraron y cautivaron a los niños y mujeres». El problema del Estrecho surgió como necesidad apremiante para cortar la comunicación entre los musulmanes de ambas orillas. La batalla del Salado (1340) terminó con esta pesadilla, aunque las relaciones entre ambas orillas siguieran siendo frecuentes; no pocos cristianos cautivados en mar o tierra terminaron en mazmorras marroquíes o argelinas su desastrada vida, y no pocos renegaron para escapar a sus sufrimientos.

La existencia del reino de Granada era un problema andaluz que en Castilla suscitaba escaso interés; se preveía que su conquista sería larga y costosa. Por otra parte, la minoría mudéjar tampoco suscitaba los odios que la judía y la conversa. Incluso había muchos préstamos culturales y un aprecio por los arreos, armas y vestidos de estilo mudéjar que sorprendía a los visitantes extranjeros y que, por supuesto, carecía de trasfondo ideológico y de verdadero aprecio. Hoy, en todo el mundo se bebe *coca-cola* y se visten vaqueros sin que eso signifique aprecio por la ideología norteamericana.

La convivencia terminó de manera desastrosa, con expulsiones masivas que acarrearon perjuicios económicos y perpetuaron odios religiosos y raciales que han influido negativamente en la imagen de España ante el mundo. Recordar la colaboración y los préstamos culturales que tuvieron lugar en la España medieval es tarea mucho más gratificante, a la que aludiremos (porque es capítulo importante de nuestro pasado) tomando algunas ideas, algunos datos de los especialistas que se han ocupado de esta materia.

La invasión árabo-berberisca sorprendió a la España visigoda en momentos de gran pobreza cultural, como ya quedó indicado; clima depresivo que no era particular de España; más bien se puede decir que dentro del panorama general de analfabetismo y cerrazón intelectual que siguieron en Occidente a la crisis del Imperio y las invasiones bárbaras, España conservaba un nivel algo más elevado, puesto que los hispanos emigrados a Francia contribuyeron al renacimiento carolingio. Pero no hay que hacerse ilusiones acerca del significado y alcance de esta aportación: el propio san Isidoro, figura señera en un paisaje desolado, nos indica los límites de su concepto de la cultura cuando en su Regla monástica advierte a los monjes que no deben dedicar demasiada atención a los escritores paganos para que no sean contaminados por sus errores.

Era aquélla una cultura eminentemente eclesiástica, y lo siguió siendo durante los siglos VIII, IX y X, tanto en los reinos cristianos del Norte como en las comunidades mozárabes del centro y Sur. Lo evidencian los catálogos de bibliotecas monacales y catedralicias, receptáculos de la cultura escrita. El contenido era en todas muy parecido: Biblia, santos padres, leyes canónicas, poetas cristianos y algunos clásicos paganos; especialmente rica podía considerarse la biblioteca de la catedral de Oviedo, que en el año 882 poseía 41 códices, con obras de Gramática, Geometría, glosarios y poetas clásicos: Virgilio casi nunca faltaba por el carácter cristiano que se atribuía a la IV égloga. En la catedral de Vich había en el año 957 un Virgilio y un Horacio; todos los demás volúmenes, hasta un total de 53, eran de carácter eclesiástico. La de Ripoll era más rica: estaban representados autores que habían llegado a ser rarísimos en España, como Macrobio, Boecio, Persio, y manuscritos de Música y Agrimensura, pero ésta era una excepción; la producción propia casi se reduce a la polémica teológica entre el arzobispo Elipando de Toledo y el famoso comentario al Apocalipsis del monje Beato de Liébana, cuyo interés para nosotros es más bien de orden artístico que literario. Y lo peor no era la suma escasez de producción, sino la tendencia decreciente; Sánchez Albornoz advierte que si del siglo IX asturiano nos quedan dos crónicas y algunas inscripciones poéticas, del siguiente sólo hay una continuación de una de las crónicas «y después nada: ni inscripciones poéticas, ni epitafios... Incluso decae hasta el extremo límite de la degradación la prosa bárbara de los diplomas. La sociedad asturleonesa volvía a la infancia por lo que hace a la actividad intelectual».

El contraste con la cultura andalusí no era tan grande si el término de comparación lo fijamos en la Marca Hispánica; más alejada de Córdoba que Castilla-León, estaba espiritualmente más cerca gracias a eslabones intermedios como Zaragoza, Lérida y Gerona. Entre los siglos X y XI circulaban por esa gran diagonal hombres, oro... y libros. Podría ser ésa la explicación de que el monje Gerberto de Aurillac fuera enviado por el conde Borrell de Barcelona al monasterio de Santa María de Ripoll, donde estudió las materias de *Cuadrivium,* o sea, la dimensión científica del saber clásico. La ciencia allí adquirida le capacitó para una carrera que terminó con su elección al pontificado.

Nunca fue tan grande la distancia entre la cultura hispanoárabe y la cristiana como en la época del Califato de Córdoba. El sistema público de enseñanza, desaparecido tras la caída del Imperio Romano, volvió a extenderse a amplias capas de población; había centros elementales, medios y superiores, planes de estudios, bibliotecas, libros de texto e incentivos que para el alumno desaplicado podían ser unos golpes de regla aplicados en la planta de los pies. Había maestros famosos cuyos servicios eran bien cotizados y un mecenazgo real que sufrió un eclipse con el puritanismo de Almanzor, pero volvió a brillar en las capitales de los reinos de taifas. Los reyezuelos tenían cortes de refinado ambiente donde los poetas les servían de secretarios, redactores de cartas alambicadas y directores de relaciones públicas. Ni siquiera el régimen militarista de almorávides y almohades, apoyados por alfaquíes y ulemas, detuvo esta pleamar, aunque está claro que la obstaculizó, como lo demuestran las peripecias individuales de algunos de los nombres más famosos.

Averroes (Ibn Rusd, 1126-1198), quizá, dice Vernet, el español que ha ejercido más influencia en el pensamiento humano, fue hijo y nieto de cadí, mantuvo relaciones amistosas con el califa almohade Abu Yaqub Yusuf, quien le confió cargos de gran importancia. Al jubilarse Ibn Tufail le sucedió en el puesto de médico de la corte, pero a fines del XII el califa Yaqub al Mansur, que preparaba la guerra contra los cristianos, creyó oportuno congraciarse con los alfaquíes enemigos de las enseñanzas filosóficas; desterró al filósofo a Lucena, sus obras fueron prohibidas y quemadas, pero antes de morir lo rehabilitó y permitió su entierro en Sevilla. La influencia de Averroes, tanto en el pensamiento musulmán como en el cristiano medieval, fue enorme; sus comentaristas tardíos (averroístas de Padua) le dieron una fama de agnóstico que no se corresponde con la realidad, pero es cierto que a través de sus obras y comentarios se ponían de relieve aquellos aspectos del pensamiento del Estagirita que, como la eternidad del Mundo, eran incompatibles tanto con el Cristianismo como con el Islam.

Cimas poco inferiores a la de Averroes, aunque con menos escándalos por sus doctrinas, alcanzó el judío cordobés Maimónides, su contemporáneo (1135-1204). Huyendo de la intolerancia que reinaba en Al Andalus emigró a Marruecos, donde, curiosamente, esas mismas dinastías almorávides y almohades se mostraban más tolerantes, pero no tanto como para sentirse seguro, por lo que acabó estableciéndose en Egipto, donde alcanzó tal reputación que fue médico de cámara de los Fatimitas y luego del famoso Saladino. Escribió su obra en árabe y a través de traducciones ejerció también gran influencia en Occidente. El pensamiento de Maimónides tenía muchos puntos de contacto con el de Averroes; ambos eran racionalistas, enemigos de la Astrología, las supersticiones y la contaminación de las ciencias por la Mística. Su *Guía de los que dudan* es una obra clásica para el estudio de las relaciones entre la ciencia y la fe. En este punto su postura es menos radical que la de Averroes, pero también suscitó recelos entre los teólogos. Más apreciada fue su obra médica; contribuyó al predominio indiscutible que los judíos y musulmanes españoles tuvieron en Europa hasta finales de la Edad Media en esa parcela del saber que abarcaba más espacio del que tuvo cuando se delimitaron más claramente los dominios del macro y el microcosmos, el Universo y el Hombre.

El predominio indiscutible de médicos y filósofos de Al Andalus estuvo reforzado por el correspondiente a otras ramas del saber: Matemáticas, Astronomía, Botánica, Geografía, ciencia esta última que debía mucho a la Geografía clásica, pero abarcaba más, porque recogía noticias de países de los que Estrabón y Tolomeo sólo tuvieron datos vagos o erróneos. Las noticias que reunió Al Idrisi en su obra geográfica proceden no sólo de tratados anteriores, sino de los viajes que realizó por Asia y África. Natural de Ceuta, pero formado científicamente en Córdoba, como Averroes y Maimónides, tuvo también como ellos que emigrar y acabó estableciéndose en la corte de Roger II en Sicilia; aquella isla, aunque recién conquistada por los normandos, fue crisol de culturas y a través de dicho rey, y más tarde del emperador Federico II, la principal vía (juntamente con España) de penetración de los conocimientos científicos y la especulación filosófica del Islam en la Europa cristiana.

Los pocos datos antes mencionados sobre los máximos representantes de la cultura andalusí bastan para poner de relieve el enorme desfase cronológico entre apogeo político y apogeo cultural. Un fenómeno frecuente; piénsese en nuestro siglo XVII, pero que en el caso de Al Andalus alcanzó unas dimensiones sin precedentes; es un fenómeno enlazado con el despliegue general de la cultura árabe a través de varios siglos sobre un escenario extensísimo en el que se verificaron no sólo contactos y contaminaciones, sino creaciones de gran originalidad. Los pueblos germánicos recibieron una cultura romana decadente que en sus manos decayó aún más. Los árabes dominaron desde el siglo VII gran parte del Imperio de Oriente, que había conservado mejor las tradiciones, las escuelas, las bibliotecas que atesoraban el saber de la Antigüedad, y a esta herencia unieron corrientes culturales llegadas de Persia, de la India e incluso algunas aportaciones de China. Sobre este fondo tan rico creció la cultura de los abbasíes, del Califato de Bagdad, hasta que la irrupción de los nómadas de las estepas la dejaron moribunda; su culminación correspondió a los siglos IX-XI, mientras en Al Andalus puede fijarse entre el X y el XII.

Hoy cualquier persona culta conoce varios idiomas; no era ése el caso en la Edad Media, por eso necesitaban traductores, personal especializado del que un alto porcentaje correspondía a los judíos. Comenzaron muy pronto las traducciones con fines científicos en Mesopotamia, luego en Al Andalus; cuando el emperador bizantino Constantino VII regaló a Abderramán III un ejemplar de la *Materia médica* de Dioscórides, el califa agradeció el regalo, pero advirtió que en Córdoba no había nadie que supiera griego; entonces llegó un monje para traducir el códice al árabe. Este episodio, ocurrido en la Córdoba califal a mediados del siglo X, puede considerarse como el punto de partida de lo que con bastante impropiedad se ha venido llamando Escuela de Traductores de Toledo, que ni se limitó a Toledo ni tuvo ningún sentido institucional, sino que fue labor de estudiosos hispanos y extranjeros atraídos por la fama de la existencia de obras desconocidas en Occidente. No atraían a estos hombres, de variadas procedencias (Herman el Alemán, Adelardo de Bath, Gerardo de Cremona, Rodolfo de Brujas...), ni los primores de la poesía hispanoárabe, ni las efusiones místicas de los sufíes, ni la abundante producción histórica; su atención se centraba en el complejo filosófico-científico representado por la obra de Aristóteles, que entonces luchaba en Europa por desbancar a la tradición neoplatónica representada por san Agustín. Era tarea más difícil cristianizar a Aristóteles que a Platón, y este reto, que alimentó la controversia en los monasterios, las escuelas catedralicias y las primeras universidades, exigía un conocimiento más completo de la obra del Estagirita.

Pero en torno a este tema central filosófico-teológico crecía también el interés por la ciencia pura y su base fundamental, las Matemáticas. Aquí ya no bastaba la herencia griega, aunque con Euclides y Diofanto rozara los límites de las matemáticas superiores; se necesitaba la aportación india, origen de los *guarismos o algoritmos*, el valor posicional de las cifras, cuyo primer testimonio en la Península lo hallamos en el códice Vigilano en el monasterio riojano de Albelda (siglo X) en el que al texto de Aritmética tomado de san Isidoro se le añaden las nuevas cifras que, con la adición del cero, se debían «al sutilísimo ingenio de los indios».

Esas actividades traductoras, iniciadas ya en la propia Córdoba y continuadas en Gerona, Lérida y Zaragoza, tomaron gran desarrollo en el Toledo de los siglos XII y XIII, gran crisol de culturas. El proceso de traducción era muy complejo: había que empezar por identificar los manuscritos, separar el original árabe o griego de los escolios y adiciones; solía ser un judío el que hacía la versión al romance que luego un cristiano traducía al latín. Era inevitable que el resultado final fuera imperfecto; por eso no es extraño que cuando los humanistas comenzaron a editar los originales directamente con arreglo a las leyes de la crítica filológica y reproducirlos en innumerables ediciones por medio de la imprenta toda esta producción anterior se hundiera, incluso la que con mucha más amplitud de criterio dirigió Alfonso X, no dirigida ya a la controversia escolástica, sino al conjunto de saberes y a la fabulación literaria.

El aludido desfase cronológico se percibe también con relación a Oriente, y explica el hecho, que ya llamó la atención de Menéndez Pidal, de que los grandes genios de Al Andalus «fueran desconocidos, o poco menos, en el Oriente musulmán; varias de las obras que escribieron ni siquiera se conservan en su texto árabe original, sino en traducciones»; hecho que hay que poner en relación con las destrucciones causadas por las invasiones mongólicas, mientras que en la Europa cristiana del siglo XII se consolidaba una cultura caballeresca y feudal en la que el ámbito religioso y el político, el militar y el cultural, unidos pero distintos, daban pruebas de una asombrosa vitalidad y capacidad expansiva; las Cruzadas fueron un fenómeno de base religiosa pero con fuertes implicaciones políticas, económicas, artísticas y científicas. Las peregrinaciones a Santiago fueron un fenómeno correlativo y su expansión ofrece una coincidencia cronológica que no puede ser fruto del azar; nacían de la misma raíz: el enorme dinamismo de una sociedad emergente en vías de expansión, con notorias ventajas para la España cristiana, que se beneficiaba de la proximidad geográfica y de la identidad confesional. Por eso, lo que tratándose de las Cruzadas, a pesar del indudable interés de los contactos y legados a los que dieron lugar, terminó en fracaso y ha dejado posos amargos muy vivos todavía, no sólo en el mundo islámico, sino en la cristiandad ortodoxa (toma de Constantinopla durante la IV cruzada), en la España cristiana medieval, la peregrinación a Santiago sólo aportó beneficios.

Es posible que los reyes asturleoneses intuyeran las ventajas materiales que podría traer el descubrimiento de la presunta sepultura del Apóstol, en el contexto de una sociedad muy sacralizada y muy imbuida del valor de símbolos materiales compensatorios o propiciatorios: reliquias salvíficas, penitencias públicas, largas y peligrosas peregrinaciones como medio de expiación de crímenes... Por eso, la noticia de una nueva ruta, una nueva peregrinación, fue acogida con enorme interés, que fue creciendo hasta originar verdaderas riadas humanas a partir del siglo XII. Esta nueva ruta para muchos fue complementaria: después de visitar las basílicas romanas o combatir en Tierra Santa iban a Compostela; pero para otros era una alternativa mucho más cómoda, y en la estela de los peregrinos llegaron artesanos, mercaderes y artistas. La pertenencia de España al Occidente, ya decidida por la fuerza de las armas, se reforzaba con la creación de una ruta que era como un cordón umbilical y venía no a sustituir, sino a completar la ruta tradicional, la que atravesaba los Pirineos por la Marca Hispánica y Occitania. Esta otra vitalizaba los puertos del Pirineo occidental, bastante accesibles pero peligrosos, como demostró el desastre de Roncesvalles; aquella especie de *tierra de nadie* que formaban por el Norte el desierto de arena de las Landas y por el Sur aquellas tierras vasconas que parecían tan poco hospitalarias iba a sufrir una transformación radical con el apoyo de los reyes de Navarra; Sancho Ramírez, además de acondicionar hospederías en Jaca y Pamplona, fundó Estella y Puente la Reina; por ésta se llegaba a ese rincón fértil en frutos naturales y contactos humanos que es La Rioja; allí santo Domingo de la Calzada reparó caminos y puentes; la ciudad que lleva su nombre era el eslabón que enlazaba las nuevas ciudades navarras con las nuevas o renovadas de Castilla-León: Burgos, Carrión de los Condes, Sahagún, León, Astorga... Eran ciudades muy pequeñas, en nada comparables a las de Al Andalus, donde Córdoba y Sevilla había alcanzado o rozado los cien mil habitantes, porque en ellas, a más de los representantes del poder, se asentaban latifundistas, con sus clientelas y el vulgo que vivía a sus expensas. Las ciudades cristianas del Norte casi nunca llegaron a los ocho mil habitantes, algunas no pasaban de dos o tres mil. A pesar de ello eran verdaderas ciudades, por su censo socioprofesional, por la existencia de mercados privilegiados, por su papel en la transmisión de la cultura. Sus habitantes recibían el nombre, muy expresivo, de *ruanos,* hombres de la rúa, de la calle, del camino; tenían gran movilidad; muchos eran *francos,* de procedencia extranjera. Abundaban también los judíos. Los intentos de mediatización señorial tropezaron con su repulsa, a veces violenta, como la de los burgueses de Sahagún contra los monjes o el conflicto siempre latente entre el vecindario de Santiago y los arzobispos.

El Camino de Santiago vehiculaba hombres, productos, ideas de procedencia foránea en el sentido de los paralelos, mientras que la tendencia habitual de las grandes rutas era seguir la dirección Norte-Sur del avance de la Reconquista y la repoblación. En este sentido se fomentaba la unidad de regiones alejadas, en definitiva, la unidad de España, compatible con fronteras internas; la banda occidental, lo que luego se llamaría Portugal, se separó de León precisamente durante el apogeo del Camino, porque sería un error sobrevalorar el significado de éste; más que una superficie era una cadena, un rosario de burgos sobrepuesto a una infraestructura antiquísima que permaneció más o menos alterada; la mayoría de la población gallega seguía viviendo en aldeas y lugares agrupados en parroquias, en no pocos casos los aldeanos seguían ocupando las *pallozas* e incluso los antiquísimos castros. Siempre fue Galicia una región arcaizante. Más cambios se detectaban en el rosario de ciudades que seguían el curso del Duero, en la renacida Meseta que, tras haber sido una Extremadura, se convirtió en el eje de la potente Castilla medieval. Incluso a lo largo de la costa cantábrica nacía o renacía una modesta vida urbana. Algunos peregrinos se aventuraban por esta ruta costera, se sorprendían de la rusticidad de los vascos de Guipúzcoa y Vizcaya, de idioma incomprensible, de cristianización reciente, y por ello sin identidad propia en el mapa diocesano: una parte del territorio pertenecía a la diócesis de Pamplona, mientras Vizcaya y Álava acabaron cayendo en la órbita de Calahorra, es decir, de La Rioja, donde la mezcla de castellanos y vascos era antigua, biológica y cultural, como se comprueba por las glosas emilianenses y silenses. De esta influencia euskérica obtuvo el castellano sus vocales rotundas, sus *erres* chirriantes, tormento de los hispanistas extranjeros.

Por la ruta principal y por las alternativas mucho del aire europeo penetró hasta el extremo occidental de España. Jaca, uno de los puntos de acceso que se ofrecía al peregrino, edificó la primera catedral de España en un románico simple y bello. Casi a la vez que comenzaron las obras en Jaca se iniciaron en Santiago las tareas para reemplazar la basílica destruida por Almanzor por la que hoy existe. Entre esos ochocientos kilómetros, ermitas, parroquias, monasterios, el espíritu de Cluny, invasión pacífica de ideas y personajes franceses y ritos romanos, los juglares que cantan las hazañas extraordinarias de Mío Cid Campeador y piden a los oyentes, si no tienen dineros, «un vaso de bon vino». El tercer vértice, Toledo, treinta mil habitantes encerrados en una peña que circunda el Tajo: musulmanes que en buena parte se convierten en mozárabes muy islamizados; *francos* favorecidos por Alfonso VI, entre ellos el primer arzobispo tras largo paréntesis, el cluniacense Bernardo. Y judíos, que aquí se encuentran como peces en el agua, comercian, prestan, arriendan... y ofrecen sus servicios como traductores. No es que falte una creatividad judaica, pero está muy plegada a su religiosidad; en asuntos profanos se orientan según soplen los vientos a la cultura musulmana o a la cristiana. Por eso creo que no le falta razón a Mikel Epalza para decir que en Toledo más que de tres culturas habría que hablar de tres religiones y dos culturas.

Dentro del triángulo delimitado por esos tres vértices: Jaca, Santiago, Toledo, unos bordes montuosos de vocación pastoril, una costa todavía muy salvaje y una Meseta que en el siglo X era un desierto; la habían elegido los visigodos como asentamiento principal, debieron abandonarla al sobrevenir la invasión muslímica, refugiándose en el Norte y dejando abandonadas las llanuras, las vegas, los páramos. Las disputas actuales no se refieren a la despoblación de la cuenca del Duero, sino a medir su grado; parece probado que en algunos parajes apartados se conservaron minúsculos grupos humanos. Esto sucedía en el siglo X, en el XII ya se había cubierto el territorio de aldeas, villas y ciudades, y por el Sur sus agricultores y ganaderos habían llegado a la línea del Tajo y se habían implantado con tal solidez que la contraofensiva de los fundamentalistas africanos sólo había conseguido algunos éxitos limitados, efímeros. Sin negar que en esta recuperación influyera una aportación humana traspirenaica y la llegada de los últimos grupos mozárabes fugitivos de Al Andalus, la base de su recuperación tuvo que ser el potencial demográfico de las poblaciones del Norte: vascos, cántabros, astures y galaicos, atestiguada desde los tiempos de Roma y motor de la presión continua que en la época visigoda se imponía a la vigilancia de los reyes. Si ese exceso de población debe relacionarse con la pervivencia de la familia extensa y los regímenes clánicos es cuestión a debatir por los demógrafos. Aquí basta dejar constancia del hecho. La Meseta, desde el Tajo hasta los montes cantábricos, se constituyó en el núcleo de España, hecho nuevo que perduraría hasta la crisis del XVII, e incluso más tarde por efectos de inercia.

Ese núcleo duro de la nueva España que se estaba forjando, aparte de su solidez interna, se sentía apoyada por el resto de la Europa cristiana, un proceso de identificación que llegó a su ápice con la pretensión de Alfonso X de ostentar la Corona del Sacro Imperio Romano-Germánico, y más tarde se hizo realidad en la persona de Carlos de Gante. Ni en uno ni en otro caso, ni en el intento fallido de Alfonso X ni en el logrado de Carlos V, les acompañó la opinión mayoritaria de los castellanos, porque ya no se trataba de afirmar la hegemonía de Castilla en el conjunto hispano y su independencia de las pretensiones universalistas del viejo Imperio resucitado por Carlomagno, sino de liderar esa misma construcción cuyo fracaso era patente y atraería sobre los hispanos más cargas que beneficios. Aun así, era reconfortante para el castellano del XII-XIII sentirse no sólo apoyado por Europa, sino miembro privilegiado de esa misma Europa, mientras los musulmanes del Sur compraban muy caro el apoyo de unas dinastías bereberes a las que en el fondo odiaban y que después de Las Navas y los combates por el Estrecho abandonaron el Islam español a su suerte.

Estos hechos tenían su contrapartida en el ámbito cultural y en las mentalidades. La actividad de los traductores estaba promovida por hombres que, reconociendo las carencias de la Europa cristiana, venían a las ciudades fronterizas de Al Andalus a obtener una preciosa información. Pero en el siglo XIII la situación ya ha cambiado: la iniciativa de esa labor de traducción (que siempre fue acompañada de otras de enseñanza y de libre creación) se institucionaliza por iniciativa del rey castellano y se integra en un proyecto más vasto, cuyas líneas esenciales ha delineado, entre otros, Francisco Márquez Villanueva. Comparando ese proyecto con el que medio milenio antes realizara Isidoro de Sevilla (tan lento era entonces el curso de la historia) advertimos coincidencias notables, entre ellas el reconocimiento de una España ensalzada, idealizada. Los *Laudes Hispaniae* de Alfonso el Sabio se inspiran en los del prelado hispalense y expresan un auténtico patriotismo español, que el santo ponía bajo la protección de «la nobilísima estirpe de los godos», mientras el Rey Sabio reconocía sus raíces múltiples, romanas y visigodas, cristianas y árabes, populares y eruditas, y de ahí que la obra histórica alfonsí supere enormemente el escueto marco de las crónicas visigodas: prosifica poemas y utiliza fuentes árabes con una amplitud de criterio que tardó siglos en superarse.

Para Alfonso, como para Isidoro, España era *mater gentium,* madre de muchos pueblos, no sólo en el sentido orgánico, sino espiritual; le hubiera gustado una colaboración activa con la intelectualidad andalusí que obtuvo escasos frutos por el estado lamentable a que la redujeron sus disensiones internas y las conquistas cristianas del siglo XIII. En cambio, la participación de los judíos fue mayor que nunca; debieron sentir aquélla como una Edad de Oro en comparación con las desventuras del siglo XIV. La amplitud de la visión cultural alfonsí se extiende no sólo al marco geográfico (presencia importante de la literatura india), sino a la inclusión de un material mucho más rico y variado, y hay que apuntar también un hecho decisivo: el uso del romance como lenguaje no sólo de la cultura, sino del Derecho, un hecho que no se dio en los Estados y estadillos musulmanes, sometidos a la supremacía del árabe, lengua sagrada, lengua de cultura; de aquella unidad lingüística derivada del latín, que dio lugar a multitud de dialectos, sólo ha podido rescatar la erudición moderna los escasos, conmovedores, venerables restos de las *jarchas,* canciones populares, producto del mozarabismo, que nació con él y murió con él.

La gran debilidad del Al Andalus pienso que fue su incapacidad de consolidar un modelo territorial que aunara la unidad de Hispania con su diversidad. La disidencia del Norte resultó insalvable; en el apogeo de su poder, el Califato no pretendió dominarlo, Abderramán III y Almanzor dirigieron expediciones de castigo, no de conquista permanente, quizás porque no disponían de colonos para consolidarlas. Los romanos habían establecido en las fronteras *limitanei,* los cristianos fundaron *extremaduras,* delimitadas por castillos y ciudades. Y reconocieron que el territorio de la Marca Hispánica y Finisterre no se podía integrar en un solo Estado, había que aunar unidad y diversidad en dosis adecuadas, mediante alianzas, matrimonios regios o el curioso proyecto imperial de Alfonso VII. Pero el Islam no halló alternativa viable al Califato, pues no puede considerarse tal la veintena de efímeros reinos de taifas. Hubiera tenido que idear un tratamiento más adecuado para los desiertos virtuales, los *no man's lands* del interior; lo único que se les ocurrió a los califas fue crear unas *fronteras* que no eran análogas a las *extremaduras* porque no eran zonas de repoblación, sino vacíos muy mal comunicados con la zona vital del Califato, que, a través de milenios, seguía siendo el mismo espacio con distintos nombres: la antigua Bética, el antiquísimo Tartesos, cuya prolongación hacia el Norte seguía las costas mediterráneas, no el interior. Por eso los términos de Toledo y Córdoba, aunque tan distantes, eran contiguos, porque entre una y otra sólo había breñales, malezas, pastores, *golfines*. En realidad, Toledo fue una entidad independiente hasta la conquista cristiana, y lo mismo y aún más hay que decir de Zaragoza, prácticamente incomunicada con Córdoba, como lo demuestra la siguiente anécdota: en el siglo X dos monjes de Saint Germain des Pres llegaron a la Marca para buscar el cuerpo de algún mártir mozárabe; en Barcelona, el conde Hunifredo les dio una carta de presentación para el gobernador de Zaragoza, éste les dijo que tuvieran paciencia: «Hace más de ocho años que no hay caravanas de pasajeros a Córdoba». Por fin se formó una y llegaron el año 958 a Córdoba, donde obtuvieron los cuerpos de dos mártires. Para el regreso se unieron a un cuerpo de ejército que el califa enviaba contra Toledo y gracias a ello no fueron molestados por los salteadores.

Si la vinculación física del valle del Ebro con el del Guadalquivir era tan precaria mucho más había de serlo con Marruecos, y ello explica que en plena ofensiva almorávide la Reconquista aragonesa progresara a pesar de la debilidad de sus bases de partida; Pedro I conquistó Huesca en 1096 y Alfonso I, Zaragoza en 1118, con el concurso de auxiliares transpirenaicos; la ofensiva cristiana continuó al sur del Ebro, pero la cuenca de este río, salvo el privilegiado oasis riojano, tiene graves carencias naturales; antigua cubeta lacustre, sus suelos, a más de áridos, son con frecuencia salinos; reina la estepa, apunta el desierto (Bardenas, Monegros). Hay valles fértiles, pero necesitan hombres avezados a las técnicas de regadío, que no se improvisan. Esos problemas naturales se sumaban y entrecruzaban con otros humanos: en vez de la lenta y sólida repoblación de la cuenca del

Duero, en la del Ebro hubo una desesperada caza al hombre; los musulmanes que no huyeron fueron fijados en las vegas bajo un régimen señorial muy duro, socialmente aislados y en una oposición con los pastores pirenaicos que a veces degeneró en guerra abierta. Alfonso I ideó una espectacular caza al hombre: transportar a tierras aragonesas los oprimidos mozárabes del Al Andalus; la expedición salió de Zaragoza, rodeó las murallas de Córdoba, Granada y Málaga (no pretendía tomarlas) y regresó con unos miles de mozárabes que aliviaron en alguna medida la falta de brazos que sufría el reino aragonés. Sumaba así otro elemento al ya complicado damero de un reino construido sobre cimientos dispares: algunos *ricos omes* prepotentes, bastantes infanzones pobres y engreídos, burgueses dispuestos a aliarse a los nobles contra los reyes y una masa servil, rústica, objeto, no sujeto, del protagonismo político y social.

Sufría también Aragón de la falta de esas zonas de expansión de que gozaba Castilla. No tenía costas propias; estaba encajonada entre los valles pirenaicos, la poderosa Castilla, el reino de Valencia y los condados catalanes. La aproximación a Castilla, intentada por Alfonso I, fracasó, no tanto por las desavenencias conyugales de que fue responsable doña Urraca como por la mala voluntad de los castellanos hacia un soberano aragonés. Valencia era meta codiciada y frágil; ya el Cid la había conseguido de forma transitoria; para un pueblo pobre encerrado en las estepas interiores era una presa tentadora, pero había que ponerse de acuerdo antes con los catalanes. Así tejía sus hilos el Destino para llegar a un acercamiento entre dos pueblos contiguos pero distintos. Favorecía el hallazgo de una fórmula el hecho de que los catalanes estuvieran acostumbrados a vivir no bajo un régimen unitario monárquico, sino de condados que coexistían en convivencia pacífica; cuando Ramón Berenguer IV, conde de Barcelona, casó con Petronila de Aragón mató de un tiro una bandada de pájaros: resolvió el problema suscitado por el absurdo testamento de Alfonso el Batallador; evitó llamarse rey de Aragón, aunque de hecho lo fuera; marcó las distancias frente a las pretensiones de Castilla; daba luz verde a una futura conquista de Valencia por catalanes y aragoneses conjuntamente, y, sobre todo, sentó las bases de una convivencia de Aragón y Cataluña, ampliada luego a Valencia y

Baleares, basada en la igualdad de derechos y en unas relaciones contractuales entre príncipes y vasallos que eliminaba el principio del derecho absoluto del príncipe en favor de un teórico *pacto* que reconocía derechos y deberes mutuos al soberano y a los vasallos.

La confederación así creada no sólo reconstruía la antigua Tarraconense, sino, en parte, la Septimania visigótica, reconociendo y fortificando lazos con las poblaciones del sureste francés, países de *oc* de tradición romana, distinta y en ocasiones opuesta a la Francia germanizada del *oui*. Importante resultado de esa tradición romano-mediterránea fueron la expansión, en parte pacífica, en parte guerrera, por medio de las campañas del siglo XIV que implantaron la soberanía catalano-aragonesa en las grandes islas italianas, la posterior adquisición del reino de Nápoles, las hazañas de los almogávares en una Grecia disputada entre helenos y turcos (ducados de Atenas y Neopatria), la presencia de naves, que entonces eran indistintamente mercantiles y guerreras, en todo el ámbito mediterráneo, apoyando un despliegue mercantil que llevó productos de la industria textil catalana hasta Egipto.

Toda esta febril expansión de los siglos XIII-XIV necesitaba de una definición frente a los dos grandes Estados contiguos: Francia y Castilla; como era usual en la Edad Media (y mucho después) bajo el manto de discordias religiosas se escondían problemas políticos; la herejía albigense, propagada por la Provenza y el Languedoc, reflejaba la antipatía de los meridionales hacia los francos, y se llegó a la paradoja de que Pedro II de Aragón, que se había declarado vasallo de la Santa Sede, que por sus servicios a la cristiandad contra el Islam había merecido el sobrenombre de *Católico*, muriera defendiendo a sus vasallos occitanos acusados de albigenses en Muret.

De vez en cuando hay que plantear algún hito cronológico en la narración no sólo como recurso pedagógico, sino para esclarecer la lógica interna de los hechos y la trama que une acontecimientos en apariencia independientes: la batalla de Muret tuvo lugar en 1213; un año antes, a mil kilómetros de allí, Alfonso VIII, con ayuda de caballeros aragoneses, había desbaratado el ejército almohade en Las Navas de Tolosa; victoria que liquidaba virtualmente el poderío del

Islam en España en beneficio de Castilla, que en breve plazo se apoderaría del antiquísimo solar de los tartesios, del meollo de la Bética, del núcleo duro del Califato, asomándose al Estrecho y a un espacio atlántico cargado de promesas. En cambio, el desastre de Muret frenaba la aspiración catalano-aragonesa de atraer a su órbita no sólo a los señores de la antigua Septimania, sino, eventualmente, a los de la Provenza y aun de la cuenca del Garona, constituyendo un Estado francoespañol del que los Pirineos serían no frontera, sino eje. Proyecto atrevido, pero nebuloso, sin base real. Desde Vouillé el norte de Francia había afirmado su predominio sobre el Sur, y ese veredicto de la historia parece inapelable; por eso el tratado de Corbeil firmado entre Luis IX de Francia y Jaime I de Aragón no merece las críticas que no pocos catalanes le dirigen, pues si bien es cierto que daba mucho a cambio de nada, a saber, las aspiraciones catalanas sobre el Languedoc a cambio de la plena soberanía, de la renuncia de los reyes franceses a unos derechos sobre los condados catalanes que habían perdido toda vigencia hacía mucho tiempo, también era un triunfo del realismo acatar lo inevitable. Y por la frontera sur la disputa con Castilla se zanjaba en beneficio de ésta, atribuyéndole el antiguo reino árabe de Murcia, con lo que obtenía una salida al Mediterráneo, y el reino nazarí quedaba rodeado por territorio castellano y predestinado a ser absorbido en un plazo más o menos largo.

De esta manera la supremacía castellana se afirmaba en el siglo XIII y la confederación catalano-aragonesa quedaba en segundo plano y forzada, en cierto modo, a buscar fuera de la Península un campo de expansión a su energía vital. En opinión de Vicens Vives, «mucho oro albigense debió refugiarse en Cataluña huyendo de la persecución de los cruzados franceses. Y este oro, cayendo propicio sobre las energías acumuladas por la gente del Principado, fue la palanca sobre la que saltaron los mercaderes barceloneses hacia el gran tráfico de las especias con el Próximo Oriente: Alejandría, Rodas, Constantinopla». No puede dejar de impresionarnos la capacidad de Jaime II para hacer frente a un reino de Francia mucho más vasto que el suyo y además apoyado por una Sede pontificia más interesada en las combinaciones políticas que en la tan necesaria reforma de la

Iglesia. A la Corona de Aragón se le reconoció la soberanía sobre Córcega y Cerdeña, pero en estas islas la situación no era la misma que en Baleares; en ellas no había población musulmana que someter o expulsar; la mejor defensa de Córcega era su primitivismo, su rechazo a todo lo que viniera del exterior; Cerdeña, aunque también era un mundo muy arcaico, era más accesible y se integró en la Corona aragonesa tras superar una larga serie de conflictos armados con los clanes isleños y con las repúblicas de Génova y Pisa, que se disputaban el control de la isla. No era ésta ámbito propicio a la colonización, pero un importante contingente de catalanes se asentó en Alghero, donde aún subsisten numerosas huellas de la presencia catalana, aunque se ha producido un declive en el uso del catalán por el asentamiento de italianos expulsados de Croacia tras la segunda Guerra Mundial.

El caso de Sicilia era muy distinto: tierra de vieja civilización, encrucijada de culturas, gran productora y exportadora de trigo, sujeta a la doble amenaza de franceses y turcos, estaba dispuesta a reconocer una soberanía catalano-aragonesa que le sirviera de bastión defensivo y garantizara su personalidad, Sicilia dista sólo un tiro de fusil de la Italia peninsular, del reino de Nápoles; el juego complicado de alianzas y escisiones dinásticas, las eventuales protestas y rechazos, no invalidan ciertos hechos fundamentales: las afinidades mediterráneas, los intereses compartidos, el trasiego de personas e ideas, desembocaron en una relación estable entre napolitanos y españoles que sólo terminó (y no por iniciativa de los napolitanos) en el siglo XVIII. Por la vía italiana entraron en España las auras renacentistas, a la vez que por las relaciones entre Castilla y Flandes penetraba el distinto y no menos valioso legado del renacentismo nórdico.

A la escala de aquella Europa la confederación catalano-aragonesa tenía un volumen considerable, pero en España la sobrepujaba Castilla, y por importantes que fueran los intereses mediterráneos de Cataluña, clarificar sus relaciones con los demás Estados peninsulares era vital para Aragón. La política de alianzas matrimoniales tendía, por su propia dinámica, a desembocar en uniones que, aunque se anunciaran meramente personales, siempre cobraban mayor trascendencia. Un momento crucial se alcanzó cuando en 1410 murió sin sucesión directa el rey Martín el Humano. No había reglas sucesorias claras, aunque por costumbre se aceptaban dos principios fundamentales: la primogenitura y la masculinidad. Entre los nueve compromisarios que se reunieron en Caspe, seis (tres aragoneses, dos valencianos y un catalán) se pronunciaron a favor del pretendiente castellano Fernando *el de Antequera,* miembro de la Casa Real de Castilla, emparentado por vía femenina con el rey Martín. El prestigio de san Vicente Ferrer, compromisario por Valencia, y el apoyo bajo cuerda de Castilla resultaron determinantes en la solución, pero don Jaime, conde de Urgell, candidato de los catalanes, no se resignó a la derrota y amagó un golpe de fuerza que terminó en fracaso. La solución dada al problema sucesorio en Aragón, al introducir a los Trastámara castellanos en aquellos reinos, fue el prólogo a la futura unión de los reinos peninsulares, a la vez que introducía en Castilla un elemento perturbador por las intromisiones de los *infantes de Aragón* en las luchas internas que padeció Castilla en el siglo XV.

Aunque los historiadores catalanes conceden una importancia quizá excesiva al desenlace del pleito sucesorio, las agitaciones que sacudieron el Principado a fines de la Edad Media fueron de naturaleza más socioeconómica que política. Había una fuerte inmigración francesa que acudía a rellenar los huecos producidos por la peste negra; una población judía y conversa más integrada que en Castilla, dispuesta a dejarse convencer por las prédicas de san Vicente Ferrer; una burguesía urbana que dominaba el municipio barcelonés, el cual, a su vez, dominaba la mayor parte de Cataluña; una clase rural de *remensas* insatisfecha por las trabas legales que limitaban su ascenso social. En los otros países de la confederación quizá el panorama no era tan complicado y agresivo, pero los motivos de discordia no faltaban, ya entre mudéjares y cristianos viejos de Aragón y Valencia, ya entre ciudadanos y forenses de Mallorca.

En este complicado panorama la España de las tres culturas se transformaba sin desaparecer dejando posos, herencias tenaces, con tendencia a la simplificación y la cristianización. Continuaban las traducciones, pero con novedades importantes: el Humanismo no sólo traducía textos, sino que revolvía las librerías monacales buscando otros nuevos, desconocidos. La imprenta revolucionó todo el sistema; algunos impresores buscaban la colaboración de humanistas para fijar un texto crítico y se empezaron a desdeñar las traducciones medievales como corruptas. Textos que habían sido esenciales, como Avicena, fueron relegados; se perdía la primacía que como transmisora de culturas había tenido España durante siglos. Ahora el Occidente no sólo traducía directamente del griego, sino que añadía su propia aportación, investigaba, ponía los cimientos de su predominio científico, base de su fabuloso desarrollo material.

No fue éste un proceso lineal, sino entreverado de tendencias varias. Perdían los árabes la superioridad en las artes de la navegación que les había dado la supremacía en el Mediterráneo, y ese desfase les impidió tomar parte en la gran aventura atlántica; los Cresques mallorquines, siguiendo patrones italianos, confeccionaron en el siglo XIV cartas náuticas de una perfección sin precedentes. Incidentalmente podemos recordar unas palabras de David Roman acerca de la diferencia entre una literatura judaico-medieval, que en el Este de España se vuelca hacia la exégesis talmúdica y el misticismo cabalístico, y la labor científica, de mucha mayor envergadura que los judíos castellanos desarrollaban bajo la égida de Alfonso el Sabio.

Hubo, hasta cierto punto, un relevo en la Baja Edad Media: se extingue la llamarada alfonsí en la explosión de violencia y odios del siglo XIV, mientras en los reinos orientales sube el papel de los judíos y conversos que ingresan en bastante número en la administración; Fernando el Católico heredará esta tendencia. La plasticidad de aquella situación se revela no sólo en casos como los de Cresques, sino en la carrera de otro mallorquín: Raimundo Lulio, que en 1298 pidió a la Sorbona que estableciera cátedras de árabe y griego. Lulio, polígrafo y políglota, abrió anchos surcos en el espacio y en el tiempo. Dejó muchos discípulos franceses como fruto de su docencia en París y Montpellier; influjos de su azarosa vida se advierten en la literatura caballeresca y de su pensamiento filosófico en autores tan diversos como Nicolás de Cusa, Giordano Bruno y Campanella.

A fines de la Edad Media donde mejor se conservaba el espíritu de las tres culturas era en los reinos orientales de la

Península y en la corte napolitana de Alfonso el Magnánimo; en ella se dieron cita catalanes, aragoneses, humanistas italianos y castellanos huidos de las guerras civiles que asolaban su país. El latín coexistía amistosamente con las lenguas vernáculas, según el modelo que más tarde ilustró Nebrija. No hay que olvidar que bajo el nombre de Renacimiento se esconden tendencias muy diversas: universalismo y nacionalismo, racionalismo y esoterismo, lenguas clásicas y modernas. Ya Alfonso el Sabio había elevado el castellano a la categoría de lenguaje culto y a la vez oficial, cancilleresco. En los otros reinos la evolución fue más lenta; se hacía mucho uso del latín, pero Alfonso V escribía en catalán a su mujer, que había quedado en Barcelona en calidad de lugarteniente, y en catalán seguían emitiendo su documentación los municipios y las parroquias de Cataluña, Valencia y Baleares. Un castellano teñido de aragonesismos hablaba Alfonso V, como su nieto Fernando el Católico. Añadamos una estimable cuota de italiano para tener idea de aquella amistosa coexistencia lingüística.

En cambio, la vigencia del árabe y el hebreo tenía en España sus días contados, más que por el imperio de la ley por la evolución de las mentalidades; el cultivo del hebreo se redujo a un grupo muy reducido; continuó habiendo cátedra de hebreo en Salamanca, pero después de los rigores inquisitoriales los que se preocupaban de su limpieza de sangre se apuntaban al bando de los que decían que la lectura de la Vulgata era más segura que la del texto hebreo. Parecidos prejuicios pesaban sobre el uso del árabe, expresamente prohibido por las leyes que querían desarraigar de los moriscos el islamismo cortándole sus entronques vitales. La peripecia de Nicolás Clenardo ilustra este ambiente: el citado humanista holandés vino a España con Hernando Colón con la esperanza de hallar un buen maestro de árabe. Le recomendaron un morisco granadino que residía en Sevilla; lo encontró trabajando en una fábrica de cerámica y rehusó el encargo porque podría dañar la fama que había adquirido de buen cristiano.

La Biblia, o para expresarnos con más rigor, el Antiguo Testamento, es nexo entre las tres religiones que encarnan las tres culturas. La convivencia del siglo XV nos brinda uno de sus rasgos más atrayentes en la Biblia de la Casa de Alba, producto de una invitación que don Luis Núñez de Guzmán, gran maestre de Calatrava, hizo al rabino Mosé Arragel de Guadalajara asegurándole que tendría plena libertad para realizar su tarea, y no sólo lo cumplió, sino que le facilitó la colaboración del teólogo franciscano Arias de Encina.

En la Políglota Complutense, auspiciada por Cisneros, colaboraron cristianos viejos como Antonio de Nebrija y judíos conversos: Pablo de Zamora y Alfonso Coronel. En 1553, cuando ya los puentes se habían roto, tenemos otro interesante caso de colaboración: algunos judíos expulsados de España publicaron en Ferrara, cerca de Milán, una Biblia en lengua española con el visto bueno de la Inquisición. Y al terminar el siglo XVI Felipe II costea una lujosa reedición ampliada y mejorada de la Complutense: la Biblia Regia o Biblia de Amberes. En ella aparentemente ya no hay ninguna colaboración hebraica... pero investigaciones recientes han confirmado lo que hasta hace poco eran sólo sospechas: las raíces hebraicas de Benito Arias Montano, el genial impulsor de la Biblia Regia. No hay mejor símbolo para expresar que el espíritu de las tres culturas, aunque diluido y en apariencia muerto, seguía manteniendo cierta vigencia.

Capítulo IV
La España de los Reyes Católicos

Una ojeada a la situación de la Península Ibérica a mediados del siglo XV descubre un panorama de gran variedad e intenso dramatismo. En Portugal, un reino de un millón de habitantes, de los que cincuenta mil vivían en una capital en pleno auge; la expansión oceánica proseguía con vigor, tanto en los archipiélagos como a lo largo de la costa africana. Los motores de este impulso eran el príncipe don Enrique el Navegante, la Santa Sede, que no cesaba de estimular la cruzada contra el Islam y la evangelización de los idólatras, y una burguesía de negocios en la que preponderaban los judíos, todavía no muy acosados; más adelante lo serían sin perder por eso su papel esencial en la vida económica. El rey Alfonso V, contemporáneo de Enrique IV de Castilla, no vivía, como éste, bajo la perenne amenaza de una nobleza turbulenta; pero como era casi tan manirroto como el castellano, cuando en 1481 le sucedió Juan II se quejó de que sólo había heredado los caminos, porque las tierras las había transferido en gran parte a los grandes feudales. Aunque concentrara su atención en el Océano y África, el Portugal del Cuatrocientos estaba muy en contacto con Europa, de donde recibía humanistas y artistas y enviaba estudiantes. Las relaciones con Castilla seguían siendo privilegiadas; no pocos de los más notables escritores portugueses fueron bilingües, y Salamanca acogía tantos o más estudiantes portugueses que París. La idea de una federación dinástica con Castilla influyó durante mucho tiempo en la política de ambos reinos. Y no hay que olvidar que la captación del oro del Níger, acuñado en forma de *cruzados,* proporcionaba dotes muy apetitosas a las infantas portuguesas.

Muy otro panorama ofrecía Navarra, pequeño reino privado de toda posibilidad de expansión territorial, sujeto pasivo de las ambiciones de Francia, Castilla y Aragón. El afrancesamiento de la dinastía afectaba a la corte, a las residencias reales, pero la masa de la población seguía hablando vasco en las comarcas del centro y Norte, y un romance semejante al castellano y el aragonés en el Sur. No había universidad; cinco abadías resumían la historia y el pasado cultural de un pueblo que, a pesar de sus limitaciones, quería preservar su individualidad. La división entre *agramonteses* y *beamonteses* respondía al esquema general de *bandos* extendido por toda la Península, pero también tenía cierto sentido social; los primeros, representantes de una burguesía urbana, se decantaron a favor de Juan II de Aragón cuando los azares de los enlaces dinásticos lo convirtieron también en rey de Navarra; los segundos, montañeses agrestes, apoyaron a su hijo Carlos en una guerra que se extendió también a Cataluña. En parte como resultado de estas disensiones Navarra acabaría cayendo en la órbita de Castilla a principios del siglo XVI.

Las discordias sociales también empañaron el destino de Cataluña en el siglo XV; quedaba lejos la prosperidad del siglo XIII. No se habían restañado las heridas del XIV y en el XV se unía, al declive económico y la insatisfacción que en amplios sectores había dejado la resolución del pleito sucesorio, profundas tensiones entre los estamentos mal soldados que componían aquella sociedad: los nobles, que en combinación con la alta burguesía acaparaban el gobierno de los municipios; la plebe urbana, descontenta por su exclusión, y un campesinado que en gran parte, sobre todo en la Cataluña del norte, la *Vieja Cataluña,* permanecía bajo un duro sistema feudal; éstos eran los campesinos *de remensa,* cuyo *status* jurídico recordaba al de los siervos de la gleba, pero con la fuerza que les daba su conciencia de clase y las ventajas de explotar con carácter hereditario una parcela de tierra y constituir una fuerza de trabajo muy apreciada en una época de grave crisis demográfica, pues la peste reaparecía una y otra vez; el censo de 1497 muestra que Cataluña había descendido en siglo y medio de 450.000 habitantes a menos de 300.000 y Barcelona de 50.000 a escasos 30.000.

El deseo de los payeses de eliminar los *malos usos*, los abusos más flagrantes, chocó con la intransigencia de los señores y al final degeneró en guerra abierta. Paralelamente a este conflicto campesino se desarrollaba en los decenios centrales del siglo XV otro de carácter urbano en toda la Corona de Aragón, con especial incidencia en Cataluña; según el modelo usual en la época se planteó en dos bandos: la *busca* y la *biga*. Los *buscaires*, artesanos y mercaderes, acusaban a los *bigaires*, o sea, a la alta burguesía mercantil, de monopolizar en su provecho el gobierno de Barcelona y de todas las poblaciones que de ella dependían; consiguieron expulsarlos del municipio apoyados por Alfonso V, que permanecía en Nápoles (nunca volvió de allá), pero gobernaba el principado por medio de la reina regente María, y luego de su hermano Juan.

El triunfo de la *busca* se concretó en un reparto de las cinco consellerías: dos quedaban en poder de los ciudadanos honrados, o sea, de la *biga*, pero en minoría respecto a los otros tres, elegidos uno por los mercaderes, otro por los *artistas* (denominación que englobaba a las profesiones liberales) y otro los menestrales, el estamento popular. Permaneció el Consejo de Ciento en su papel cada vez más relevante, de asesor de los conselleres, dividido en cuatro secciones que representaban a los cuatro estamentos que se repartían las consellerías.

El acuerdo tomado en 1452 parecía que garantizaba la paz en el municipio barcelonés, pero años más tarde muere Alfonso V y su hermano, que ya era rey de Navarra, se convierte en Juan II de Aragón, trasladando a Cataluña el conflicto que lo enfrentaba con su hijo el príncipe de Viana y que viene a sumarse a los que ya desgarraban el Principado. Los catalanes se inclinaban en su mayoría por el hijo y cuando el príncipe muere acusaron a su padre de haberlo envenenado. Bajo el conflicto dinástico se escondían los profundos enfrentamientos sociales que desgarraban Cataluña y llevaron a una guerra civil que duró diez años (1462-1572). «Al lado de Juan II, escribe Vicens Vives, lucharon parte de la nobleza, casi todo el clero y, aunque parezca sorprendente, la mayoría de los payeses de remensa; enfrente se alinearon la baja nobleza, el patriciado urbano y parte de los artesanos»; esta enumeración, hecha por el máximo conocedor del problema, revela hasta qué punto eran numerosas y profundas las fracturas que dividían la sociedad catalana. Ante una situación desesperada Juan II buscó la ayuda de Luis XI de Francia, y como garantía del pago de un préstamo le entregó los condados de Rosellón y Cerdaña, es decir, la Cataluña transpirenaica, que representaba una sexta parte del total. Por su parte, los rebeldes buscaron la ayuda de Castilla y de Portugal, sin éxito. Al fin, Juan II logró dominar la situación ofreciendo una capitulación generosa a los vencidos, y para fortalecer su situación favoreció el casamiento de su hijo Fernando con la princesa Isabel de Castilla, que se perfilaba ya como heredera de su hermano Enrique IV.

Carácter netamente social fueron los contemporáneos disturbios que agitaron Mallorca: *ciudadanos* contra *forenses*, es decir, habitantes de la capital, contra campesinos Palma detentaba una supremacía aún mayor que la que Barcelona tenía en Cataluña; pero dentro de la capital también había proletarios partidarios de los insurrectos; no se hubiera acabado el conflicto con el triunfo de la oligarquía urbana, si Alfonso V no hubiera dispuesto el envío de mercenarios italianos que reprimieron la sublevación (1453). Los *forenses* tuvieron que pagar las deudas atrasadas a los *ciudadanos*, pues aquella guerra fue originada en gran parte por la negativa de los deudores a pagar los elevados réditos de los *censales* que pesaban sobre sus tierras.

El reino de Valencia aparece como el más próspero de los que formaban la confederación, aunque tampoco faltaban problemas; el pueblo era de carácter levantisco, los mudéjares seguían económicamente oprimidos pero a la vez defendidos por sus señores. La ciudad de Valencia, gracias a sus relaciones mercantiles, la industria sedera y la feracidad de su huerta, era rica; su *taula* o banco municipal de depósitos, sacó más de una vez de apuros a la realeza. Entre otras obras públicas se termina su catedral y se construye la lonja. Es posible que llegara en sus mejores momentos a los 70.000 habitantes, en cuyo caso disputaría a Granada la calidad de ciudad más populosa de España en el siglo XV. Los viajeros extranjeros alababan su belleza, limpieza (poco frecuente entonces) y el buen funcionamiento de los servicios municipales, incluyendo la mancebía.

El desarrollo cultural de Valencia corría parejo con el buen momento de su economía; su universidad fue siempre muy reputada. A pesar del irresistible avance del castellano, todavía su presencia literaria era muy reducida; en 1474 se imprimió en Valencia una obrita que posiblemente fue la primera que produjo en España el invento de Gutenberg: *Obres e trobes en lahors de la vierge Maria*. Y en 1490 vio allí la luz la primera edición de *Tirant lo Blanch,* en opinión de Menéndez Pelayo, el mejor libro de caballerías después del *Amadís*.

Aragón era el primer reino en dignidad de la confederación que llevaba su nombre; el único también donde el castellano reinaba de forma mayoritaria; pero su situación material era lastimosa; era el más extenso, pero también el más desfavorecido por la naturaleza; muchas zonas de alta montaña; mucho yeso en sus llanuras y una gran sequedad limitaban sus posibilidades; pero también influía en su estado decadente la pésima constitución político-social. Las celebradas *libertades* de Aragón en realidad sólo favorecían a una nobleza que tiranizaba a sus vasallos, tanto mudéjares como cristianos. Hubo una burguesía ciudadana, más democrática al Sur del Ebro, mientras que en Zaragoza, Huesca y Barbastro seguía el modelo feudal y no rara vez se alineó con la nobleza contra los reyes.

En el ocaso de la Edad Media eran todavía patentes en Aragón las cicatrices de las guerras y de las tremendas epidemias que una y otra vez habían reiterado los horrores de la Peste Negra. A Zaragoza se le calculan 20.000 habitantes a mediados del siglo XV. Huesca, Tarazona, Teruel, Calatayud y algunas ciudades más llegarían, a lo sumo, a seis mil. Y centenares de aldeas y lugarejos de cien o doscientos moradores; en total, unos doscientos mil para 47.000 kilómetros cuadrados. Un siglo después, cuando el reino se había repuesto algo de su postración, un viajero italiano lo llamaba *paese desertisimo*.

Pocos y mal avenidos. Las frecuentes convocatorias de cortes no deben falsear la visión de las cosas; en ellas se mercadeaba entre los cuatro brazos y el rey; a cambio de mercedes y privilegios, los asistentes a las cortes otorgaban unos subsidios que no habían de pagar ellos, sino las clases populares. Los bandos nobiliarios se enfrentaban en guerras privadas que a veces alcanzaban gran intensidad, como cuando la familia La Caballería, conversos poderosos, se enfrentó a la de los Cerdán, destruyendo sus lugares y matándoles sus vasallos, o el encuentro entre los Urreas y los Lunas, secundados por sus respectivos familiares, amigos y clientes. Para la Corona esta situación era menos peligrosa que la de Cataluña, puesto que los nobles no trataban de aumentar su poder estamental dentro del concepto de una monarquía pactista, sino de obtener ventajas particulares. Habría que esperar a que Fernando el Católico se hiciera dueño de la situación e impusiera un poco de orden.

En total, la Corona de Aragón reunía algo menos de un millón de habitantes, muy diversos y muy enfrentados, con una minoría mudéjar inasimilable y maltratada, y una burguesía urbana en malas relaciones con una nobleza feudal a la que trataba de emular. No es de extrañar que al producirse la unión dinástica la confederación ocupara un puesto secundario en relación con Castilla.

El reino nazarí de Granada se mantenía, con leves alteraciones, en los mismos límites que al terminar la gran ofensiva cristiana del siglo XIII. En sus treinta mil kilómetros cuadrados se calcula vivían unos cuatrocientos mil habitantes: cincuenta mil en la capital, doce mil en Málaga, que había suplantado a la muy decaída Almería como emporio comercial, asiento de mercaderes genoveses. Loja, llave de la vega granadina, era la tercera población; le seguían otras de menor rango y una multitud de aldeas como correspondía a un país agrícola con población y propiedad rural muy diseminadas. En teoría era un feudo de Castilla, obligado a pagarle parias, y si aquel modelo hubiera prevalecido, hubiera sido mejor; pero existía una incompatibilidad religiosa que se fue agravando a lo largo de la Edad Media. La pérdida del Estrecho agravó la situación de los granadinos, imposibilitados en adelante de recibir refuerzos considerables del Magreb; las esperanzas que luego pusieron en la creciente potencia turca no se materializaron porque en el Mediterráneo occidental hubo una fuerte piratería, pero no un predominio marítimo del Islam.

A pesar de su inferioridad el reino nazarí aprovechó las disensiones castellanas del siglo XIV para mantener su independencia e incluso tomar la ofensiva; hubo momentos en los que incluso Córdoba, Jaén y Úbeda estuvieron amenazadas; fue aquél el siglo en el que se construyeron la partes esenciales de la Alhambra, y alarifes moros colaboraron en las obras del alcázar de Sevilla. A caballo entre el siglo XIV y XV vivió Ibn al Jatib, polígrafo insigne y hombre de Estado, la última gran figura del Islam español. Luego, mientras Castilla se reponía de sus desastres, las cosas iban a peor en el reino granadino; los bandos nobiliarios, tan perniciosos en la España cristiana, tuvieron allí también protagonismo destacado, aprovechando la falta de normas precisas acerca de la sucesión al trono, lo que facilitaba la tarea de los ambiciosos y el estallido de guerras civiles, a veces con repercusiones fuera de las fronteras; los abencerrajes, rivales de los zegríes, recibieron apoyo de Castilla. A la vez, se multiplicaban los incidentes fronterizos, incluso durante la vigencia de treguas.

Una tradicional maurofilia literaria que comenzó muy temprano, con la boga de los *romances fronterizos,* y continúa hoy con ciertos matices políticos, idealiza las condiciones de vida existentes en ese capítulo final del Islam español que fue el reino de Granada; la capital habría sido la más bella y populosa de Europa, elevada su cultura, ejemplar su espíritu de tolerancia y convivencia. Una consideración desapasionada de los hechos obliga a trazar un cuadro menos sugestivo; en el reino de Granada se vivía mal; la población tenía que trabajar duramente para arrancar el sustento a una tierra que, salvo islotes privilegiados, es poco generosa; las clases elevadas no daban ejemplo de civismo ni en el aspecto social ni en el político y los monarcas, para mantener una corte brillante, defenderse de sus enemigos y pagar parias a los castellanos, tenían que abrumar a sus vasallos con impuestos que sobrepasaban las normas coránicas. La actividad cultural había bajado de nivel, aislados como estaban tanto de los grandes focos de cultura oriental que los habían alimentado durante siglos como de los cristianos en ascenso. Y la tolerancia no tenía muchas ocasiones de ejercitarse, puesto que la minoría hebrea se reducía a muy pequeños grupos y apenas había más cristianos que los prisioneros que gemían en las mazmorras. No había una sola iglesia en todo el reino nazarí. Salvo episodios individuales puede afirmarse que la convivencia no era buena ni mala, sino inexistente.

Y después de pasar somera revista a los reinos periféricos nos toca referirnos a la Corona de Castilla, conglomerado de reinos, principados y señoríos que en conjunto suponían a mediados del siglo XV una extensión y una población (¿cuatro millones de pobladores?) superior a las de todos los otros estados peninsulares juntos. Los contrastes eran grandes dentro de este conjunto; las zonas periféricas del Atlántico Norte vivían bastante aisladas, la Andalucía Baja también vivía su propia vida y la Meseta, por contraste, aparecía como la zona de más vitalidad, residencia habitual de una corte itinerante y principal área de decisión política, una situación algo artificial que se prolongó durante dos siglos. La explicación hay que buscarla no sólo en el eclipse temporal de los reinos periféricos, sino en una coyuntura económica favorable de la zona mesetaria, donde se conjugaban dos elementos complementarios: una producción cerealista y una cabaña de ganadería lanar trashumante cuyo producto era sumamente apreciado en los grandes centros textiles extranjeros, singularmente en Flandes.

En ese área meseteña, siglos atrás despoblada, crecían ciudades prestigiosas: Valladolid, Burgos, Salamanca, Ávila, Soria, Segovia, Medina del Campo. El Sistema Central no era un obstáculo, no marcaba un límite: Segovia y Ávila se expansionaron hacia el Sur; en realidad, el límite de este área de prosperidad era el Tajo, y Toledo seguía haciendo un papel de ciudad fronteriza frente a una Mancha muy rural y menos desarrollada; un papel que, en tono menor, también correspondía a Talavera en el Oeste, Cuenca y Alcalá de Henares en el Este. En esa extensa área de Castilla-León con sus prolongaciones se forjó el prodigioso tesoro artístico que todavía hoy le confiere la primacía peninsular y en cuya génesis colaboraron la Iglesia, los magnates y los municipios.

La Andalucía Baja era otro mundo, relacionado con el anterior pero distinto; Fernando III y Alfonso X fueron enterrados en la catedral de Sevilla; Fernando IV y Alfonso XI en la de Córdoba. Ningún Trastámara medieval reposa en Andalucía. Granada guarda los restos de Fernando e Isabel, y hubiera seguido albergando el panteón real sin la decisión de Felipe II de edificarlo en la Meseta, y en esta alternancia hay algo más que un mero simbolismo; los últimos Trastámaras, muy apegados a la Meseta, a sus ciudades y a sus problemas, apenas se ocuparon de Andalucía, salvo alguna que otra expedición contra el reino de Granada. Los tres reinos que empezaban a englobarse bajo el nombre de Andalucía tenían sus propios problemas y trataban de resolverlos por sí mismos; el más agobiante, la escasez de hombres, debida a la expulsión de los mudéjares, las asoladoras epidemias y la inseguridad de la frontera que desanimaba a los pobladores. Consecuencia de ello fue la concentración de la propiedad rural en favor de algunas pocas familias de la alta nobleza. La inseguridad fronteriza determinó también la creación de los caballeros de cuantía; todo aquel que tuviera determinado nivel de fortuna debía mantener caballo y armas; se creó así una clase social semejante a la de los caballeros villanos de Castilla, con bastante representación urbana, pero sin fuerza suficiente para oponerse a las grandes familias que en las campiñas de Sevilla y Córdoba controlaban enormes extensiones y además se disputaban el predominio en las ciudades.

Esas grandes familias (los Guzmán, Ribera, Fernández de Córdoba...) incluían también en su clientela grupos sociales menores: burgueses y conversos; el conjunto formaba un panorama agitado, cambiante, que dilapidaba su dinamismo en luchas estériles en espera de una mano fuerte que lo encauzara; pero esa *mano fuerte* no podía ser más que la realeza que, como digo, se interesaba poco por Andalucía. Los dos últimos Trastámaras no estaban a la altura de su difícil misión, y quizás por esas carencias personales se apoyaron en favoritos, en *validos,* una figura recurrente en la historia de España que mezclaba las responsabilidades políticas que le transfería el monarca con una relación personal y unos favores que suscitaban los celos de las familias aristocráticas, pues en Castilla, a diferencia de lo que ocurría en Aragón, la aristocracia no planteaba una oposición institucional a la Corona; lo que buscaba era utilizar en su provecho los poderes de esa misma Corona. Tal planteamiento exigía de los reyes una energía de carácter para evitar la manipulación de la que carecieron tanto Juan II (1407-1454) como Enrique IV (1454-1474). El primero, al alcanzar la mayoría de edad tras una tormentosa regencia, se echó en manos de don Álvaro de Luna. Como ocurrió en todos los *valimientos* posteriores, don Álvaro no fue odiado por los nobles en conjunto, sino por aquellos que no pertenecían a su bando, a su clientela. El núcleo de esa aristocracia adversa la formaban los *infantes de Aragón*, es decir, los hijos de aquel don Fernando que en calidad de tío del rey había ejercido la regencia en Castilla y que luego se convirtió en rey de Aragón por el Compromiso de Caspe. La discordia interior se ampliaba así al plano internacional pues, contra la hostilidad de Aragón, Juan II procuró reforzar los lazos tradicionales de amistad entre Castilla y Francia. El pleito interior se solucionó en favor de los aristócratas que obtuvieron del rey la condena a muerte de don Álvaro.

Enrique IV fue, a pesar de los intentos reivindicatorios, una de las figuras más lamentables de nuestra historia. Tras unos inicios prometedores, su reinado se deslizó luego por un entramado de amistades sospechosas, incapacidad gubernativa, despilfarro, inmoralidad y enajenación de bienes, rentas y villas de realengo en favor de unos aristócratas insaciables, y esa falta de autoridad en la cumbre repercutía en todo el cuerpo social en forma de desórdenes, anarquía, abusos impunes, quejas insatisfechas y una literatura de escándalo *(Coplas del Provincial, Coplas de Mingo Revulgo)* cuya procacidad excede todo lo imaginable. (Hoy, gracias a la reivindicación de la homosexualidad, no escandalizaría tanto.)

¿Fue aquel rey un perverso o un incapaz? El dilema es inexcusable, porque alguien tenía que ser responsable de la situación lastimosa del reino; la evocaba años después Andrés Bernáldez, cura de Los Palacios, al hacer el elogio de la reina Isabel: «Por ella fue librada Castilla de ladrones y robadores, bandidos y salteadores de caminos, de los cuales era llena cuando comenzó a reinar. Por ella fue destruida la soberbia de los malos caballeros, traidores y desobedientes de la Corona real». Esto se escribía *post eventum,* pero ya en 1464, cuando se habían desvanecido las favorables impresiones de los comienzos del reinado, una junta de magnates, prelados y representantes de las ciudades reunida en Burgos, reprochaba al rey haber abandonado la «guerra divinal», la guerra santa contra los moros granadinos, y le instaba a detener la inseguridad, los abusos y el proceso de enajenación de rentas reales. El infeliz monarca enajenaba no sólo sus bienes, sino los de la nación, unas veces para acallar peticiones y amenazas, otra para contentar a sus amigos; entre ellos se contaba el condestable Miguel Lucas de Iranzo, que llegó a ser una especie de virrey de la Alta Andalucía y pereció asesinado en la catedral de Jaén por defender a los conversos. Pero el más querido del rey fue don Beltrán de la Cueva, que desde simple paje en la corte fue elevado a la categoría de duque de Alburquerque y maestre de la Orden de Santiago, con gran indignación de los nobles de rancia estirpe, como los Pacheco, marqueses de Villena.

A esta altura la historia se confunde con las intimidades de la alcoba regia; Enrique IV casó con la reina Blanca de Navarra; la reina alegó impotencia del marido y se disolvió el vínculo. El segundo matrimonio, con Juana de Portugal, motivó un gran escándalo; se tildó de bastarda a la princesa Juana, a la que se llamó *la Beltraneja* por la supuesta paternidad del favorito. Hace un siglo, un historiador rompió lanzas en favor de la legitimidad de la que llamó «la Excelente Señora». Más tarde don Gregorio Marañón apoyó esta tesis, poniendo en duda la impotencia de Enrique IV, y esta opinión ha progresado tanto que hoy existe casi unanimidad en sostener la legitimidad de Juana; pero los historiadores no estamos obligados, como los jueces, a respetar la presunción de inocencia y creo que la cuestión está lejos de haber recibido una solución; la impotencia del rey, cierta o no, es cosa distinta de la legitimidad de la princesa; por otra parte, nadie niega la conducta escandalosa de la reina Juana, que quizás buscaba fuera de su hogar lo que no encontraba dentro y que huyó de la corte cuando tuvo que dar a luz a un incuestionable bastardo. Y quien hace un cesto hace ciento. También hay que tener en cuenta que en el tratado de los Toros de Guisando Enrique desheredó a Juana en favor de su hermana Isabel. Indicios no probatorios pero que siembran dudas. El problema no está resuelto ni tal vez lo estará nunca.

La facción adversa a don Enrique rebajó al límite la dignidad de la monarquía en la *farsa de Ávila* (deposición y ultrajes a un muñeco que representaba al rey) y reconoció a su hermano Alfonso con el nombre de Alfonso XII. Al ocurrir la prematura muerte del antirrey ofrecieron la corona a Isabel, pero ésta se negó a desposeer a su hermano; quería ser reina legal, no un juguete de las facciones nobiliarias. Su matrimonio se convertía en asunto de Estado, no sólo para castellanos, sino para los aragoneses; Juan II de Aragón, muy acosado en el interior de sus reinos, consideró una victoria el triunfo de la candidatura de su hijo Fernando. El matrimonio, que no contaba con la aprobación de Enrique IV, se celebró en secreto en 1469; ofició el sacramento el intrigante arzobispo de Toledo Alonso Carrillo, pasando por alto que como los contrayentes eran primos necesitaban una dispensa papal que se obtuvo *a posteriori.* Enrique IV murió en Segovia en diciembre de 1474 dejando las cosas más embrolladas que nunca. Si valía su sola voluntad, la reina legítima era su presunta hija Juana, pero faltaba el consentimiento del reino expresado en unas cortes que era imposible reunir en la situación en que vivía Castilla. La transmisión de poder se verificó mediante un acto de fuerza: Andrés Cabrera, alcaide del alcázar de Segovia, enarboló el pendón de Isabel. Segovia, residencia habitual de Enrique IV, tenía cierto aire de capitalidad y en su alcázar había armas, tesoros, documentos. Don Fernando acudió desde Aragón a marchas forzadas; se sintió algo decepcionado porque él aspiraba a ser rey de Castilla por su ascendencia, no meramente como rey consorte. Hubo cierta tensión entre los esposos y sus séquitos que se resolvió amistosamente por la Concordia de Segovia, en virtud de la cual en los documentos de la chancillería regia precedería el nombre de Fernando al de Isabel, pero en la enumeración de los reinos el de Castilla precedería al de Aragón; las rentas de Castilla y las de Aragón se emplearían en los territorios respectivos. La reina concedería en Castilla las mercedes y oficios (a don Fernando no se le podía reconocer igual potestad en Aragón porque todavía vivía su padre). En la administración de justicia intervendrían ambos si estaban juntos, y cada uno por su cuenta si estaban separados. Estas y otras normas revelan que Isabel procuró y consiguió que se respetase no sólo su autoridad personal, sino la de Castilla y la superioridad al menos simbólica que a ésta tocaba por su mayores dimensiones. No se trataba de una unión de reinos, sino de una unión personal que sólo tuvo plena efectividad cuando en 1479 murió Juan II de Aragón.

La guerra civil resultó inevitable porque el bando de los *juanistas* se negó a reconocer a Isabel y Fernando. Veamos primero el perfil de estos príncipes: del examen de los retratos de Isabel existentes en el palacio de Windsor que, junto con los que, procedentes de la cartuja de Miraflores, se guardan en el palacio de Oriente y son los que tienen más garantías de autenticidad, deducía don Diego Angulo que era visible la gran proporción de sangre inglesa de doña Isabel (por su abuela Catalina de Lancaster) y los rasgos físicos que señalaron los cronistas, aunque se dejaron llevar por la adulación, pues sus atractivos físicos eran escasos. «El gesto serio, casi adusto, en armonía con la afirmación de los contemporáneos de que rara vez reía». Volvemos a citar a su gran admirador el Cura de Los Palacios: «Fue la reina más temida y acatada que nunca fue en el mundo, porque todos los duques, maestres, condes, marqueses y grandes señores la temían e avían miedo de ella». Fue una mujer «de temple varonil», como solía decirse tiempo atrás; pero no hay que tomar las cosas en mal sentido: padeció mucho por las veleidades sentimentales de su marido, de quien estuvo profundamente enamorada, aunque sin abdicar un ápice de sus derechos. Tuvo una gran capacidad de trabajo y de sufrimiento, que no le escatimó el destino en sus últimos años. Fue una gran reina, pero no una santa como pretenden algunos entusiastas; le faltaba sensibilidad humana y le sobraba afición a la ostentación y el lujo, como le reprochaba su confesor, fray Hernando de Talavera. Una afortunada consecuencia de esas aficiones es la espléndida colección de primitivos flamencos que se conserva en la Capilla Real de Granada.

Fernando el Católico formaba con ella digna pareja. Nadie le ha atribuido la santidad, pero muchos, desde Maquiavelo, han visto en él el modelo del Príncipe, dotado de unas virtudes que no tenían que ser las mismas que se exigen a un particular. Aunque tenía sólo veintidós años cuando entró a reinar en Castilla, tenía ya cierta experiencia de gobierno como rey de Sicilia y regente de Aragón. Hernando del Pulgar lo pinta como «hombre de buen esfuerzo e gran trabajador en las guerras... inclinado a facer justicia; también era piadoso e compadecíase de los miserables... e como quiera que amaba mucho a su mujer, pero dábase a otras mujeres». De sus varios hijos bastardos el preferido fue don Alfonso, arzobispo de Zaragoza, para el que obtuvo innumerables beneficios de la corte apostólica. Las guerras consumieron su hacienda de tal modo que cuando murió apenas se halló con que hacerle un entierro digno. Confiesa Pulgar que era hombre de verdad, «las necesidades grandes en que le ponían las guerras le facían algunas veces variar»; sutil manera de decir que engañaba a sus rivales. También dice Pulgar que tenía una gracia singular que «cualquiera que con él fablase luego le amaba e deaba servir porque tenía la comunicación amigable». Pero tras estas apariencias corteses se escondía una voluntad de hierro; en tratándose de la Razón de Estado era implacable y a veces injusto. Con sus virtudes y defectos, aquella pareja real era lo que Castilla necesitaba después de unos reinados blandengues que la habían puesto al borde de la ruina.

Puesto que la guerra era inevitable cada bando trató de sumar aliados; la cuestión de la legitimidad era irrelevante; lo que importaba era el programa de los que apoyaban a cada candidata al trono; continuar el régimen anterior o implantar otro basado en el orden y la autoridad real. Al partido de Juana le perjudicó que su mascarón de proa fuera don Juan Pacheco, representante de la intriga y de los abusos señoriales; por eso la mayoría de las ciudades y del clero se pusieron de parte de Isabel; a su causa se sumaron varias de las más prestigiosas familias nobles castellanas: los Mendoza, Enríquez (almirantes de Castilla), Velasco (condestable), Pimentel y otras; lo hicieron no sólo por espíritu de bandería, tampoco sólo por celo del bien común (que no hay que negarles), sino también porque comprendían que un *minimum* de orden y respeto a la autoridad monárquica era garantía de la pacífica posesión de sus patrimonios. Pero hubo oscilaciones, cambios de última hora: el propio arzobispo Carrillo se volvió hacia el partido juanista o portugués, cuando comprendió que Isabel no sería el instrumento dócil que había pensado.

En el resto de España se daban situaciones diversas; Galicia era una de las regiones más afectadas por los desórdenes; acababa de salir del movimiento *irmandiño* que fue una especie de guerra de todos contra todos: primero, de burgueses contra señores, después se sumó la protesta del campesinado, y ante los excesos cometidos la clase media se asustó y cambió de campo. Grande y cambiante fue el protagonismo de la Sede compostelana por la inmensidad de sus dominios y rentas; una familia, la de los Fonseca, la acaparó casi en régimen de mayorazgo. Al tomar el rey de Portugal parte relevante en la guerra sucesoria era inevitable que los gallegos se pronunciaran en uno o en otro sentido, pero aquel territorio se hallaba demasiado lejos del teatro de operaciones para influir en el resultado.

En Andalucía el pleito sucesorio tampoco interesaba más que en función de los intereses de la alta nobleza. El desorden era también allí tremendo y se complicaba con la cuestión de los conversos, a quienes favorecía el duque de Medina Sidonia, enfrentado a don Rodrigo Ponce de León, que había tomado el título de marqués de Cádiz. Ambos bandos habían combatido incluso dentro de Sevilla por la posesión de esta ciudad; una de las primeras medidas de Isabel fue asegurar al duque que podría continuar percibiendo los derechos de aduana que cobraba en Sanlúcar de Barrameda. En el sureste peninsular los intereses de don Pedro Fajardo, prepotente en Murcia, chocaban con los de los Pacheco, marqueses de Villena, dueños de la mayor parte de la actual provincia de Albacete. En el recuento de fuerzas también apuntaban Isabel y Fernando en su haber el señorío de Vizcaya; los vizcaínos estaban descontentos con los condes de Haro por sus intentos de someterlos a un régimen señorial; proporcionaron los vascos a Isabel y Fernando una excelente infantería que se distinguió en la batalla de Toro.

Era éste un caso excepcional; la infantería proporcionada por la Hermandad de ciudades valía más bien como fuerza auxiliar; el elemento decisivo en la lucha era la caballería, ligera (a la gineta) o pesada (lanzas). La lanza constaba de un caballero revestido de armadura y acompañado de uno, dos o más escuderos o peones. Esta tropa, cara y cualificada, que hacía entonces en la batalla el papel que hoy los carros de combate, sólo podían proporcionarla los grandes señores que mantenían una *hueste* profesional y que, además, dominaban las Órdenes de caballería.

Los primeros meses de 1475 transcurrieron en negociaciones, preparativos y tensa expectación. Fue el rey de Portugal el que inició las acciones guerreras; Alfonso V aspiraba a unir las Coronas de Portugal y Castilla mediante un matrimonio con su sobrina Juana; celebró unos desposorios que después rompió alegando que no se había obtenido la licencia papal. La batalla de Toro enfrentó al rey portugués y sus aliados castellanos con las fuerzas de Isabel y Fernando, que resultaron victoriosas. Fue una batalla de tipo medieval, sin intervención de la artillería, en la que el arzobispo Carrillo y el cardenal Mendoza lucharon personalmente en sus respectivos bandos. La victoria no era decisiva, pero en toda España se tuvo la impresión de que la causa de doña Juana estaba perdida; muchos indecisos se decidieron y otros cambiaron de bando. El voluble arzobispo Carrillo pidió perdón y se le respetó su cargo entregando las fortalezas; contra el marqués de Villena se usaron otras armas, peligrosas: incitar a sus vasallos a la rebelión. Por otra parte, Luis XI de Francia, que se había comprometido a actuar en favor del rey portugués, se desinteresó después del fracaso de una invasión por Guipúzcoa. Finalmente, también Alfonso V dio por perdida la partida; el Tratado de Alcazovas (1479) reguló todas las cuestiones pendientes entre ambas Coronas: se reconocía el dominio castellano sobre las Canarias y a Portugal los territorios y rutas marítimas situadas al Sur de dicho archipiélago. Un tratado de paz con Portugal finalizó las cuestiones pendientes y facilitó a los reyes dedicarse a las cuestiones más urgentes de orden interior.

Las cortes celebradas en Toledo el año 1480 figuran entre los actos más importantes de aquel reinado. En gran parte retomaron el programa de reformas formulado por la Junta de Burgos en 1464; pero también se trató de resolver otros problemas; el más acuciante, la restitución al patrimonio real de los bienes y rentas enajenados de forma irregular en los reinados anteriores; se encomendó esta tarea, que le valió muchas enemistades, a fray Hernando de Talavera. Según las tablas elaboradas por St. Haliczer, las quince mayores familias del reino vieron sus rentas disminuidas en un 41,8 por ciento, el clero en un 52, la baja nobleza en un 58 y la clase media burguesa en un 59. Parece, pues, que hubo algún trato de favor para la aristocracia, lo que concuerda con la política general de aquellos reyes; sería exagerado decir que después de la guerra no hubo vencedores ni vencidos; los más adictos recibieron favores y los adversarios recortes en bienes mal adquiridos; hubo muchas torres y castillos derribados o desmochados pero poquísimas ejecuciones capitales; la de Pardo de Cela, el famoso jefe de *irmandiños,* parece que se hizo sin anuencia de los reyes. ¡Ya querríamos que todas nuestras guerras civiles hubieran terminado lo mismo! Al proceder así, Isabel y Fernando no actuaban sólo por generosidad, sino porque necesitaban de una nobleza fuerte y adicta para vertebrar un Estado en formación. Ello no obstaba para que la Santa Hermandad actuara con gran energía contra los salteadores de caminos, y que la recién fundada Inquisición procediera con un rigor inusitado contra los judaizantes; diversos temas, diversas varas de medir, y un predominio evidente de la cabeza sobre el corazón en las más altas cimas del poder.

Liquidada la guerra sucesoria, la conquista del reino de Granada era el siguiente objetivo por toda clase de motivos, religiosos, económicos y políticos. No habían aprovechado los granadinos las discordias de los castellanos, porque ellos también estaban enzarzados y debilitados en luchas internas entre el viejo sultán Muley Hacen, su hijo Boabdil y, en ocasiones, un hermano del sultán apodado el Zagal. Llegó a haber tres reyes en Granada en plena lucha contra los cristianos. Asombra que en tales condiciones fueran capaces de resistir diez años a las fuerzas combinadas de Castilla y Aragón. Algunas razones lo explican: el reino nazarí, aunque pequeño, era áspero, montuoso y sembrado de castillos; su población, que en parte se componía de refugiados, combatía con el valor de la desesperación porque estaba ante el dilema de someterse o escapar al norte de África.

Mientras los granadinos combatían en su propio terreno, los castellanos tenían que desplazarse y asegurar el abastecimiento de un ejército numeroso, lo que originaba graves problemas logísticos y económicos. El mayor esfuerzo recayó sobre los nobles y los municipios andaluces. Si Andalucía no se hubiera hallado en una fase de recuperación difícilmente hubiera sido posible la conquista del reino nazarí. La guerra empezó de modo eventual, por uno de aquellos incidentes habituales en la frontera; los granadinos se apoderaron en un golpe de mano de Zahara; el marqués de Cádiz replicó tomando por sorpresa Alhama, donde quedó encerrado, en postura difícil. En un gesto caballeroso, su rival, el duque de Medina Sidonia, acudió a liberarlo. Esto sucedía en 1482, el año siguiente las tropas reales participan ya en las hostilidades, pero sufren sendos descalabros en Loja y la Axarquía (Montes de Málaga). Ya no era posible retroceder; había que seguir hasta el final.

La guerra fue una sucesión de asedios; muy pocas batallas campales. Fue decisiva la intervención de una poderosa artillería dirigida por Francisco Ramírez de Madrid, marido de Beatriz Galindo, *La Latina*, preceptora de Isabel la Católica. Cuando las murallas estaban aportilladas los habitantes pedían capitulación, que se les concedía con cláusulas generosas. Málaga fue una excepción; el castillo de Gibralfaro estaba guarnecido por voluntarios africanos que combatieron con gran valor causando a las tropas cristianas numerosas bajas. Los reyes hicieron responsables de estas pérdidas a la población civil inocente; los malagueños fueron vendidos como esclavos.

Otro asedio muy largo y costoso fue el de Baza en 1489; había muerto ya el rey Muley Hacen, mas no por eso reconocían todos los granadinos a su hijo Boabdil; sospechaban, y estaban en lo cierto, que había contraído pactos con los Reyes Católicos, declarándose su vasallo. Toda la zona oriental del reino obedecía a su tío el Zagal, empeñado en la defensa de Baza; cuando esta plaza cayó, tras prolongado asedio, toda la actual provincia de Almería se sometió, también mediante pactos, y algunos de los más altos jefes de la resistencia se convirtieron para conservar sus rentas y dominios. El caso más destacado fue el de Cidi Yahia, el defensor de Baza, que se convirtió en don Pedro de Granada Venegas, miembro de muy dilatada familia.

Granada aún resistía contra toda esperanza. Boabdil negoció secretamente una capitulación y entregó las llaves de la Alhambra en cuyas torres ondeó el pendón de Castilla el 2 de enero de 1492.

Las condiciones de la capitulación fueron muy generosas, más de lo que hacía posible el estado de los ánimos en España y en Europa entera que, amenazada por el avance turco, se regocijó de la eliminación de aquella cabeza de puente del Islam. Hubo festejos públicos, *tedeum* en las catedrales europeas y hasta una corrida de toros en Roma. Los Reyes Católicos respetaron la personalidad del reino de Granada, dotaron a su capital de voto en cortes, trasladaron a ella la chancillería de Ciudad Real, convirtieron la Alhambra en sede de una capitanía general, dispusieron medidas de mejora urbanas y quisieron ser enterrados en ella. Pero las capitulaciones no se cumplieron: el ayuntamiento mixto, de regidores cristianos y musulmanes, sólo funcionó unos años, el celo religioso del primer arzobispo, fray Hernando de Talavera, orientado hacia una evangelización que respetara las peculiaridades de la población sometida, dio poco fruto. Los que esperaban una conversión rápida se sintieron defraudados; los cristianos que acudieron a la ciudad recién conquistada soportaban con impaciencia las llamadas a la oración desde los alminares de las numerosas mezquitas, y a su vez los granadinos no podían disimular su aborrecimiento al escuchar los toques de campana.

En 1499 los reyes volvieron a Granada. Los acompañaba fray Francisco Jiménez de Cisneros, arzobispo de Toledo, de mentalidad totalmente opuesta a la de Talavera; pretendía acelerar el proceso de conversión con medios coactivos. A la vez, los mudéjares se veían obligados al pago de tributos no estipulados en las capitulaciones. El descontento por estas y otras causas fue origen de una revuelta que comenzó en el barrio del Albaicín y se extendió a gran parte del reino. La guerra se prolongó todo el año siguiente y los comienzos de 1501 y terminó con una paz ficticia: puestos en el dilema de bautizarse o abandonar el país, la mayoría optó por una conversión aparente; los que querían y podían emigrar a África ya lo habían hecho anteriormente, incluyendo a Boabdil, que vendió los dominios que había recibido en la Alpujarra y terminó sus días en Marruecos. Repobladores llegados, principalmente, de los otros reinos andaluces ocuparon el puesto de los emigrantes; sus relaciones con los nativos fueron malas, impregnadas de desprecio y conciencia de superioridad. Estuvieron algo más defendidos en los señoríos, por conveniencia de los propios señores. Los reyes hubieran preferido un reino en el que la autoridad real estuviera libre de trabas, pero tenían que recompensar a los grandes señores que habían ayudado a la conquista con hombres y dinero.

Toda esta historia nos deja un poso de sentimientos contradictorios; por una parte, la reintegración del reino nazarí al ámbito andaluz y español; la desaparición de una frontera, causa de inseguridad y despoblación, era un beneficio considerable para todos; la transformación de la ciudad de Granada se hizo con el propósito de mantener su rango; a los palacios reales, conservados en perfecto estado, se añadieron construcciones magníficas; la Granada renacentista y barroca no tenía nada que envidiar a la nazarí; allí nacieron don Álvaro de Bazán, fray Luis de Granada y otras figuras ilustres de nuestra historia; allí Sebastián de Nebrija dio a las prensas las obras de su padre, *apud inclytam Granatam;* en los jardines de la Alhambra conversó Boscán con el embajador veneciano Andrea Navagiero y aprendió de él la técnica de los sonetos «al itálico modo». Pero junto a estas imágenes de un pueblo enamorado del poder y la belleza se escuchan los lamentos del pueblo vencido, transmitidos por el enigmático Mancebo de Arévalo en la *Kaida del Andalusíya;* quejas de un pueblo que había defendido valientemente su libertad y que mereció ser mejor tratado.

La adquisición de las islas Canarias no fue tan importante como la del reino nazarí, pero no transcurrió mucho tiempo sin que se advirtiera su gran interés geopolítico; desde el inicio mismo de su reinado los Reyes Católicos comprendieron que para Castilla el Atlántico tenía la misma importancia que el Mediterráneo para la Corona aragonesa; de ahí el forcejeo con la monarquía portuguesa acerca de la costa occidental de Marruecos y las aguas que la bañan. El dominio del archipiélago canario era fundamental; por eso reivindicaron su soberanía en las cuatro islas que ya pertenecían a señoríos de particulares y conquistaron las otras tres: Tenerife, Gran Canaria y La Palma. Tras las violencias inherentes a la Conquista las islas recibieron un estatuto especial; hubo un capitán general en Santa Cruz de Tenerife, mientras Las Palmas fue sede de un obispado y una audiencia. Hubo en Canarias más autonomía y menos presión fiscal que en Castilla; gracias a ello, y al papel de etapa que adquirió tras el descubrimiento de América, la población aumentó a pesar de las erupciones volcánicas y los ataques de los piratas. Subsistió parte de la población indígena, que se asimiló pronto, así como la inmigración extranjera, y en lengua, usos y costumbres fue una réplica perfecta de la España peninsular. Como en Granada e Indias, los reyes recabaron de la Santa Sede el patronato eclesiástico que les era debido por su afán por extender el área de la cristiandad.

No tenían los reyes la misma libertad de movimiento y decisión en sus reinos patrimoniales que en los nuevamente adquiridos; de ahí las vacilaciones y aun contradicciones que se observan en su política interior, sobre todo en relación con la nobleza; así, mientras el problema de los *remensas* de Cataluña recibió solución definitiva por la sentencia de Guadalupe (1486) con la abolición de los *malos usos,* lo que permitió que se consolidara en Cataluña una sólida clase media campesina, la sentencia de Celada (1497) consagraba el poder absoluto y arbitrario de los señores aragoneses sobre sus vasallos. Y es que en Aragón la aristocracia tenía un poder que don Fernando no creyó oportuno desafiar.

El respeto de los reyes hacia la aristocracia se basaba en la evidencia de su fuerza material; aun después de la incorporación a la Corona de los maestrazgos de las órdenes militares y otras medidas seguía siendo muy grande; había señores devotos de la realeza y otros que tascaban el freno impacientes; las medidas para reducir su poder se rodeaban de precauciones y se acompañaban de compensaciones; cuando los reyes decidieron recuperar para el realengo Cartagena, señorío de los Fajardo, les dieron a cambio Los Vélez y otras villas reconquistadas en Almería. Siguiendo la misma política de recuperar las principales plazas portuarias del Sur dieron a los Ponce de León los títulos de condes de Casares y duques de Arcos en vez del de marqueses de Cádiz. Por el mismo procedimiento pasaron a poder de la Corona dos plazas de inmensa importancia estratégica conquistadas por los Medina Sidonia: Gibraltar y Melilla.

Si no trataban a la alta nobleza con la misma desenvoltura que a los ciudadanos y los clérigos era porque necesitaban de ella, tanto para el gobierno interior como para la política exterior, pues por primera vez en nuestra historia España, la suma de Castilla y Aragón, tenía una política exterior coherente, común, heredera de tradiciones anteriores, y para ello necesitaban de unos recursos (diplomacia, dinero, ejército) para los que el concurso activo de la aristocracia era indispensable. Las finalidades de esa política eran esencialmente tres: mejorar las relaciones con Portugal, sin descartar una futura unión dinástica; continuar la lucha contra el Islam en el norte de África y mantener la presencia en el sur de Italia.

En el primer aspecto, restañadas las heridas causadas por la guerra sucesoria (en la que Portugal, no lo olvidemos, había intervenido no contra Castilla, sino como aliado de uno de los dos bandos que la dividían) se trataba de coordinar esfuerzos y eliminar fricciones, primero en África y el Atlántico adyacente, lo que se consiguió en el tratado de Alcazovas, y cuando el descubrimiento de América amplió enormemente el horizonte, por el tratado de Tordesillas. Pero se trataba también de preparar una unión dinástica, punto en el que los reyes portugueses no mostraban menos interés que los castellanos. Por fortuna, la unión de Isabel y Fernando, que sólo tuvieron un hijo varón, fue fecunda en hijas: Isabel casó con don Manuel *el Afortunado;* de esta unión nació el príncipe Miguel, que murió de cortísima edad después de haber sido jurado príncipe heredero de Portugal, Castilla y Aragón. Don Manuel volvió a casarse con otra infanta, María, y al morir recomendó a su heredero que casara a su hermana Isabel con el que luego fue emperador Carlos V. En esta recomendación, o más bien orden, no hay que ver sólo fines políticos, sino dinásticos y paternales; los huesos de don Manuel debieron exultar de gozo en su tumba cuando su hija se convirtió no sólo en reina de múltiples coronas, sino en emperatriz de Occidente.

Las relaciones con Francia eran las más conflictivas; en este punto se aprecia claramente que si doña Isabel tenía gran intervención en la política interior, la exterior estaba dominada por don Fernando y la política antifrancesa de Aragón; Luis XI no había devuelto los condados de Rosellón y Cerdaña; su sucesor, Carlos VIII, alimentaba proyectos que ponían en peligro la secular hegemonía catalano-aragonesa en la Italia meridional. Para neutralizar a una Francia que renacía con gran fuerza tras los desastres de la guerra de los Cien Años, la extraordinaria habilidad diplomática de don Fernando tejió una sutil tela de araña hecha de velos nupciales que la envolvían: matrimonio inglés de la infanta Catalina, fuente después de graves complicaciones, y doble matrimonio de Margarita de Borgoña con el príncipe heredero Juan y de Juana con Felipe *el Hermoso,* con lo que las cuestiones pendientes con Francia ya no se limitaban a Italia, sino a la disputada herencia flamenco-borgoñona de Carlos el Temerario. Para aumentar la presión, don Fernando apoyó a la duquesa de Bretaña, región particularista que no quería ser absorbida por Francia.

El problema italiano se presentaba muy embarullado por la multitud de actores en presencia y su variedad de intereses, lo que dotaba a sus posturas de una gran versatilidad. Los príncipes y repúblicas de Italia, conscientes de su debilidad militar, maniobraban con destreza anudando alianzas, cambiando de campo, enfrentando unas con otras a las grandes potencias, que en este caso eran tres: Francia, España y el Imperio que reclamaba una vaga soberanía. Al fondo la amenaza turca, presente en el Adriático y en Túnez, capaz no sólo de alimentar la permanente piratería, sino de poner pie en la Península, como ya ocurrió en Otranto, donde cometieron crueldades inauditas. Incluso Roma se sentía amenazada.

Roma era una ciudad llena de españoles; incluso tuvo en aquel tiempo dos papas españoles, los dos últimos o, por mejor decir, los únicos dos seguros, porque la hispanidad de san Dámaso es cuestionable. ¡Curiosa figura la de Rodrigo de Borja! Aunque ha encontrado defensores pasa por ser la encarnación de la más corrompida corte pontificia del Renacimiento. Sin embargo, fue elegido papa, tomando el nombre de Alejandro VI, en aquel año 1492 preñado de acontecimientos. Y lo fue por la unanimidad del colegio cardenalicio, quizás porque se confiaba en su demostrada habilidad para desviar de Roma el tornado que significaban los proyectos de Carlos VIII de Francia sobre el reino napolitano. A los Reyes Católicos les sorprendió agradablemente la noticia. Ya cuando era vicecanciller de los papas anteriores habían hecho con él buenos negocios aprovechando el intenso afecto que sentía por su numerosa prole sacrílega. Ahora que era papa ese comercio de favores recíprocos podía alcanzar el más alto nivel, y en efecto las bulas alejandrinas que otorgaban a Castilla la soberanía sobre el Nuevo Mundo tuvieron como contrapartida la concesión del ducado de Gandía a uno de los hijos de Alejandro VI.

Las relaciones entre los papas y los reyes de España siguieron siendo muy estrechas hasta el siglo XVIII porque, a más de cabezas de la cristiandad y, por tanto, de la Iglesia española, los papas eran señores temporales de un Estado que ocupaba todo el centro de Italia, y al que podían presionar no sólo con amenazas militares sino con medidas económicas. Por eso, al replantearse la cuestión de Nápoles era factor importante que un español ocupara la Silla de san Pedro. Al aproximarse el ejército de Carlos VIII el papa se encerró en el castillo de Sant'Angelo. Fernando el Católico sacó partido de esta circunstancia con una habilidad que también se podría calificar de doblez o engaño; había pactado con el rey francés la devolución de Rosellón y Cerdaña a cambio de dejarle las manos libres en Nápoles por el tratado de Barcelona (1493), pero como no le agradaba la idea de ver al francés instalado en un reino tan ligado a la Corona de Aragón, alegó que en el tratado no se preveía un ataque a la Santa Sede. Ésta era una argucia legal; moralmente también podía alegar que los franceses cometían en Nápoles mil tropelías, achaque propio de toda guerra hecha con mercenarios.

Éste fue el origen de las famosas *Guerras de Italia,* famosas no sólo porque establecieron la soberanía española en Nápoles durante dos siglos, sino porque forman un capítulo importante de la historia militar, de la revolución del arte de la guerra. En esencia esa revolución consistía en trasladar el protagonismo en el campo de batalla de la caballería pesada a una infantería provista de armas de fuego. La fuerza principal del ejército francés consistía en lanceros revestidos de armaduras y acompañados de pajes y escuderos. Como segundo elemento figuraban en el ejército francés miles de suizos con largas picas que lo mismo servían para atacar que para detener la caballería enemiga. Gonzalo Fernández de Córdoba, el hombre a quien Fernando V confió la misión de arrojar a los franceses de Nápoles, estudió y halló la solución del problema a costa de tiempo y de algunos reveses iniciales. No era un combatiente impetuoso sino un táctico prudente, capaz de esperar meses hasta que se presentara una coyuntura favorable. Los hombres que recibió de España eran, en su mayoría, veteranos de la guerra de Granada, que había sido una guerra muy distinta; había que entrenarlos para un nuevo tipo de acción. La experiencia le enseñó que la única manera de evitar el choque con la temible caballería francesa era detenerla con tiros a distancia, utilizando, tanto los arcabuces, que hacían un disparo cada dos minutos, como las ballestas, menos eficaces pero más rápidas. Después haría intervenir a los piqueros y la caballería ligera. Con esta táctica, basada en la supremacía de la infantería y las armas de fuego, el Gran Capitán reconquistó Nápoles y echó las bases de la organización militar española concretada en los *tercios*, unidades que combinaban las diversas armas pero con predominio de la infantería.

La retirada de los franceses de Italia no sólo se debió a la acción militar, sino a la alianza que los Reyes Católicos habían ido tejiendo, en la que entraban Milán, Venecia, el papa y el emperador Maximiliano. Pero la cuestión de Italia no estaba aún decidida, al atolondrado Carlos VIII sucedió Luis XII, también dispuesto a utilizar las energías del más vigoroso reino de Occidente para dominar Italia. Por su parte, don Fernando tampoco estaba satisfecho de haber realizado tan gran esfuerzo sólo para restablecer en el trono de Nápoles a la rama bastarda de la dinastía aragonesa. Poseyendo Sicilia era grande la tentación de recuperar aquel ubérrimo reino napolitano, residencia predilecta de su tío Alfonso V. Ni él ni el rey francés eran sinceros al firmar el tratado de Granada (1500), que repartía en dos zonas de influencia aquel reino, dejando en el aire, quizás adrede, el destino de varias regiones. El conflicto no tardó en producirse; enviado de nuevo Gonzalo Fernández de Córdoba, aguardó la ocasión propicia, venció en Ceriñola y Garellano y aseguró así el dominio de España de un modo durable. Suele censurarse el comportamiento de don Fernando con el hombre que le había proporcionado victorias decisivas; lo llamó a España y no le permitió volver a Italia; le concedió honores y rentas pero no el maestrazgo de la Orden de Santiago. ¿Eran infundados sus recelos? Es imposible asegurarlo. En todo caso, la estirpe del Gran Capitán, que a sus títulos españoles unió el ducado italiano de Sesa, brilló con un esplendor del que da fe el monasterio de san Jerónimo de Granada, donde hallaron digno reposo sus restos mortales.

En el declive de las carreras de hombres como fray Hernando de Talavera y el Gran Capitán influyó la decadencia física y moral de la reina Isabel, que había sido su valedora. Antes de morir, víctima de un cáncer, en 1504, la habían destrozado tres tragedias familiares: la locura de su hija Juana, la muerte del príncipe don Juan y la del principito Miguel. Fueron tragedias para la reina y para toda España, cuyos destinos fueron desviados por aquellas muertes. Suele elogiarse la política matrimonial de los Reyes Católicos, pero la verdad es que sus resultados fueron más bien negativos. Las alianzas matrimoniales con reyes portugueses dieron lugar a una posterior unificación que no duró largo tiempo y a la postre contribuyó más a separar que a unir; los matrimonios ingleses de Catalina, primero con el príncipe Arturo y luego con Enrique VIII, tuvieron consecuencias nefastas, y el doble matrimonio borgoñón (Juan con Margarita, Juana con Felipe el Hermoso), de momento decepcionaron a los Reyes Católicos en cuanto a la capacidad del emperador Maximiliano para intervenir en los asuntos de Italia, que se demostró que era casi nula; luego introdujo en Castilla a un rey flamenco que sólo trajo divisiones y a la postre involucró a España en unas cuestiones derivadas de la soberanía de Flandes que nos trajeron mucha gloria y muchos desastres.

Así como el protagonismo en la política exterior lo ostentó don Fernando, las grandes cuestiones de política interior, especialmente religiosas, sin dejar ni mucho menos indiferentes a Fernando, son más imputables a Isabel, aunque siempre procediendo ambos consortes tan unidos que es difícil distinguir el grado de autoría de cada uno. Es probable que la sensibilidad de la reina en materias de religión y las experiencias que vivió en su primera visita a Sevilla la impulsaran a seguir la opinión de quienes venían insistiendo en la idea de que había que establecer una Inquisición que castigara a los judaizantes. En páginas posteriores trataremos de esta institución, su desarrollo posterior y consecuencias para no fragmentar un tema de tal interés. La expulsión de los judíos también está íntimamente relacionada con el mismo problema.

La minoría judía nunca se repuso de las violencias de 1391 y la campaña de conversiones orquestadas que siguieron. Quedaron los más fieles, repartidos en multitud de juderías, la mayoría de muy pequeño tamaño. Las investigaciones más recientes no permiten pensar que hubiera más de cien mil judíos en toda España en 1492. También desmienten las fábulas sobre su poder y riquezas; había algunos altos funcionarios, algunos judíos enriquecidos por la usura, pero la gran mayoría pertenecían, bien a una clase media de profesionales (médicos y escribanos sobre todo) o a un artesanado con cierta especialización: sastres, zapateros, ebanistas... Las grandes fortunas eran pocas, y también las situaciones de miseria por el sentido de solidaridad del grupo. El decreto de 31 de marzo de 1492 que los ponía en el dilema de bautizarse o emigrar sorprendió a todos, y la única explicación coherente es la que se da en el mismo decreto: evitar que su ejemplo y su práctica religiosa impulsaran a los conversos a judaizar. Se han propuesto otras explicaciones que no resisten un examen serio: el supuesto racismo de los monarcas no existió; estaban rodeados de judíos y conversos; el producto de los bienes confiscados no igualaba ni de lejos las pérdidas que sufría la Hacienda Real con la desaparición de un grupo de buenos contribuyentes, la presión social se había desviado hacia los conversos, y la nobleza, que constituía la clase más influyente, estaba más inclinada a proteger a los judíos que a destruirlos.

Si los reyes pensaron que la mayoría de los judíos se convertiría sufrieron una decepción, pues si bien los bautismos de última hora fueron numerosos y hubo bastantes regresos, la gran mayoría dio un bello ejemplo de cohesión y perseverancia eligiendo el difícil camino del exilio. Debieron ser unos 80.000 y los caminos que siguieron fueron diversos; muchos traspasaron la frontera de Portugal, pero allí sólo les ofrecían una estancia de pocos meses, otros fueron a Marruecos, corriendo suertes diversas, no pocos engrosaron los grupos judíos que ya existían; otros, maltratados por las tribus del Rif, regresaron espantados y despojados de todo. Algunos llegaron hasta Turquía, donde apreciaban sus conocimientos profesionales. Otros se diseminaron por varias naciones europeas y bajo el rótulo general de *sefardíes* mantuvieron largo tiempo el recuerdo y el idioma de su patria de origen.

Antes que España, casi todas las naciones europeas habían expulsado a los judíos. ¿Por qué en el caso de España este acto tuvo más repercusión? Quizás por su volumen, por la alta calidad de los expulsados, por haberse producido en una época en la que era mayor la comunicación y difusión de las noticias, o porque en las demás naciones las órdenes de expulsión cayeron en desuso y en España se mantuvieron con rigidez. Pero no hay que creer que en su tiempo fuera criticada; incluso humanistas de la talla de Maquiavelo y Guicciardini la alabaron como medida de buen gobierno; fue en el Siglo de las Luces cuando empezó a ser criticada.

Al morir Isabel la Católica se produjo una grave crisis institucional, puesto que entre Castilla y Aragón no existía más que una unión personal. En su testamento la reina disponía que le sucediera como reina de Castilla su hija Juana, y en caso de incapacidad gobernara en su nombre don Fernando. Las cortes reunidas en Toro no lo apoyaron con la firmeza que él hubiera deseado; se manifestaban en Castilla, sobre todo entre los miembros de la aristocracia, deseos de sacudirse una presión que les parecía demasiado autoritaria, volver a los «buenos tiempos», cuando reyes sin autoridad repartían mercedes a manos llenas. Al llegar a España Felipe el Hermoso, estos sentimientos se manifestaron con tanta evidencia que don Fernando, descorazonado, abandonó Castilla y, por despecho o cálculo político, tomó una determinación que ha sido muy criticada: contraer matrimonio con Germana de Foix, sobrina de Luis XII, como gesto de acercamiento a Francia. De esta unión nació un hijo que, de haber sobrevivido, hubiera sido rey sólo de Aragón, pero aquellas carambolas del destino que antes habían segado las esperanzas puestas en los príncipes Juan y Miguel, esta vez jugaron en favor de la unidad; casi a la vez murieron el hijo de Germana y el propio Felipe I, sumiendo a sus partidarios en el desconcierto, porque la demencia de doña Juana se hizo tan evidente que no quedaba otro recurso que poner en vigor la regencia del rey aragonés.

En su segunda etapa de gobierno don Fernando se ocupó de modo primordial de la política internacional, de orientación antifrancesa, puesto que tanto Luis XII como Francisco I persistían en alcanzar la hegemonía en la península italiana. Los asuntos internos quedaron al cuidado de dos arzobispos, el de Toledo en Castilla y el de Zaragoza en la Corona aragonesa; curiosa y significativa muestra de lo que pesaba el estamento eclesiástico en la vida española. Jiménez de Cisneros fue un excelente gobernador y don Fernando premió sus desvelos gestionando para él el capelo cardenalicio. La preocupación principal de Cisneros fue la reforma del clero regular, que impulsó con energía lindando con la dureza. Mantuvo a raya a los aristócratas levantiscos, se hizo acreedor al reconocimiento de la posteridad con su mecenazgo cultural (Universidad de Alcalá, Políglota Complutense), desfogó sus ardores de cruzado asaltando personalmente las murallas de Orán. Algo de ese espíritu de cruzada ya en vías de extinción alcanzó también a don Fernando e inspiró una curiosa anécdota ya en el fin de sus días: marchaba moribundo en dirección a Guadalupe, que no llegó a alcanzar, y se resistía a tomar las disposiciones necesarias para una muerte cristiana, porque decía que una monja de El Barco de Ávila le había pronosticado que no moriría sin tomar Jerusalén.

De menos relieve pero también notable es la figura de Alfonso de Aragón, hijo bastardo de don Fernando, destinado, como otros bastardos ilustres, a la carrera eclesiástica para disponer del poder y riquezas de la Iglesia. Sólo dijo una misa en su vida, y su padre le gestionó tal cantidad de prebendas en la curia romana que se dice comentó el papa: *Insatiabilis est filius regis iste.* Pero también hay que decir que como lugarteniente y virrey gobernó con acierto aquellos reinos. Tuvo un hijo sacrílego que le sucedió en la sede zaragozana, convertida en una especie de mayorazgo de la Casa Real de Aragón.

Capítulo muy destacado de las relaciones con Francia era la cuestión de Navarra; hemos aludido antes al afrancesamiento de su dinastía, lo que en caso de guerra representaba un peligro evidente. Juan de Albret, último rey de Navarra, era a la vez feudatario del rey de Francia, y ello lo colocaba en postura dificilísima ante la exigencia de Fernando el Católico de que dejara paso libre a sus tropas. Para colmo, el infeliz rey se vio envuelto en la maraña de las guerras de Italia como resultado de la soberanía temporal de los papas y la mezcla abusiva de negocios religiosos y políticos; el papa Julio II formaba parte de la Gran Liga dirigida por don Fernando para frenar las ambiciones del rey francés, de donde resultaba el siguiente silogismo: el rey de Francia era enemigo del papa y cismático; el rey de Navarra era aliado del rey francés, luego él también era cismático y merecía ser excomulgado y privado de su reino, así constaba en la bula *Pastor ille coelestis* expedida en 1512, reforzada el año siguiente por otra del mismo tenor. De esta manera, la invasión de Navarra llevada a cabo por el duque de Alba y apoyada por el partido beamontés se convertía en una especie de guerra de religión. El desenlace fue rápido; tras corta resistencia Navarra quedó unida por lazos dinásticos a Castilla con pleno respeto a su personalidad, sus cortes y sus fueros. Pero un trozo del territorio navarro al Norte del los Pirineos quedó separado y girando en la órbita del reino de Francia; desde Enrique IV de Borbón los monarcas franceses se titularon reyes de Francia y de Navarra.

El Rey Católico designó en su testamento como heredero (respetando la soberanía nominal de doña Juana, recluida de por vida en Tordesillas) a su nieto Carlos, residente en Flandes. Hubiera sido más acertado nombrar a su hermano Fernando, criado en España, pero había que respetar las leyes sucesorias, que imponían la primogenitura. En tanto llegara Carlos, el cardenal Cisneros ejercería la regencia en Castilla y el arzobispo de Zaragoza en Aragón. Pocas dificultades tuvo éste que superar, pero Cisneros debió hacer uso de toda su energía y dotes de mando para refrenar las ambiciones de la inquieta nobleza. Comprendió la necesidad de que la realeza tuviera no sólo una Guardia, sino un potente ejército que planeó con el nombre de *Gente de la Ordenanza,* pero la resistencia de los magnates a que se creara un ejército real y popular hizo fracasar el proyecto. Cisneros murió cuando marchaba al encuentro de don Carlos antes de saber que su destitución ya estaba decidida por la camarilla flamenca.

Antes de continuar nuestro relato prefiero intercalar aquí una noticia sucinta sobre la imagen y actividades del Santo Oficio de la Inquisición, un legado poco afortunado de Fernando e Isabel.

Las más frecuentes y justificadas críticas contra los Reyes Católicos son las que se refieren a su política represiva contra los disidentes religiosos; una constante en su reinado, pues a los comienzos del mismo establecen el Tribunal de la Inquisición. En 1492 promulgan el decreto de expulsión de los judíos y más tarde rompen los pactos firmados con los musulmanes granadinos que les aseguraban la libertad religiosa. Son vanos los esfuerzos de los apologistas por minimizar estos hechos; lo procedente es determinar sus causas, sus fines y sus repercusiones. La Inquisición, además de haber adquirido una notoriedad universal, con gran detrimento de la reputación de España, es una institución que ha suscitado y aún suscita grandes controversias sobre su naturaleza, origen y fines que se perseguían con su implantación. ¿Maquinaria política en el fondo, justificada por razones religiosas? ¿Producto de unos odios sociales y racistas que los reyes utilizaron en su provecho? Sin llegar a las aberrantes conclusiones de B. Netanyahu, no son pocos los que piensan así, incluyendo destacados especialistas en la materia.

En parte, la confusión se produce por establecer unas fronteras estrictas entre lo espiritual y lo temporal que en aquella época no existían; los soberanos (no solamente los españoles) tenían deberes y atribuciones muy amplias en materia eclesiástica; el disidente, el hereje, no sólo era un transgresor religioso, sino un elemento peligroso y un súbdito infiel. Otra circunstancia que empaña nuestra visión es la dificultad que hoy se experimenta, en un mundo muy secularizado, en admitir que unos soberanos actúen por móviles puramente religiosos; siempre se busca por debajo el motivo político, el motivo social, que sin duda podía ir adherido aunque no fuera predominante. Antes de los Reyes Católicos la Inquisición ya era reclamada como sanción contra los judeoconversos apóstatas por individuos y por órdenes religiosas enteras, sobre todo por los franciscanos, pero Enrique IV no se decidió; en su reinado, como antes en el de Juan II, los conversos se habían visto muy mezclados en los disturbios, buscaban y hallaban protectores en las filas de la alta nobleza, y de esa manera se implicaban en luchas políticas y sociales, que en Toledo tuvieron gran virulencia y motivaron el primer *estatuto de limpieza de sangre*, que excluía a los conversos de ciertos cargos y profesiones. Igual mezcla de factores diversos se daba en Andalucía, donde menudearon las violencias contra los conversos; uno de ellos, Antón de Montoro, se lamentaba de que a pesar de cumplir todos sus deberes como cristiano y comer «lonchas de tocino grueso» nunca pudo borrar «este rastro de confeso».

Andrés Bernáldez, cura de Los Palacios, localidad cercana a Sevilla, en su *Crónica* de los Reyes Católicos, también declamaba contra aquellos conversos, malos cristianos, contra su *empinación* (soberbia), sus éxitos sociales, su «gran riqueza e vanagloria, de muchos sabios e doctos, obispos, canónigos, contadores, secretarios de reyes e de grandes señores», y llevado de un odio monstruoso, expresaba el deseo de que «pues que la leña esta encendida que arda fasta el cabo». Pero no eran los judeoconversos los únicos que triunfaban, ascendían, se enriquecían; también había muchos cristianos viejos soberbios y arribistas, y sus éxitos no despertaban un odio tan feroz porque faltaba el componente religioso. Los Reyes Católicos, cuya corte estaba llena de conversos, no se dejaban arrastrar por estas pasiones; se daban cuenta de su intensidad, sobre todo en Andalucía y en el reino de Toledo (como revelaba el episodio del Niño de la Guardia, supuesta víctima de un asesinato ritual). La idea de una Inquisición flotaba en el ambiente; era una idea que tenía defensores y contradictores dentro de su propio entorno. También había que considerar el daño económico que suponía la destrucción de una minoría laboriosa en la que figuraban no pocos mercaderes, secretarios, tesoreros reales y municipales y otras personas especializadas. Sin duda, el retraso de dos años entre la fecha en que el papa Sixto IV otorgó la bula fundacional y la de 1480 en que comenzó a funcionar el primer tribunal inquisitorial, el de Sevilla, se debió a gestiones encontradas y vacilaciones regias, pero una vez tomada la decisión los reyes apoyaron a la Inquisición como cosa suya. Cuando el papa, movido por los relatos (y quizás también por las dádivas) de los conversos amenazados, quiso rectificar, Isabel y Fernando le hicieron saber que sólo ellos dirigirían la temible institución, dentro de la misma línea de conducta que les llevó a sostener y conseguir que sólo ellos designarían a los que habían de ocupar las sedes episcopales. Motivos religiosos que encajaban en el profundo sentido de responsabilidad que tenían los monarcas y que accesoriamente les procuraban también un refuerzo de su soberanía temporal, aunque, en el caso de don Fernando, la Inquisición le procuró la enemistad de un sector que antes le era favorable; quienes se sentían amenazados por la Inquisición se arrimaron al bando de Felipe el Hermoso, y de no ser por su muerte prematura es posible que la Inquisición hubiera tomado otro giro. La lucha de don Fernando contra este sector explica la escandalosa impunidad del inquisidor Rodríguez Lucero, que en Córdoba cometió atrocidades sin cuento; los conversos cordobeses que inmoló en Córdoba eran enemigos de don Fernando y éste, supuestamente, le pagó dejando sin efecto la condena a que se había hecho merecedor por sus excesos. Mucho tiempo después Felipe II se sirvió de la Inquisición aragonesa para intentar atrapar a Antonio Pérez. En el reinado de Felipe IV hubo otro caso muy claro y muy sonado de manipulación política de la Inquisición: el proceso a Jerónimo Villanueva, colaborador del conde duque de Olivares. Otro caso muy famoso fue el de Macanaz, en el reinado de Felipe V, pero fue sólo a partir de la Revolución Francesa cuando la Inquisición tomó un tinte claramente político; con anterioridad, lo que puede decirse es que, colaborando con el mantenimiento de la ortodoxia, la obediencia a las autoridades y las buenas costumbres, la Inquisición era considerada por los reyes como un factor de estabilidad social, pero los procesos puramente políticos representaron un porcentaje mínimo.

La autoridad de los reyes sobre la Inquisición se basaba en que era una institución muy jerarquizada y ellos tenían el control de los órganos de decisión: el inquisidor general y el Consejo de la Suprema Inquisición. Había también una dependencia económica, porque, tras los años iniciales en los que las confiscaciones de los bienes de los reos fueron numerosas, la Inquisición era deficitaria, y los reyes tuvieron que subvencionarla. Aunque teóricamente la Inquisición dependía del papa, en la práctica era un coto cerrado que los reyes defendieron con todos los medios de presión de que disponían: el enfrentamiento más agrio se produjo cuando, basándose en algunas expresiones poco claras de su *Catecismo,* la Inquisición, gobernada entonces por el temible inquisidor general Valdés, procesó nada menos que al arzobispo de Toledo, Bartolomé Carranza, es decir, a la más alta autoridad de la Iglesia española. El papa insistió con tal energía en que el proceso debía celebrarse en Roma que Felipe II consintió en ello, pero a la vez presionó para que se le condenase; el papa no se atrevió a absolverlo aunque estaba convencido de su inocencia; se le condenó como *sospechoso de herejía,* abjuró de algunas proposiciones contenidas en su *Catecismo* y poco después murió; Gregorio XIII le proporcionó en una iglesia romana una sepultura digna con una inscripción elogiosa. En fecha reciente sus restos han sido trasladados a la Catedral Primada.

A comienzos del reinado de Carlos V la Inquisición estuvo a punto de ser extinguida; había cumplido su misión, la de exterminar aquella fracción (quizás la quinta o sexta parte) de los judeoconversos que se había hecho culpable o sospechosa de recaer en el Judaísmo; para sobrevivir buscó y halló nuevas víctimas: moriscos que, tras forzada aceptación del bautismo, seguían observando los preceptos islámicos, *marranos* portugueses que conservaban un Judaísmo más o menos alterado y que, tras la unión peninsular de 1580, entraron en España en gran número; cristianos viejos mal adoctrinados, culpables de *proposiciones*, como decir que no era pecado cohabitar con mujer soltera o con prostituta; clérigos *solicitantes* en el ministerio de la confesión. Al perseguir estas desviaciones la Inquisición colaboraba con el espíritu reformista del concilio de Trento, aunque se apartara de su primer objetivo, pues un bígamo, por ejemplo, atentaba contra la moral pero no era un hereje.

Lo que confirió a la Inquisición una nueva y terrible dimensión fueron las salpicaduras del protestantismo, detectadas en España a mediados del siglo XVI y conocidas como brotes *luteranos* aunque no todos los casos fueran asimilables a la doctrina de Lutero. Las implicaciones políticas de tales novedades religiosas tuvieron no poca responsabilidad en el fracaso final de Carlos V; por ello, desde su retiro en Yuste, conjuraba a su hijo para que arrancara de raíz aquellos brotes. Felipe II no necesitaba de las exhortaciones paternas para usar el máximo rigor; presidió algunos de los autos de fe en los que se condenó a muerte a los presuntos protestantes y tuvo no poca responsabilidad en el ensoberbecimiento de la Inquisición. Los condenados en los autos de Valladolid y Sevilla no eran gente vulgar, predominaban los nobles, los clérigos, personas que por sus viajes y lecturas habían tomado una actitud crítica respecto a la vieja fe y sus representantes. Ahogada en su cuna, la Reforma religiosa no volvió a manifestarse en España más que en algunos casos aislados, en su mayoría protagonizados por extranjeros.

Entró la Inquisición en el siglo XVII revestida del máximo poder; los órganos centrales controlaban minuciosamente los tribunales de España, Sicilia, Cerdeña e Indias; una red de agentes subalternos, comisarios y *familiares* se extendía por todas las comarcas; vigilaban, transmitían informaciones; no cobraban sueldos pero disfrutaban de ciertas exenciones y de una consideración social que les proporcionaba ventajas; era más fácil y más barato obtener un puesto de familiar que un hábito de Santiago, y ello les daba acceso a las oligarquías locales; incluso podía facilitar un casamiento ventajoso. A nivel popular la Inquisición era temida y respetada en grado sumo. En las altas esferas su arrogancia le granjeó muchos y fuertes enemigos; en el siglo XVII aparecieron resquebrajaduras; la institución de la Privanza le fue fatal; cada favorito quería poner un inquisidor general que estuviera a sus órdenes; por eso hubo bastante trasiego y dimisiones en la cúpula inquisitorial. El malestar de la alta administración se concretó en la famosa consulta de 1696 en la que se denunciaban la prepotencia y los abusos de la Inquisición.

En el siglo XVIII los Borbones toleraron más que favorecieron la Inquisición; tras su última ofensiva contra los restos del *marranismo* de origen portugués las condenas graves se hicieron raras, cesaron los autos públicos en las plazas, sustituidos por ceremonias más simples en algún templo o en el interior del mismo recinto inquisitorial; dejó de interesar el cargo de familiar y todo anunciaba una muerte por consunción, que se hubiera producido si la alarma producida por las ideas volterianas y los sucesos revolucionarios de Francia no le hubieran insuflado una nueva vitalidad.

Los juicios sobre la Inquisición se han resentido mucho del partidismo político y religioso; hoy se ve aquel fenómeno con más serenidad, sin que por ello desaparezcan las discrepancias; quienes tratan de disculpar aquella institución alegan que sus procedimientos no eran más crueles que los que usaban los tribunales civiles, y que se ha exagerado mucho el número de víctimas; en efecto, las diez mil condenas a muerte no parecen una cifra sobrecogedora repartidas a lo largo de cuatro siglos, cuando se prodigaba en todos los países incluso por delitos de menor cuantía, y no hay comparación posible con los holocaustos que ha vivido nuestra época. Esto es cierto, pero no hay que apresurarse a absolver a la Inquisición, porque aparte de la pena de muerte aplicaba otras durísimas: confiscación de bienes, galeras, azotes, cuyas consecuencias no recaían sólo sobre el reo, sino sobre toda su parentela. Para una sociedad tan pagada de la dignidad y el honor recibir doscientos azotes públicamente era un suplicio peor que la muerte; y la Inquisición se ensañaba con la víctima y sus familiares, cuidando de que los humillantes *sambenitos* colgasen en sitios públicos, con el nombre y circunstancias del reo para que su infamia fuera eterna. Lo único que podían hacer los descendientes era buscar otra residencia y cambiar de apellidos; es lo que hizo la familia de santa Teresa de Jesús, con buenos resultados. La mayoría no tuvieron tanta suerte.

Otra cuestión discutida es la concerniente a la responsabilidad de la Inquisición en la decadencia de la cultura española. Menéndez Pelayo, y con él otros apologistas, han alegado que puesto que la Inquisición coexistió, todavía en plena fuerza, con el Siglo de Oro de nuestra cultura, no puede hacérsela responsable de sus fallos, de sus lagunas y de su posterior decadencia. Hay que aclarar una cuestión previa: la Inquisición perseguía doctrinas, no comportamientos morales, por lo tanto, no hay que extrañarse de que en los índices de libros prohibidos no se incluyeran obras de contenido erótico e incluso anticlericales como *La Celestina* y *El Lazarillo;* más bien habría que preguntarse por qué, en sus etapas finales, se constituyó en guardiana de la moralidad e incluso llegó a molestar a coleccionistas de pinturas ligeras de ropa.

Dicho esto, hay que reconocer que en la lista negra de la Inquisición española no figuran víctimas de la categoría de Giordano Bruno, quemado por la Inquisición romana; el humanista Etienne Dolet, que sufrió la misma pena por el dictamen de la Sorbona parisiense; Servet, víctima de Calvino, o Tomás Moro, decapitado por orden de Enrique VIII. La nómina de escritores perseguidos por la Inquisición española no es larga y en la mayoría de los casos sus procesos no dieron lugar a condenas graves, pero no por eso hay que dejar de reconocer sus responsabilidades; es claro que la tuvo en la decadencia de los estudios hebraicos, florecientes en Salamanca hasta el proceso de fray Luis de León y sus dos compañeros, Grajal y Cantalapiedra. No se le puede imputar el retraso (fundamental) en la física y las matemáticas. En este aspecto hay que buscar otras causas. Pero es indudable que el clima de alarma creado por la Inquisición en el siglo XVI alimentó una atmósfera de recelo; santa Teresa, denunciada, fue absuelta pero el susto fue mayúsculo; san Ignacio, denunciado, también fue absuelto; mas, por si acaso, los jesuitas trasladaron a París el grupo deliberante; el temor de san Francisco de Borja cuando la Inquisición prohibió sus *Obras del cristiano* fue tan grande que huyó a Portugal. Todo el pujante misticismo quedó bajo sospecha tras la persecución de los *alumbrados* por la dificultad de trazar una línea de separación entre la mística ortodoxa y la heterodoxa.

Prescindiendo de casos concretos, la atmósfera enrarecida de sospecha y temor que engendraron estos hechos emponzoñó toda la vida intelectual. Una de sus manifestaciones fue la ruina del espíritu crítico, el temor a expresar opiniones que parecieran poco piadosas, y ello favoreció la impunidad de los forjadores de leyendas, de falsas historias, tan abundantes a partir de la segunda mitad del siglo XVI; había temor a manifestar libremente su opinión en materias que rozaran, aunque fuera de modo tangencial, el dogma. Y ese temor a expresarse con libertad se extendió a todas aquellas ciencias que tuvieran alguna conexión con el fenómeno religioso. En ese sentido sí puede decirse que la Inquisición no fue una causa mayor pero sí coadyudante del declive cultural de nuestro país.

Capítulo V
El gran siglo

Aunque más dinámica que la Alta, la Baja Edad Media española medía su ritmo por siglos: se necesitaron dos, el XI y el XII, para decidir si España sería europea o africana, y en los siglos XIV y XV España se abrió a otros horizontes, los mares del vasto mundo. A la vez que esto ocurría en Occidente, la Europa nuclear, desde los Pirineos hasta el Elba, heredera del Imperio Romano de Occidente, quedaba libre de la amenaza de las estepas de Asia. No así el antiguo Imperio de Oriente, luego llamado Bizantino, engullido lentamente por los otomanos, substraído a la cristiandad y a las formas de vida y cultura ligadas a ella. En el otro extremo de Asia, una China milenaria, inalterable, continuaba desplegando sus ciclos, mientras en el occidente de Eurasia se incubaba el Gran Viraje. En aquel milenario desplazamiento del centro de gravedad de la cultura humana desde Egipto a Grecia y luego a Roma, tras el intermedio de los Siglos Oscuros le llegó el turno al extremo Occidente, a los pueblos de la Península Ibérica. Ellos protagonizaron la más grande aventura jamás realizada, la circunnavegación del planeta, en unos sitios plantando jalones, en otros implantándose de modo definitivo, trasplantando personas, creencias y modos de vida incubados en el extremo euroasiático a escenarios más vastos. El viaje de Magallanes-Elcano materializó está revolución sin precedentes y el Tratado de Tordesillas dio marco legal al más ambicioso, al más increíble de los proyectos: el reparto del Globo entre dos pueblos ibéricos.

La boda de Isabel y Fernando conjugó los intereses mediterráneos de la Corona de Aragón con los atlánticos de los reinos de Castilla, con una diferencia que se fue ahondando: el Mediterráneo perdía interés, protagonismo, mientras las promesas del Atlántico se trocaban en inagotables realidades; por eso, el proyecto imperial de los Reyes Católicos: Italia-España-Indias evolucionaba hacia un situación defensiva en el Este y otra expansiva en el Oeste. Seguía siendo, no obstante, un esquema viable en su simplicidad. La profunda alteración dimanó de aquellos enlaces dinásticos susceptibles de producir los resultados más inesperados; Fernando el Católico había concertado para su hija Juana una boda borgoñona, flamenca, no pensando en las relaciones con Castilla, que no necesitaban tales apoyos para seguir siendo fructíferas, sino en neutralizar a Francia. El resultado inesperado fue complicar a España en los asuntos centroeuropeos más allá de toda previsión, incluyendo los derivados de la dignidad imperial que recayó en un nieto de los Reyes Católicos. ¿Fue una ventaja o una desdicha para España? Los hombres de aquel tiempo discrepaban y los del actual también. Entonces hubo entusiastas de la idea imperial, elevándola incluso a categoría universal, como en el famoso soneto de Acuña que anunciaba la llegada de una Edad de Oro en la que sólo habría:

> «Un monarca, un imperio y una espada».

El autor del soneto al que pertenece este verso era vallisoletano, pero los entusiastas de la idea imperial fueron más numerosos en una Andalucía recién unificada, optimista, dispuesta, tras la gran aventura americana, a considerar como posibles sucesos, prodigios, aventuras que parecían más propias de novelas de caballería. Una Andalucía dispuesta a identificar a Carlos V con Hércules y su divisa *Plus Oultre* con el mito de las famosas columnas. Pero la Castilla de los mercaderes y menestrales había conocido de cerca la rapacidad de los acompañantes del joven rey y se temía lo peor. De esta desconfianza surgieron las Comunidades, un movimiento sobre cuyo significado se ha discutido mucho: democrático, según unos, reaccionario, según otros, aplicando conceptos modernos a un ambiente muy distinto; pero los que apuntaban hacia una revolución democrática están más cerca de la verdad; según Joseph Pérez no fue casual el hecho de que el movimiento se centrara entre Toledo y Valladolid; era entonces la región más avanzada, había presenciado la inmadurez del joven rey y la avidez de su cortejo flamenco, temía los gastos de las complicaciones exteriores, sufría las consecuencias de una crisis económica y sus poderosos municipios no se resignaban a la tutela a la que los había sometido la reciente acentuación del poder real. Burgueses, obreros especializados, frailes mendicantes sensibles al bien público, formaron el núcleo de la revuelta.

La aristocracia también estaba quejosa de la ampliación del poder real a sus expensas; en los primeros momentos algunos de sus miembros se inclinaban hacia el bando comunero, pero al observar (y en este punto la aportación del profesor Gutiérrez Nieto ha sido decisiva) que la revuelta se extendía al medio rural y tomaba allí un sesgo claramente antiseñorial reflexionó y dio marcha atrás; le era más provechoso mantener un orden social que le favorecía, aunque para ello tuviera que sacrificar sus ambiciones políticas a un poder real que en este punto no consentía rivales. Tanto el Norte como el Sur de España permanecieron tranquilos, salvo algún chispazo; en el Este las Germanías de Valencia tenían un significado muy distinto. Aislados, los comuneros castellanos tenían que sucumbir (Villalar, 1521). Desde entonces la subyugada Castilla y la plata de sus Indias serían la firme base del poder imperial.

Los Reyes Católicos habían rehecho la Hispania romana culminando un proceso lento, de manera semejante a como los reyes de Francia habían reconstituido la Galia. Eran procesos lógicos que inspiraban políticas que podríamos llamar *nacionales*. Pero el conjunto de dominios que heredó Carlos de Gante más bien se parecía a los objetos de un bazar que a una construcción política; de una parte, la herencia española, ya de por sí vasta y heterogénea; de otra, el ambicioso proyecto de los duques de Borgoña, que trataron de crear un gran Estado entre Francia y Alemania teniendo como eje al Rin; tierras de formidable potencia económica y espléndida ubicación, crisol de culturas, posible lazo de unión entre germanos y latinos. En la crisis que siguió a la muerte de Carlos el Temerario Francia se apropió Borgoña y la retuvo con el pretexto, de sorprendente modernidad, de que era de lengua francesa. Pero el Franco Condado, el actual Benelux y las tierras contiguas conquistadas más tarde por Francia, constituían una constelación urbana que sólo podía compararse con la del centro-norte de Italia. Y de su abuelo Maximiliano, Carlos recibió los dominios patrimoniales de los Habsburgos, situados en Austria, más la pretensión al título imperial que no por ley, sino por costumbre, iba ligado a esta dinastía. El rey Francisco I de Francia quiso romper esta tradición y obtener el título imperial, mas a costa de muchas gestiones, promesas y dinero los que representaban los intereses de don Carlos consiguieron que ciñera la corona del Sacro Imperio Romano Germánico.

Los intereses de esta vastísima colección de Estados eran distintos y en algunos casos divergentes. Tampoco hubo política económica común ni su titular tenía los mismos derechos en cada uno de los miembros de este conjunto; no era lo mismo ser rey de Nápoles que conde de Flandes o señor de Vizcaya; en unos casos la autoridad real era absoluta, en otros compartida y en todos los casos más o menos limitada por fueros y privilegios. Este agregado inorgánico tenía como denominador común la persona del soberano. Para unificar de alguna manera la política general Carlos V creó un Consejo de Estado, puramente consultivo, en el que participaron personalidades expertas en los problemas de las diversas partes de aquel Imperio, pero su eficacia no estuvo a la altura de su misión.

Pilotar este conjunto era tanto más difícil cuanto que, por su misma naturaleza, suscitaba muchos problemas y concitaba poderosos enemigos, y la dignidad imperial obligaba no sólo a mantener el orden en el caos alemán, formado por centenares de entidades, sino a tutelar la cristiandad entera, mantener su unidad, defenderla de ataques exteriores y promover su dilatación. En la idea del Imperio estaba incluida la idea de Europa, concebida, desde Carlomagno, como la expresión política de un conjunto de naciones cristianas solidarias. Carlos V era emperador en un doble sentido: el legal, que tenía un contorno centroeuropeo más unos derechos vasalláticos más vagos en territorios del norte de Italia, y otro, *de facto*, aplicable al conjunto de sus dominios y que algunos idealistas hubieran querido ver convertido en monarquía universal. Ni Carlos V ni sus consejeros abrazaron esta utopía, pero tuvieron unas pretensiones hegemónicas justificadas que se manifestaban, entre otros ritos simbólicos, por el derecho de precedencia de sus embajadores.

La ideología y el talante personal de Carlos V cuadran perfectamente con la cronología de su reinado. Quizás sorprenda que ya en pleno siglo XVI conservara rasgos tan típicamente medievales como la propuesta a Francisco I de dirimir sus diferencias mediante un combate personal. Pero había también en él rasgos muy modernos, como su aguda percepción del tiempo, su pasión por los relojes y otras obras de artificio. Murió en Yuste rodeado de atlas, brújulas y relojes. Esa ambivalencia en cuanto a la cronología la hallamos también en cuanto al espacio. Viajó incesantemente, y aunque esos viajes eran motivados, cuesta creer que los hubiera verificado si no hubiese extraído placer de ellos. Extrovertido y sensual, gustaba del contacto humano hasta que una evolución regresiva lo convirtió en sus últimos años en un hombre misántropo y malhumorado. Tuvo serios problemas familiares, sobre todo con su hermano Fernando, criado en España y que hubiera podido disputarle el dominio de Castilla si no hubiera sido expedido rápidamente a Alemania. La intensidad de sus sentimientos dinásticos, familiares, es otro rasgo que apunta hacia el Medioevo, aunque es verdad que en la Edad Moderna los reyes, a pesar del crecimiento del Estado impersonal que acabaría por suplantarlos, eran también muy sensibles a los motivos familiares. Un siglo más tarde, Felipe IV todavía consideraba el conjunto de sus Estados como una especie de mayorazgo que había recibido y debía transmitir íntegro a sus descendientes.

Don Carlos sólo dominó con perfección dos idiomas: el francés nativo de Borgoña («nuestra patria», como decía a su hijo Felipe en el testamento político de 1548) y el español que aprendió más tarde y llegó a usar con preferencia. Del alemán y del italiano sólo tuvo un conocimiento imperfecto.

Lo mismo le ocurría con el latín, y esto en aquella época era grave, no sólo dificultaba su comunicación con embajadores y otros personajes, sino que revelaba una laguna en su formación y una falta de interés por la alta cultura. Don Carlos estuvo lejos de ser una persona tan culta como su hijo; las referencias que se suelen hacer al erasmismo de Carlos V más bien hay que referirlas a personas de su entorno, en el fondo no había muchos puntos de contacto entre el emperador y el gran humanista, cuya mayor preocupación era la paz entre los príncipes cristianos; Carlos V no buscaba la guerra, pero tampoco la rehuía, y Tiziano, pintándolo lanza en ristre, no falseó su imagen. Tenía un enemigo nato, el Islam, concretamente el turco, entonces en su apogeo; por tierra amenazaba al Imperio, por mar a sus dominios de Italia y España. No se llegó a la confrontación terrestre porque, a la vista del ejército que reunió el emperador, los turcos levantaron el sitio de Viena y don Carlos se contentó con este gesto; no trató de explotarlo y borrar las consecuencias del desastre de Mohacs que pocos años antes, en 1526, puso en poder de los otomanos la llanura húngara, incluida Budapest. Las hostilidades en el Mediterráneo tuvieron también carácter defensivo, eran muy grandes las quejas de sus vasallos por la inseguridad no sólo de las comunicaciones marítimas, sino de las riberas mediterráneas. La conquista de Túnez alivió sólo parcialmente esta situación, y cuando Carlos V quiso ampliar esta ventaja con la conquista del gran centro pirático de Argel experimentó una derrota que quedó inulta. El ideal de la cruzada era ya cosa del pasado.

Esta actitud de tibia defensiva ante el Islam se explica porque desde el principio de su reinado se dibujó Francia como el más temible adversario. Con una extensión semejante a la de España, Francia tenía duplicada población y riqueza, posición central y capacidad de recuperación demostrada tras los desastres de la guerra de los Cien Años. Francisco I quería ilustrar su reinado asumiendo el papel del príncipe guerrero según el ideal renacentista, que en este punto continuaba la tradición medieval. Los puntos de conflicto con Carlos de Gante eran varios. La pretensión a la Corona imperial era nueva en un rey de Francia, pero tenía valedores y dinero; Carlos V triunfó gracias a que Jakob

Fugger, el renombrado banquero de Augsburgo, puso al servicio de Carlos todo su capital para comprar la conciencia de los siete electores.

Las aspiraciones de los reyes de Francia a expandirse en tierras italianas eran antiguas. Les atraía aquella presa rica, culta y casi inerme que tenían a las puertas de la casa; no acababan de digerir que hubiesen sido expulsados de Nápoles, donde seguía existiendo un partido *angevino* (de los Anjou). Ahora, en el reinado de Francisco I, se les había despertado el apetito por el ducado de Milán, riquísimo, de envidiable posición, fértil en ingenios (Leonardo fue amigo entrañable del rey Francisco) y en situación política inestable. Contaba el francés también con dos fuertes bazas: la postura francófila de la república de Venecia y los tratados con los cantones suizos que le proporcionaban excelente infantería. Carlos, en cambio, podía contar con la ayuda de los mercenarios alemanes, los temibles *landsquenetes.* El 24 de febrero de 1525 chocaron ante los muros de Pavía 28.000 franceses y suizos y otros tantos españoles y alemanes. La fuerte caballería francesa había sido detenida por las largas picas de la infantería y luego destruida por los arcabuceros españoles; el propio rey francés había quedado prisionero. Conducido a Madrid, soportó dos años de prisión porque el emperador exigía la devolución de Borgoña que Francisco se resistía a entregar. Venció al fin su tenacidad, y el fruto de la victoria se redujo a un rescate de dos millones de escudos. El comportamiento de ambos monarcas fue caballeroso, pocos años después Carlos pidió a su rival paso libre para castigar a los rebeldes de Gante y pudo atravesar Francia recibiendo muestras de cortesía y aprecio.

El efecto inmediato de la batalla de Pavía fue extraordinario: el ducado de Milán quedó en poder de los españoles durante dos siglos; los estrategas sacaron sus conclusiones y los diplomáticos también. La hegemonía española en Italia tenía enemigos, y uno de ellos era el papa Clemente VII, un Médici, celoso, como los venecianos y florentinos, del incontrastable poder de Carlos en Italia. El castigo que recibió fue terrible: una soldadesca indisciplinada mandada por el condestable de Borbón, un gran feudal francés traidor a su rey, asaltó la Ciudad Eterna y la sometió a un horroroso saqueo, mientras el papa se ponía a salvo en el castillo de Sant'Angelo. La impresión en toda la cristiandad fue tremenda; Carlos V pareció muy afectado, pero ni castigó a los responsables, ni devolvió la libertad al papa hasta que no se sometió a ciertas condiciones; pagó un fuerte rescate y más tarde lo coronó emperador en Bolonia, aquella ciudad de altas torres por la que había luchado Julio II y en la que un colegio español fundado por el cardenal Albornoz ofrecía renombrados cursos de Derecho romano.

Los años centrales del reinado fueron los más felices para don Carlos, lo mismo en el plano familiar que en el político: en 1526 celebró sus bodas, seguidas de largas estancias en los palacios de ensueño de Sevilla y Granada; el año siguiente nació su heredero en Valladolid; en 1528 la república de Génova abandona su tradicional alianza con Francia y pone al servicio de la Corona de España su puerto, sus navíos, la capacidad financiera de sus banqueros, los más experimentados de Europa; en 1530 Clemente VII lo corona emperador, y en 1535 conquista Túnez y La Goleta. Al mismo tiempo llegaban a Sevilla los despojos fabulosos de las conquistas de Cortés y Pizarro en Ultramar. Era demasiado. En el reloj del destino las agujas iban a cambiar de sentido. Se espesaban los nubarrones en Alemania, en Inglaterra, en Francia. La Reforma luterana seguía su curso ganando adeptos, minando a la vez la autoridad política del emperador y la religiosa que él representaba. Inglaterra era el tercero en discordia en un tablero europeo donde se jugaba con pocas fichas; en un duelo hispano-francés su intervención podía ser decisiva, y la tormentosa vida sentimental de Enrique VIII amenazaba acabar con aquella amistad que Fernando el Católico había cultivado.

Carlos V sabía contenerse, tenía capacidad y paciencia de negociador. Los asuntos internos de sus Estados no le interesaban mucho. Los de Castilla los dejó en manos de su esposa hasta su muerte (1539); después, en las del inteligente y ambicioso don Francisco de los Cobos; en los años finales, en las de su hijo Felipe, con el que sostuvo una activa correspondencia; su tema principal, la necesidad de que le enviaran recursos; a medida que se embrollaban las cosas el dinero se hacía cada vez más necesario. Podía hacer frente a Francia y a los turcos, pero los progresos de la herejía en Alemania y las amenazas de Enrique VIII de separarse de la Iglesia Católica si el papa no solucionaba su problema conyugal complicaban cada vez más el panorama. ¿Cómo podía el emperador sin deshonrarse consentir que el papa autorizase el repudio de su tía Catalina por el rey de Inglaterra? Al fin, lo que no hizo el papa lo hizo el arzobispo de Canterbury: Inglaterra se separaba de la Iglesia Católica y, a la vez, se distanciaba de la política carolina.

Igual resultado negativo tuvieron las interminables negociaciones con los protestantes alemanes. La muerte de Lutero no solucionó nada; persistieron sus doctrinas y surgieron otros protestantes más radicales al calor de la profunda aversión que en amplios círculos suscitaba la corrupción de la corte romana, los deseos sinceros de una reforma eclesiástica y las ambiciones de los príncipes que aumentaban su poder y se enriquecían con la secularización de los ricos obispados y abadías. Por su parte, el Papado tampoco tenía mucho interés por la celebración de un concilio en el que, además de cuestiones de fe, se trataría de la deseada y temida reforma. Las sesiones se inauguraron en Trento, ciudad situada en terreno que podría llamarse neutral, entre Italia y Alemania, pero el objetivo principal, por el que tanto luchó don Carlos, mantener la unidad de la cristiandad, no se logró, pues los protestantes no acudieron y los decretos conciliares, en vez de zanjar las diferencias, las ahondaron.

En los años finales del reinado, un Carlos V prematuramente envejecido, pero todavía lleno de ardor combativo, se dispone a cortar el nudo gordiano por la fuerza de las armas. Muchos protestantes alemanes no se adhirieron a la Liga de Smalkalda; aunque diferían en materia religiosa del emperador le reconocían como soberano legítimo; don Carlos, apoyado por contingentes de la famosa infantería española, triunfó en la Liga de Smalkalda en Mühlberg. En el mismo año (1547) mueren Francisco I y Enrique VIII. Se abren nuevos horizontes. Suspendido el concilio, Carlos V, sobrepasando todo lo que la ley y la costumbre reconocían a la potestad regia en materia eclesiástica, dictó un *Interim*, un credo que debían observar protestantes y católicos hasta que el concilio universal decidiera.

En 1548 el príncipe don Felipe es llamado a Flandes para que tome contacto con sus futuros vasallos. Todo parece preparado para una transmisión pacífica de poderes y, de repente, todo se derrumba. Reaparece la guerra religiosa en Alemania, ahora con el apoyo del nuevo rey francés, Enrique II, a quienes los protestantes alemanes entregan Metz, Toul y Verdún, ciudades imperiales. Sorprendido por los acontecimientos, don Carlos ha tenido que huir a Italia atravesando los Alpes nevados en pleno invierno. En un último esfuerzo sitia Metz con un ejército numeroso que, incapaz de conquistar la ciudad, es diezmado por las enfermedades y las deserciones. Enfermo y desmoralizado don Carlos renuncia en su hijo sus inmensos dominios, pero la corona imperial será para el hermano menor, Fernando.

El epílogo de Yuste se conoce hasta en sus menores detalles: el señor de ambos mundos, aquejado de la gota, apenas se mueve de sus modestos aposentos. Acompaña con frecuencia a los monjes en el coro y el refectorio, pesca en un reducido estanque. Y su mesa continúa estando tan bien provista de viandas como siempre. Sigue el curso de los acontecimientos mundiales, se alegra de la victoria de san Quintín, exige a su hijo que se castigue a los herejes. También le indignó mucho que los oficiales de la Casa de Contratación de Sevilla entregaran a sus dueños un gran cargamento de plata al que él ya había echado los tejos. Genio y figura...

La división de la herencia de Carlos V parecía ofrecer a su hijo una oportunidad de liberarse de pesadas hipotecas, de aliviar a los españoles y a España del fardo pesadísimo de la política imperial. La oportunidad fue desechada o, por mejor decir, no fue tenida en cuenta, porque ni Felipe II ni sus sucesores se consideraron meramente reyes de España y obligados a seguir una línea política acorde con los intereses de este país. España estaba subordinada a una política de más altos vuelos que tenía como objetivos mantener la integridad de los dominios de la Casa de Austria, considerada como una especie de mayorazgo indivisible e inalterable (así lo consideraron autores políticos de la época). En segundo lugar, el mantenimiento de un orden europeo amenazado por las ambiciones hegemónicas de Francia y por la potencia del Imperio Otomano.

Formaba parte también de las obligaciones del monarca velar por la integridad de la Iglesia Católica en colaboración con el Pontificado. Los intereses específicos de los reinos de España se tenían más en cuenta en relación con las Indias, aunque ellas también estaban subordinadas al plan general. Un plan que, como se ve, era vastísimo y comportaba obligaciones muy diversas y aun contradictorias; por ejemplo: ¿qué actitud había que tomar con una Francia que no quería ajustarse a este esquema? ¿Qué tarea era prioritaria, combatir el Islam o la herejía? Quedaban, pues, abiertas a Felipe II muchas opciones, y para resolver las dudas siempre podía apoyarse en dictámenes de juntas de juristas y teólogos que invariablemente optaban por las que intuían ser preferencias reales.

La personalidad de Felipe II, sin duda una de las más importantes de la historia universal, influyó grandemente en el desarrollo de los acontecimientos; tomó decisiones que otro no hubiera tomado; su responsabilidad, tanto en lo bueno como en lo malo, es grande, y aunque después de los últimos estudios se le conoce mejor y se le juzga con menos apasionamiento, siempre suscitará una gran división de opiniones. No se parecía demasiado a su padre; era mucho más culto, no sólo amante de las artes, sino entendido en artes, coleccionista de libros y manuscritos, consciente de la importancia de los centros educativos, frío e impasible en apariencia, pero roído interiormente por profundos sentimientos de amor y odio, poco amigo del trato directo con las personas, lo que perjudicaba su conocimiento exacto de los hechos, porque nunca pueden los papeles sustituir el contacto, la presencia física; renunciar a la vida itinerante de su padre quizá era necesario, pero encerrarse en Madrid y El Escorial fue un error y él lo sabía, puesto que al ocurrir la unión con Portugal se demoró allí largo tiempo; si hubiera hecho lo mismo con Flandes quizás se hubiera evitado el trágico curso de los acontecimientos. La montaña de papeles que nos ha dejado en herencia, si nos regocija a los historiadores, quizás fue la arboleda que le impidió ver con claridad las realidades del bosque.

Un punto en que se aprecia con claridad la diferencia con su padre es que mientras Carlos V al final de su vida estaba harto de los negocios públicos, don Felipe, aquejado de no menores dolencias y agobiado por dificultades y reveses políticos, conservó el ansia de mando hasta el último momento y trabajó en su silla de inválido hasta que lo trasladaron al lecho de muerte. Tuvo un conocimiento mucho más completo que su padre del conjunto de sus dominios, comprendió el valor de las Indias, se dio cuenta de que sin finanzas adecuadas no era posible una política exterior enérgica, y aunque tuviera que recurrir a arbitrios momentáneos, trató de ampliar las bases de la Real Hacienda con recursos permanentes, línea en la que se inscriben dos nuevas imposiciones al clero: el Subsidio eclesiástico y el Excusado, que era una ampliación de la participación de la monarquía en el tradicional diezmo. Si, a pesar de todo, las finanzas regias fueron de mal en peor y tuvo que recurrir en cuatro ocasiones a suspender las consignaciones a sus banqueros fue debido a las exigencias de una política exterior demasiado ambiciosa.

Esa primacía de la política exterior no le impidió estar muy atento a la interior, por lo menos en el caso de España; multiplicó las encuestas, descripciones, trabajos cartográficos, tanto por curiosidad desinteresada como por el convencimiento de que un conocimiento exacto de los recursos es premisa indispensable de una administración eficiente, y ésa fue una de las razones para que la España del XVI llegara a tener la más avanzada administración de Europa. Sobresale entre todos esos trabajos el conjunto de las *Relaciones Topográficas,* redactadas por las autoridades municipales de setecientos pueblos del arzobispado de Toledo sobre un cuestionario de 1575, fuente inestimable para el conocimiento de la vida rural y las realidades sociales. Producto de ese interés por los problemas de orden interno es la masa enorme de material legislativo que tiene como cúspide la *Recopilación de leyes destos reinos* editada en 1569, flanqueada por una multitud de ordenanzas y reglamentos de municipios, consulados, gremios y otras instituciones. Complemento lógico de este océano de papel destinado a señalar a cada uno su misión, sus obligaciones, fue la creación de un gran archivo estatal en Simancas. Fue como una catarsis, una purificación de aquella fortaleza que había sido teatro de terribles tragedias.

Como gobernante, Felipe tenía otra gran ventaja sobre su padre: había sido instruido en los secretos del Poder y lo había ejercido desde los dieciséis años; una instrucción teórico-práctica que asimiló inmediatamente, imponiendo a sus consejeros una distancia de la que algunos se quejaron a su padre. ¿Fue precisamente porque era todavía un mozuelo por lo que creyó que tenía que hacerse respetar con una *pose* hierática que ya no abandonó? Hay testimonios de que en círculos muy íntimos abandonaba aquella máscara y se mostraba amistoso y jovial.

La decisión de fijar la corte en Madrid la tomó en 1561 y la elección fue sin duda un acierto. Las otras dos candidatas, Valladolid y Toledo, eran ciudades ya saturadas, mientras que en la pequeña villa del Manzanares se podía construir una ciudad de nueva planta, capaz de absorber a todo el personal que requería una corte: empleados, pretendientes, gentes de servicio y extranjeros. Ésta era la fachada administrativa de la corte; la otra, la mansión real, también se beneficiaba de estar entre dos sitios reales: Aranjuez al Sur, buena estación de invierno, y al Norte lugares de bosques y caza, donde pronto empezaría la edificación de El Escorial. No fue una corte abierta como la de los reyes franceses; don Felipe gustaba de la intimidad, se rodeó de pocas personas, pero ello bastó para producir un cambio importante en las relaciones entre el monarca y la nobleza; aunque ésta hubiera ya sido sometida, convenía que sus más altos representantes concibieran como situación ideal ser admitidos en la proximidad de la presencia real. Era el principio de una evolución que convertiría a la «nobleza cortesana» en la máxima beneficiaria de los favores reales.

No están claros los motivos que impulsaron a Carlos V, poco antes de su abdicación, a imponer a su hijo el ceremonial fastuoso de la corte de Borgoña; quizás quería que se perpetuase el origen y carácter de la dinastía, o tal vez pensaba que realzaría su dignidad a los ojos de los castellanos y sería un contrapeso a la prevista castellanización de su descendencia. Lo cierto es que don Felipe obedeció la letra, no el espíritu; licenció a la mayoría del personal de origen borgoñón (más que de la misma Borgoña, del Flandes meridional, Luxemburgo y el Franco Condado), pero aceptó el ceremonial de la Casa de Borgoña no como sustitución, sino como adición a la Casa de Castilla, lo que produjo una inútil duplicación de cargos y un considerable aumento de los gastos de corte.

Los matrimonios regios fueron instrumento político de la Casa de Austria, que en este punto concordaba con la tradición castellana. Mientras el César, tras enviudar, no contrajo nuevas nupcias, don Felipe matrimonió cuatro veces, siempre por razones de Estado, con independencia de factores sentimentales que ciertamente existieron; la primera mujer, María Manuela de Portugal, murió al dar a luz al príncipe don Carlos. El enlace respondía a una tradición lusocastellana de acercamiento recíproco que daría sus frutos en 1580. El segundo matrimonio, con su tía María, que tenía por objeto reforzar la influencia del Catolicismo en Inglaterra, sólo dejó allí el mal recuerdo de la persecución religiosa. El tercer matrimonio, con Isabel de Valois, no era una novedad absoluta; ya había habido reinas francesas en la Castilla medieval, y don Fernando se había casado con Germana de Foix, pero esta boda, a más de llenar de felicidad a Felipe II como esposo y padre, tenía una significación especial: sustituir la tradicional rivalidad por una situación amistosa. La cuarta esposa, Ana de Austria, entraba en la rutina de las buenas relaciones con el Imperio.

El significado profundo de la boda con una princesa francesa fue la aproximación a Francia, la gran baza con que contó Felipe II, efecto indirecto de la gran conmoción religiosa que atravesó Europa en la segunda mitad de aquel siglo. La contaminación protestante al interior de España fue vista como un peligro terrible tanto por el emperador como por su hijo y atajada brutalmente en los autos de fe de Valladolid y Sevilla, en los que casi un centenar de protestantes fueron ejecutados, unos en persona, otros en efigie. Después de 1562 sólo de forma ocasional aparecen condenas de protestantes, en su mayoría extranjeros. En España la amenaza se había disipado, mientras que en Francia el Calvinismo, una versión más radical y combativa que el Luteranismo del reformismo religioso, se extendía por regiones enteras, paralizaba la monarquía, sumergía el país en guerras sangrientas y lo anuló como potencia internacional casi hasta el final del siglo. Ésa fue la gran baza que don Felipe desaprovechó metiéndose en el avispero de Flandes.

Hay que confesar, sin embargo, que difícilmente hubieran podido los calvinistas iniciar su rebeldía de una manera más propicia para excitar la ira de don Felipe: invadir las iglesias y destruir las imágenes era una provocación intolerable para un monarca coleccionista de reliquias, enamorado de los esplendores litúrgicos y muy apegado a los aspectos plásticos de la religiosidad. Los motivos políticos no exigían con menos fuerza un castigo ejemplar: las Provincias Unidas, a más de su importancia comercial y sus tradicionales relaciones con Castilla, estaban ancladas en la cuna de la dinastía borgoñona, con una tradición de libertades comunales que con frecuencia se había manifestado en revueltas; sólo un cuarto de siglo antes había tenido lugar la sublevación de Gante, reprimida por Carlos V con rigor ejemplar. Nada tiene, pues, de extraño que Felipe II decidiera someter por las armas a unos herejes que, a la vez, eran súbditos rebeldes. Pero pudo haber elegido a un jefe menos brutal que el duque de Alba, buen militar y pésimo gobernante que dejó de sí mismo y de la nación que representaba una imagen negativa que aún perdura. Sucesivos caudillos: Requesens, don Juan de Austria, Alejandro Farnesio, combinaron el esfuerzo militar con las maniobras políticas para sacar aquel conflicto del atolladero; hubo ocasiones en las que el acuerdo parecía posible, como cuando Guillermo de Orange fue recibido en Bruselas y se trató de que se le nombrara gobernador en nombre del rey de España. Fracasaron las negociaciones porque don Felipe se negó a conceder libertad religiosa a los disidentes. Otro momento favorable se produjo, ya cerca de los finales del reinado, gracias a los éxitos militares del duque de Parma, pero Felipe II exigía de él y de sus tropas más de lo que podían rendir: preparar la invasión de Inglaterra y hacer frente a los hugonotes de Francia sin ceder un ápice de terreno en Flandes.

Este tremendo esfuerzo por atender simultáneamente a varios frentes sólo fue posible porque Castilla atravesaba en la segunda mitad del XVI una fase expansiva y la economía indiana, ya muy desarrollada, era capaz de enviar a España ríos de plata, los mayores envíos que hasta entonces había efectuado. Desde 1580 se contaba también con los recursos de Portugal, y se incrementaban las exigencias de hombres y dinero a los dominios italianos; pero todo era poco para hacer frente a empresas desorbitadas. Francia estaba neutralizada por sus discordias; ésta era una gran baza, pero su masa se interponía entre España y el teatro principal de operaciones; para hacer llegar a Flandes los hombres y el dinero había que dar un rodeo larguísimo que tenía como eje el ducado de Milán, lo que, además de exigir negociaciones con Saboya y los cantones suizos, dueños de los pasos de los Alpes, creaba en Francia una sensación de cerco; parecía a los franceses que el «pasillo español» los separaba del resto de Europa, que estaban atrapados entre el Rin y los Pirineos, y esta *fiebre obsidional* pesaría en adelante en las relaciones entre ambos países.

La necesidad de aquel gran rodeo se debía al deterioro de las relaciones con Inglaterra; la potencia naval inglesa, unida a la holandesa, hacía muy insegura la ruta marítima desde nuestros puertos cantábricos a los de Flandes, como ya experimentaban, desde el comienzo de los disturbios, los comerciantes de Burgos, con gran detrimento de sus exportaciones de lana merina. El viraje antiespañol de Isabel de Inglaterra compensaba el acercamiento de Francia y complicaba enormemente la posición internacional de España. Felipe II lo sabía y por eso toleró largo tiempo los desmanes de Isabel, su persecución a los católicos, las ayudas a los rebeldes de Flandes, las piraterías de Drake y Hawkins. Su paciencia con los ingleses demuestra que su fanatismo religioso tenía límites; les toleró cosas que no toleraba a los flamencos porque no eran sus súbditos; sólo se decidió a actuar tras larga espera y sucesivos fracasos de tentativas conciliadoras. Así surgió la idea de la invasión, tras muchas dudas e informes contradictorios de Alejandro Farnesio, que tenía que suministrar las tropas de invasión. Don Felipe, que siempre era tardo en sus resoluciones, se decidió a obrar pensando que «Dios no podía permitir el fracaso de una empresa que es tan de su servicio», una curiosa manera de interpretar el papel de la divinidad en los asuntos terrestres. Todo se puso mal para la escuadra que salió de Lisboa en 1588 rumbo al mar del Norte; murió su experimentado almirante, don Álvaro de Bazán, y lo sustituyó el duque de Medina Sidonia, que no tenía experiencia en acciones de esta clase; la batalla en el canal de La Mancha se prolongó desde el 31 de julio al 8 de agosto de 1588 sin resultados decisivos, pero como se agotaban las municiones y las tropas preparadas en Flandes no podían embarcar porque los buques holandeses habían taponado las salidas, no cabía más que dar la operación por fallida y regresar a España; fue en el regreso, contorneando las Islas Británicas por el Norte, cuando se produjeron las pérdidas que redujeron la orgullosa armada a un puñado de naos desvencijadas y náufragos agotados.

Felipe II, tenaz e implacable en sus resoluciones, no se dio por vencido; pidió a las ciudades de voto en cortes un nuevo esfuerzo. Éste fue el origen del famoso impuesto de Millones que en adelante gravaría duramente la economía castellana. También se necesitaban hombres; las vocaciones militares habían bajado mucho, como siempre ha ocurrido en épocas de paz interior. La infantería española era la mejor del mundo; su núcleo eran los segundones excluidos del mayorazgo, los hidalgos pobres o de medio pelo que querían hacer carrera; se notaba cada vez más el desvío de la alta nobleza de la profesión de las armas. Los españoles constituían la fuerza de choque de los tercios. En los momentos culminantes España llegó a tener en Flandes cerca de ochenta mil hombres, pero apenas la tercera parte eran españoles; el resto, italianos, alemanes y flamencos, y a finales del siglo también ingleses e irlandeses. Era la mejor fuerza armada que había en el mundo, pero profesional, costosa; si faltaban las pagas se relajaba la disciplina, se producían motines y a veces se produjo el lamentable espectáculo de los saqueos de ciudades; el más famoso, el de Amberes en 1576, consecuencia directa de la bancarrota estatal del año precedente, que había bloqueado el envío de numerario.

Otra consecuencia directa de que las buenas tropas estuvieran en el exterior era que el interior de España estaba mal guarnecido. Los esfuerzos por crear un ejército territorial, unas milicias, dieron pobre resultado. Felipe II se dio cuenta del problema y encargó a los ayuntamientos que lo resolvieran. Se crearon las milicias, pero como había poco dinero el armamento era deficiente y mal entretenido; las armas se oxidaban en los almacenes. El aliciente que se ofrecía a los que se alistaran eran las ventajas de gozar del fuero militar, mucho más permisivo que el ordinario; mas el de lucir en los desfiles un vistoso atuendo. Los milicianos se entrenaban los días de fiesta y se lucían en las paradas, pero cuando se les quiso utilizar en alarmas costeras o en la guerra de los moriscos de Granada se vio que el valor militar de aquellas milicias era muy escaso. El fracaso más sonado ocurrió en 1596, casi a fines del reinado: una escuadra angloholandesa al mando del duque de Essex se presentó ante Cádiz, entonces mal fortificado y con pequeña guarnición. La resistencia fue corta, pero lo más significativo fue que los asaltantes estuvieron saqueando la ciudad con orden, sin prisas; se llevaron gran botín y numerosos prisioneros por los que se pagaron fuertes rescates, ante la pasividad de las milicias de los pueblos vecinos, que reconocían así su baja moral y sus escasos medios.

Momentos estelares también hubo en aquel largo reinado. Lepanto y Portugal fueron los más señalados. Lepanto fue fruto de la conjunción momentánea de dos potencias habitualmente esquivas: la república de Venecia era más amiga de los franceses que de los Austrias, que la presionaban muy de cerca, pero la ofensiva turca sobre sus posesiones del Mediterráneo oriental la obligó a unir circunstancialmente su poderosa escuadra con la española, y esta potente formación derrotó a la turca en 1571. Se dice que esta victoria fue estéril, porque los otomanos repararon con rapidez sus pérdidas y siguieron haciendo pesar su amenaza sobre las costas cristianas, pero la lección recibida fue asimilada. Turquía se orientó hacia Irán, su enemigo tradicional, y a falta de un tratado de paz mantuvo una tregua con Felipe II, que también tenía interés en congelar el conflicto en el Mediterráneo. Ni las apremiantes llamadas de los moriscos ni las incitaciones de Isabel de Inglaterra consiguieron que el Imperio Otomano reanudara las hostilidades marítimas en Occidente.

Concordaba esto muy bien con el progresivo desinterés de los Austrias por el Mediterráneo, mientras que el otro evento favorable a que aludíamos antes, la unión con Portugal, no sólo rehacía la unidad peninsular, desaparecida desde la caída del reino visigodo, sino el espíritu del Tratado de Tordesillas, la hegemonía ibérica de los océanos, amenazada por la creciente actividad naval de ingleses, holandeses y, en menor medida, de los franceses. En el fondo se trataba de saber si la globalización mundial nacida del avance técnico de los europeos sería un monopolio hispanoluso o habría que compartirlo con otros competidores.

Quizás eran los *marranos*, los poderosos comerciantes portugueses de origen judío, los que tenían mayor conciencia de los datos del problema; inmersos en un paradójico contexto social, acumulaban casi toda la actividad comercial y la moneda circulante, y a la vez estaban sometidos a muchas trabas legales y sociales, a la vigilancia y rigores de la Inquisición y a la prohibición de abandonar el país. La unión con España significaría más libertad de movimientos y la posibilidad de participar en los negocios de las Indias occidentales. Por eso fue el colectivo más interesado en que don Felipe sucediera a su sobrino don Sebastián, muerto en la batalla de Alcazarquivir, fracaso tremendo de un temerario intento de conquistar Marruecos. Felipista era también gran parte de la aristocracia y del alto clero, mientras las órdenes religiosas y las masas populares eran ferozmente anticastellanas. Postura que puede parecer paradójica si tenemos en cuenta los activos intercambios y la honda castellanización de las letras portuguesas. Los principales escritores lusitanos del XVI: Camoens, Gil Vicente, Montemayor, eran bilingües. Pero la masa de la población, que aceptaba ser hispana en el sentido amplio, en el sentido cultural de la palabra, mantenía el espíritu de Aljubarrota: no quería una castellanización política. Por eso, aunque el mejor derecho de don Felipe, hijo de Isabel de Portugal y nieto de don Manuel *El Afortunado,* era indiscutible, tuvo que abrirse paso hacia Lisboa utilizando la fuerza. Allí permaneció dos años muy felices: fue jurado rey en las cortes de Tomar (1581); dictó leyes favorables a Portugal, garantizando que mantendría su independencia respecto a Castilla, lo mismo que sus Indias; se creó un Consejo de Portugal. La autoridad regia, en ausencia del monarca, estaría representada por un virrey. Felipe II se interesó por la navegabilidad del Tajo, que podría ser vía de transporte de los cereales de Castilla a una Lusitania deficitaria en granos. Desalojado el pretendiente don Antonio, bastardo real, cabeza del bando anticastellano, de su último refugio en las Azores, tranquilo el reino, parecía consumada la difícil operación, pero subsistían las ascuas de la protesta, que las torpezas de futuros gobernantes se encargaron de reavivar. Una curiosa modalidad de esta protesta popular fue el *sebastianismo,* la creencia de que el rey don Sebastián había sobrevivido a la derrota de Alcazarquivir, vivía oculto y algún día reaparecería para liberar a su pueblo del yugo castellano.

La enorme complicación de la política exterior filipina no apartaba los problemas internos de la atención vigilante del monarca. Drama familiar y a la vez político, muy explotado por la propaganda y la leyenda enemiga, fue la reaparición en su primogénito de aquella veta de locura que ya se había manifestado en su abuela Juana y que se solucionó con la ficción de la corregencia de don Carlos y doña Juana, pero el caso del príncipe don Carlos, jurado como heredero, era mucho más grave; sólo las personas muy allegadas a la corte conocían las extravagancias de sus procedimientos, los raptos de violencia incontrolada y su proyecto de ir a Flandes contra la voluntad de su padre. Encerrado en un cuarto de palacio, murió al poco tiempo víctima de sus excesos (1568).

Los moriscos del reino de Granada hicieron gestiones para que se ampliasen los cuarenta años de plazo que Carlos V les había dado para que continuaran usando sus vestidos, baños y otras señas de identidad cultural. No sólo fueron inútiles tales gestiones, sino que la Inquisición y la Chancillería multiplicaron las vejaciones hasta agotar la paciencia de aquella pobre gente maltratada lanzándola a una sublevación tan sangrienta como inútil. Duró la carnicería tres años a partir de la Navidad de 1568; casi todo aquel reino quedó asolado, abundando los casos de espantosa crueldad por ambas partes. Confirmado el poco valor militar de las milicias señoriales y concejiles hubo que traer tercios de Italia y confiarlos al mando de don Juan de Austria, el bastardo real. Se le aconsejó a don Felipe la expulsión de los 100.000 supervivientes, pero prefirió darles una última oportunidad: serían desterrados al interior de Castilla divididos en pequeños grupos para facilitar su integración; el desplazamiento se hizo en pleno invierno y en circunstancias espantosas que causaron una gran mortalidad. Los supervivientes, en contra de lo previsto, se fueron aglomerando en las ciudades, empleándose como mano de obra barata, ejerciendo de transportistas, hortelanos y otros oficios no agremiados con su reconocida laboriosidad y gran afán de supervivencia, cortada en el siguiente reinado por el inicuo decreto de expulsión general.

En el reino de Aragón tampoco las cosas andaban muy bien; aunque aquel reino mantenía su personalidad y sus fueros, los recelos contra el predominio castellano seguían vivos; el régimen señorial era muy duro, la hostilidad entre cristianos viejos y moriscos también era muy enconada y llegó a términos de verdadera guerra civil entre los montañeses de los Pirineos y los moriscos de la ribera del Ebro. Sobre este escenario turbulento se representó el drama de la ejecución del justicia mayor Juan de Lanuza; había un doble motivo: la actuación de la Inquisición, tribunal odiado por los aragoneses como instrumento del absolutismo real, y la entrada de tropas castellanas que constituía *contrafuero*. Al fondo, la figura del traidor, Antonio Pérez, testimonio vivo de que, a pesar de su vigilancia, a pesar de su desconfianza, al rey se le podía engañar. Por eso fue tan grande su ira cuando se enteró de los trapicheos de su secretario, su corrupción, sus tratos con la princesa de Éboli y sus artimañas para que el rey cargara con la responsabilidad del asesinato de Escobedo, agente en Madrid de su hermanastro don Juan de Austria. Mal consejo dieron al rey quienes le sugirieron que por la vía de la Inquisición podría perseguir al ministro infiel sin topar con la malla judicial de los fueros aragoneses; sobre este punto los aragoneses eran tan susceptibles que llegaron a constituir un ejército que no pasaba de ser una tropa desorganizada que no resistió el choque de las fuerzas reales. Lanuza fue ejecutado sin formación de causa juntamente con otros implicados. En las cortes de Tarazona (1592) Felipe II mantuvo los fueros de Aragón con dos modificaciones sustanciales: podría elegir al justicia mayor y nombrar virrey extranjero, es decir, no aragonés.

El examen de estos casos nos revela a un monarca justiciero, que no supo conciliar lo que él consideraba estricta justicia con algunas gotas de misericordia. Mejor impresión nos dejan algunos detalles de su vida privada, algunas pruebas de un criterio amplio e incluso tolerante en materias intelectuales. En la biblioteca que reunió en El Escorial los manuscritos árabes y hebreos no eran menos apreciados que los latinos. Desconfió de la creciente influencia de los colegiales procedentes de los colegios mayores; mantuvo una actitud amistosa y hasta protectora hacia personas a las que la Inquisición hubiera procesado de buena gana, como Arias Montano y el padre Sigüenza. Tuvo contactos amistosos con fray Luis de León después de ser liberado por la Inquisición. Fue arrastrado por aquella corriente de intolerancia expresada en los expurgos de libros y los estatutos de limpieza de sangre, pero no se le puede atribuir la autoría de tales excesos. La famosa *impermeabilización* de la que tanto se ha hablado tiene mucho de mito. ¿Cómo se podía impermeabilizar un país relacionado con toda Europa y donde todos podían entrar y salir sin problemas? Al llegar a las fronteras interiores o exteriores lo que los viajeros temían no era que los examinaran sobre sus antecedentes religiosos, sino que los aduaneros les cobraran derechos excesivos. Lo que sí se endureció fue la actitud de la Inquisición bajo los mandatos de Valdés y Quiroga, la intensificación del control sobre la producción intelectual por medio de las listas de libros prohibidos, la suspicacia, los «tiempos recios» de que habló santa Teresa. Ese apoyo a una Inquisición cada vez más altanera sí fue responsabilidad de Felipe II, pero el famoso decreto prohibiendo estudiar en universidades extranjeras no tuvo mucha repercusión; a muy pocos españoles se les ocurría estudiar más allá de las fronteras del Imperio. Era la evolución interna de los estudios y de la producción editorial la que acusaba las consecuencias de un clima espiritual muy enrarecido.

Los años finales de aquel reinado agravaron los problemas pendientes hasta un punto insoportable; a más del agravamiento de las hostilidades con Inglaterra y la persistencia de las hostilidades en los Países Bajos, las relaciones franco-españolas llegaron a una situación crítica; el tratado de Cateau-Cambresis y el matrimonio con Isabel de Valois prometían una era de paz y relaciones amistosas entre ambos países, pero Isabel murió pronto; las guerras civiles en Francia redoblaron su intensidad y el rey español, tanto por motivos religiosos como políticos, apoyó al partido católico intransigente subvencionando a sus jefes. La noticia de la matanza de hugonotes perpetrada en la Noche de san Bartolomé (1572) lo llenó de satisfacción, pero el partido hugonote no sólo no estaba muerto, sino que tomó un carácter más peligroso para España cuando, al ser asesinado Enrique III, se extinguió la dinastía de Valois, apareciendo como pretendiente al trono francés Enrique de Borbón, doblemente peligroso para España en su calidad de protestante y de soberano de la Navarra francesa. Felipe II redobló su apoyo financiero a la Liga Católica y entrevió la posibilidad de que Isabel Clara, la hija que había tenido con Isabel de Valois, llegara a ser reina de Francia.

Pero la idea de una Francia subordinada a España irritaba no sólo a los protestantes, sino a muchos católicos, y cuando Enrique de Borbón, pensando que «París bien vale una misa», abjuró el protestantismo, el parlamento de París y la mayoría de la nación lo reconocieron como rey de Francia. Felipe II, sin embargo, tenía una voluntad de hierro y una tenacidad sin límites; sabía que había ciudades y aun regiones en Francia enemigas del Borbón y que los intransigentes de la Liga aceptarían a su hija como reina. Tenía que presionar también en Roma para que el papa no aceptara la sospechosa conversión de Enrique IV y mantuviera su excomunión. Llegó un momento en que ordenó a Alejandro Farnesio que ocupara militarmente París en apoyo de la Liga. Era forzar demasiado las cosas: Farnesio, que esperaba pacificar Flandes, ni logró la paz en Flandes ni pudo conservar París. Clemente VIII levantó la excomunión al Borbón y Felipe II, que acababa de decretar la cuarta bancarrota de su reinado, firmó la paz de Vervins a la vez que legaba los Países Bajos a su hija Isabel y su marido austriaco. Era una solución aceptable: hubiera podido significar el fin del embrollo flamenco y una coexistencia amistosa con Francia. Vervins no fue, como se ha dicho, una derrota de la diplomacia española; se devolvían las ciudades ocupadas de Francia, pero se mantenía la posición dominante de España en Italia, que era lo más importante, y como a la vez se había mantenido la supremacía católica en Francia, premisa indispensable de unas relaciones de buena amistad entre ambas naciones, puede decirse que la tenacidad de Felipe II no había sido inútil. Sólo legaba a su hijo una guerra viva, la guerra con la reina de Inglaterra. La expansión en América y la unión con Portugal eran logros de tal calibre que un balance puramente político de aquel reinado hecho sobre un mapamundi tenía que señalar un saldo altamente positivo para el «imperio donde no se ponía el sol», el más grande que han visto ni verán los siglos. Quizás este pensamiento mitigó los sufrimientos de aquel monarca durante los largos días de su atroz agonía.

A estas alturas de nuestro discurso es indispensable decir algo acerca de la Leyenda Negra antiespañola, puesto que Felipe II es su principal protagonista. La expresión fue acuñada por Julián Juderías en 1913; su libro ha sido continuado y ampliado por otros que han ido apareciendo de autores nacionales y extranjeros, de suerte que se trata de un tema bien estudiado en cuanto a la materialidad de los hechos; en cuanto a su interpretación, siempre habrá diferencias insalvables. Para aclarar las ideas conviene no confundir esa Leyenda Negra con otras análogas referidas a diversos países ni con las sátiras, epigramas y denuestos que engendra toda vecindad, y que se intercambian lo mismo entre unos pueblos y otros que entre barrios de un mismo pueblo, regiones de una misma nación y naciones contiguas; con los chistes de los ingleses a costa de los escoceses pueden llenarse (y creo que se han llenado) volúmenes enteros, lo mismo que de los insultos de los franceses hacia los alemanes y viceversa. Tampoco se trata de los odios que se atrae toda potencia hegemónica: para los judíos de hace veinte siglos Roma era la Bestia del Apocalipsis, y hoy Estados Unidos es para muchos el Gran Satán. En la Leyenda Negra antiespañola también entró ese ingrediente, pero hay más, hay otros que la diferencian de otras *Leyendas Negras* y le dan un aire específico.

Suelen colocarse sus orígenes en la Italia renacentista, concretamente en las reacciones suscitadas por la conquista y presencia española en Nápoles y Sicilia, el escandaloso pontificado de Alejandro VI, el Saco de Roma y en general la presencia de españoles, tildados de bárbaros, ignorantes y crueles. Estas imágenes son ciertas, pero se les pueden oponer otras favorables recogidas por Benedetto Croce y que, en conjunto, sugieren una convivencia entre italianos y españoles no demasiado conflictiva. Los ataques formaban parte de las reacciones normales por parte de una sociedad sometida por extraños y no creo que, propiamente hablando, se pueda describir como una primera fase de la Leyenda Negra. Lo que sí puede decirse es que ya en la época de Carlos V reinaban en Europa sentimientos mezclados de extrañeza, admiración y rechazo hacia una potencia surgida, por decirlo así, en el extrarradio; hacia unos hombres que no parecían plenamente europeos y se mostraban dominantes y altivos; lo que tiene cierta congruencia con la recomendación de Hernando Colón a un emisario que envió al extranjero para comprar libros de que procurara hacerse pasar por italiano por no ser los españoles bien queridos.

Pero éstos son antecedentes; la verdadera Leyenda Negra se articuló en el reinado de Felipe II sobre tres conceptos:

Inquisición, política exterior y trato a los indios. La Inquisición, en su primera fase, no suscitó extrañeza ni rechazo, salvo, claro está, en los judíos y judaizantes; parecía lógico y hasta laudable que se persiguiera a judíos y herejes; el perjuicio colateral para la reputación de España y los españoles surgió de la idea de que en España debía haber muchos moros y judíos, puesto que se necesitaban medidas extraordinarias para combatirlos; esa mala fama, de tintes racistas, que se propagó por Europa acerca de los españoles parece que fue el motivo de que Erasmo, antisemita notorio, rechazara la invitación de la Universidad Complutense y pronunciara aquel desdeñoso *Non placet Hispania* (no me gusta España), donde, sin embargo, tenía tantos admiradores. La ofensiva contra la Inquisición española y sus horrores se desencadenó cuando empezó a condenar protestantes; añadió un elemento religioso a la lucha política que las potencias protestantes sostenían contra España y la propaganda fue tan intensa, tan hábil, que contagió también a las naciones católicas y ha quedado adherida hasta hoy como una especie de sambenito infamante a la idea de España y los españoles. Es inútil argumentar que ha habido otras inquisiciones y algunas más sangrientas; es el elemento de la Leyenda Negra que se ha hecho más popular, el que ha calado más hondo.

No obstante, el núcleo duro de la Leyenda fue de naturaleza política y se formó a raíz de la lucha desencadenada por Felipe II contra los rebeldes de Flandes, complicada después por las hostilidades contra la Inglaterra de Isabel y la intervención en las guerras civiles de Francia. Felipe II se metió en un avispero del que saldría mal parado. Evaluaba la gigantesca lucha en términos militares sin tener en cuenta el arma propagandística forjada por sus enemigos y que demostró ser de una potencia asombrosa. Aparecen entonces los temas clásicos: en la *Apología* dirigida por Guillermo de Orange en 1581 «a todos los reyes de la cristiandad y otros potentados» acusa a Felipe de haber asesinado a su mujer la reina Isabel y a su hijo Carlos por celos. Poco después el traidor Antonio Pérez añadía al sombrío drama el picante episodio de los supuestos amores del rey con la princesa de Éboli. A la vez se desarrollaba en Inglaterra toda una literatura basada en el fracaso de la Invencible y las conjuraciones de los *papistas. El Árbol del Odio* extendió sus ramas mezclando los temas políticos con los religiosos y luego con los americanistas. No obstante, en los últimos años se observa un reflujo de la *leyenda clásica,* la que inspiró a tantos músicos y literatos, y hoy, a más de reconocerse la falsedad de las acusaciones sobre su vida privada, la figura de Felipe II en el extranjero ha mejorado sustancialmente.

En cambio, se mantiene y se amplifica la *leyenda americana,* distinta de la anterior en que no es leyenda, sino que desgraciadamente hay una base, aunque fray Bartolomé de las Casas exagerase de modo notorio. Sus afirmaciones fueron utilizadas por los enemigos de Felipe II en el momento decisivo de la lucha; la *Brevíssima relación de la destruyción de las Indias* la escribió el dominico en 1539, pero no la publicó hasta 1552, cuando se habían corregido la mayoría de los abusos denunciados. Se puede sospechar que a los enemigos de Felipe II y del Imperio la suerte de los indios, como la de los judíos, les interesaba más bien poco, pero vieron en ese opúsculo un proyectil utilizable. La primera versión francesa apareció en 1579, la primera inglesa en 1583, la primera holandesa en 1596, la primera alemana, acompañada de truculentos grabados en 1597, en sospechosa coincidencia con la marea alta de las hostilidades entre España y dichas potencias.

En Italia y Francia los ataques a la política hegemónica de España iban acompañados de escritos de otra índole, de ataques al hombre español, pintado unas veces como militarote brutal, otras como hidalgo arrogante y sin blanca, soberbio, pomposo y a la vez ridículo. En esta línea cómica se inscribe la *Sátira menipea,* obra de varios autores publicada en 1594 en París con motivo de la coronación de Enrique IV, una de las mayores derrotas diplomáticas de Felipe II. Entre la variedad de personajes que desfilan España está representada por un charlatán que pregona las excelencias del *Catholicon d'Espagne,* una especie de bálsamo curalotodo. Pero el prestigio de España y de todo lo español siguió siendo muy grande hasta mediados del siglo XVII. España seduce e inquieta a los franceses, ha escrito Joseph Pérez: «Nunca ha estado tan presente en Francia como en el reinado de Luis XIII; se aprendía entonces el español, como hoy el inglés; se leían y traducían los grandes autores de la literatura española, empezando por *El Quijote;* se admiraba el teatro español; se hacen llegar de

Madrid los guantes, los perfumes, los artículos de lujo que imponía la moda. Y al mismo tiempo se criticaban las baladronadas de los españoles, su orgullo y su hipocresía».

Desde el reinado de Carlos II todo cambia; los grandes desastres, el empobrecimiento, el estancamiento cultural, cambiaron los improperios nacidos del temor por el desprecio y las burlas al ídolo caído. Sólo había un factor que todavía concitaba un gran respeto: los reyes de España seguían siendo los reyes de Indias, y ese imperio transmarino, además de inmenso, producía grandes riquezas, les *tresors d'Espagne,* objeto de las reflexiones de Montesquieu y de tantos otros. Quizá ésa fuera una de las causas de que en el siglo XVIII, mientras los otros temas de la Leyenda Negra pierden actualidad, el de Indias lo conserva; la literatura *ilustrada,* por otra parte, sería muy crítica con lo que España representaba en el mundo de la cultura. El famoso artículo de Masson en la *Enciclopedia Metódica* cuestionaba la importancia de España no ya en el terreno político, sino en el cultural, un aspecto que los europeos del XVII no habían tenido en cuenta; no negaban que España fuera un gran país, sino que había hecho mal uso de sus fuerzas y de sus talentos. La respuesta de Masson corrió a cargo de particulares, pero la crítica de la acción de España en América afectaba más al gobierno por sus posibles repercusiones políticas; se prohibieron las historias de América de Robertson y del abate Raynal y se encargó a don Juan Bautista Muñoz la redacción de una gran historia de América de la que sólo nos ha quedado una magnífica colección de documentos reunidos como materiales preparatorios.

Comparándola con otras semejantes (puede decirse que cada país tiene la suya), la Leyenda Negra antiespañola sobresale por su violencia, duración y variedad de temas; se transforma, no muere; se mezcla con temas actuales y tiene, en mayor proporción que ninguna otra, una alta participación de críticos españoles; lo fueron el padre Las Casas y Antonio Pérez, lo son hoy muchos teóricos de la identidad española, del nacionalismo español, de los intérpretes en sentido negativo de nuestro pasado. Y el intercambio de insultos y ditirambos (porque también hay una *leyenda rosa* no menos falsa y aburrida) contribuye, por lo menos, a dar vivacidad e interés a un pasado apasionante.

Capítulo VI

El marco político del siglo XVII español

En las obras históricas actuales es muy frecuente anteponer el estudio de los factores estructurales al tradicional relato de los eventos políticos, biografías de soberanos, luchas entre Estados e incluso a la trama institucional. Al lema *politique d'abord* sustituyó hace unos decenios *la economía primero,* y más recientemente el estudio de las clases sociales. Excluyendo las ventoleras ideológicas es comprensible el cansancio de la *historia batalla* (*las batallitas,* se dice hoy en tono irónico desconociendo su tremendo alcance). Sin embargo, a la hora de aplicar esta norma aparecen desajustes que son especialmente notorios en nuestro siglo XVII, pero que no son menos evidentes si contemplamos el panorama de cualquier otro país europeo. En la larga duración la infraestructura suele imponer sus normas; si Francia se recuperó antes que España de los desastres que le acarreó el belicismo de sus monarcas fue porque su población y sus riquezas naturales eran superiores. También se podría hacer un parangón entre la Alemania horriblemente devastada del XVII y su recuperación en el XVIII, harto más brillante que nuestro Siglo Ilustrado.

Pero en la corta y media duración se imponen los factores cambiantes, imprevisibles, entre los cuales la personalidad de los soberanos era factor principalísimo por su decisiva importancia en el mecanismo del Estado. Cabe no sólo la sospecha, sino la certidumbre de que con otros soberanos los destinos de España en el Siglo de Hierro hubieran sido menos dramáticos. Por ello comenzamos este capítulo con una breve semblanza de las tres figuras reales que llenaron aquella centuria.

No es fácil decidir si en la crisis de nuestro siglo XVII influyeron más las epidemias y otras catástrofes naturales o las continuas guerras que exigía una política exterior ambiciosa; son fenómenos de difícil o imposible cuantificación, pero el paralelismo entre las curvas de población y riqueza, de una parte, y la actividad bélica, por otra, parece sugerir la segunda hipótesis, y las opiniones de los contemporáneos apuntan en la misma dirección. La política belicista estaba en relación con una muy antigua tradición que exaltaba la figura del rey como jefe guerrero, ya al servicio de la fe, ya simplemente por la nobleza y dignidad del ejercicio de las armas. Las modalidades de la guerra moderna erosionaron estos criterios sin destruirlos; servicio a la fe, servicio al Estado, a la dinastía, a la imagen personal del monarca, se entremezclaban en cantidades variables según las circunstancias y el carácter personal de los soberanos; para Luis XIV de Francia «engrandecerse (a costa de sus vecinos, naturalmente) era la tarea más digna de un soberano», mientras los reyes españoles del XVII, que no tenían ambiciones territoriales, adoptaron por política y por temperamento actitudes meramente defensivas, lo que no les evitó el verse envueltos en interminables y catastróficas guerras. Si no partimos de este punto no comprenderemos nada.

Felipe III (n. 1578) fue, por temperamento e ideología, un soberano muy distinto de su padre, y la educación recibida más bien ahondó que suavizó este contraste; aunque al ascender al trono tenía ya veinte años, edad competente, su preparación era casi nula; recibió una aceptable educación humanista, pero el afán de mando del viejo rey le alejó de las tareas del gobierno; careció de una práctica previa como la que tuvo Felipe II. Ya en sus últimos días Felipe II consintió que participara en una junta de gobierno, pero entonces se abrió paso una evidencia aún más desagradable, al futuro rey la misión de gobernar no le interesaba lo más mínimo. Indolente y falto de personalidad, no es sorprendente que delegara en alguien el trabajo y las responsabilidades. Lo que sorprendió a todos los que le rodeaban no es que tomara un favorito, sino que la dejación de autoridad llegara a unos límites impensables; hubo ejemplos, anteriores y posteriores, pero no en un grado tan escandaloso.

Don Francisco Gómez de Sandoval, como marqués de Denia y descendiente de los Borja, tenía profundas raíces en el reino de Valencia y por los Sandoval era castellano, y apenas comenzó su privanza se hizo nombrar duque de Lerma, pequeña ciudad burgalesa que es la más característica de las cortes señoriales de la época. Su riqueza no estaba a la altura de sus blasones; con la avidez de quien fue pobre y teme volver a serlo, apenas se vio investido de un poder sin límites lo aprovechó para enriquecerse escandalosamente. Conforme a la táctica de todos los validos, aisló al rey rodeándolo de su parientes y hechuras; el poder de los secretarios reales quedó postergado, pero no es muy exacto hablar de una *reacción nobiliaria,* porque el poder y la influencia no fueron a parar a los nobles en general, sino a un clan exclusivista que rodeaba constantemente al rey, obteniendo de esta situación ventajas innúmeras. Por las buenas o por las malas todo el alto personal del Estado: presidencia de Castilla, cargos palatinos, los más fructuosos virreinatos y el importantísimo cargo de inquisidor general recayeron en personas de la entera confianza de Lerma, y también recibieron su parte del botín: encomiendas, dotes, ayudas de costa... con tal prodigalidad que los efectos favorables que podían derivarse de la disminución de la actividad bélica quedaron anulados.

El vacío de poder que produjo el eclipse de la monarquía fue tan grande que no lo colmaron por entero el favorito y su clan; algo participaron las oligarquías urbanas a través de las cortes de Castilla y los banqueros genoveses, cuyas trapisondas ha relatado Felipe Ruiz Martín. Como hombres experimentados, los Doria, Strata, Centurión, Spínola y otras estirpes se dieron cuenta de que si malos vientos soplaban para sus negocios en los finales del reinado anterior los desbarajustes del siguiente no auguraban nada bueno, y antes de que se produjera la catástrofe trataron de ir liquidando sus créditos y retirarse de unas empresas en las que se podía ganar mucho y también se podía perderlo todo; pero la retirada no era tan fácil, pues tenían muchos créditos pendientes de cobro. Para no crear nuevos impuestos se acuñaron y resellaron grandes cantidades de moneda de vellón, arbitrio cómodo de momento, pero que a la larga generó una inflación insoportable.

Aunque seguían retornando con periodicidad las grandes catástrofes naturales, algunas de extraordinaria gravedad (peste de 1599, hambre de 1605), el ambiente general en aquellos comienzos de siglo era alegre y distendido: arte, vicio, corrupción, derroche, crítica y propuestas de mejora integraban un ambiente frívolo que contrastaba con la rigidez del reinado anterior. Se exhibían sin pudor los males de la patria y las propuestas para enmendarlos; fue la edad de oro de los arbitristas; todo el mundo tenía su fórmula particular para mejorar las costumbres y sanear la hacienda, y entre tanto disparate no faltaban sesudos varones (Sancho de Moncada, Fernández de Navarrete) que proporcionaban acertados juicios y propuestas de remedio. Todos los arbitrios iban dirigidos a las autoridades competentes, y es cosa bien notable que la mayoría eran leídos y, en algunos casos, premiados. Se estableció que quien propusiera un arbitrio que fuera aceptado por la Real Hacienda recibiría un porcentaje de su producto. Poquísimos alcanzaron tal recompensa, pero el estímulo que significó esto es fácil de imaginar.

Capricho costoso y demostración de la omnipotencia de Lerma fue el traslado de la corte a Valladolid, donde permaneció desde 1600 a 1606, causando a todos, vecinos, funcionarios y pretendientes, infinitos trastornos. El motivo que tuvo el favorito para imponer esta impopular medida se desconoce; pudo ser tener al rey más aislado, más suyo, cerca de Lerma y de su finca La Ventosilla, donde don Felipe fue frecuente huésped de su ministro; otras veces se iban en alegre cabalgada a El Escorial; un monje refiere en sus apuntes cómo eran las jornadas de esta corte irresponsable: se cazaba, se jugaba a los naipes hasta altas horas de la noche, se comía en compañía de algunos de los jerónimos más destacados y se mataba el tiempo también con devociones externas. El buen monje estaba escandalizado de tanta irresponsabilidad; el pueblo, entre escandalizado y divertido, no lo tomaba demasiado a mal; también él se divertía con festejos sacros y profanos; precisamente trabajaban entonces con ardor los autores de los falsos cronicones; cada día se descubrían reliquias insignes, mártires ignorados, virtuosos obispos que conferían a las ciudades una antigüedad insospechada, unas gestas ignoradas antes de que aparecieran los maravillosos pergaminos. Torcían el gesto algunos sabios, algunos eruditos impertinentes, aguafiestas, pero no protestaban muy alto porque las protestas, además de impopulares, podrían achacarse a una fe poco firme, demasiado racionalista. Y ardían los pueblos en fiestas celebrando nuevos patronos, que esmaltaban su pasado y podían ser protectores en las adversidades.

El desinterés del rey, del favorito y de la mayoría de la nación por la política internacional no evitaba que los problemas siguieran existiendo y que España, potencia hegemónica, tuviera que hacer frente a sus responsabilidades; había enemigos que vigilar, territorios que defender, aliados que no se podían abandonar, empezando por el Gran Hermano, el Sacro Imperio regido por la rama menor de los Habsburgos, cuya conservación era como un artículo de fe para sus parientes de España. Había guerras pendientes que se mantenían por rutina, aun a sabiendas de que no iban a desembocar en ningún resultado. Pero hasta en esto fueron afortunados los primeros años de aquel siglo. Murió la reina Isabel de Inglaterra y cesaron los forcejeos en el Atlántico, dejaron los españoles de ayudar las tentativas insurreccionales de los irlandeses y se ajustó con Jacobo I Estuardo una paz (1604) que restablecía la seguridad en el Cantábrico y autorizaba la presencia en España de mercaderes ingleses siempre que no cometieran desacato público contra la religión católica. Permanecieron, sin embargo, abiertos los colegios de jesuitas que en Valladolid y Sevilla formaban misioneros que pasaban clandestinamente a las Islas Británicas, donde la minoría católica (sospechosa a los anglicanos en cuanto a su fidelidad política) era todavía muy numerosa.

También se halló solución provisional para la guerra de Flandes, que duraba ya más de cuarenta años, con alternativas varias y gastos inmensos. No fue una paz, sino una tregua de doce años la que se ajustó en 1609 con los holandeses rebeldes, y no se comprendían en la tregua las colonias portuguesas, que siguieron padeciendo hostilidades y mermas en su comercio. Fue, pues, un arreglo muy precario. Recibió, en cambio, solución otro problema que, aunque todavía sólo amenaza, era muy inquietante: la preponderancia internacional de España estaba ligada a la debilidad de Francia por las gravísimas disensiones religiosas que sacudían aquel reino; Enrique IV había restablecido la unidad de los franceses y se disponía a tomar una actitud antiespañola cuando fue asesinado por Ravaillac (1610). La secreta satisfacción de los círculos oficiales hispanos contrastaba con la indignación reinante en el país vecino, donde se tenía la sensación de que el asesino se había inspirado en las ideas de los *tiranicidas,* concretamente en el tratado *De Rege* del jesuita español Juan de Mariana, donde, incidentalmente, se sostenía que era lícito a un particular matar a un rey no legítimo, a un tirano (y se daba por evidente que un hereje no podía ser un rey legítimo de un país católico). El escándalo fue inmenso: la Sorbona condenó la teoría, el parlamento de París ordenó quemar públicamente el libro de Mariana, la Compañía de Jesús prohibió terminantemente que en sus escuelas se enseñase el tiranicidio y el gobierno español se sumó a la ofensiva no por este motivo, sino porque Mariana, hombre de carácter hosco e independiente, había censurado la venalidad de los gobernantes, las alteraciones monetarias y otras lacras de la política española, sin citar nombres, pero cualquier lector sabía de qué se trataba y quiénes eran los aludidos. Procesado a la vez por la autoridad civil y la religiosa, Mariana no recibió una condena formal porque el hábito de jesuita era una coraza eficaz, pero se le fastidió bastante y los críticos del régimen español quedaron advertidos.

En 1610 se decretó la expulsión de los moriscos. España perdió trescientos mil súbditos laboriosos, el 3 por ciento de la población total, pero esta proporción se elevaba al 16 por ciento en Aragón y al 38 en el reino de Valencia. Esta fatal medida no fue popular; no era reclamada por ningún estamento, no por simpatía hacia los moriscos, sino porque con su marcha todos perdían: las finanzas municipales, los señores de vasallos, hasta la Inquisición. ¿Fue una compensación que la nimia piedad de Felipe III y Margarita de Austria ofrecían a la divinidad por haber firmado la paz con los herejes? Más influencia debieron de tener los dictámenes del Consejo de Estado sobre la peligrosidad de una potencial quinta columna ante el recrudecimiento de la piratería turca y berberisca en nuestras costas y la eventualidad de un desembarco enemigo o de una invasión francesa por el Pirineo aragonés.

Como el éxodo judío, el morisco benefició a pueblos diversos. Calamitosa fue la suerte de los que cayeron en manos de las tribus berberiscas, pero fueron bien acogidos en ciudades marroquíes donde la presencia de los andalusíes era ya antigua. Incluso se formó en Salé una especie de república pirática cuya base fueron los moriscos de Hornachos. Tetuán también llegó a tener un estatuto de ciudad casi independiente. En la propia corte de Marruecos el castellano era de uso corriente, reforzado con la presencia de moriscos que usaban poco el árabe y con la de numerosos cautivos y renegados. Ya a fines del XVI andalusíes habían conquistado para el rey de Marruecos la región de Gao-Tombuctú tras una épica travesía del desierto del Sahara, y aún se conservan allí vestigios hispanos.

A tierras argelinas llegaron más de cien mil moriscos, en su mayoría valencianos. Tras muchos avatares se acomodaron en la capital y en otros lugares; en todas partes dinamizaron la vida económica; introdujeron artesanías, técnicas avanzadas de regadío y con su dinamismo introdujeron un elemento de progreso en el país. Mantuvieron bastante tiempo su propia identidad y el recuerdo de la patria perdida, vacilando entre la nostalgia y el odio. Los mejor acogidos fueron los que se dirigieron a Túnez, unos ochenta mil, procedentes en su mayoría de Castilla y Andalucía. Estaban muy hispanizados, ignoraban el árabe y llegaban con cierto complejo de superioridad sobre los indígenas, lo que favoreció su cohesión hasta fechas muy recientes. Formaron bloques autónomos, ya de menestrales en la capital, ya de colonos agrícolas en las mejores tierras, manteniendo un alto nivel de vida y de conciencia andalusí de la que aún quedan restos en poblados que recuerdan los del sur de España. Algunos moriscos quedaron en el sur de Francia, en Italia, otros llegaron hasta Turquía, y no fueron pocos los que, como el Ricote cervantino, volvieron desafiando las penas legales.

Dentro de la política pacifista del reinado de Felipe III hay que hacer constar, no obstante, cierto interés por lo que sucedía en el norte de África; lo prueba la adquisición de Larache, en la costa marroquí del Atlántico, que reforzaba la cadena de presidios situados en Berberia y aprovisionados desde la Península, aunque tan mal que muchos soldados desertaban y renegaban forzados por el hambre. Enviar a presidio llegó a ser con el tiempo sinónimo de condena a pena afrentosa y símbolo de la política meramente defensiva que España adoptó respecto a Berberia desde el fracaso de Carlos V en Argel.

Apaciguados, de momento, los Países Bajos mediante la tregua de 1609, el centro de interés de la corte de Madrid se centraba en Italia, donde la proximidad y ambiciones de Francia seguían siendo una amenaza para la hegemonía española. Había que contar también con el humor de los papas, la actitud ambigua de los duques de Saboya, que dominaban pasos montañosos de interés vital, y la hostilidad abierta o latente de la república de Venecia, nada feliz con la vecindad del Imperio por el Norte y el ducado de Milán por el Oeste. Aunque Felipe III y su favorito estaban escasamente interesados en la política internacional, el reinado anterior les había legado un plantel de brillantes estadistas que se movían en sus puestos con bastante independencia como defensores de la hegemonía hispánica en Italia. A ese grupo pertenecía el fantástico duque de Osuna, virrey de Nápoles, partidario de neutralizar el predominio veneciano en el Adriático y sospechoso de implicación en el episodio novelesco y nunca bien aclarado de la *Conjuración de Venecia,* en la que estuvo implicado don Francisco de Quevedo, muy familiar del duque. Al parecer, se trataba de destruir los arsenales y la flota de la *Serenísima,* que pretendía dominar en exclusividad el mar Adriático, en perjuicio del reino de Nápoles.

En conjunto, estos episodios parecían sólo pequeñas sombras en un cuadro grandioso, pero los observadores atentos advertían fisuras; el poder de Lerma había llegado a un punto que constituía un escarnio para la memoria de Felipe II; parecía como si su hijo se hubiese propuesto contradecir en todo los ejemplos de su progenitor; si él había sido económico en sus gastos personales, trabajador infatigable y autoritario hasta el exceso, su hijo era derrochador, irresponsable y había hecho tal dejación de autoridad que el favorito parecía el verdadero monarca; daba órdenes a los consejos y firmaba con su propia rúbrica los documentos más importantes. Y lo que todavía escandalizaba más es que tenía sus propios favoritos (don Rodrigo Calderón, Franqueza) que lo superaban por el descaro con que atesoraban y vendían hasta los más importantes secretos de Estado. Clamaban también los nobles postergados, y el mismo hijo de Lerma, el duque de Uceda, se hizo cabeza de una facción que aspiraba a suplantar a su padre en la privanza.

El hedor que exhalaba aquella corte de brillante apariencia era tan fuerte que el propio rey empezó a pensar que había que hacer algo, y Lerma, barruntando un posible cambio, impetró de Roma la púrpura cardenalicia, no sólo pensando en su inmunidad personal, sino en ocupar la vacante del arzobispado de Toledo. No pudo realizar el proyecto porque había sufrido una equivocación garrafal colocando de confesor del rey al dominico padre Aliaga, que se pasó al bando de Uceda y aconsejó al rey que entregara el riquísimo arzobispado a su hijo el infante don Fernando.

1618 fue un año decisivo en varios aspectos: Uceda sustituyó a Lerma en el favor real. Felipe III comenzó a sentir ciertos escrúpulos sobre su manera de gobernar, o mejor, de no gobernar; atendiendo una petición de las cortes de Castilla, creó una Junta de Reformación para corregir los males que se denunciaban cada vez con más insistencia: ociosidad, lujo, pecados públicos, miseria de los agricultores, crecimiento exagerado de Madrid a costa de las ciudades vecinas... No eran males coyunturales; en torno a los años veinte los indicadores disponibles señalan un declive general de la economía europea, el primer escalón hacia el abismo, y el desencadenamiento de las guerras tras una etapa de relativa paz acentuaría esta tendencia negativa. En 1618 reventó aquella caldera de odios religiosos, conflictos sociales y pasiones nacionales que latía en el centro de Europa; cuando los protestantes de Bohemia negaron la obediencia al emperador austriaco nadie sospechó que aquel conflicto iniciaba una etapa de luchas que devastaría Europa entera durante treinta años. El gobierno español, a pesar de su deseo de paz, no podía mantenerse neutral; tropas españolas e italianas atravesaron los Alpes y contribuyeron decisivamente al triunfo de las fuerzas imperiales en la batalla de la Montaña Blanca; un éxito inicial seguido de una paz de corta duración. Poco después (1621) moría Felipe III aterrorizado por la idea de que tendría que dar cuenta ante el tribunal divino de sus responsabilidades por un altísimo cargo tan mal desempeñado.

El reinado de Felipe IV (1621-1665) es uno de los más largos y decisivos de nuestra historia; fue como un drama en dos actos: la primera mitad está dominada por la figura del conde duque de Olivares; desaparecido de la escena en 1643, el gobierno personal del rey cubre la segunda mitad; hubo una identidad sustancial de ideas y propósitos, aunque el desarrollo de la acción cambió del drama (con ribetes de comedia) a la tragedia. Tragedia de un pueblo y de un rey que inició su mando con sueños de gloria y terminó precipitándose al abismo.

Aunque se ha escrito mucho sobre aquel rey, en realidad es muy mal conocido; la opinión vulgar lo pinta como un príncipe frívolo, indolente, entregado a los placeres, que descargó sus responsabilidades en Olivares como su padre lo había hecho con el duque de Lerma. Este paralelismo es completamente falso; ambos reyes, ambos favoritos, no se parecían nada. Con quien tenía puntos de contacto Felipe IV era con su abuelo, por su cultura, su pasión por las artes y su laboriosidad; pero había también diferencias profundas: el solitario de El Escorial era duro, desconfiado, retraído, mientras su nieto era afable, generoso y siempre que podía se escapaba del asfixiante marco del viejo alcázar y su rigurosa etiqueta; le gustaba pasear por las calles de Madrid, ver y ser visto, mezclarse (hasta cierto punto) con la multitud en las fiestas de la Plaza Mayor de Madrid y del Buen Retiro. La religiosidad de ambos fue grande y sincera, pero también aquí advertimos contrastes notables: en sus actos de gobierno Felipe II partía de la norma de que era el máximo defensor del Catolicismo; en conducta personal tampoco hubo oposición entre su fe y sus austeras costumbres. Su nieto, aunque prisionero de las ideas corrientes, estaba más dispuesto a aceptar no sólo la paz, sino la amistad de las naciones protestantes; en cuanto a su conducta privada, la vida de Felipe IV fue un drama íntimo; su fe le enseñaba que su prosperidad y la de sus Estados dependía de que Dios estuviera satisfecho de su conducta, pero aquel soberano de apariencia impasible (al menos, en los actos oficiales) escondía una sensualidad ardiente que le proporcionó grandes placeres y también grandes remordimientos; llevado de un concepto simplista y rutinario de la religión, cada desastre público o privado lo miraba como una venganza de la divinidad ofendida, a la que había que aplacar con oraciones, penitencias y encerramiento de las malas mujeres.

Entre las muy copiosas fuentes de información que tenemos acerca de la vida pública y privada de aquel rey ocupa lugar destacado la correspondencia que mantuvo durante muchos años con sor María de Ágreda, una monja visionaria pero discreta que le servía de intermediaria con la divinidad; esta correspondencia la mantuvo en los amargos años de su senectud; para los años juveniles, plenos de ilusiones, tenemos una especie de autobiografía en la que relata cómo se esforzó en el aprendizaje que requería el dominio de los conocimientos necesarios para regir tan vasto Imperio; entre ellos se encontraba el dominio de los idiomas de sus vasallos, citando expresamente el catalán y el gallego; también el francés, usado por sus fidelísimos vasallos de Flandes y el Franco Condado; pero su idioma preferido fue el italiano no sólo por la razón apuntada, sino por los grandes escritores que Italia ha producido. Para perfeccionarse en esa lengua realizó la no pequeña tarea de traducir la *Historia de Italia* de Guicciardini.

Resulta, pues, evidente que la imagen vulgar y tradicional de aquel rey es, si no totalmente falsa, incompleta. Gozó de la vida; era amigo de la buena mesa, cazaba, fue el más grande y más entendido coleccionista de pinturas de su tiempo; incluso pintaba él mismo. Le apasionaba el teatro y se dice que escribió alguna comedia. Tuvo numerosas amantes y, al menos, seis hijos bastardos, a los que procuró dar instrucción y puestos competentes, aunque sólo reconoció uno, don Juan José de Austria. Y todavía tenía tiempo (muchas veces robándolo al sueño) para ocuparse de las materias de Estado.

La privanza de don Gaspar de Guzmán, conde de Olivares y duque de Sanlúcar la Mayor, no fue, como la de Lerma, producto de una dejación de atribuciones, sino de una colaboración entre dos personas que compartían unas ideas políticas y unos secretos íntimos. No es censurable que Felipe IV delegara gran parte de sus inmensas tareas de gobierno en una persona de su confianza, pero sí que no moderase el talante despótico de su favorito, que no sólo se creó enemigos personales, sino que fue directamente responsable de las sublevaciones de Cataluña y Portugal por su falta de tacto y de previsión.

Pertenecía don Gaspar a una rama secundaria de la gran estirpe de los Guzmanes; su padre había sido embajador en Roma, donde dejó fama de hombre duro y avasallador; allí nació don Gaspar, aunque siempre se consideró sevillano. El origen de su privanza fue un cargo palatino que lo puso en estrecha relación con el príncipe heredero; cuando éste subió al trono mantuvo unos lazos de amistad que muchos tacharon de dependencia. La verdad es que sus diferencias radicaban más en las formas que en el fondo; ni uno ni otro compartían los prejuicios sobre limpieza de sangre, y por eso invitaron a los *marranos* portugueses a colaborar y, en parte, a sustituir a los banqueros genoveses. También en cuanto a política exterior el valido y el rey coincidían en lo esencial: conservación de aquel inmenso patrimonio territorial sin ideas agresivas, sin ansias expansivas, pero sin permitir la menor amputación. En alguna ocasión el conde duque repudió expresamente la idea nacionalista: «No soy nacional(ista), que es cosa de muchachos». Quizás recordaba sus tiempos de estudiante en Salamanca, donde la grey escolar estaba dividida en bandos de castellanos, andaluces, portugueses y vascos que se zurraban de lo lindo. Pero mientras Felipe IV se acomodaba a la situación existente, con muy diversos grados de autonomía y sujeción en las diversas partes del Imperio, Olivares, influido quizás por el modelo francés, aspiraba a dotar de más unidad y eficacia aquel cuerpo multiforme; primero con el proyecto de una Unión de Armas, que señalaba a cada parte del Imperio un cupo de hombres a movilizar cuando alguna de sus partes fuera atacada; luego, a esta idea, irrealizable por la falta de la necesaria infraestructura y estudios previos (a Cataluña, por ejemplo, se le pedían tantos soldados como a Portugal y muchos más que al reino de Nápoles, bastante más poblado), le sucedió una política que él creía hábil: implicar en las guerras por medios indirectos a los reinos que se escudaban en sus tradiciones y privilegios para contribuir menos al esfuerzo general. Las consecuencias, como veremos, fueron catastróficas.

En 1621 el panorama general no era malo, incluso había motivos para el generalizado optimismo no sólo porque los cambios de reinado siempre se acogían con más o menos fundadas esperanzas, sino porque la cultura española, desbordando ampliamente sus límites geográficos, se hallaba en marea alta; sus teólogos eran leídos incluso en universidades protestantes, su retraso científico aún no era patente, las artes estaban en su mayor perfección y en literatura no sólo descollaba España en autores, sino en géneros enteros. Superado con éxito el primer episodio de la Guerra de los Treinta Años, las perspectivas político-militares no eran malas, sobre todo en Italia (salvo intrigas y escaramuzas), en la Península, donde la unión con Portugal parecía consolidada, y en América.

Felipe II había querido a última hora desembarazarse del avispero flamenco mediante la cesión a su hija Isabel Clara y su marido el archiduque Alberto. El matrimonio no tuvo sucesión, lo que implicaba el retorno de Flandes a la Corona hispana. Hubiera podido arbitrarse en Madrid algún medio para hacer efectiva la enajenación, pero el grupo de imperialistas del Consejo de Estado era opuesto por razones estratégicas y Felipe IV por su concepto patrimonial de la monarquía. Así, al expirar en 1621 su vigencia, la tregua no se reanudó. No hay que echar toda la culpa a la corte española; también en Holanda predominaban los belicistas que se prometían grandes ventajas económicas en una guerra en la que su supremacía marítima les aseguraba grandes ventajas económicas a costa de los dominios coloniales de España y Portugal. Y continuó la hemorragia de hombres y dinero; cada mes 300.000 escudos eran enviados a través de los banqueros genoveses para alimentar unas hostilidades interminables en las que algún episodio aislado, como la rendición de Breda, servían más para proporcionar asunto a los pinceles que para dar garantías razonables de victoria.

Mientras estas lejanas guerras se hicieron con mercenarios, mientras pudieron financiarse sin demasiados apuros, el público español comentaba las noticias que aportaban las relaciones, gacetas y hojas volantes sin demasiadas preocupaciones; pero las reservas de hombres y de dinero no eran inagotables. Fue la falta de dinero la que primero se hizo sentir; apenas comenzó el reinado el Consejo de Hacienda hizo saber al monarca que no sólo no había un ducado disponible, sino que estaban gastadas con anticipación las rentas de los tres años siguientes. Las verdades siempre duelen, y más a un rey y a un ministro llenos de grandes proyectos; la desabrida respuesta, en la que se adivina la inspiración de Olivares, indicaba al Consejo que ya sabía el estado de su Hacienda; que no era él quien la había puesto en tal estado, y que su obligación era arbitrar más recursos.

Los dos caminos posibles eran recortar gastos y aumentar los ingresos; el primer capítulo se redujo a economizar en aquellos ramos (singularmente, el mantenimiento de la Casa Real) en que los derroches habían sido más notorios. En cuanto a los ingresos, lo que pudo sacarse a Lerma y sus cómplices de lo mucho que habían robado más servía para satisfacer la vindicta pública que para enderezar las finanzas de un inmenso Estado. Y como no se quería recurrir al impopular recurso de imponer nuevos tributos se continuó, con bastante inconsciencia, labrando más moneda de cobre hasta que su exceso originó una crisis económica con graves repercusiones sociales, porque se manifestaba en forma de inflación y carestía. Para colmo de males, la flota holandesa sorprendió en Cuba a la que el almirante Benavides traía en retorno a España con inmensos caudales. Este desastre ocurrió en 1628. Ese mismo año se rebajó el valor de la moneda de vellón a la mitad. También se publicaron unas tasas de salarios y precios que tuvieron escasa eficacia. Todo este ciclo de inestabilidad, coincidiendo con una guerra limitada en Italia por la sucesión del ducado de Mantua, terminó hacia 1630. Se había temido una conflagración general antiespañola: Francia había intervenido en Italia; Carlos de Inglaterra, despechado por el fracaso de su proyectado enlace con la infanta María, había intentado asaltar Cádiz. En 1630 se restableció la paz con ambas potencias. Nada grave había ocurrido todavía.

Sucedieron unos años de calma tensa; las amenazas se multiplicaban. Incluso el papa (Urbano VIII) se comportaba de modo extraño; en una escena violentísima ante el colegio de cardenales, el cardenal español Gaspar de Borja lo acusó de favorecer a los protestantes alemanes por odio a la Casa de Austria. Sin embargo, la cuestión fundamental era la de las relaciones con Francia, pues en el fondo lo que se ventilaba era, como en tiempos de Carlos V y Francisco I, la lucha francoespañola por la supremacía. No era ineludible el confrontamiento: la doble boda de Felipe IV con Isabel de Borbón y de Ana de Austria (hermana de Felipe) con Luis XIII parecía demostrarlo así. Pero, aunque aplazado, subsistía un motivo fundamental de hostilidad: España estaba en situación sobrevalorada y Francia, con más que doblada población (18 millones contra 8 de Castilla-Aragón), estaba infravalorada en el tablero internacional; no sólo había sido expulsada de Italia, sino que la frontera de los Países Bajos españoles llegaba a sólo 100 kilómetros de París. Peor aún: la comunicación entre Milán y Flandes (el *camino español*) franqueaba los Alpes por Saboya o Suiza y luego seguía más o menos paralelo al Rin hasta el Franco Condado; era una especie de camino de ronda jalonado por puntos de apoyo fortificados por donde transitaban los tercios y el dinero destinado a pagarlos, interponiéndose entre Francia y Alemania. Es comprensible que entre los responsables de la política exterior francesa, comenzando por el primer ministro, el cardenal Richelieu, reinara una especie de fiebre obsidional, la sensación de estar cercados por España en todas sus fronteras terrestres. Para el temprano nacionalismo francés era una situación incómoda que pensaba eliminar abriéndose paso hacia Italia, apoyando a los enemigos que en Alemania tenían los Habsburgos y empujando la frontera noreste lo más lejos posible. Parece que éste era el programa que pensaba desarrollar Enrique IV cuando fue asesinado, el que tras decenios de vacilaciones volvieron a practicar Luis XIII y Luis XIV. El título que ostentaban de reyes *cristianísimos* y el hecho de que Richelieu y Mazarino fueran cardenales de la Santa Iglesia Romana no fue obstáculo para que en la ejecución de este plan se apoyaran en los anglicanos, los calvinistas holandeses y los protestantes alemanes. ¡Ya en el siglo anterior Francisco I se había aliado con los turcos!

En esta situación, ¿qué debían haber hecho los gobernantes españoles? Aún hoy, considerando el problema con una perspectiva de siglos, la respuesta no está clara. Desde un punto de vista estrictamente hispano, el abandono de Flandes hubiera simplificado mucho las cosas, pero Felipe IV y sus ministros pensaban en términos de la monarquía, el Imperio: abandonar Flandes y desligarse del inmenso drama que se estaba ventilando en los campos de batalla de Alemania no sólo hubiera sido una pérdida de reputación, sino la ruina de la Casa de Austria y la consolidación de potencias hostiles en el centro de Europa; como contragolpe se debilitaría la hegemonía de España en Italia; reducida al extremo occidental de Europa, hubiera quedado en la posición marginal que tenía antes de los Reyes Católicos. Todas estas razones se pesaban y sopesaban no sólo en los gabinetes de los políticos, sino en la pluma de los publicistas; hubo una controversia literaria hispanofrancesa antes y después del año crucial (1635) en que se produjo el rompimiento. En la disputa, estudiada por Jover Zamora, no sólo se analizaban las rivalidades políticas, sino los factores psicológicos, la mentalidad de ambos pueblos, «la antipatía de los españoles y franceses».

El apoyo de Francia a los suecos en la tercera fase de la Guerra de los Treinta Años fue logístico y financiero, pero después de la muerte de Gustavo Adolfo y la victoria obtenida por el cardenal infante don Fernando en Nordlingen (1634) se apreció claramente que la única forma de impedir el triunfo de la Casa de Austria era la intervención abierta y total de Francia, hecho que se produjo el año siguiente. En una primera fase las aguerridas tropas estacionadas en Flandes obtuvieron ventaja y se aproximaron a París, más lentamente, conforme Francia movilizaba sus recursos, igualaba la contienda y luego la inclinaba a su favor. Militaban en pro de Francia sus riquezas naturales, su numerosa población y una vocación guerrera que en España se estaba perdiendo rápidamente. La monarquía hispana representaba sobre el papel una fuerza muy superior, pero no concentrada, sino dispersa, formada por países muy diversos separados por distancias que, si aun hoy son grandes, entonces resultaban enormes; los correos tardaban semanas y meses en transmitir órdenes e informaciones, los movimientos de tropas eran lentos y caros. De no haber existido una voluntad de unión aquel conglomerado se hubiera deshecho por sí solo, pero existía, a pesar de descontentos y sediciones, una lealtad monárquica que, en muchos casos, reflejaba el temor de cambiar un régimen respetuoso con sus tradiciones por otro más peligroso para sus libertades. Los flamencos no querían ser franceses; tampoco los habitantes del Franco Condado; las incursiones francesas en Italia encontraron poco apoyo en las poblaciones, a pesar de los motivos de disgusto que tenían con la administración española. Por otra parte, la enorme dispersión del Imperio Español hacía imposible decidir rápidamente la lucha; si en un sector del frente las noticias eran malas, de otros podían llegar buenas. Así, la lucha entre los dos colosos se alargó infinitamente, incapaz cada uno de asestar un golpe decisivo a su adversario.

En 1638 un poderoso ejército francés cercó Fuenterrabía; la alarma fue grande, porque en el interior de España apenas existían fuerzas militares organizadas; las mejores estaban en los frentes europeos y una parte había tenido que ser desviada a la frontera de Cataluña. El conde duque desplegó una gran actividad: se rebañó todo lo disponible, hasta los cuatrocientos soldados que guarnecían la costa de Granada y cuyo atuendo, más de bandoleros que de soldados, llamó la atención en la corte. La invasión del suelo patrio suscitó cierta respuesta popular; muchos señores y simples hidalgos partieron por su cuenta al frente obedeciendo al llamamiento del gobierno. Fue la última movilización espontánea. Los irlandeses que defendían Fuenterrabía aguantaron valientemente hasta que aquellas tropas heterogéneas y en su mayoría bisoñas pasaron al ataque y rechazaron a los invasores. El alivio fue grande en los gobernantes y el entusiasmo general en el pueblo. Al conde duque la adulación cortesana lo premió con recompensas extravagantes: 12.000 ducados de renta, un millar de vasallos en la tierra de Sevilla, una regiduría en cada ciudad de voto en cortes. Además, cada 7 de septiembre, aniversario de la victoria, comería con el rey, el cual brindaría a la salud del *salvador de la patria*. Lo mismo sus intereses que su vanidad quedaban recompensados más allá de toda medida.

En buena lógica se le debían haber mermado las mercedes el año siguiente, cuando todo fue mal: se perdió la fortaleza de Salses, que guardaba la frontera del Rosellón; una armada francesa quemó los astilleros de la costa vasca y, lo que era peor, los barcos del almirante Oquendo, que llevaban refuerzos a los Países Bajos, fueron destruidos en el Canal de La Mancha por la armada holandesa. A partir de entonces nada o casi nada salió bien. Por estas fechas se terminaban las obras del palacio del Buen Retiro: edificios, jardines, estanques, ermitas, teatro, casa de fieras y muchas otras atracciones; los cortesanos ofrecieron pinturas y tapices, los gobernadores de provincias lejanas enviaron animales y plantas exóticas. El conjunto venía a ser un *templo del placer* que permitiría al monarca evadirse de la sombría atmósfera del viejo alcázar y solazarse sin necesidad de alejarse hasta El Escorial o Aranjuez, porque la cuantía y gravedad de los negocios exigían su continua presencia.

Se comenzó el Retiro cuando su construcción sólo podía dar pábulo al chismorreo habitual; pero, al terminarse, ya las críticas eran más serias, porque en vísperas de los decisivos acontecimientos de 1640 el estado de la nación no permitía gastos superfluos. Los gastos ya triplicaban los ingresos ordinarios, y además eran gastos bélicos que no admitían dilación. De ahí el tono angustioso de los decretos en los que el rey se dirigía a los consejeros o dialogaba con los hombres de negocios. Las cortes, muy presionadas, votaban nuevos impuestos, pero como no era posible esperar a que produjeran los rendimientos esperados, se multiplicaban los arbitrios, los donativos supuestamente voluntarios, las ventas de vasallos, de cargos, de tierras baldías... Incluso se envió a la Casa de la Moneda para ser acuñada la mayor parte de la plata que existía en los reales palacios. Los clérigos se resistían a perder sus privilegios y sólo pagaban obligados por las bulas pontificias; los nobles en este punto fueron más generosos; además, tenían medios de hacer recaer sobre los pobres los impuestos generales, porque la mayoría se cobraban a través de los municipios y éstos estaban en poder de oligarquías; pero había peticiones de las que no podían indemnizarse a costa de nadie; la más pesada, la media anata de juros; la mayoría estaba en poder de la aristocracia, la clase media y ciertos sectores del clero. La media anata redujo bruscamente este ingreso, típico de una sociedad rentista, a la mitad.

A pesar de tantas adversidades, en 1640 el rey y su primer ministro luchaban tenazmente y la balanza estaba indecisa; lo que le dio un vuelco desfavorable sin remedio fue la revuelta de Cataluña, seguida a los pocos meses de la separación de Portugal; dos hechos coincidentes, análogos, pero de raíz muy diferente. Los choques con la conflictiva sociedad catalana se habían manifestado en unas cortes tumultuosas que hubo que prorrogar y luego disolver (1632). A pesar de ello, cuando los franceses trataron de romper su frontera, los catalanes se defendieron bien e hicieron un esfuerzo considerable, teniendo en cuenta que entonces su población apenas rozaba el medio millón de habitantes; las milicias castellanas y los tercios italianos enviados de refuerzo agravaron la situación con sus excesos: alojamientos, indisciplina, etc. Los catalanes se sublevaron contra las cargas que consigo traía la guerra, y que en mayor o menor grado sufrieron los demás pueblos de España. Las circunstancias dieron un giro político a su protesta: una minoría radical negó la obediencia al rey de España y prometió fidelidad al rey de Francia, pero este resultado ni era un deseo unánime ni duró largo tiempo, como mostró la experiencia.

El caso de Portugal era distinto; a pesar de la intensa castellanización literaria y de la solidaridad de intereses económicos, la unión nunca fue popular; la nobleza sólo a medias transfirió a los Austrias su legitimismo monárquico. La Iglesia era más bien hostil, y este sentimiento se acentuó con el trato favorable que Felipe III y Felipe IV otorgaron a los *marranos;* los sacrificios exigidos por las guerras no fueron cuantiosos en el marco peninsular, pero las colonias lusitanas sufrieron duramente las consecuencias de las hostilidades con Holanda. Por otra parte, la torpeza con que los gobernantes de Madrid enfocaron el problema portugués fue increíble; a pesar de la revuelta que estalló en 1636 en Évora y otras poblaciones del Sur no se tomaron precauciones; la guarnición española se reducía a unos centenares de hombres en Lisboa; no se vigiló al poderoso duque de Braganza, a quien tantos portugueses miraban como el verdadero, legítimo rey. Así, tras la revuelta de diciembre de 1640 fue proclamado como Juan IV sin apenas oposición.

Si torpe fue la pasividad en el caso portugués no había sido más acertada la resolución de tratar la revuelta de los catalanes *manu militari* sin agotar antes las posibilidades de diálogo; fracasó el asalto a Barcelona, los sublevados acogieron tropas francesas; de este modo la guerra se implantaba en el corazón de España aumentando las calamidades de los pueblos; entre las medidas de urgencia adoptadas figuraba la duplicación del valor nominal de la moneda de vellón, con lo que la moneda de plata se encareció y desapareció de la circulación, atesorada por los particulares.

Felipe IV y sus consejeros pensaron que, careciendo los portugueses de ejército, debían concentrarse todos los esfuerzos en el frente catalán; los franceses estaban en Lérida amenazando a Zaragoza. Felipe IV se empeñó en salir personalmente a campaña, pensando que este gesto galvanizaría la escasa voluntad combativa de sus vasallos, pero la expedición real estuvo muy mal preparada y, tras fracasar en el intento de recuperar Lérida, sufrió increíbles privaciones en su retirada a través de los Monegros; la falta de intendencia causó más bajas que el fuego de los enemigos (1642).

Este desastre, unido a las malas nuevas que llegaban de todas partes, aceleraron la inevitable caída del conde duque. Hubo diálogos penosos entre el rey y su ministro, cuyo eco nos ha transmitido Matías de Novoa; el rey se quejaba de haber perdido lo mejor de la herencia de su padre; Olivares «pretendía dar sus disculpas, de que acá fuera se oían voces y suspiros de corazón apretado, y aun al rey le oían exceder del ordinario modo de hablar». Mucho influía también el retraimiento de los grandes, postergados por la camarilla del favorito. Al fin, en enero de 1643, el rey «accedió» a las peticiones de retirada de Olivares, sin retirarle por eso su estimación personal, basada en una fundamental unidad de miras y en secretos íntimos compartidos. Muy poco antes de su desgracia, el valido y el rey habían coincidido en legitimar a sus bastardos acuciados por la falta de sucesión masculina.

Olivares murió en Toro poco después. En sus últimos años dio algunas señales de desvarío; su testamento es un ejemplo de irrealidad y megalomanía, con cláusulas de imposible cumplimiento; una mano anónima trazó al margen del ejemplar que nos ha llegado una observación muy justa: «El caballero que redactó este testamento gobernó a España más de veinte años. Así quedó ella».

Los que pensaban que las cosas mejorarían tras la retirada del conde duque quedaron defraudados; los problemas seguían siendo los mismos, con tendencia al agravamiento, y no porque el rey trabajase más horas encontrarían solución. Pocos meses después la mejor infantería de Flandes pereció en Rocroi. En el frente de Aragón, donde el rey seguía asistiendo cada año, se recuperó Lérida, pero no hubo cambios sustanciales.

Las malas nuevas del exterior se sumaban a tragedias personales que sumergieron al rey en la mayor aflicción: murió Isabel de Borbón, que en la gran crisis había demostrado su fidelidad a su esposo y a su patria adoptiva; murió el príncipe Baltasar Carlos en los umbrales de la adolescencia, dejando a la monarquía sin heredero varón y con el peligro de que recayera la sucesión en la rama francesa. El rey estaba abrumado, convencido de que la ira divina se abatía sobre él y su pueblo. Nombró inquisidor general al duro y rígido Arce Reinoso, que dirigió sus tiros contra los *hombres de negocio* portugueses. La clausura de las monjas se hizo más estricta. El rey renunció por algún tiempo a sus aventuras; como necesitaba de alguien que le hiciera compañía y le ayudara en su inmensa labor tomó un nuevo valido en la persona de don Luis de Haro, que en parte ocupó el hueco dejado por su tío el conde duque, aunque sin su prepotencia.

Bastante peor era la situación de los Habsburgos de Austria, cuyos dominios habían sido espantosamente arrasados por suecos y franceses. La necesidad de una paz, a costa de sacrificios territoriales, se imponía lo mismo en Viena que en Madrid; las negociaciones duraron años y se concretaron en las paces de Westfalia (1648), que para la Corona de España sancionaron algo que era realidad hacía mucho tiempo: la independencia de las Provincias Unidas, incluyendo una parte de las provincias meridionales, católicas, en el nuevo Estado. Mucho peor fue la suerte de Austria, que además de su ruina económica vio reducida su influencia en el conjunto de Alemania, más dividida que nunca, en provecho de Francia.

Sin embargo, si no se llegó a una paz general fue precisamente porque las discordias internas en el país vecino tomaron tal incremento que hacían esperar un cambio en la suerte de las armas. La *Fronda* fue una revuelta de grandes señores feudales contra la regencia de Ana de Austria (hermana de Felipe IV), que había conferido una autoridad absoluta al cardenal Mazarino. Pensaron los gobernantes españoles que era una ocasión propicia para recuperar Cataluña; allí siempre hubo un partido españolista o legitimista muy fuerte, y las atrocidades cometidas por el ejército francés de ocupación excitaban el tradicional sentimiento antifrancés del pueblo catalán. Barcelona, casi aislada y además víctima de la peste que castigaba las regiones mediterráneas, se rindió en 1652 a las tropas de don Juan de Austria, el bastardo real. Este éxito, unido al que poco antes había obtenido en Nápoles el propio don Juan, a la vez que exaltaba la figura y las ambiciones de aquel vástago ilegítimo de la Casa Real, confirmaba a Felipe IV en la idea de que aún era posible restablecer la situación y poner fin a la larguísima lucha sin que la monarquía sufriera pérdidas esenciales. Había paz con Holanda, Inglaterra se debatía en guerra civil, lo mismo que Francia. La reina regente de Francia y el futuro rey Carlos II de Inglaterra estaban acogidos a la hospitalidad española en Flandes; el gran Condé, rayo de la guerra, militaba en las filas españolas. Si se mantenía la paz con Inglaterra y se recuperaba Cataluña, Portugal debía volver a la órbita hispana. Felipe IV prometía el olvido de los agravios y la reintegración de sus derechos, como había otorgado a los catalanes. Estas perspectivas justificaban, desde su punto de vista, los extraordinarios sacrificios que soportaba el pueblo castellano; tan duros que, a pesar de su fidelidad y sumisión, se habían producido revueltas locales de carácter antifiscal, expresión de la desesperación de un pueblo acosado por el hambre, la peste, las levas forzosas y otras calamidades; revueltas sin conexión, sin programa, que la burguesía miraba a la vez con simpatía y con recelo, pues si también le alcanzaban las penalidades y abominaba de la guerra, temía que se produjeran reivindicaciones sociales en una plebe liberada momentáneamente de su secular sumisión. Aunque las revueltas urbanas de Andalucía sólo tuvieron un carácter testimonial, avisaron a los gobernantes que los sufrimientos del pueblo habían llegado al límite, pero no cambiaron en nada ni la marcha de los acontecimientos políticos ni la situación social y económica de Castilla, que en aquellos años finales del reinado llegó al fondo de la depresión.

No era más brillante la situación en Francia, donde también las protestas populares menudeaban, e incluso con más frecuencia y virulencia que en España. No eran movimientos de clase, como pensó Porchnev, eran movimientos interclasistas en los que intervenían todas las clases, agobiadas por los gastos de cortes dispendiosas, ministros venales y guerras interminables. Y todavía era peor la situación de una Alemania extenuada; casi único era el caso de Holanda, islote de prosperidad y refinada civilización.

De aquella gran crisis europea de mediados de siglo lo único que sacó en limpio la monarquía española (y no era poco) fue la reintegración de Cataluña. La paz con Francia todavía se dilató años interminables por la sinuosa política del cardenal Mazarino, que ahora gobernaba en nombre del joven Luis XIV. De todas partes llegaban clamores a Felipe IV para que se llegara a una paz, aunque fuera sacrificando algunos territorios. El rey consentía en principio, pero cuando se querían materializar los detalles surgían dificultades gravísimas; se había comprometido a que al rebelde Condé se le perdonara su traición y se le devolviera su patrimonio; quería manos libres en Portugal, y luego estaba la cuestión, muy importante desde el punto de vista dinástico, del casamiento de la infanta María Teresa; era una buena baza en manos del rey, pero también un arma de doble filo, porque Felipe IV, a pesar de su segundo matrimonio con su sobrina Mariana de Austria, seguía sin sucesión masculina legítima; si su hija casaba con Luis XIV existía el peligro de que en él recayeran los derechos a la sucesión de España.

Para aumentar las angustias del agobiado monarca, en Inglaterra se había experimentado un cambio muy desfavorable para los intereses españoles. Los disturbios internos favorecían la posición de España, pero la dictadura de Cromwell volvía a colocar a Inglaterra como factor importante, decisivo casi, teniendo en cuenta la situación de empate a la que se había llegado en el conflicto francoespañol. Las negociaciones con España fracasaron básicamente porque Madrid se negó a consentir que los británicos comerciasen libremente en Indias. En 1656, sin previa declaración de guerra, los ingleses se apoderaron de Jamaica; el año siguiente hundieron en Santa Cruz de Tenerife una flota que regresaba de América. Las noticias de Flandes no eran mejores: la caída de Dunquerque dejaba aquellas provincias sin acceso al Atlántico. Superado el episodio de La Fronda,

Francia volvía a recuperar la iniciativa. Ya no era posible seguir resistiendo; quedaba en poder de la diplomacia española la baza del casamiento de la infanta; la reina de Francia nada deseaba más que ver a su hijo Luis casado con su sobrina, y desde la óptica española, el nacimiento de un príncipe heredero alejaba el peligro de que la herencia recayera en los Borbones.

Así se despejó el camino para la firma de la paz de los Pirineos (1659). Paz honrosa en la que, en apariencia, la dinastía de los Habsburgos no sacrificaba mucho: algunas plazas de Flandes y el Rosellón. La verdadera pérdida era el agotamiento de Castilla tras tan larga lucha. La frontera de los Pirineos es hoy la decana de todas las fronteras de Europa. La pérdida del Rosellón era una mutilación dolorosa, pequeña en el contexto imperial, grande si consideramos que era una porción antiquísima del principado de Cataluña. Los roselloneses no se adaptaron fácilmente al nuevo régimen, a los nuevos amos; hubo conspiraciones y resistencias que costaron una represión sangrienta.

La entrevista en la isla de los Faisanes, en medio del cauce del Bidasoa, selló en apariencia, con la entrega de la infanta, la reconciliación de las dos monarquías más prestigiosas de Europa. Quedaba pendiente la recuperación de Portugal, que era la obsesión del viejo rey español, pero el destino le reservaba la última y la más cruel de las decepciones. Los portugueses, en apariencia aislados, multiplicaban las ofertas de paz; estaban dispuestos a aceptar las condiciones que Madrid impusiera siempre que respetaran la independencia del restaurado reino. Felipe IV no aceptó porque la partida parecía ganada. ¿Cómo resistirían los portugueses solos la ofensiva del mayor Imperio del universo? Francia se había comprometido a no intervenir; la neutralidad de Inglaterra parecía no menos obvia, pues Carlos II Estuardo, recién reconocido rey de Inglaterra, había disfrutado de la hospitalidad española en Flandes durante su largo exilio. Pero la política, la Razón de Estado, es incompatible con cualquier sentimentalismo; ni a Francia ni a Inglaterra interesaba la recuperación de España y la restauración de la unidad peninsular. Contingentes militares de ambos países reforzaron un ejército portugués que se había ido forjando lentamente y disponía de una alta moral, mientras del lado español parece que a nadie interesaba lo mas mínimo que Portugal se reintegrase a la Unidad Ibérica o permaneciese independiente. Tan escasas y de tan mala calidad eran las milicias que se reclutaban en Castilla que hubo que prescindir de ellas y organizar la invasión con tercios sacados de Flandes y de Italia, tropas profesionales de excelente calidad pero escasas y desgastadas por largos años de lucha. Ante la absoluta falta de dinero se recurrió una vez más a labrar moneda de vellón. Con poco dinero, pocas tropas, poca moral y jefes de mediocres cualidades el éxito no podía sonreír a las armas españolas. Tres veces se intentó la penetración a lo largo del valle del Tajo hacia Lisboa, y las tres fueron detenidos y rechazados los invasores con grandes pérdidas.

Tras la derrota del marqués de Caracena en Villaviciosa (junio de 1665) el moribundo rey exclamó: «¡Parece que Dios no quiere!» Murió tres meses después. En su testamento, el más interesante de los redactados por los Austrias, encargaba a sus sucesores que «honren, favorezcan o amparen a sus vasallos porque lo merecen... muy especialmente los de la Corona de Castilla»; les encargaba por mera fórmula el desempeño de las rentas reales, nombraba regente a la reina viuda y le encargaba que tuviera muy en cuenta la persona de don Juan José de Austria, único de sus hijos bastardos que había reconocido.

El príncipe don Carlos debía asumir el gobierno a los catorce años de edad. Como sólo tenía cuatro al fallecer su padre, doña Mariana actuaría entre tanto como regente, asesorada por un Consejo de Regencia integrado por dos personajes de la Corona de Aragón y tres de la de Castilla, pero la reina viuda prescindió de los consejeros y se dejó guiar por su confesor austriaco, el jesuita padre Nithard, no mejor ni peor que otros, pero odiado por su condición de extranjero. El poder real en aquella España exánime correspondía a la alta nobleza, y en representación de ella al infante don Juan José. Una gran parte del reinado se consumió en luchas estériles, en intrigas que facilitaban las ambiciones de Luis XIV, pues quiso el destino que la etapa de máxima debilidad en la dirección de la monarquía española coincidiera con la de máxima fortaleza de la borbónica; pretextando la falta de pago de la dote prometida a su esposa, Luis XIV envió sus ejércitos contra las enflaquecidas guarniciones de las plazas españolas de Flandes. La guerra fue breve y terminó con la paz de Aquisgrán, que entregaba Lille y otras plazas a Francia. Si las pérdidas no fueron mayores se debió a que otras potencias europeas, en especial Holanda, se sintieron amenazadas por la agresividad y el rápido engrandecimiento de Francia y forzaron la firma de la paz. Esta guerra también sirvió a la corte de Madrid como pretexto para terminar las hostilidades con Portugal y reconocer la plena independencia de este reino y sus colonias, excepto Ceuta, que siguió unida a España.

La opinión pública, volcada hacia los chismes y cuestiones internas, recibió estas noticias con absoluta indiferencia; el sentir general achacaba todos los males a la reina y al padre confesor, los cuales, para evitar la manifestación de estos sentimientos, suspendieron la celebración de las cortes y dificultaron la publicación de obras que tuvieran alguna relación con materias políticas de actualidad. El resultado de estas medidas fue una avalancha de pasquines y libelos que circulaban de mano en mano. Ningún reinado de la España moderna es tan pobre como aquel en fuentes históricas solventes y tan rico en esa literatura clandestina que se encuentra en los archivos.

Don Juan José de Austria estaba llamado a canalizar ese descontento. Víctima él también de muchas envidias y sátiras, no carecía, sin embargo, de cualidades; había recibido una educación esmerada, mucho mejor que la del pobre reyecito al que dieron por ayo un pedantón cuando lo que necesitaba era un profesor especializado en retrasados mentales. Don Juan conocía los Países Bajos, había combatido con éxito en Italia, estaba al tanto de la política internacional, mantenía lo que en el lenguaje de la época se llamaba una tertulia, es decir, una especie de academia privada a la que acudían personajes destacados en ciencias y letras, entre ellos su médico personal Juanini, un italiano al tanto de las novedades científicas que en las universidades españolas brillaban por su ausencia como *novedades* vitandas. Sus recursos personales dimanaban del cargo de gran prior de la Orden de san Juan que le había otorgado su padre, juntamente con otras prebendas eclesiásticas. Tratándose de sangre real la bastardía no era indecorosa; era popular y la nobleza lo consideraba como su portavoz frente a los poderes extranjeros. Desoyendo la orden de trasladarse a Flandes, don Juan se dirigió a Barcelona, donde tenía muchos partidarios desde que aquella ciudad abandonó el partido de Francia en 1652. Salió de allí con una tropa pequeña pero suficiente, pues en España casi no había Fuerzas Armadas. La reina se resignó a dejar partir a su confesor.

Don Juan hubiera podido entonces suplantar a la reina, pero se contentó con aquel triunfo a medias y volvió a la Corona de Aragón. Doña Mariana, que experimentaba la necesidad de apoyarse en alguien, se encaprichó de un hidalgüelo, don Juan de Valenzuela, quien aprovechó la ocasión para reunir en poco tiempo una saneada fortuna. La declaración de mayoría de edad del rey al cumplir en 1675 los catorce años no cambió nada las cosas; su voluntad siguió supeditada a la de su madre, y la de ésta a Valenzuela. Un grupo de grandes de España se hicieron eco de la indignación general y apoyaron el levantamiento de don Juan José de Austria; esta vez salió de Zaragoza con alguna fuerza de caballería que se fue incrementando con voluntarios. El favorito fue desterrado, la reina madre confinada en Toledo y el rey niño, pelele sin voluntad, quedó al cuidado de su hermanastro, que durante tres años gobernó España en calidad de primer ministro, pero con autoridad absoluta.

Mientras estas minucias embargaban la atención de los españoles, en Europa ocurrían sucesos relevantes: la agresividad de Luis XIV, apoyado en el ejército más poderoso de su tiempo, se dirigió contra la república de Holanda; la invasión fracasó porque los holandeses rompieron los diques provocando la inundación de gran parte de sus tierras. La guerra entre Francia y una coalición europea en la que participaba España se prolongó hasta la paz de Nimega, que costó a España el Franco Condado (1678). Aquellos fieles vasallos que tantos servicios y tan buenos ministros habían proporcionado a sus soberanos sintieron amargamente la nueva situación de dependencia contra la que se rebelaron en vano. Al mismo tiempo moría prematuramente don Juan José de Austria. A su dictadura siguió la de otros personajes impuestos o respaldados por la nobleza, por los grandes, que constituían la verdadera autoridad, y hay que confesar que, si de este poder de facto los grandes sacaron provechos personales y una autoridad como nunca habían tenido, no trataron de usar de ella en perjuicio del Estado como sus antecesores medievales. Su fidelidad a la dinastía era absoluta. El duque de Medinaceli, primero, y el conde de Oropesa, después, llevaron las riendas.

1680 fue para España un año difícil por las irregularidades meteorológicas que causaron pérdidas de cosechas, sobre todo en la mitad sur de España, donde hacía estragos la peste. A estas calamidades se agregó una drástica devaluación de la moneda de vellón, medida necesaria y a largo plazo beneficiosa, pero que en los primeros años causó enormes trastornos, pérdida del poder adquisitivo de las clases más necesitadas y empobrecimiento general. No eran estos males exclusivos de España; en toda Europa, no repuesta aún de los desastres de la Guerra de los Treinta Años, se escuchaba el fragor de los combates. La causa era la desmedida ambición de Luis XIV, quien, insensible a los clamores de sus vasallos, endiosado en los esplendores de Versalles, multiplicaba las provocaciones, como la anexión de Estrasburgo. La revocación del edicto de Nantes, seguida de la emigración de muchos miles de protestantes, exasperó aún más a las potencias del Norte, lideradas por Guillermo de Orange. El destronamiento de Jacobo II de Inglaterra privó al rey francés de uno de los pocos aliados con que contaba. La Liga de Augsburgo unió contra él a casi toda Europa, incluyendo España, pero el papel que en aquellas largas y sangrientas guerras representó la contribución española fue reducido. Las cosas habían cambiado tanto que mientras en reinados anteriores la rama española ayudaba a la austriaca, ahora regimientos austriacos guarnecían Barcelona, que acabó cayendo en poder de los franceses en 1697. En ese mismo año Luis XIV, también exhausto de recursos, firmó la paz de Ryjswick devolviendo todas sus conquistas; España recuperó entonces Luxemburgo, varias ciudades de Flandes y la Cataluña invadida.

Si Luis XIV se resignó a firmar este tratado, que invalidaba los esfuerzos inauditos hechos en muchos años de guerra, no fue sólo por agotamiento, sino porque, entre tanto, había surgido otra cuestión que le interesaba en el más alto grado: la sucesión al trono de España. Cada vez era más evidente que el imperio europeo edificado por Carlos V y Felipe II no podría mantenerse por el agotamiento de la metrópoli; ya a comienzos del reinado de Carlos II se habían mantenido negociaciones secretas entre Francia, Inglaterra y Austria sobre un eventual reparto, y a los finales del mismo se insistió en la misma idea, pero esta vez abarcando la totalidad de la herencia de los Habsburgos españoles al confirmarse la esterilidad de su último representante. Carlos II casó en primeras nupcias con una infanta francesa, María Luisa de Orléans, que murió prematuramente sin sucesión. Le sucedió en el tálamo regio una alemana, Mariana de Neoburgo, con igual fruto negativo en cuanto a procurar a los reinos de España el anhelado sucesor. Entre tanto, la corte de Madrid era un hervidero de intrigas y el ambiente emponzoñado que se respiraba en el viejo alcázar de los Austrias se espesó aún más cuando el confesor del rey, de acuerdo con el inquisidor general, dieron crédito a los rumores de que los males del rey dimanaban de que estaba hechizado y llamaron a un experto en brujerías para que expulsara a los demonios que habían tomado posesión de su organismo. El episodio revela el grado de miseria moral e indigencia mental que reinaba en las clases más elevadas, pero hay que advertir que no sólo en España reinaba la más absurda credulidad; el arzobispo de Viena y el propio emperador Leopoldo se interesaron por el resultado de los exorcismos.

La salud declinante del infortunado rey comunicó a las cancillerías europeas una actividad febril. Los consejeros de Carlos II comprendían que la única manera de evitar una guerra internacional o un reparto del Imperio era nombrar un heredero que no fuera ni el emperador ni un príncipe francés; Carlos II designó a José Fernando de Baviera, pero una vez más la guadaña letal interfirió en el curso de nuestra historia; el bávaro murió y el definitivo testamento favoreció a Felipe de Anjou, nieto de Luis XIV. Terminaba así la carrera de los Habsburgos hispanos y se abría una nueva etapa en la historia de nuestra patria.

Capítulo VII
España y sus Indias

España tiene un puesto asegurado en los manuales de historia universal por su protagonismo en dos hechos capitales: su participación en la política europea en los siglos XVI y XVII y el descubrimiento y colonización de América. Pero mientras el primero, por mucho interés que suscite (lo demuestra el eco de los centenarios de Carlos V y Felipe II), es ya historia, pasado, el segundo sigue siendo un proceso vivo, en continuo desarrollo. Las colecciones de El Prado ahí están, como testigos de un pasado; no es previsible un incremento sustancial, pero el número de hispanohablantes aumenta sin cesar.

1492 fue un año clave; no fue, como anunciaban visionarios y milenaristas, el año del fin del mundo, pero sí el del fin de un mundo... y principios de otro basado en la realización de la unidad presentida. A este resultado se llegó por la colaboración de todo el Occidente, los hombres de pensamiento y los hombres de acción, cosmógrafos y cartógrafos, constructores de naves y audaces marinos. Las Canarias y las Azores eran jalones plantados en un océano que ya no inspiraba terror. La travesía del Atlántico era un hecho que en los aledaños del 1500 tenía que producirse; no era forzoso que a España le cupiera el honor y el provecho del Descubrimiento, pero tampoco fue un capricho del destino; disponía de una situación geográfica privilegiada, marinos avezados y personas que creyeron en las promesas de un genovés de pericia marítima excepcional y obtuvieron de unos monarcas reticentes que prestaran apoyo a su empresa.

Las reticencias de los reyes ante el proyecto colombino tenían sólidos motivos: estaban asediados por múltiples problemas, los razonamientos científicos alegados por Colón ante las juntas de expertos se basaban en datos erróneos y además el proyecto ponía en peligro las buenas relaciones con Portugal, tan celoso en cuanto a sus derechos de exploración en el espacio atlántico. Había otro motivo adicional: las pretensiones exageradas de Colón, cuyo espíritu era una mezcla de idealismo y de ambición insaciable; ambición de poder, de dinero, de promoción social. Contra lo que dice una leyenda tenaz, aunque posteriormente la Corona recortó las concesiones iniciales, porque tomadas al pie de la letra su familia, su dinastía, hubiera sido la más poderosa del mundo, cuando Colón murió era un hombre rico y considerado, y su descendencia enlazó con la más alta aristocracia de Castilla.

Los cuatro viajes de Colón mostraron su extraordinaria pericia en asuntos de mar y también su incapacidad como gobernante. El fin primordial que perseguía, abrir la ruta directa al Extremo Oriente, no se consiguió. Colón rechazó su mayor título de gloria; se negó hasta el fin a reconocer que había descubierto un continente, un Nuevo Mundo. La incertidumbre subsistió hasta que Núñez de Balboa atravesó el istmo de Panamá y avistó el Pacífico. Sin embargo, desde el principio se tuvo la intuición de que aquellas tierras nuevamente descubiertas no eran simplemente islas, archipiélagos como los que ya se habían descubierto en el Atlántico. El título *De Orbe Novo* empleado por el humanista Pedro Mártir de Anglería, la avidez con que en toda Europa se recibían las nuevas de las expediciones, la tempranísima fecha en que aquellos primeros y fragmentarios datos se añadieron a la cartografía tradicional heredada de Tolomeo revelan la sensación generalizada de que se estaba asistiendo a un giro decisivo en la historia de la humanidad. Se plantearon cuestiones de todo género que sacaban el problema del ámbito castellano y lo convertían en universal. Problemas científicos, puesto que quedaban en entredicho las bases tradicionales de lo que entonces se llamaba Filosofía Natural; problemas económicos, cuya magnitud no se hizo patente hasta que llegaron a España los tesoros capturados por las huestes de Cortés y Pizarro; problemas morales acerca de la unidad del género humano, la licitud de la Conquista, el trato a los indígenas... Desde el principio a España se le exigió una rendición de cuentas, y el proceso sigue abierto.

Caso quizás único en la historia, España se había adelantado haciendo una autocrítica lo bastante dura como para dar armas a sus adversarios. Los informes, las juntas especiales, las instrucciones a los virreyes, las leyes de Indias, revelan el interés de los gobernantes españoles por resolver el problema del trato a los indígenas con una generosidad que sorprende, con unos escrúpulos de conciencia que aún hoy, tras cuatro siglos de lucha por los derechos humanos y la igualdad de las razas, no son frecuentes. En teoría todo quedó en regla; en la práctica se corrigieron muchas cosas, pero los abusos subsistieron y en parte subsisten. De este debate interminable que ha hecho correr ríos de tinta apuntaré sólo algunos hechos: el dramático descenso de la población indígena se debió en los primeros tiempos a la violencia de los primeros colonos, que prácticamente dejaron vacías las Antillas; en Tierra Firme las responsables de las hecatombes demográficas fueron las enfermedades introducidas por los invasores y frente a las cuales el organismo de los naturales no tenía defensas. Aun así, se produjo una recuperación, origen de los importantes núcleos de nativos que subsisten en la América española y sólo en ella. En el terreno religioso, tan importante entonces, hubo fuertes restricciones para los indios y mestizos; prácticamente quedaron excluidos del sacerdocio; en cambio, declararlos exentos de las jurisdicción inquisitorial fue una ventaja inapreciable si pensamos en la suerte que corrieron en la metrópoli los conversos de judíos y musulmanes. Otra ventaja que los separaba de estas minorías: los indios tuvieron la consideración de cristianos viejos; eran *limpios de sangre,* aptos en principio para todos los honores. En principio, claro; en la práctica era otra cosa.

Sólo quien ignore la complejidad de la naturaleza humana puede escandalizarse de estas ambigüedades y contradicciones. Existieron desde el principio; el mismo Colón tenía rasgos de Shylock y otros de san Francisco de Asís. Los reyes de España se conmovían por los sufrimientos de los mitayos, pero no querían renunciar a la plata que extraían de las minas de Potosí (se podría añadir que mayores sufrimientos que los de los indios de Potosí sufrían quienes en Almadén extraían el mercurio necesario para el beneficio de la plata). El propio clero de Indias, de cuyas filas salieron enérgicos defensores de la justicia, no estuvo, ni mucho menos, libre de culpas en cuanto a la explotación de los indígenas. Por eso, nunca se cerrará un debate en el que ambas partes disponen de argumentos poderosos.

La prueba de la importancia que los Reyes Católicos dieron a los resultados (aparentemente modestos) del primer viaje colombino es la celeridad con que trataron de obtener los títulos jurídicos correspondientes. Las excelentes relaciones, basadas en un intercambio de favores muy productivo para ambas partes con el papa Alejandro VI, explican la concesión de las bulas alejandrinas que daban una cobertura legal a la impredecible expansión colonial de Castilla. Pero había un *tertius gaudens* con el que los reyes tenían un gran interés en mantener buenas relaciones: el monarca lusitano Juan II. Para no dañarlas se modificó la *línea de demarcación* indicada por las famosas bulas, llevándola hasta el meridiano situado 370 leguas al Oeste de la isla de Cabo Verde, con lo que quedaba en la porción atribuida a Portugal el nordeste del territorio de Brasil, descubierto poco después y abusivamente ampliado. El Tratado de Tordesillas, firmado en 1494, es, en cierto sentido, el más extraordinario que nunca se haya redactado. Por primera vez se consideraba el globo terrestre como un todo a efectos políticos y se repartía entre dos naciones su exploración y eventual dominio. No le faltaba razón al rey de Francia si es verdad que dijo que quería ver en qué cláusula del testamento de Adán se repartía la Tierra entre España y Portugal. Aunque las potencias del Norte trataron más tarde de asegurarse una parte del botín, el «Atlántico de los Ibéricos» fue una realidad durante tres siglos. Aunque el interés principal de los lusitanos se centraba en Asia y África, la unión peninsular de 1580 demostró cuánto beneficiaba a la Carrera aquella colaboración: las islas Azores eran un refugio y una etapa utilísima para los galeones en el viaje de retorno, mucho más peligroso que el de ida, y los puertos del Algarve (los «cabos») servían para ayudar a que las naves enfilaran con seguridad la bahía de Cádiz. No hubo problemas de límites con la América portuguesa hasta que en el siglo XVIII los portugueses se asomaron al Río de la Plata; sus establecimientos en Brasil estaban separados de los centros vitales de la América española por las inmensas soledades de la Amazonia.

Tampoco la ocupación territorial interesó mucho a las demás potencias europeas. De las Indias les interesaba el comercio, las ganancias. Ingleses y franceses tomaron pie en el Nuevo Mundo más bien por iniciativas particulares que por acciones estatales. Todavía en el siglo XVIII, cuando ya podía hablarse de una América inglesa y otra francesa, Voltaire encontraba absurdo que ambas naciones se enfrentaran (refiriéndose a Canadá) «por unas arpentas de nieve». Los reyes de España sí se interesaron por la dimensión política de las Indias desde el principio, aunque sólo desde Felipe II se generalizara la orgullosa expresión *Hispaniarum et Indiarum rex,* cuya matriz simbólica fue el *Plus Ultra* de Carlos V. Es verdad que ningún rey español visitó sus dominios de Indias y se explica: era un viaje incómodo y arriesgado. Se comprende menos que las Indias no se mencionen en los testamentos reales. Incluso reyes tan aplicados, tan al corriente de los problemas de sus dominios como Felipe II y Felipe IV dependían de los dictámenes del Consejo de Indias, y en él confiaban para que aquellos inmensos dominios, además de ser una fuente de ingresos, estuvieran bien administrados. Su área de competencia era inmensa, porque el rey, a sus obligaciones como soberano secular, unía las de orden eclesiástico en virtud del Derecho de Patronato que les concedió Alejandro VI y que los papas sucesivos respetaron muy a regañadientes. Este Patronato de la Iglesia de América les producía, desde el punto de vista económico, más pérdidas que ganancias, pero reforzaba enormemente la autoridad real, lo mismo frente a los indígenas que a los funcionarios españoles. Más de una vez a un arzobispo se le encargaron las tareas de virrey. Después de que Felipe II diera orden de suspender las acciones de conquista, los límites del Imperio Indiano se extendieron gradualmente por la expansión misional.

Los citados límites eran imprecisos; eran o se consideraban tierras de nadie territorios vastísimos; se tomaba posesión de espacios que luego se abandonaban sin dejar más huellas que algún fuerte o alguna misión; se hacían alianzas con tribus que luego resultaban hostiles. Salvo en ciertas regiones concretas, la presencia española en aquellas inmensidades estaba constituida por una serie de islotes separados por desiertos, montañas o bosques impenetrables; no era raro que el viajero se encontrara en plena naturaleza virgen a pocas jornadas e incluso a pocas horas de salir de una ciudad importante. Produce asombro que en estas condiciones, con unos medios de locomoción limitadísimos, la administración española consiguiera controlar tan extensos territorios y ampliarlos incesantemente, porque en el siglo XVII el área más o menos controlada casi duplicó la del XVI, y en el XVIII volvió a duplicarse, abarcando desde Alaska hasta la Araucanía, es decir, toda la fachada del Pacífico, con prolongaciones insulares que llegaban hasta Filipinas. En la vertiente atlántica la presencia española era débil, discontinua; no pudo impedir ni el filibusterismo ni la ocupación permanente de islas y zonas continentales por extranjeros. El repliegue español hacia el interior, hacia las zonas andinas, se explica porque allí estuvieron las altas culturas que habían conquistado y reemplazado. Esa situación tenía la ventaja de ser inaccesible a los extranjeros, pero su escasa presencia en la costa atlántica y la progresiva implantación de enemigos en sus islas hizo muy peligrosa la estancia en las comarcas litorales y los regresos de las flotas. La construcción de fortificaciones en los puntos más amenazados aliviaron las amenazas sin disiparlas.

La insuficiente ocupación del suelo provenía de dos causas: el dramático descenso de la población indígena, descenso provocado por varios factores y que llevó la curva de población a su punto más bajo en la primera mitad del siglo XVII, y el reducido volumen de la inmigración española. El gobierno español, en algunos casos concretos, gestionó el envío de algunos pocos centenares de pobladores (generalmente canarios) a algún sector vital desguarnecido, pero la política dominante no era animar, sino restringir la emigración para no agravar el déficit demográfico de España. Se patrocinaba una emigración escasa y de buena calidad; cada emigrante tenía que hacer una información previa en la Casa de Contratación de Sevilla. En el Archivo de Indias se conservan unos 150.000 expedientes de emigrantes. Por supuesto no están todos; hay lagunas en varios años; hubo funcionarios dispensados de trámites y, sobre todo, hubo mucha emigración clandestina que utilizaba variados métodos; el más corriente, enrolarse en la flota como soldado o marinero y desertar una vez llegado a Indias. Pero tengo razones para creer que el total de los españoles que se establecieron en las Indias, descontados los retornos, debió superar poco los 300.000, es decir, una media de un millar por año, superada ampliamente en las décadas iniciales, pero no alcanzada en el siglo XVII. Es verdad que la mayoría de los emigrantes eran personas jóvenes, en edad de procrear, pero la causa principal de la despoblación de España no fue la emigración a Indias, sino la mortalidad extraordinaria motivada por las epidemias.

Asombra considerar que un número tan modesto de emigrantes pudiera cambiar de modo sustancial la fisonomía de un continente entero. Aunque llegaban pocos se multiplicaban más que en su tierra nativa; la proporción inicial de blancos fue creciendo y al par la de mestizos. Gracias a ello y a la importación de esclavos africanos los siete millones de habitantes que se calculan para la América española a comienzos del siglo XVII pudieron llegar a diez millones al término de dicha centuria. ¡Menos de los que hoy tiene la sola ciudad de México! El índice de urbanización era bastante alto para lo que entonces era común y para el tipo de economía predominante; la ciudad hispanoamericana, como la romana (no es el único rasgo común entre ambas) era un centro de poder ante todo: de poder político y de poder religioso. Pero también centro comercial y núcleo residencial de la clase dominante. Muchos grandes propietarios, a más de su residencia en la *hacienda,* tenían sus *casas principales* en la ciudad. Dominaban el campo como señores cuasifeudales y la ciudad a través de sus cargos en el municipio. Estrellas de esta constelación urbana eran, ante todo, México y luego La Puebla, Lima, El Cuzco, Potosí... y tantas otras. México, con cien mil habitantes, era la tercera ciudad del Imperio, compitiendo con Sevilla, inferior sólo en población a Nápoles. En todas ellas una reglamentación urbanística dictada desde la metrópoli e inspirada en el modelo castellano (plano ortogonal, gran plaza central) ha impuesto un aire de familia, visible aún, en el casco antiguo de lo que hoy son inmensas metrópolis.

En las Indias, como en España, el municipio fue la pieza esencial del sistema político y social por la amplitud de sus competencias. También el municipio americano resultó falseado por la aristocratización y la venta de cargos en detrimento de la savia popular. En ambos casos hubo una mezcla de tutela y diálogo, una colaboración estrecha entre las autoridades reales y las municipales. Fue uno de los aspectos esenciales del empeño de hacer de Indias una réplica de la vida y las instituciones de Castilla, y produce admiración que en unas circunstancias tan diversas esa identificación se consiguiera en un porcentaje bastante elevado. Como es lógico, la monarquía trató de ampliar unas atribuciones que en la metrópoli tenían limitaciones tradicionales; por ejemplo, en Indias no hubo cortes, no tuvieron los reyes que lidiar con los representantes de las ciudades para conseguir tributos, y, sin embargo, en la práctica, la presión de la autoridad real fue menor, no sólo por la distancia, que dificultaba el control, sino por el temor a suscitar reacciones, protestas, levantamientos. El recuerdo de la reacción de los encomenderos a las Leyes Nuevas protectoras de los indígenas no desapareció nunca de la mente de los gobernantes; por eso se dio la paradoja de que los súbditos de América, más indefensos legalmente ante el poder real que los de España, estuvieran menos sobrecargados. Esa misma tolerancia, que casi podríamos llamar impotencia frente a las oligarquías española (emigrados recientes) y criolla (españoles nacidos en América), fue también la causa de que los derechos de los indígenas no fueran defendidos con la eficacia que expresaban las leyes. Recordemos de paso un hecho bien conocido: la administración española luchaba con la complejidad de tener que gobernar simultáneamente, y guardando a cada una sus derechos, la «república de los españoles» y la «república de los indios», protegiendo la segunda, que era la más numerosa y, a la vez, la más débil, armonizando intereses, arbitrando diferencias. Una tarea que no preocupó a los gobernantes ingleses y franceses en sus propias colonias.

Era una tarea difícil, porque se trataba de armonizar dos mundos donde, a pesar de la rapidez con que se produjeron fenómenos de integración, esas dos culturas seguían siendo distintas. Cuando las carabelas de Colón arribaron a playas americanas atravesaron una especie de túnel del tiempo, pusieron en contacto dos mundos que habían evolucionado por separado y el choque fue brutal; creencias, alimentación, tabúes morales (el nudismo inocente fue una de las cosas que más chocaron a los descubridores), todo era distinto. Mejor o peor; son categorías subjetivas. Pero, en cuanto a la eficiencia, la duda no es posible; hubo en América altas culturas que, en muchos aspectos, admiraron a los conquistadores; la visión de Tenochtitlán, la capital del Imperio Azteca, dejó a los hombres de Cortés tan asombrados que se preguntaban si no estaban soñando. Las rutas de los incas, El Cuzco, las ruinas de los monumentos mayas, también les proporcionaron motivos de admiración. Pero las culturas indígenas, incluso las más avanzadas, adolecían también de carencias gravísimas; prácticamente estaban en el Neolítico, porque el uso de los metales se limitaba a aspectos suntuarios. La productividad laboral era bajísima, porque se basaba sólo en el esfuerzo humano; el aprovechamiento de las energías naturales era casi nulo. La panoplia de alimentos era poco variada; aunque América dio a Occidente algunos tan fundamentales como el maíz, el tomate y la patata, fueron muchos más los que recibió, tanto en el reino animal como en el vegetal. La riqueza ganadera, tanto en el aspecto alimenticio como en el del aprovechamiento económico, era muy reducida. La estampa del porteador agobiado bajo el peso de los fardos era tan ordinaria en la América prehispánica como en África. Es indudable que estas inferioridades técnicas, por no hablar de factores psicológicos, que también existieron, explican la rapidez de la Conquista y el derrumbamiento de poderosos imperios ante el ataque de un puñado de aventureros; aunque su intrepidez era sin igual, sin las cargas de caballería y el estampido de los arcabuces no se hubieran producido hechos tan sorprendentes.

La Conquista no fue un «efecto sorpresa» del que los vencidos pudieran recuperarse, como ha ocurrido en las relaciones entre los europeos y las culturas del Asia oriental; cuando se quiere atenuar la violencia de aquel choque entre las dos mitades del Orbe refiriéndose a un «encuentro de culturas» se esquiva la disimetría resultante del choque entre un cuerpo grande, pero inerte, y otro mucho más pequeño, pero muy denso y animado de una energía cinética tremenda. El resultado es que América se ha occidentalizado en profundidad, mientras que Europa se ha americanizado sólo en aspectos concretos no esenciales. La administración española quiso trasplantar al otro lado del océano una sociedad hispana que fuera imagen y prolongación, mejorada si fuera posible, de la peninsular. Respecto a los cambios que había que introducir en las sociedades indígenas, el Estado español sólo se mostró intransigente en el aspecto religioso, y lo consiguió sin tener que recurrir a un alto grado de violencia; claro está que el abandono de los viejos ritos implicaba cambios muy importantes, sobre todo en el ámbito de la sexualidad y la familia. Los aspectos externos, festivos, el amplísimo campo de la religiosidad popular, fue aceptado por los indígenas no sólo de buena voluntad, sino con entusiasmo y muchas aportaciones propias. España, como es lógico, no tomó nada de las religiones indígenas y sólo algunos detalles, algunas advocaciones del Cristianismo de ultramar: Virgen de Guadalupe, Cristo de Maracaibo...

Los reyes de España tenían motivos para sentirse satisfechos por los progresos de la evangelización y trataban de cumplir celosamente sus deberes como patronos de la Iglesia de América. Pero también querían sacar provecho material de las tierras descubiertas. Desde el punto de vista económico, el Descubrimiento fue desde el principio una empresa rentable. Conocemos el costo de la primera expedición colombina: unos dos millones de maravedises, de los cuales Colón aportó 250.000 que le prestaron el duque de Medina Sidonia y un banquero genovés. De suerte que por una cantidad que podría equivaler a doscientos millones de pesetas actuales, España adquirió un mundo. Su conquista y exploración tampoco la sufragaron los reyes; firmaban *capitulaciones,* o sea, contratos con particulares que ponían el dinero y el riesgo para descubrir y conquistar territorios; si la empresa fracasaba los firmantes perdían su dinero y a veces su vida; si tenía éxito, el monarca, que no había arriesgado nada, además de la soberanía, debía recibir el quinto del botín, más los tributos ordinarios que se pagarían en los territorios nuevamente adquiridos.

Desde el principio los reyes tuvieron claro que los territorios de Ultramar debían rendir un excedente; les interesaban como estímulo de la economía castellana, pero más aún como refuerzo de una Real Hacienda en perpetuo déficit; don Fernando era sensible a los argumentos de los religiosos que defendían a los indios antillanos de la voracidad de los colonos, pero también quería que la corriente de oro que llegaba tan oportunamente de las Indias no se interrumpiera. También obtuvo dinero vendiendo a los penitenciados por la Inquisición *habilitaciones*, o sea, dispensas de la prohibición de comerciar con Indias.

Carlos V también se interesó por los problemas morales que planteó el Descubrimiento, pero mucho más por los caudales de Indias, que le eran indispensables para sus empresas. Fue el primero que recurrió a métodos arbitrarios que hicieron mucho daño al comercio, pues en varias ocasiones, no contento con los caudales que llegaban para su hacienda, ordenó la incautación de la plata de particulares indemnizándolos con *juros*, o sea, con títulos de la Deuda que entonces eran apreciados, pero este arbitrio restaba liquidez a los mercaderes y originó sonadas quiebras. Felipe II y Felipe IV, aunque conocían el daño que hacían los secuestros de plata, también recurrieron a ellos en momentos de máximo apuro.

El oro quedó en segundo puesto cuando los españoles trasladaron su actividad de las exhaustas Antillas al continente. Todavía en los botines gigantescos obtenidos en México y Perú había grandes cantidades de oro, pero el centro de gravedad se fue trasladando a la plata, mucho más abundante; plata del mítico cerro del Potosí, reforzado cuando empezó a dar señales de agotamiento por la de Zacatecas y otras ciudades del norte de Nueva España. Las casas de moneda de España, y luego también las de Indias (España fue el único país que autorizó a sus colonias a acuñar moneda), inundaron el mundo entero de *pesos* con la efigie de los monarcas hispanos y con una ley tan elevada que incrementó el contrabando; de una barra de plata de la que en España se acuñaban mil pesos en Génova o Florencia sacaban mil doscientos. Parece que esto respondía a una política de prestigio; en Europa lo que se apreciaba tradicionalmente eran las monedas de oro. El gobierno español consiguió que se prestigiaran las de plata, que la recibieran como paga los mercenarios y como dádiva los ministros venales de las potencias extranjeras. Pero esta política de prestigio costó muy cara. Es sabido que del real de a ocho (que los franceses llamaban *piastra*) derivan el *taler* alemán y el dólar que hoy señorea la economía mundial.

Para interpretar correctamente estos hechos conviene no perder de vista la escala de magnitudes. Desde el punto de vista económico, material, aquél era un mundo pequeño. Ya hemos dicho que en tres siglos no pasarían a Indias más de trescientos mil españoles; en general, la emigración transoceánica europea no tomó gran volumen hasta fines del siglo XIX. Lo mismo sucede con las mercancías; las que transportaba una flota entera en el reinado de Felipe II cabrían hoy holgadamente en un mercante de modesto tonelaje; las trece o catorce mil toneladas que hoy constituyen la producción mundial de plata cada año equivalen, poco más o menos, a toda la que España recibió en el siglo XVI.

En este mismo orden de cosas nos explicamos la importancia de Sevilla en la economía española e incluso en la economía mundial. Su elección como punto privilegiado del comercio de Indias no era fruto del capricho o el azar, respondía a las ideas mercantilistas de la época y a una serie de factores naturales y humanos. No alcanzaba Sevilla los cincuenta mil habitantes en la época de los Reyes Católicos y ya era un centro financiero de gran importancia; en su Casa de Moneda se acuñaba más oro que en ninguna otra de Europa, oro africano procedente de Níger y el Sudán que llegaba por vía marítima o a través de caravanas. La presencia de genoveses era síntoma de que allí se hacían buenos negocios. También había representantes de mercaderes castellanos y pilotos vascos, presentes también en Cádiz, que funcionaba como antepuerto de Sevilla. En la costa de Huelva y Cádiz abundaban los marinos, pescadores, gente avezada a los riesgos y ganancias que podían obtenerse en el triángulo atlántico situado entre España, Marruecos y Canarias. Era también el lugar de donde arrancan los vientos alisios en dirección al Este, al Atlántico.

Éstos son los factores que tuvo en cuenta Colón para elegir a esta comarca como base de partida de sus viajes, y ellos explican también la designación de Sevilla como centro del monopolio del comercio indiano; allí se creó en 1503 la Casa de Contratación, que fue órgano institucional para todo lo referente al comercio de Indias, institución científica para formación de pilotos, construcción de instrumentos y elaboración de mapas, y órgano judicial, con tribunal y cárcel propia. Sus interlocutores eran, de una parte, el Consejo de Indias; de otra, el Consulado de Mercaderes, creado sobre el modelo del de Burgos en 1543. Quizás el retraso se debió a que al principio la monarquía no tenía muy claro de qué forma debía organizar el comercio de Indias; los reyes portugueses habían concebido el de las Indias orientales como un monopolio estatal, pero los de España se decidieron por entregarlo a los particulares, reservándose unas medidas de control que hoy pueden parecer demasiado estrictas, pero que justificaban las circunstancias. Tanto las mercancías como las personas que pasaban a Indias debían ir a Sevilla, donde las registraba la Casa de Contratación y las mercaderías pagaban los derechos de almojarifazgo (Aduana). La inseguridad que reinaba en el Atlántico obligó a organizar convoyes de *merchantas* protegidos por otros navíos mayores y con más artillería, los *galeones*.

El monopolio de Sevilla atrajo a esta ciudad inmigrantes de todas partes y de todo género: negociantes, artistas, servidores, gente del hampa... Era la Sevilla bulliciosa y colorista que conoció Cervantes. Pero debemos seguir teniendo presente la relatividad de las cifras: la ciudad pasó de 50.000 a 120.000 habitantes en setenta años, crecimiento que hoy parece harto modesto pero que entonces la puso en el segundo lugar entre las ciudades del Imperio (la primera en número de habitantes era Nápoles), casi al par de Londres, la mitad que París, pero superando a Madrid e, incluso, a Roma. Rellenó los huecos que había en su casco antiguo, desbordó en arrabales, construyó edificios magníficos, pero (otra limitación digna de señalarse) de aquella burguesía dedicada al comercio de Indias nos han quedado algunas magníficas residencias que albergaban a los dueños y a los elementos de su negocio sin llegar a ser auténticos palacios como los de Venecia o Florencia. Los auténticos palacios sevillanos pertenecían a la aristocracia, a linajes que los habitaron durante siglos.

No era éste el caso de la burguesía mercantil sevillana, que cultivaba un negocio azaroso y que nunca fue una casta cerrada; aunque la intención de la Corona era reservar ese negocio a los *naturales*, no les fue difícil a italianos, franceses, ingleses y flamencos introducirse en el negocio directamente o por medio de representantes. También obtuvieron una elevada cuota de los beneficios los *peruleros*, los comerciantes que llegaban del Perú para comprar directamente los géneros en Sevilla. Era, pues, el Consulado de Sevilla una corporación muy abierta. «Pobres y ricos cargan, y cargando destruyen ambas repúblicas», la de España y la de Indias, escribía Tomás de Mercado, un fraile que conocía muy bien los entresijos de aquel comercio. El sistema de los convoyes escoltados resultó eficaz; sólo tres veces en tres siglos los enemigos capturaron una flota entera; pero el sistema resultaba caro, y para costear la armada de la Guarda todos los interesados debían pagar un derecho de *avería* que garantizaba una defensa eficaz, pero nada podía hacerse contra los huracanes, muy frecuentes en el mar caribeño. La mayoría de las catástrofes se producían en el viaje de regreso, entre Veracruz y La Habana. Aquellos fondos marinos están sembrados de restos de galeones y naos merchantas. También hay muchos a la entrada del Guadalquivir a causa de la *barra* de arenas movedizas y el insuficiente calado del río.

El negocio en sí también era arriesgado; dependía de los precios de venta que tuvieran los géneros en los puntos de destino, Portobelo en el istmo y Veracruz en Nueva España. Los comerciantes trataban de crear una situación de escasez para vender a precios elevados; muchas veces lograban retrasar la salida de las flotas contra los deseos del gobierno, impaciente por recibir los metales preciosos. La carga de mercancías que se hacía en Sevilla y se completaba en el golfo de Cádiz se componía de dos ramos: *frutos* y *ropa;* los primeros eran productos agrícolas, sobre todo vinos; la *ropa* esencialmente eran tejidos y también otros productos industriales: relojes, quincallería, etc. Los frutos eran siempre suministrados por España, más concretamente, por Andalucía; tenían en Indias un consumo asegurado y no planteaban problemas a los mercaderes. No así la *ropa,* que en lo fundamental eran tejidos de alta calidad. Aquí fue evidente el fallo de la industria española, desbancada por la extranjera, más variada, de más calidad.

Su mercado era restringido; se equivocan los que creen que en América había millones de clientes; los compradores de aquellos artículos caros y lujosos eran los blancos y el reducido número de indios ricos y asimilados. Los mercaderes también tenían que acertar con los géneros que tenían mejor venta. Si todo salía bien, el mercader podía ganar una fortuna en un solo viaje, pero si su cargamento se iba a pique, si tenía mala venta, si el gobierno se incautaba de su dinero al regreso, podía perder su crédito y su fortuna. Los más avispados, cuando habían reunido un buen capital compraban tierras, oficios públicos, fundaban un mayorazgo, se retiraban de un negocio tan peligroso. Había una rotación continua: unos salían del negocio, otros entraban; pocos apellidos se mantenían muchos años en las listas del Consulado. La falta de liquidez era crónica en Sevilla; casi todo el negocio se hacía a crédito y pagando seguros elevados; tanto, que a veces los mercaderes preferían encargar misas y ¡que sea lo que Dios quiera! Cuando se acercaba la fecha del regreso de las flotas la inquietud era enorme; se percibe incluso en las cartas de santa Teresa, que financió alguna de sus fundaciones con el dinero que le enviaban sus hermanos desde América. Apenas la Casa de Contratación entregaba a los mercaderes su plata se apresuraban a acuñarla para pagar sus deudas; durante un par de meses en la Casa de Moneda se trabajaba a un ritmo febril; después, los monederos regresaban a sus tareas habituales y quedaba sólo la plantilla fija; las monedas salían a Madrid, a Italia, a Flandes; a la *largueza* seguía la *estrecheza;* no había grandes capitales que sirvieran de volante regulador ni bancos que ofrecieran sólidas garantías; el último quebró en 1601 en un ambiente de corrupción generalizada. Se explica, pues, que la Carrera, a pesar de ser el mayor negocio que había entonces en Europa, no produjera ni grandes palacios ni dinastías comerciales de larga duración.

Estos fallos, que podemos llamar estructurales, de la Carrera de Indias se fueron agravando a lo largo del siglo XVII por una serie de factores: se intensificó el contrabando extranjero con la cooperación de una población insuficientemente aprovisionada desde España, y la implantación de extranjeros en islas próximas al continente facilitaba las ventas fraudulentas; el Tratado de Westfalia reconoció a los holandeses la posesión de Curaçao; Inglaterra hizo legalizar en 1670 la ocupación de Jamaica; el Tratado de Ryswick atribuyó a Francia varias de las Pequeñas Antillas. Y, al margen de la ley, filibusteros y bucaneros merodeaban por aquellos mares. De otra parte, el desarrollo, la recuperación de las Indias, en vez de favorecer el comercio español lo perjudicaba en la medida en que reclamaba más dinero para sus propias necesidades y se hacía capaz de abastecerse a sí misma. El tonelaje de las flotas empezó a bajar desde 1600 y el descenso se aceleró desde 1620. A la vez aumentaba el fraude, tanto en la carga de las mercancías como en la declaración de la plata, con lo que no sólo se perjudicaba la Real Hacienda, sino el fondo de la Avería; cuantos menos contribuían, más pesada era la carga de los que declaraban. Tan grande llegó a ser el fraude que en 1660 el impuesto ordinario se sustituyó por una cantidad fija que debían pagar los consulados y la Real Hacienda para costear la armada de la Guarda.

Si los particulares defraudaban, los almirantes y los oficiales reales no les iban a la zaga. El almirante Díaz Pimienta ganó en dos viajes una inmensa fortuna abarrotando sus galeones de mercancías sin declarar. Los funcionarios de la Casa de Contratación, a quienes llegó a deberse hasta dos años de salario, se entendían con las autoridades del Consulado para burlar las leyes. Sevilla resultó muy perjudicada con este deterioro. La navegación por el río era cada vez más precaria y cuando el tamaño de los buques creció, aunque en proporciones modestas (las naos merchantas solían tener 300 o 400 toneladas; los galeones llegaron a crecer hasta mil), cada vez se cargó más en los antepuertos, lo que favorecía el fraude. Lentamente, la carga y descarga de mercancías se trasladó a Cádiz y los mercaderes, aunque de mala gana, tuvieron también que cambiar sus residencias. La salida de las flotas se fue espaciando cada vez más. En principio debían salir cada año dos, una a Tierra Firme y otra a Nueva España, y aunque este esquema se incumplió con frecuencia nunca como en la segunda mitad del siglo XVII; en total salieron 25 flotas a Nueva España y 16 a Tierra Firme.

Hay, sin embargo, muchas incógnitas todavía sin resolver en cuanto al volumen del comercio y la cantidad de plata recibida en el reinado de Carlos II; parece que la reducción del tonelaje estuvo compensada con el mayor valor de las mercancías embarcadas; disminuyeron los *frutos* y aumentó la *ropa,* es decir, los vestidos caros y lujosos con destino a los altos funcionarios, los estancieros, los mineros y, sobre todo, sus mujeres, cuya afición al lujo provocativo era denunciada por los predicadores. El contenido exacto de los cargamentos se desconoce porque los cargadores siempre se opusieron a que los funcionarios inspeccionaran los fardos, pero esta oposición victoriosa demuestra dos cosas: que el valor de los envíos seguía siendo grande y que los mercaderes tenían mucha influencia, respaldada, en el caso de los franceses, por la amenaza del empleo de la fuerza. Luis XIV llegó a destacar una poderosa flota para que vigilara en aguas de Cádiz que no se agraviara a sus súbditos. La administración española, incapaz de controlar el fraude, recurrió con frecuencia al procedimiento del *indulto;* se ajustaba el pago de una cantidad con los presuntos defraudadores: 700.000 ducados para la flota y galeones de 1660, medio millón en 1695 para permitir embarcar géneros de Francia, a pesar de la guerra existente entre ambas naciones, dos millones y medio en 1692 como compensación a las irregularidades cometidas en la flota del marqués del Vado...

Pero estas cantidades, aunque elevadas, eran poca cosa para las necesidades apremiantes de la monarquía, y como no se atrevían a imponer en Indias nuevos tributos, continuó la perniciosa práctica de la venta de cargos. Se llegó en este punto a extremos nunca antes alcanzados; los cargos de almirantes y generales de las flotas se daban a los que se ofrecían a adelantar las cantidades necesarias para su apresto; sólo en el año 1687 se *beneficiaron,* según la terminología de la época, 75 cargos en el virreinato del Perú, entre ellos el gobierno de Popayán por 6.000 escudos y el corregimiento de Oruro por 4.000. Por un beneficio momentáneo la Real Hacienda se obligaba a sufragar un gasto permanente. Al final del siglo se vendieron incluso los cargos de virreyes: el conde de Cañete compró el del Perú por 250.000 pesos.

No es, por tanto, posible fijar con exactitud la contribución de los caudales de Indias a la política de los Austrias (y más tarde de los primeros Borbones) por su carácter irregular y variable. Quizá se ha exagerado en este punto y habría que desmitificar o reducir a sus justas proporciones la afirmación, tantas veces repetida, de que las Indias suministraron los caudales necesarios para la edificación del Imperio; su ayuda fue importante, pero el esfuerzo principal recayó sobre los reinos de Castilla. El contador Tomás de Aguilar cifraba en un 11,30 por ciento los ingresos procedentes de América llegados entre 1621-1640 para la Real Hacienda sobre el total de los ingresos de los reinos de Castilla, y creo que ese porcentaje no se apartaría mucho de la realidad en un cálculo global. ¿Por qué se le daba entonces tanta importancia a los caudales de Indias y se relacionaba con ellos el poderío, la hegemonía de la monarquía española? Las razones esenciales eran dos: suministraban excelentes monedas de plata y oro, mientras los tributos castellanos solían recaudarse en vellón, una moneda depreciada, sin curso fuera de España; segunda razón, ésta de orden interior: por su propio carácter, esos ingresos de Indias no eran enajenables, la Hacienda podía disponer de ellos cuando casi todos los demás ingresos estaban ya vendidos. Lo cierto es que cuando ya en España faltaba dinero para lo más indispensable seguían enviándose buenos cargamentos de reales de a ocho a Flandes y a Viena; el emperador recibió así una inestimable ayuda para recuperar Buda de los turcos y con la conquista de Hungría reforzó enormemente el poder de la cristiandad. El contraste era grande con la actitud anticristiana y antieuropea de la política de Luis XIV, quien, por odio a la Casa de Austria, favorecía a los turcos, como ya lo había hecho Francisco I.

La impresión que saca el lector de tantos hechos, muchas veces contradictorios y confusos, no puede ser clara ni rotunda. Al mismo tiempo que la administración española demostraba debilidad e incompetencia daba a luz (1680) la *Recopilación de Leyes de Indias*, el cuerpo legislativo más completo y avanzado para su tiempo. Sus 6.377 leyes recogían con un espíritu muy avanzado para la época todas las materias de gobierno referentes a una sociedad multirracial con un espíritu de justicia que no hallamos en la legislación colonial de otros países. El grado de aplicación de las leyes ya es otro cantar. Si la labor de España en América sigue y seguirá provocando los más divergentes juicios se debe, en buena parte, a motivos subjetivos: al espíritu nacionalista, la especialización de los historiadores en materias diversas, con escaso grado de comunicación entre ellos, la dificultad de sintetizar y enjuiciar tantos acontecimientos diversos y con frecuencia contradictorios; cada uno puede encontrar hechos que abonan sus tesis particulares. La polémica, pues, no cesará nunca, y es bueno que así sea siempre que se prosiga con buena voluntad y respeto a las posiciones del adversario. Sobre las conquistas de Cortés y Pizarro nunca habrá acuerdo: unos verán en ellas sólo el producto de la avaricia y la crueldad humana; otros, ejemplos inmortales de heroísmo y pasos decisivos para la unificación del mundo bajo los valores del Occidente cristiano. Pero nadie podrá negar que fue un hecho positivo la introducción de la imprenta en el Nuevo Mundo por la empresa sevillana de los Cromberger en 1540, o la profusión de centros de estudios superiores que ya existían en la América española cuando en 1636 se fundó la Universidad de Harvard. Tampoco podrá negar nadie que haya recorrido aquellas tierras la impresión que produce la multitud de soberbios edificios que en aquellas latitudes reproducían los estilos arquitectónicos recién creados en Europa, exornados, ya con obras importadas del Viejo Mundo (hubo artistas como Zurbarán y Martínez Montañés que dedicaron gran atención al mercado americano), ya con productos de artistas locales. Y la floración de una literatura hispanoamericana que desde entonces siempre ha sido rica en ingenios.

Si los pueblos ibéricos se interesaron con mucha anticipación sobre los otros pueblos europeos por la exploración oceánica y la comunicación con otros pueblos y culturas, es lógico que sobre ellos recaiga la gloria de ser los artífices de la unificación del globo terrestre, con inmensas repercusiones científicas, morales y económicas. No se valora lo suficiente el descubrimiento de la inmensa vastedad del Pacífico, a la vez como rasgo fundamental de la estructura de nuestro planeta y lugar de encuentro de culturas diversas. El encuentro de portugueses y españoles tras recorrer distancias casi iguales, los primeros tras larguísimos periplos por las costas africanas y asiáticas hasta Goa, Timor, Macao y la isla Formosa; los españoles, dirigidos por el lusitano

Magallanes, a través del dédalo de islas que forman el estrecho de su nombre y la inacabable travesía durante la cual halló la muerte y fue sustituido por Elcano. El objetivo común eran aquellas míticas Islas de las Especias, productoras de un artículo entonces muy valorado. No estaba claro a quién pertenecían las islas Molucas según el reparto acordado en Tordesillas; Carlos V, más interesado por sus empresas europeas que por aquellas remotas inmensidades, vendió a los portugueses sus presuntos derechos por cincuenta mil ducados (luego se comprobó que estaban en la zona portuguesa).

Tocaron también navegantes españoles el norte de Australia (Estrecho de Torres). Ni Pedro Fernández de Quirós, que había partido del Perú en 1595, ni Luis de Torres consiguieron apoyo de la exhausta monarquía para explorar aquel continente. El nombre que le dieron *(Austrialia del Espíritu Santo)* puede aludir más bien a la Casa de Austria que a su situación geográfica.

La base española con verdadero porvenir en Extremo Oriente fue Filipinas, así nombrada en honor de Felipe II. Se consideraba una prolongación de las Indias y se administraba por el Consejo de este nombre. Los contactos de Filipinas con China y con los portugueses (contactos oscilantes entre la rivalidad y la colaboración) materializaron la unidad terrestre por primera vez en la historia; el áureo cruzado y el argénteo real de a ocho eran los símbolos de la duplicidad que siempre acompañó a las empresas de los ibéricos. Los portugueses llevaban las especias hacia el Oeste; los españoles traían de China sederías y porcelanas para América y España a través de la nao de Acapulco, que partiendo de este puerto mexicano cerraba el círculo llevando al Extremo Oriente la plata americana. También llevaba la fe de Cristo (predicadores, mártires) con éxito global reducido, pero con una sólida implantación en el archipiélago filipino.

Ir a Filipinas era entonces casi lo mismo que ir hoy a la Luna; un terrible viaje que duraba años. En la mayoría de los casos un viaje sin retorno. Imposible enviar colonos; a Filipinas sólo fueron funcionarios, frailes y algún que otro mercader. La única ciudad con sello hispano era Manila, cuyo casco antiguo fue destruido en la Segunda Guerra Mundial. En estas circunstancias no es de extrañar que la huella hispana en Filipinas sea débil; la lengua castellana es hoy un residuo que tiende a desaparecer. Tanto más sorprendente es la vitalidad del Cristianismo que allí llevaron los misioneros y que observan la gran mayoría de los filipinos; son sesenta millones, el 80 por ciento de los cristianos de toda Asia. La frontera con el Islam está en las islas meridionales de aquel archipiélago. Es una frontera *caliente* y de gran relieve cultural, pues la diferencia religiosa lleva consigo grandes contrastes en cuanto a régimen familiar, tabúes alimenticios, solidaridades internacionales, concepto del mundo y de la vida; lo que confiere al pueblo filipino una personalidad con rasgos diferenciados entre los de Extremo Oriente.

Capítulo VIII

El cambio dinástico y la Ilustración

Con diversos matices, la Ilustración abarcó toda Europa y cada nación expresó la idea en su propio idioma: Luces, *Lumiéres, Illuminismo, Aufklärung*... Falta el equivalente tópico en inglés, aunque Inglaterra fuese en gran medida el padre de la criatura, con una diferencia esencial: en Inglaterra no existía el Absolutismo Ilustrado, que era elemento esencial en la Ilustración en la Europa continental. Es un ejemplo de la complejidad del fenómeno. La famosa definición de Kant: «Ilustración es la manifestación del espíritu que osa pensar por sí mismo», se refería a los aspectos individuales, cívicos, pedagógicos. Era una invitación a la libertad de juicio y acción, a una educación individualista. Pero abarcó otros muchos aspectos, transformó toda la cultura europea durante el siglo XVIII. Un siglo XVIII corto; sus primeros decenios son de transición y la Revolución Francesa cortó o desvió este proceso.

En España la Ilustración nos llegó en gran medida de Francia, pero hubo también mucha influencia italiana y no poca inglesa y centroeuropea. Sus precedentes, los intentos hechos en el reinado de Carlos II por recuperar el sentido crítico, superar el escolasticismo y acortar el retraso científico que nos separaba de las naciones más adelantadas de Europa. La primera mitad del XVIII corresponde a una pre-Ilustración cuyos dos episodios más notables fueron la creación de la Regia Sociedad Médica de Sevilla y la publicación del *Teatro Crítico* de Benito Feijoo. Ambos episodios dieron lugar a controversias en las que los adversarios de los *novatores,* o sea, de los partidarios de ideas nuevas, y por este mero hecho peligrosas, se apoyaban en motivos religiosos. La Inquisición, sin embargo, no intervino, pero sí lo hizo el poder real: Felipe V otorgó su protección a los doctores sevillanos; Fernando VI manifestó públicamente su adhesión a los escritos de Feijoo. Era una manera de terminar las disputas. ¿Quiénes eran estos reyes renovadores?

Un juicio superficial tendería a ver una relación entre el cambio de dinastía y el cambio ideológico que desembocaría, a través de los *novatores,* en la plena Ilustración. Pero, examinando de cerca las cosas, este esquema pierde evidencia. La fecha de 1700, el cambio de dinastía, tuvo unas repercusiones políticas enormes, sobre todo en política internacional. Hay que tener en cuenta que si la monarquía hispana durante los reinados de los tres Felipes había tenido muchos problemas, después de los grandes fracasos representados por las paces de Westfalia, Pirineos y el reconocimiento de la independencia de Portugal se había convertido ella misma en un problema europeo; un aglomerado de grandes y ricos territorios liderados por una metrópoli exhausta, incapaz de defenderlos; tres grandes potencias contemplaban con aire carroñero aquella monarquía: Inglaterra, Francia y Austria; la primera ambicionaba los territorios americanos; las otras dos aspiraban, eventualmente, a todo, pero, por lo menos, a repartirse amigablemente los despojos. Ya en 1668, apenas iniciado el reinado de Carlos II, Luis XIV y el emperador Leopoldo habían firmado en secreto un tratado de reparto.

Durante el Antiguo Régimen los enlaces regios eran la expresión más tangible de las tendencias en política exterior. Los reyes españoles habían tomado esposas francesas y alemanas, lo que engendró dos opciones, y en la corte española, cuando la falta de sucesión de Carlos II quedó confirmada, surgieron dos partidos, el francés y el austriaco, alimentados por intereses personales y sin duda también por motivos que podríamos llamar patrióticos, aunque más bien reflejaban la tradición imperialista y dinástica. ¿Qué candidato daba más garantías de mantener la unidad del Imperio, de cumplir lo que los testamentos reales repetían con obsesión: no enajenar territorios? Pareció que Francia, la potencia más fuerte y la más vecina, era la más apta para conseguir esta finalidad, y ello explica el testamento de Carlos II en favor de Felipe, duque de Anjou, nieto de Luis XIV. El antiguo adversario se convertía en aliado. En la masa del pueblo español la noticia fue acogida con indiferencia, a pesar de los festejos celebrados en honor del nuevo rey. No suscitaba entusiasmo, pero se esperaba que el cambio dinástico trajera la ansiada paz.

Se auguraban cambios políticos, no ideológicos. En Francia no existía la Inquisición, pero el comportamiento de Luis XIV con los protestantes no había sido menos duro que el de Felipe III con los moriscos. El nivel técnico y científico de Francia era más elevado que el de España. Vivían aquí muchos franceses, estaban muy interesados en el comercio de Indias y hallaban apoyo en el consulado sevillano cuando el gobierno, como medida de guerra, decretaba contra ellos alguna represalia. Entre los más ilustrados Descartes estaba en gran predicamento y las modas francesas empezaban a copiarse. En los últimos decenios del siglo XVII la conciencia del propio retraso avivó el interés por todo lo extranjero, procurando sortear los escollos que representaban la Inquisición y el Índice de libros prohibidos. En este sentido el papel de don Juan José de Austria, hermano bastardo de Carlos II, ministro y podríamos decir tutor de aquel desdichado monarca, fue de primera importancia. De sus largas estancias en el extranjero extrajo ideas, actitudes que contribuyeron a formar un ambiente preilustrado a través de la academia privada que sostenía en la corte y de su protección a intelectuales extranjeros, como el jesuita flamenco Lafaille, a quien encomendó la cátedra de matemáticas en el Colegio Imperial de Madrid, el médico italiano Juanini y Fabro Bremundan, precursor del periodismo (fundó la *Gazeta de Madrid*), que cuidaba de la imagen pública de su protector. Don Juan, aunque siempre en lucha con los franceses, era un francófilo convencido y a través de su influencia con su hermanastro influyó en el cambio de indumentaria, uno de los símbolos sociales más relevantes. Se inició el abandono de la golilla, en parte sustituida por la corbata, emblema militar, y empezaron a usarse blancas pelucas.

Todas estas cosas y muchas más sucedían antes del cambio de dinastía; el cambio ideológico estaba en marcha, aunque con suma lentitud, porque el fermento era poco para renovar la masa inerte en que se había convertido lo que había sido un movimiento creador. En Francia la situación era distinta; había en la sociedad potentes gérmenes y el papel de la monarquía en el siglo XVIII sería más de freno que de impulso. Las instrucciones que Luis XIV dio a su nieto aconsejaban robustecer el poder real, limitar la excesiva influencia de los grandes, renovar la administración, pero respetar las costumbres y tradiciones. Sus medidas de gobierno fueron en esta dirección; su religiosidad era escrupulosa, excesiva, combinada con una sensualidad que no se atrevía a franquear los límites del matrimonio. En esto no se parecía a la corte de París, donde la favorita real no era un motivo de escándalo, sino una institución; en la corte española nunca se dio nada parecido. Felipe V no sólo mantuvo la Inquisición, sino que en su tiempo reanimó por última vez sus hogueras; una campaña feroz, cuyos móviles no están claros, acabó con los restos de aquellos *marranos* portugueses que llegaron en tiempos del conde duque con humos de poderosos banqueros para quedar luego rebajados a la categoría de estanqueros de tabaco y otros tráficos humildes. Continuó también la venta de títulos nobiliarios, casi siempre en favor de alguna institución religiosa en apuros. La Cámara de Castilla seguía también dispensando favores tarifados: 40.000 reales por una hidalguía, 200 ducados por una licencia para fundar un mayorazgo, señores que piden que el alcalde mayor de tal pueblo siga en su puesto después de expirado el plazo legal... Se tiene la impresión de que en España todo hubiera seguido poco más o menos igual si no hubiera intervenido una larga y encarnizada Guerra de Sucesión que fue al mismo tiempo una guerra civil.

Una guerra que pudo perfectamente haberse evitado. La aceptación del testamento de Carlos II se producía sólo tres años después de terminar la terrible, la interminable guerra de la Liga de Augsburgo, en la que Luis XIV se había enfrentado a media Europa. La guerra terminó en tablas por agotamiento de los adversarios. Luis XIV vaciló antes de aceptar el testamento de Carlos II que encerraba un gran riesgo de volver a encender la guerra; podía limitarse a participar en el despojo pacífico, pero la tentación de enriquecer su dinastía con la Corona de España era demasiado fuerte y al principio ingleses, holandeses y alemanes, aunque contrariados, parecieron aceptar la nueva situación de clara hegemonía borbónica no sólo en Europa, sino en América. Suele atribuirse la responsabilidad de haber reanudado las hostilidades a provocaciones del rey francés, que introdujo sus tropas en Flandes y parecía querer reinar en España y sus Indias a través de su nieto; mas, por otra parte, no hay que olvidar que ni el emperador Leopoldo aceptaba ser excluido de la herencia española, ni había disminuido el odio de Guillermo de Orange hacia el rey francés.

Los historiadores alaban la resolución con que el pueblo español, o más bien castellano, puesto que la Corona de Aragón adoptó una postura distinta, apoyó al primer Borbón y aseguró en el trono a la nueva dinastía. Esto parece un eco de la versión oficial de los hechos; la verdad es que la nobleza estaba dividida y bastantes casas prestigiosas siguieron fieles a la Casa de Austria, representada por el archiduque Carlos. La Iglesia se mostró francamente borbónica, pero ¿cómo podía actuar de otra manera si el rey, a través de la Inquisición y los obispos, tenía su control asegurado? Se trató, incluso, de presentar aquélla como una guerra de religión porque tropas inglesas cometieron algunos desmanes. La masa de la población no tenía ningún deseo de participar en una guerra dinástica, pero los ministros franceses que acompañaban a don Felipe eran mucho más enérgicos que los funcionarios de Carlos II; con amenazas y promesas consiguieron movilizar aquella masa inerte. Se hizo responsables a las autoridades municipales de la movilización, prometiendo la hidalguía a los que sirvieran como oficiales; se exigieron tributos sin contemplaciones, se castigaron las deserciones y así se formó un ejército que, reforzado por contingentes franceses, sostuvo una larga guerra llena de vicisitudes. Dos veces tuvo que abandonar Madrid Felipe V por el avance de las tropas aliadas desde Portugal, que se había unido a los aliados. La partida parecía perdida para el bando borbónico en 1710, año de hambre y epidemia. Luis XIV, que veía arruinado su país y vencidas sus tropas en Flandes, pidió la paz, ofreció abandonar a su nieto, pero las exigencias de los aliados fueron tan desmesuradas que la guerra continuó. Entonces intervino, como tantas otras veces, el azar para cambiar el rumbo de la historia: murió el emperador José I; su hermano Carlos heredaría el Imperio Austriaco y el español; una concentración de poder tan grande en el continente no agradaba a los ingleses, que se retiraron de la coalición facilitando la apertura de negociaciones de paz. En Utrecht se confirmó lo que ya habían anunciado los acuerdos de reparto: el fin del Imperio europeo de los Habsburgos españoles; aquellas tierras de Flandes regadas de sangre y de oro pasaron al austriaco, y también la mayoría de la Italia española; a Inglaterra, Gibraltar, Menorca y ventajas comerciales en Indias; a Portugal, la disputada Colonia del Sacramento en el Río de la Plata.

Firmadas ya las paces aún se combatía en Cataluña, porque aquella Guerra de Sucesión fue también una guerra civil con importantísimas consecuencias para la estructura del Estado español.

La presión que ejerció en Castilla la administración felipista para mantener su esfuerzo de guerra tenía que hallar más resistencias en una Corona de Aragón menos avasallada y donde, además, los franceses no eran queridos, sobre todo en Cataluña, que guardaba un pésimo recuerdo de la presencia francesa en la guerra provocada por los sucesos de 1640; una Cataluña que no se resignaba a la pérdida del Rosellón y que había soportado muchas agresiones, culminadas con la toma de Barcelona en 1697. Luis XIV conocía estos sentimientos y recomendó a su nieto que tratara con miramiento a los catalanes. La recomendación no fue desoída; en las cortes celebradas en Barcelona (1701-1702) para jurar al nuevo rey se les dio a los catalanes todo lo que pidieron, incluso dos barcos de registro a Indias. Sin embargo, había descontentos en espera de una oportunidad.

En el reino de Valencia el problema era distinto; mal apagados los rescoldos de la última revuelta antiseñorial (la llamada segunda Germanía) se mantenía la inquietud en aquellas clases populares que un contemporáneo llamaba «amigos de la charpa y vandos, que tienen en continuo temor a la nobleza». Con independencia de la cuestión dinástica, eran muchos los que esperaban una oportunidad para reanudar los disturbios. Esa oportunidad se la proporcionó la escuadra angloholandesa, superior a la francesa (la española estaba, de momento, fuera de combate). En 1704 se apoderó de Gibraltar; el año siguiente su presencia en las costas mediterráneas bastó para que, en combinación con los aliados del interior, Valencia y Barcelona se declararan en favor del archiduque. Con menos determinación se unió a los austracistas el reino de Aragón y, finalmente, lo hizo también Mallorca. Pero la Corona de Aragón, muy dividida interiormente, no actuó como un bloque y se rindió por etapas; primera, el reino de Valencia, a consecuencia de la batalla de Almansa (1707), luego el de Aragón y, más tarde, cuando la guerra ya estaba no sólo decidida, sino terminada con los tratados de Utrecht, Cataluña y Baleares. Abandonadas por sus aliados, es un misterio por qué prolongaron una resistencia sin esperanzas. La defensa de Barcelona frente a un fuerte ejército francoespañol es una de las acciones más gallardas de nuestra historia; se la comparó, con razón, a las de Sagunto y Numancia, aunque los barceloneses, además de combatientes heroicos, demostraron tener el *seny* conveniente para no provocar la destrucción de la ciudad. El homenaje anual al *conseller en cap* Rafael Casanovas, que dirigió la defensa hasta caer herido envuelto en los pliegues de la bandera de santa Eulalia, se ha convertido en símbolo de la nacionalidad catalana; pero, sin intención de disminuir en un ápice el valor simbólico de este episodio, convendría añadir que el historiador no puede, como el dramaturgo, tener licencia para elegir el momento más efectista para bajar el telón; debe proseguir el relato hasta el final. Casanovas curó de sus heridas, fue amnistiado y muchos años después terminó apaciblemente su vida ejerciendo su profesión de abogado. El apaciguamiento en el campo tardó en lograrse; durante varios años hubo golpes de mano, acciones de guerrilla y represión en algunas comarcas catalanas.

Las consecuencias más duraderas para las regiones vencidas y para la estructura del Estado español fueron los decretos de Nueva Planta, que abolieron sus fueros tan pronto como acabaron las resistencias; el primero y más duro concernía al reino de Valencia; el de Cataluña se dictó en 1714 y era más suave, aunque la resistencia había sido más encarnizada; se conservaron algunas instituciones como el Consolat de Mar y todo el Derecho civil, y las medidas se presentaban no como un castigo a la rebelión, sino como un favor, igualando aquellos vasallos con los de Castilla, los más queridos del monarca. El cambio de todo se debería a que en 1714 ya la nueva dinastía estaba asentada y reconocida, no corría peligro; habían tenido tiempo de reflexionar sobre lo injusto e impolítico que era sancionar regiones enteras en las que los felipistas siempre habían sido numerosos. También tenía que serles notorio que la resistencia catalana no había sido antiespañola, siempre había manifestado que luchaban «por Cataluña y por toda España».

A pesar de todo, en los vencidos quedó un sentimiento de humillación; conocían la necesidad de cambiar aquellas instituciones arcaicas, pero no en forma tan traumática y sujetos a un nuevo régimen que les parecía despótico. Recibían el derecho a estar representados en las cortes de España, ¡pero esas cortes estaban prácticamente muertas! Temían un incremento de la presión fiscal; el nuevo sistema tenía la ventaja de ser más equitativo y más sencillo; se acortaba la distancia con los castellanos, los más castigados por el fisco; se instituía una especie de impuesto único que al principio resultó oneroso; más tarde las cosas cambiaron: el *catastro* que tenían que satisfacer los catalanes era una cantidad fija que sobrepasaba la capacidad del principado; después fue rebajada su cuantía, al par que Cataluña crecía en población y riqueza, con lo que volvió a desequilibrarse en su provecho la presión fiscal.

Otro de los principios medulares del nuevo sistema era la desaparición de todo vestigio democrático en los ayuntamientos; en los de más importancia, los regidores eran vitalicios y de nombramiento real directo; en los pequeños, eran anuales y los nombraban las audiencias, siempre entre personas consideradas adictas. Y aquí radicaba otro de los motivos de disgusto: las clases dirigentes se sentían discriminadas; según el nuevo sistema, al desaparecer la «extranjería legal» podían aspirar a todos los cargos de la monarquía, incluso en Indias, pero esto sólo jugaba en favor de los que estaban bien vistos en la corte; en principio, un catalán o un aragonés concitaban ciertas sospechas, y este prejuicio tardó en desaparecer. Con el tiempo estos recelos mutuos se fueron disipando y la unidad de voluntades se demostró con fuerza admirable en la Guerra de la Independencia. El nuevo rostro de España no sólo se caracterizó por una reorganización administrativa de tipo centralista (en la que Vasconia, fuerista, fue una excepción), sino por una real unidad que aclaró las seculares ambigüedades que se escondían bajo las palabras nación, Estado, monarquía, Imperio... España ya no era un concepto mal definido, sino una realidad de contornos bien perfilados a cuyo frente estaba un monarca, pero que en caso necesario podría también actuar sin él.

Este gran cambio lo presidió un rey mediocre. Felipe V dio pruebas de actividad y decisión en los primeros años de su reinado, pero después cayó en una depresión que en ocasiones confinaba con la locura. Su segunda mujer, Isabel Farnesio, procedía de la Casa de Farnesio dueña de Parma, en el norte de Italia. Llegó a España en 1714 y aun antes de encontrar a Felipe V, dio pruebas de su temperamento ordenando el destierro de la princesa de los Ursinos, que representaba los intereses de Francia y había adquirido sobre Felipe V un total ascendiente. Desde el primer momento ejerció tal influjo en su marido que ella fue la que impuso las decisiones esenciales de la política exterior española. La política de la Farnesio era muy simple: colocar a sus hijos lo mejor posible, y puesto que en España había ya un heredero del primer matrimonio del rey, había que buscarles colocación fuera de ella: Carlos sería rey de Nápoles; Felipe, duque de Parma; el tercero, Luis, tendría que conformarse con ser arzobispo de Toledo y Sevilla, sólo a efectos de cobrar sus enormes rentas. Para conseguir este objetivo la reina removió cielo y tierra, participó en guerras que a España poco o nada interesaban, cambió alianzas, se concertó una paz con Austria que no tuvo apenas efecto, pero permitió reanudar relaciones y volver a España a los partidarios del archiduque Carlos que habían hallado asilo en Viena; otros permanecieron allí y contribuyeron a perpetuar en aquella corte ciertas tradiciones y estilos de vida de tradición hispana.

Las guerras llevadas a cabo en Italia, aunque realizadas por los intereses familiares de la Farnesio, hallaron cierto eco en la opinión española; nada se pretendía respecto a Milán, pero en Nápoles y Sicilia la presencia española era muy antigua; había intereses mutuos, familias prestigiosas de por medio, y aunque no se buscaba la antigua unión política, la presencia de un común linaje borbónico era garantía de que se mantendrían las buenas relaciones. Por su parte, Felipe V, en sus intervalos de lucidez, también tenía aspiraciones propias; su máxima ambición, ser rey de Francia, para lo cual debía dejar de ser rey de España, y es posible que sus planes de abdicar (que llegó a realizar temporalmente) se relacionaran con esta obsesión. Fracasado este plan se interesó por aquellos aspectos del Tratado de Utrecht que favorecían a la Gran Bretaña en detrimento de España: Gibraltar, que no pudo recuperarse, y la defensa del comercio y territorios de América.

La pérdida de los territorios europeos de la monarquía convirtió lo que era un amasijo heterogéneo de países en un binomio bien definido: España y sus Indias, incrementando el peso específico de éstas de tal forma que, si exceptuamos los esfuerzos por conservar una influencia en Italia, la política española en el siglo XVIII tuvo como eje la conservación y aumento de los territorios americanos. Una tarea difícil, porque las potencias europeas, especialmente Inglaterra, cada vez mostraban mayor interés por sus colonias en el Nuevo Mundo; procuraban su expansión y a la vez seguían muy interesados en el comercio con aquellas Indias españolas que, además de plata y oro, producían alimentos y materias primas. En el Tratado de Utrecht, que puso fin a la Guerra de Sucesión, los británicos introdujeron cláusulas que minaban el monopolio comercial español: enviar cada año un *navío de permiso* cargado de mercaderías y el derecho a introducir esclavos negros durante treinta y un años. Estos acuerdos no trajeron la paz; durante todo el siglo XVIII España trató de hacer frente a la amenaza inglesa mediante el reforzamiento de su escuadra y la alianza con Francia, que también se sentía amenazada; en conjunto, estos objetivos no sólo se consiguieron, sino que la expansión pacífica de España por la costa del Pacífico y el interior, casi deshabitado, de lo que hoy son los Estados Unidos llegó hasta los actuales Estados de Nevada, Utah y Oregón. Esta ampliación de dominio quedó poco consolidada por el eterno problema: pocos hombres para tanto espacio. Algo más crecía la presencia humana en las tierras del Río de la Plata; allí la concurrencia se producía con los portugueses, que desde el ángulo que les concedió el Tratado de Tordesillas habían ido descendiendo por la costa hasta ese lugar privilegiado en donde las aguas del Atlántico se mezclan con las de Paraguay-Paraná. En la banda oriental, enfrente de Buenos Aires, que ya había sobrepasado los 10.000 habitantes, edificaron un fuerte. La situación se tornó muy compleja, porque Portugal era aliado de Inglaterra y porque en el interior, en la cuenca del Paraguay, las misiones creadas por los jesuitas habían derivado, si no en un Estado teocrático, como decían sus enemigos, en una organización original y autosuficiente, incluso en el terreno militar, pues los jesuitas habían adiestrado a los indios guaraníes en el manejo de las armas para defenderse de las incursiones de los colonos brasileños que se adentraban en el país para capturar y esclavizar a sus habitantes.

Las repercusiones del cambio de dinastía sobre el tráfico de Indias fueron profundas. Ya hemos aludido a la dificultad de conocer el volumen del fraude y la cuantía de los tesoros que llegaban desde que la Real Hacienda renunció al registro obligatorio de los retornos. De lo que no cabe duda es de la participación cada vez menor de los mercaderes españoles. La parte del león se la llevaban los franceses, ingleses, genoveses y holandeses. Todos tenían interés en trasladar las operaciones de carga y descarga a Cádiz. La fijación de la cabecera de las flotas en este puerto en 1680 fue el anticipo del traslado de la Casa de Contratación, retrasado hasta el reinado del primer Borbón por los desesperados esfuerzos del Consulado de Sevilla.

Desde la proclamación de Felipe V como rey de España los franceses pasaban de ser enemigos a aliados; ayuda imprescindible, porque España no tenía potencial naval suficiente para hacer frente a Inglaterra desde que la flota que regresaba en 1702 fue hundida en la ría de Vigo; los tesoros pudieron salvarse, pero la falta de navíos fue tal durante mucho tiempo que los pocos buques enviados a Indias en los años siguientes tuvieron que ser escoltados por buques franceses. So capa de aliados, los franceses intentaban apoderarse del comercio de Indias; si no lo consiguieron fue por la denodada resistencia que los mercaderes y autoridades opusieron en España y América a su intromisión. Se llegó a procesar y prender a las autoridades del Consulado sevillano con el pretexto, no del todo infundado, de corrupción; es verdad que los cargos de prior y cónsules, que debían ser anuales y electivos, habían caído en manos de una oligarquía, pero la razón profunda de su procesamiento y destitución fue su oposición a los planes de los consejeros franceses de Felipe V. Hasta que este monarca no se liberó de la tutela francesa no se pudo plantear el problema del tráfico de Indias con criterios puramente españoles. Quedó sin resolver el abastecimiento de Indias con productos nacionales, porque la industria española siguió sin poder superar este reto. Quedaba el problema defensivo; en Indias continuó la labor, ya iniciada por Felipe II, de fortificar los puertos esenciales, y cuando hoy se contemplan las formidables defensas de La Habana o Cartagena de Indias se comprueba la eficacia de esta política. Las fuerzas terrestres se reorganizaron combinando un ejército regular con unas milicias, pero la principal defensa era la inmensidad del territorio. No hubo amenazas realmente graves de invasión terrestre. El talón de Aquiles era la defensa marítima; contra los corsarios y piratas se organizaban batidas con flotillas, pero la confrontación con la Armada Real inglesa era cada vez más difícil; el *navío de línea* inglés superaba al galeón español en diseño, artillería, mandos y dotación. España tuvo que hacer un esfuerzo enorme (incluyendo el espionaje industrial) para igualar este modelo; tarea iniciada por el ministro Patiño en el reinado de Felipe V con la creación de los arsenales de Cartagena y El Ferrol y continuada en el reinado de Carlos III. La regulación del tráfico y del envío de caudales fueron factores importantes para la recuperación de la metrópoli.

Esta recuperación fue más rápida de lo que podía pensarse después de tantos años de guerra civil; la población creció en unas proporciones no bien definidas, porque los censos de principios de siglo son muy deficientes, pero que pueden compararse con el crecimiento del siglo XVI, aunque con diferencias notables: se ganaron entonces dos millones de pobladores en beneficio de la Meseta y de la Andalucía Baja; después llegó el estancamiento del siglo XVII; en el siglo XVIII se ganaron otros tres millones (de ocho a once) en las regiones litorales; en el interior hubo pocos síntomas de recuperación. Progresó también en la periferia el índice de urbanización: Bilbao, por ejemplo, pasó de cinco a diez mil habitantes; Cartagena y El Ferrol crecieron como hongos gracias a la actividad de sus astilleros; Cádiz también creció mucho a expensas de Sevilla; pero el crecimiento más notable fue el de Barcelona, que tenía 37.000 habitantes al terminar el asedio (1714) y rozaba los cien mil habitantes al finalizar el siglo. Influyó en este incremento la liberalización del comercio con América, pero más aún la desaparición de las aduanas interiores y del sistema de extranjería legal que dificultaba las actividades de los súbditos de la Corona de Aragón en el resto de España. En todo el litoral cantábrico empezó a ser normal la figura del indiano, que enviaba caudales o los repatriaba consigo. La Real Compañía Guipuzcoana de Caracas, que llegó a tener casi un monopolio en la producción del cacao, acumuló grandes beneficios. A los catalanes se les encontraba en todas partes; una de sus innovaciones fue la pesca de arrastre y la implantación de fábricas de conservas y salazones, con especial relevancia en Galicia, donde incluso motivaron protestas laborales. En cambio, Madrid seguía siendo una ciudad residencial y burocrática con crecimiento escaso; sus 170.000 habitantes cabían holgadamente en la cerca del siglo XVII. Las fábricas estatales creadas en el entorno de Madrid (Ávila, Guadalajara, Talavera...) no modificaron sustancialmente la situación creada por la ruralización de la Meseta.

El aumento de la población, aunque modesto, obligó a aumentar la superficie cultivada, provocó tensiones dentro de un sistema poco elástico, especulación, carestía... En conjunto, sin embargo, hubo un moderado progreso. Entre las crisis de principios y fines del siglo XVIII hubo unas décadas de tranquilidad, de relativo bienestar, en parte porque España participaba del progreso generalizado en toda Europa en aquella centuria. ¿Puede atribuirse también esta ventaja al cambio de dinastía? La verdad es que los primeros Borbones no tuvieron cualidades relevantes: Felipe V, como ya indicamos, sufría depresiones que a temporadas confinaban con la locura; Fernando VI fue un incapaz que se limitaba a firmar documentos; no hay comentarios suyos en las consultas que redactaban los consejos. Carlos III era mucho más consciente de sus obligaciones, pero como dedicaba todas las tardes a la caza y por las mañanas tenía que atender recepciones y otras tareas, tampoco le quedaba mucho tiempo para ocuparse personalmente de los asuntos pendientes. La diferencia con Felipe II, e incluso con Felipe IV, era abismal. El gobierno estaba en manos de los ministros, como ya había sucedido en el reinado de Carlos II, pero con una diferencia importante: el último de los Austrias dejó gobernar a la aristocracia; los Borbones, no. Luis XIV previno a su nieto contra los grandes, que habían monopolizado el poder. Los Borbones aceptaron en determinados casos los servicios de algunos aristócratas, como el duque de Alba o el conde de Aranda, pero a título individual y no como representantes de una clase.

Felipe V, por manejos de Isabel Farnesio, que fue la verdadera gobernante, entregó en ocasiones el poder a trapisondistas como Alberoni y Ripperdá, el primero no exento de inteligencia, el segundo un aventurero, un auténtico farsante. En la última fase de aquel reinado brillan dos ministros, nobles, por supuesto (no se hubiera concebido un pechero en los puestos más elevados), pero de una nobleza media que no debía su puesto a su linaje, sino a sus servicios. Uno fue el asturiano Campillo, otro Patiño, milanés de origen; hombres nada brillantes, pero con vocación de servicio no sólo a la monarquía, sino a la nación. Desempeñaron muchos cargos, pero no amasaron grandes fortunas. Don Zenón de Somodevilla, riojano, más conocido por su título de marqués de la Ensenada, fue el continuador de la tarea de Patiño en el reinado de Fernando VI; se le acusó de estar demasiado interesado en su lucimiento personal, pero estaba muy dotado para el trabajo y tenía ideas claras de lo que necesitaba España: rehacer la marina, crear un ejército profesional, restaurar las finanzas, aceptar lecciones del extranjero para disminuir la distancia que nos separaba de las grandes potencias europeas. Estos ministros lo consiguieron en gran medida. De esta forma, unos soberanos mediocres y poco laboriosos restauraron la situación del país gracias a ministros eficaces.

Salvo los de Italia y Aragón, que ya no tenían razón de ser, permanecieron los consejos, pero reducidos a la rutina administrativa y a sus funciones judiciales. Sólo el Consejo de Castilla seguía teniendo gran peso en las decisiones sobre los asuntos generales de la monarquía, con gran influencia en la política reformista de Carlos III. El verdadero poder residía en los secretarios de Estado, a quienes se confiaban las tareas más importantes y las líneas generales de la política; una evolución lógica, aunque muy lenta, condujo hacia lo que en el siglo XIX fue el Consejo de Ministros. El absolutismo regio llegó a su punto más elevado; los municipios, estrechamente vigilados, perdieron atribuciones; el cargo de regidor fue perdiendo interés; subsistieron los corregidores, pero se les añadieron otros funcionarios superiores, los intendentes, con ámbito territorial y competencial más extenso. El dominio del monarca sobre la Iglesia se acentuó mediante el concordato de 1753, que instituía el Patronato universal, con gran despecho de la curia romana que vio mermados sus ingresos. La influencia de los confesores reales tuvo como último exponente al padre Rábago influyente jesuita, confesor de Fernando VI. Después su intervención en los nombramientos eclesiásticos pasó a la Secretaría de Gracia y Justicia.

De esta manera fue creciendo a la sombra de un poder real absoluto una burocracia, un alto funcionariado de cuya eficiencia puede ser ejemplo la redacción del Catastro de Ensenada, monumental encuesta de la población y riqueza de cada pueblo de Castilla que tenía como objetivo introducir un sistema tributario más justo y eficaz; esta finalidad no se alcanzó por razones que serían largas de explicar, pero los miles de legajos escritos con este motivo son hoy un tesoro para los investigadores y testimonian el grado de perfección que había alcanzado aquella administración. Se tuvo una prueba cuando en 1759 falleció Fernando VI en estado de demencia. Durante un año España estuvo prácticamente sin rey. Imaginemos lo que esta situación hubiera tenido de explosiva en el siglo XV, pero en el XVIII la tranquilidad no se alteró lo más mínimo; el instrumento de gobierno creado por la monarquía absoluta era tan perfecto que podía funcionar sin su principal resorte.

A mediados del siglo XVIII tuvo lugar un importante salto cualitativo; incluso se le puede fijar una fecha precisa: 1759, llegada de Carlos III. En el plano intelectual la transición de los novadores a la primera generación ilustrada fue menos tajante, pero también se la puede hacer coincidir con dicha fecha, porque los novadores se mantenían en un plano teórico, lamentaban el atraso científico de España y trataban de acortarlo, mientras que los *ilustrados* tenían un programa mucho más amplio; al pensamiento incorporaban la acción, y esto, claro está, sólo podía hacerse mediante la potencia irresistible de un rey absoluto, que presidiría no sólo los cambios políticos, sino la mejora de la sociedad entera. Ese monarca podía ser el nuevo rey, que llegaba con veinticinco años de experiencia como rey de Nápoles. Las expectativas de los ilustrados se cumplieron sólo hasta cierto punto; mas, aun así, aquel largo reinado fue de importancia decisiva.

Me parece indudable que la figura de Carlos III se ha magnificado, se ha idealizado; no le interesaba el arte, ni la lectura, ni la música; dedicaba a la caza más tiempo que a los asuntos de gobierno; muy persuadido de su autoridad absoluta dejó que usaran esta arma terrible algunos de sus ministros en interés propio; se dejó convencer por Campomanes de que los jesuitas maquinaban contra él, que podían incluso atentar contra su vida, y fulminó contra ellos una orden de expulsión sin alegar más motivos que «razones que guardaba en su real pecho». No tenía la altura de un verdadero estadista y, sin embargo, dejó un legado, aunque incompleto, no exento de valor. Tuvo, como sus predecesores, ministros laboriosos y capacitados a quienes sostuvo el tiempo suficiente para que sus obras tuvieran continuidad, en parte porque era una persona muy rutinaria que odiaba cualquier cambio. Su religiosidad era profunda y, como sus antecesores, tomaba muy en serio su responsabilidad como jefe temporal de la Iglesia de España, extremando, si cabe, la tutela que desde mucho antes se ejercía sobre ella. Blanco principal de las iras del todopoderoso ministro don Pedro Rodríguez de Campomanes fueron las manifestaciones de la religiosidad popular, tan ajenas a su carácter prosaico, autoritario, nada propicio a efusiones sentimentales. Las hermandades tuvieron que justificar su existencia y someter sus reglas a la aprobación del Consejo de Castilla, cosa que no todas consiguieron. Desaparecieron los aditamentos festivos de las procesiones del Corpus, tan del agrado popular que rara era la población en que no estaban subvencionados por el municipio. Muchas romerías desaparecieron; otras de tanto arraigo como las de Santiago y la Virgen de la Cabeza atravesaron etapas difíciles. Ni la tradición ni el sentir de los pueblos merecían respeto. Se atribuye a Carlos III el dicho de que «mis vasallos son como los niños, que lloran cuando los lavan».

Podemos entonces preguntarnos si aquel rey fue popular. Ciertamente no, con una curiosa excepción: sí lo fue en Cataluña, como se demostró en la entusiasta acogida que le tributó Barcelona cuando desembarcó procedente de Nápoles. La explicación es obvia: el principado atravesaba una etapa de prosperidad, tocaba las ventajas económicas derivadas de la Nueva Planta y tenía interés en que se liquidara un complejo derivado de una guerra que ya quedaba muy distante. Quizás un sondeo efectuado con los métodos modernos veinte años después hubiera dibujado un panorama distinto por los perjuicios derivados de las guerras con Inglaterra y por la arrogancia de los ministros. Empezó a oírse entonces una expresión de la que luego se hizo mucho uso: «El despotismo ministerial». Los pueblos aceptaban el absolutismo, pero no el despotismo.

Veamos quiénes fueron aquellos ministros. Don Carlos venía de Nápoles; siguió manteniendo una correspondencia muy activa con su hombre de confianza, Tanucci, representante típico del Absolutismo Ilustrado. Se trajo a Madrid al marqués de Esquilache (Squillace), causante del Motín de 1766 y a quien tuvo que licenciar. Una humillación que nunca perdonó ni olvidó.

Don Pedro Abarca de Bolea, conde de Aranda, gran señor aragonés que se distinguió en las guerras de Italia, fue elevado a la presidencia de Castilla a raíz de la crisis producida por el Motín de Esquilache que llenó de pavor al rey. Restableció el orden sin necesidad de adoptar medidas draconianas. Bajo apariencias bruscas encerraba un gran corazón. En 1773 se deshicieron de él nombrándolo embajador en París. Del conde de Aranda se han dicho muchas tonterías: volteriano, masón, responsable de la expulsión de los jesuitas, corifeo de la anti-España... La investigación reciente ha reducido la leyenda a sus justos límites: no fue masón, ni antirreligioso, ni enemigo de los jesuitas. Le ordenaron que los expulsara *manu militari* y ejecutó la orden sin entusiasmo; algunos se beneficiaron de su protección en el destierro. De sus viajes por Europa trajo algunas ideas que pasaban por avanzadas. Sus relaciones con Voltaire se limitaron a alguna entrevista, un cruce de cartas y un donativo de vinos españoles al patriarca de Ferney, amante, como es sabido, de la *bonne chère.*

Al conde de Aranda, cabeza visible de lo que con exageración se ha llamado partido aragonés o militar, se oponía la facción de los *golillas,* de extracción social modesta y formación jurídica. Campomanes, su figura más destacada, era un hombre de gran cultura, trabajador infatigable, fue el más acabado modelo de *ministro ilustrado.* Sus iniciativas como fiscal del Consejo de Castilla abarcaron todos los aspectos de la política interior española, amparándose en la autoridad real para llevar a cabo sus iniciativas; pero cuando se dio cuenta de que Carlos III pensaba que se estaba yendo demasiado lejos en la vía de las reformas, plegó velas, se acomodó a las cambiantes circunstancias y murió colmado de honores políticos y académicos. Fue hombre de carácter autoritario, capaz de odios inextinguibles, como lo experimentaron los jesuitas y, en menor grado, los colegiales mayores. Sus convicciones en materia religiosa son un misterio; no era un devoto ni un ateo, ni tampoco puede incluírsele en el grupo llamado impropiamente *jansenista,* en el que había hombres de auténtica y profunda religiosidad. Una especie de Campomanes de vía estrecha que compartía su odio a los jesuitas y los colegiales mayores fue don Manuel de Roda, embajador ante la Santa Sede, muy crítico hacia el ambiente de la curia romana.

Don José Moñino, conde de Floridablanca, hijo de escribano (lo que le causó ciertas dificultades en su carrera honorífica), compartió la fiscalía del Consejo con Campomanes y fue encargado de presionar en Roma para conseguir la extinción de la Compañía de Jesús. En los últimos años del reinado desplegó una gran actividad tanto en el plano internacional como en las reformas interiores: obras públicas, reorganización de la Hacienda, etc. Quizá fue quien mejor interpretó la versión moderada del Absolutismo Ilustrado que se puso en ejecución en España.

En tono menor también fue significativa la carrera del peruano Pablo de Olavide; protegido de Campomanes, desempeñó dos cargos importantes: *asistente* de Sevilla y superintendente de las colonias de Sierra Morena. En ambos cargos tuvo tropiezos serios que ilustran sobre la involución de la política de Carlos III. En su residencia en el Alcázar de Sevilla mantuvo una tertulia a la que acudían, entre otros representantes de las *luces*, el conde de Águila, espécimen del noble ilustrado; el abate Trigueros, autor de una sátira social titulada *Los Menestrales,* y dos miembros de la Audiencia luego clarineados por la fama: Juan Pablo Forner y Gaspar Melchor de Jovellanos. Fruto de aquellos encuentros fueron dos obras muy significativas de Olavide: el *Informe sobre la Ley Agraria*, que reflejaba los problemas del sur latifundista, y el *Plan de Estudios para la Universidad de Sevilla,* modelo de otros posteriores. Olavide puso también en marcha otra de las ideas favoritas de Campomanes: el restablecimiento del teatro, casi desaparecido en Andalucía por la ofensiva clerical, no ya como manifestación literaria (los ilustrados eran más bien prosaicos), sino como escuela de virtudes cívicas. Otras iniciativas de Olavide robustecieron su fama de anticlerical confinante a la heterodoxia: retirar de las calles cruces que dificultaban el tráfico, prohibir rogativas *pro petendam pluviam* para no alarmar a la población y provocar el alza de precios.

Más grave fue su tropiezo como intendente de las Nuevas Poblaciones de Sierra Morena; allí, además de crear pueblos con colonos alemanes que limpiaran la carretera de Andalucía de bandoleros, intentó crear un modelo social conforme con las miras de los *filósofos:* sin mayorazgos, sin munícipes vitalicios y, por supuesto, sin conventos. Parece que en sus reuniones íntimas deslizó proposiciones atrevidas, relató episodios de sus andanzas por Europa, citó máximas sacadas de su copiosa biblioteca francesa. La Inquisición recibió denuncias y en un *autillo* celebrado en 1775, al que se invitó con evidentes fines intimidatorios a personajes influyentes de la corte, Olavide fue condenado a reclusión en un monasterio. Se evadió, vivió en Francia, presenció los excesos de la Revolución y regresó a España convertido en apóstol de la religión tradicional. Paradigma de la evolución de no pocos de nuestros reformadores.

Es evidente que la Inquisición no hubiera condenado a Olavide si Carlos III se hubiera opuesto, como no prosperaron sus intentos de encausar a Campomanes. La Inquisición seguía más que nunca bajo la férula real; eso con independencia de que con el paso del tiempo hubiera mitigado sus vigores. Desde 1690 había dejado de quemar huesos de difuntos. Después de la última gran persecución contra los judaizantes casi no se pronunciaron sentencias de muerte (la última se ejecutó en Sevilla en 1781). La lectura pública del Edicto de Gracia, que cada año tenía lugar en un templo de cada ciudad, dejó de hacerse, o se convirtió en ceremonia sin relieve. Lo que es más significativo, dejó de interesar la obtención del título de familiar. La decadencia del Santo Oficio marchaba, pues, por sus pasos contados, pero de vez en cuando le interesaba hacer ver que no estaba muerta y los reyes pensaban que todavía podría serles útil, como en efecto aconteció cuando se temió el contagio de las ideas de la Revolución Francesa.

Que Carlos III permitiera la condena de un ministro que era hechura de Campomanes es un indicio de su evolución hacia posturas más tradicionales. Llegó de Nápoles y puso en práctica algunas ideas atrevidas, como la de rescatar oficios y rentas enajenadas pagando a sus propietarios el precio que dieron sus antecesores, con gran perjuicio económico de los propietarios, porque la moneda había perdido en dos siglos mucho de su poder adquisitivo. Se abandonaron los rescates porque iban en perjuicio de las clases altas y se sospechaba que éstas estaban en el trasfondo de las alteraciones del Motín de Esquilache, que no se limitó a Madrid, sino que afectó a muchas ciudades; pero es evidente que también había intervenido el descontento popular por la carestía y el mal gobierno de los ayuntamientos. No se atrevieron a confiscar a los cabildantes sus oficios hereditarios ni había dinero para recomprarlos; la reforma municipal se limitó a agregar a los propietarios de los cargos otros de elección popular: un síndico personero y dos *diputados del Común* que en algunos ayuntamientos hicieron algo y en otros se limitaron a engrosar la oligarquía municipal. El mismo sistema de parches se aplicó a otras instituciones que requerían remedios radicales: los mayorazgos, los gremios, la Mesta, etc. El régimen sólo fue inexorable con los jesuitas.

El tema del teatro, aunque parece secundario, también sirve para calar en los propósitos de Carlos III. Víctima de la prédica moralizadora de una parte del clero, diana predilecta de los misioneros populares como fray Diego de Cádiz, se toleraba en Madrid por ser la corte, en Cádiz por la concurrencia de extranjeros y en muy pocas ciudades más. Campomanes intentó restablecerlo como escuela de virtudes cívicas y, por supuesto, sujeto a rígida censura, pero ni aun así consiguió su propósito. Apenas se supo la condena de Olavide se cerró el teatro que había abierto en Sevilla. En los años finales del reinado se produjeron peticiones en pro y en contra de las representaciones teatrales desde varias ciudades; Carlos III resolvió la mayoría de las veces en sentido negativo; Campomanes, que sabía nadar y guardar la ropa, renunció a sus proyectos sobre el teatro, concentrándose en otros como las Sociedades Económicas, que conocieron entonces su máximo auge; de las 82 creadas en aquel reinado, 72 lo fueron entre 1777 y 1784. Su idea fundamental era apoyar lo que el mismo Campomanes definió como Educación Popular, una idea elitista que tenía, como tantas otras, su precedente en los conceptos anteriores expresados por memorialistas y arbitristas y plasmados en aquella ley introducida entre los Capítulos de Reformación de 1623, que prohibía fundar escuelas de gramática en poblaciones pequeñas: los altos estudios deben reservarse a una minoría privilegiada; a la masa del pueblo le basta con los conocimientos fundamentales para ser un ciudadano útil que desempeñe una labor mecánica. En este sentido se hizo un esfuerzo serio, en el que colaboraron las citadas sociedades, para promover la alfabetización, extender la formación profesional, mejorar los métodos agrícolas y otras tareas de interés económico que sólo precisaban un *minimum* de conocimientos teóricos.

La reforma de los estudios universitarios era una tarea mucho más difícil; el *Plan* de Olavide no pudo aplicarse ni siquiera en Sevilla; faltaba dinero y, lo que era peor, faltaba profesorado idóneo para las nuevas cátedras que se querían introducir: física, química, matemáticas... Las pocas personas que había disponibles para esta tarea (por ejemplo, Jorge Juan, que había colaborado con don Antonio de Ulloa en la medición del meridiano terrestre), reforzadas por algunos científicos extranjeros, no tenían fácil encaje en aquellos claustros universitarios muy apegados a las más rancias tradiciones. El gobierno pensó que era más sencillo crear algunos centros que, sin el lastre del pasado, proporcionaran al Estado el personal que necesitaba para la guerra, marina, obras públicas y otras tareas de reconstrucción nacional; así surgieron el Laboratorio de Química de Segovia, la Escuela de Guardias Marinas de San Fernando y el gran complejo científico madrileño del que formaba parte el observatorio astronómico, el Jardín Botánico y el Real Gabinete de Máquinas del Retiro. Pero donde la ciencia española podía no sólo incorporarse al progreso europeo, sino colocarse en primera fila con aportaciones originales fue en las Ciencias Naturales, gracias a la oportunidad que le brindaba la posesión de los inmensos territorios de Ultramar; las exploraciones científicas patrocinadas por los Borbones del siglo XVIII sobresalen con más fuerza porque destacaban sobre un fondo poco brillante. Aquí sí hubo liderazgo español, aportaciones inapreciables al conocimiento de la fauna y flora del Nuevo Mundo y el descubrimiento de dos elementos químicos, dos minerales de gran valor: el tungsteno y el platino.

Entre la humilde base formada por la reorganización de los estudios elementales y los esfuerzos por modernizar los estudios superiores quedaba el gran pantano de los estudios medios, atendidos tradicionalmente por preceptores cuya principal clientela eran los aspirantes al sacerdocio y que apenas enseñaban más que unos rudimentos de latín. Había también conventos en los que el latín se combinaba con unos elementos de filosofía. Los colegios más frecuentados eran los de la Compañía de Jesús; su extinción dejó un vacío que no se cubrió hasta que se crearon mucho más tarde, a mediados del siglo XIX, los Institutos de Enseñanza Media.

Los esfuerzos por renovar los estudios tenían, entre otras finalidades, seguir los progresos de un arte bélico cada vez más tecnificado. El siglo XVIII europeo estuvo lleno de guerras que ponían en juego ejércitos cada vez más numerosos y medios de combate cada vez más potentes. Los ministros *ilustrados* eran conscientes de que el progreso de la nación y su potencial militar y naval dependían estrechamente de la capacidad industrial y de su nivel científico, sobre todo en cuanto a las ciencias fisicomatemáticas. No era posible tener una excelente artillería, como tenían los ingleses, y una avanzada construcción naval con adelantos farmacológicos o colecciones de plantas; se necesitaban buenos físicos y matemáticos, y en este campo, tan abandonado en nuestro siglo XVII, se había producido un retraso considerable. ¿Es posible medir este retraso? Según Norberto Cuesta, el primer libro español en que se explicó el cálculo infinitesimal fue el tomo IV (rarísimo; no lo cita Palau) de Pedro Padilla, impreso en Madrid en 1756. Algunos años antes, algunos privilegiados, como Jorge Juan, habían tenido conocimiento de lo que entonces se llamaba *matemáticas sublimes*, y empezaban a introducirlas en el Colegio de Guardias Marinas de San Fernando y algún otro centro de altos estudios militares. Como los *Principia* de Newton se publicaron en 1687, el retraso científico de la enseñanza en España era de más de medio siglo. Pero si en vez de tomar como referente el sector muy restringido al que se dirigía esta enseñanza tomamos como punto de mira la enseñanza universitaria en general, el panorama era aún más deprimente, pues, según don Vicente de la Fuente, en la Complutense aún se enseñaba en el reinado de Fernando VII la física por el Goudin, manual escolástico que negaba la existencia del vacío.

Las responsabilidades de tal situación eran múltiples: indiferencia de la sociedad; abstencionismo del Estado, que creó academias de la lengua y de la historia, pero, no de ciencias, que existían ya en todas las capitales europeas; responsabilidad también de los que en nombre de la religión combatían los tímidos avances de los *novatores* y de Feijoo; sin olvidar la mala voluntad de la Inquisición, que no podía prohibir unas tablas de logaritmos, pero prohibía en el Índice Expurgatorio de 1747 que a los autores no católicos se les llamara doctores o maestros «para evitar todo lo que pueda causar inclinación o estima... y porque las universidades heréticas no confirmadas por la Sede Apostólica no tienen capacidad para dar grados académicos». Hubo a fines del siglo inquisidores generales de carácter más abierto, pero el mal estaba hecho.

Carlos III involucró a España en dos guerras que, aunque justificadas, debió haber evitado, porque los gastos que ocasionaron, además de imposibilitar la mayoría de las necesarias reformas, dieron lugar a una nueva deuda pública que acarrearía gravísimos problemas. No se interesaba mucho el gobierno español por los problemas europeos; si renovó con Francia el llamado Pacto de Familia fue porque el enorme poderío naval de Inglaterra amenazaba ambas Coronas; Francia temía, sobre todo, por el Canadá, y acabó perdiéndolo; para España lo que estaba en juego era mucho más: unas Indias Occidentales en plena expansión, el Imperio que justificaba su calidad de gran potencia, porque la metrópoli no podía aspirar a tal calificativo. Los logros de la América Hispana en el siglo XVIII fueron muchos, y un observador tan avisado como Alejandro de Humboldt hubo de reconocerlos; pero los problemas eran también graves, y en parte dimanaban de su desmesurada extensión, que dificultaba el control de las autoridades de la metrópoli. Las *Noticias Secretas de América* de Jorge Juan y Antonio de Ulloa, que era un informe confidencial al gobierno metropolitano sobre los abusos que cometían funcionarios, latifundistas y doctrineros, explica que no mucho después, en aquellas regiones andinas que habían recorrido, estallara la terrible sublevación de Tupac Amaru.

Más temible, aunque menos aparatoso, era el descontento de los criollos, o sea, de los *españoles americanos,* como se les solía llamar; la enemistad entre ellos y los procedentes de la metrópoli era antigua, y tan empeñada que varias órdenes religiosas habían tenido que establecer la *alternativa,* es decir, un turno pacífico para la provisión de cargos a fin de evitar los litigios y tumultos que se producían cuando se verificaban las elecciones en los capítulos. No había espíritu independentista en los criollos, pero sí un fuerte patriotismo local y una sensación de ser considerados como vasallos de rango inferior. Algo de razón tenían, porque los virreyes seguían llegando de España, así como otros altos cargos civiles y eclesiásticos, y los temidos *visitadores,* como el malagueño don José de Gálvez, que reorganizó la administración de Nueva España, castigó abusos, incrementó las rentas, nombró intendentes y con ello adquirió gran crédito en la corte y muchos enemigos en Indias. Otras medidas eran apaciguadoras: Carlos III creó más títulos en Indias que ninguno de sus predecesores; se fomentó la inclinación de los más destacados a ostentar cargos militares, arma de doble filo; no pocos de estos militares criollos militaron después en las filas independentistas. La comparación entre la evolución en las colonias españolas y las inglesa en el Nuevo Mundo se ha hecho muchas veces; había divergencias notables, pero al menos una coincidencia fundamental: los colonos ingleses y los criollos no querían ser sometidos a un régimen colonial, querían ser vasallos fieles, pero en igualdad de condiciones con los de la metrópoli.

La conservación y la defensa de aquellas riquísimas posesiones exigían, ante todo, la creación y entretenimiento de una poderosa marina de guerra, y ésta fue, como queda dicho, la misión principal que se fijaron Patiño, Ensenada y luego Floridablanca y otros ministros. Se gastaron sumas enormes en la construcción de astilleros, se tomaron medidas rígidas para reservar los mejores árboles de nuestros bosques para construir navíos, se trajeron técnicos extranjeros, se instituyó una Matrícula de Mar no menos temida por pescadores y marinos mercantes que las quintas entre la gente de tierra. ¿Correspondieron los resultados a tantos esfuerzos? Hubo éxitos, hazañas gloriosas, pero Trafalgar marcó el final de la armada española para mucho tiempo. En realidad, desde entonces no ha vuelto a recobrar un puesto distinguido en el mundo.

El logro más considerable pareció ser el Tratado de Versalles (1783) que consagró la independencia de los Estados Unidos tras una guerra en la que España y Francia habían ayudado a los insurgentes; España recuperó la Florida y Menorca. Como Francia había cedido a España la Luisiana, o sea, la cuenca del Mississipi, el Imperio Español de América adquirió una extensión desmesurada, pues comprendía la mayor parte de los actuales Estados Unidos, al menos en teoría, ya que la presencia efectiva de España era muy débil. Al conde de Aranda, que había firmado la paz como embajador al Norte del río Bravo en París, aquélla le pareció una victoria pírrica; la ayuda a colonos insurgentes le parecía un precedente funesto, y sobre la gratitud de la república que acababa de nacer no se hacía ilusiones: «Esta república federal nació pigmea. Llegará un día en que se torne gigante... Entonces se olvidará de los beneficios recibidos y sólo pensará en su engrandecimiento. Su primer paso será apoderarse de la Florida... Después aspirará a la conquista de este vasto Imperio». De acuerdo con las ideas expresadas en esta memoria sugirió la idea de formar en América tres grandes Estados de los que serían titulares infantes de la Casa Real, manteniendo España sólo dominio directo sobre Cuba y Puerto Rico.

No pasó de meros proyectos la reforma de las relaciones institucionales entre España y sus dominios. En el campo económico sí se tomaron medidas concretas destinadas a liberalizar el tráfico; se abandonó el sistema de convoyes custodiados por galeones y en 1778 se dictó un decreto de libre comercio, habilitando a trece puertos españoles y veintidós americanos para comerciar directamente. Terminó el monopolio ejercido durante dos siglos largos por Sevilla y poco más de medio por Cádiz. Fue un estímulo para las ciudades costeras, pero la situación de base siguió siendo la misma: los españoles enviaban frutos de la tierra y los extranjeros la gran mayoría de los productos fabricados. Las fortunas más importantes de Cádiz eran propiedad de franceses, ciudad cosmopolita donde estaban abiertos dos teatros y se leían muchos libros extranjeros; las cortes y la Constitución de 1812 confirmaron su merecida reputación de cuna del liberalismo político. Rozó, sin alcanzarlos, los ochenta mil habitantes. A pesar de sus modestas dimensiones tiene un puesto destacado en la historia de España.

Los diecinueve años del reinado de Carlos IV (1788-1808) figuran entre los más críticos de la historia de España; le tocó reinar en la época de las revoluciones de Francia, que por su proximidad tenía que afectarnos más que a otras naciones de Europa; además, España había diseñado su política exterior basándose en la alianza con Francia, pues ambas naciones debían defenderse contra la agresividad de Inglaterra y su indiscutible supremacía marítima. La Revolución planteaba, pues, un conflicto interior: defensa contra la propagación de las ideas revolucionarias en España, y otros de orden exterior: ¿había que mantener la alianza con Francia o sumarse a las demás potencias europeas que combatían a la Revolución y después al expansionismo napoleónico? Ambas opciones eran peligrosas. La situación requería unas dotes de mando de las que carecía Carlos IV. No era un rey incapaz; tenía dotes de inteligencia y bondad, pero deslucidas por la falta de carácter que lo subordinaba a su mujer, María Luisa de Parma, y una dejadez y aversión al trabajo que dejaba enteramente en manos de sus ministros, contentándose con preguntar a la vuelta de la ordinaria partida de caza: «¿Qué se ha hecho hoy por mis vasallos?». Con esto consideraba cumplidos sus deberes de gobernante.

Su padre le había ordenado que mantuviera al frente del gobierno al conde de Floridablanca, pero la historia acredita que jamás se cumple la aspiración de «reinar después de morir»; el omnipotente ministro fue desplazado por su enemigo el conde de Aranda. Carlos IV hizo grandes esfuerzos por salvar la vida de Luis XVI de Francia. Después se unió a las potencias europeas que combatían a la Revolución y el general Ricardos obtuvo ventajas iniciales en el frente de Cataluña. La cruzada antirrevolucionaria fue secundada con ardor por el clero; el popular misionero capuchino fray Diego de Cádiz expuso en *El soldado católico en guerra de religión* los motivos por los que se debía combatir a los enemigos del Trono y del Altar. El entusiasmo guerrero duró poco; faltaba dinero para sostener la guerra, tropas francesas invadieron Guipúzcoa y Navarra, seguía latente la amenaza inglesa en Indias y las grandes potencias europeas mostraban más interés en repartirse Polonia que en combatir a la Revolución. La paz de Basilea (1795) nos costaba Santo Domingo y los derechos, más bien teóricos, sobre la Luisiana, o sea, la cuenca del Mississipi. En realidad, la única ciudad de alguna importancia en aquel territorio era Nueva Orleans que aún conserva cierto ambiente francés.

No era, pues, nada glorioso el Tratado de Basilea; sin embargo, valió el título de Príncipe de la Paz a su gestor, don Manuel Godoy, hidalgüelo extremeño que desde el modesto empleo de guardia de corps ascendió al de ministro todopoderoso. Figura curiosa y discutida; objeto en su época de universal aborrecimiento, hoy suscita comprensión, se le reconocen dotes; tuvo algunas ideas claras, trabajaba y hacía trabajar; no fue un obscurantista. Tampoco se ensañó con sus rivales; se limitó a quitarles poder: Aranda desapareció de la escena, Campomanes archivó sus planes reformadores, Jovellanos, peor parado, fue desterrado a Palma de Mallorca; pero favoreció a aquellos ilustrados que no le hacían sombra en el campo político. El verdadero motivo de su ascensión nadie lo dudaba en su tiempo, y fue causa fundamental del desprestigio no sólo de Carlos IV, sino de la idea monárquica en general. Que tuviera una relación carnal con la reina no puede demostrarse, lo que sí está probado es que ella le profesó un afecto nunca desmentido; lo demuestra su constante protección incluso en las horas terminales del exilio romano; de no intervenir Fernando VII parece que hubiera sido Godoy su heredero universal. No fue, pues, un valido, un favorito, sino algo más; fue un miembro de la familia real, pues los reyes obligaron a su sobrina la infanta María Teresa a casarse con Godoy, a quien detestaba. Ni Lerma ni Olivares, aunque tan superiores en linaje a Godoy, pretendieron tanto. Y el propio Carlos IV apoyaba la idea de que Godoy podría convertirse en rey de una parte de Portugal o de un país americano en el supuesto de que, según la idea expresada por el conde de Aranda, aquellos países se convirtieran en reinos feudatarios de la Corona de España. El caso de Godoy es único y las razones profundas de una elevación tan desmesurada quizás no quedarán nunca aclaradas.

El temor al contagio revolucionario explica medidas como la supresión de todos los periódicos no oficiales, el censo de extranjeros, la intensificación de la actividad inquisitorial y quizás fue también la razón de una curiosa medida fiscal: la supresión del *servicio ordinario y extraordinario* que gravaba sólo a los plebeyos y justificaba que los municipios hicieran padrones de hidalgos y pecheros. La Corona pretendía así demostrar que en España, sin necesidad de revolución, se podía conseguir la igualdad de derechos en materia fiscal. En el mismo sentido pueden interpretarse leyes como las que concedían la presunción de legitimidad a los expósitos, la ya vigente desde el reinado anterior sobre *ingenuidad* de las profesiones manuales y mercantiles, órdenes a los monasterios de no rechazar candidatos por motivos de limpieza de sangre, etc. *Ilustración* contra Revolución, un tránsito pacífico de un régimen que sus propios beneficiarios reconocían caduco a otro más acorde con la evolución de los tiempos. Un ideal, un programa, que, por desgracia, no se cumplió.

También hay que atribuir al sobresalto causado por los primeros síntomas revolucionarios la brusca interrupción de las cortes convocadas por Carlos IV a poco de subir al trono para jurar al príncipe heredero. Los diputados votaron también una pragmática que, aboliendo la Ley Semisálica de 1713 que excluía a las hembras del trono, restablecía el antiguo orden sucesorio; pero por motivos no muy claros (quizás por no molestar a la dinastía francesa) no fue promulgada; y cuando Fernando VII lo hizo en 1830, su hermano Carlos protestó, suministrando una base legal a la disidencia carlista. Fue una complicación que Carlos IV no podía prever.

El meteórico ascenso de Napoleón fue para España un desastre. Había que estar con él o contra él, y como era muy peligroso estar en contra, España estuvo a favor sin obtener más que desaires del tirano y derrotas; la de Trafalgar fue la más dura; fue la tumba de la marina española, construida con tantos sacrificios. Otra dificultad insalvable: Portugal seguía siendo aliada de Inglaterra, la más tenaz opositora de Napoleón, lo que suministraba a éste un pretexto para introducir tropas en la Península y preparar la gran traición contra su aliada. Añadamos que el principio del siglo XIX fue marcado por la invasión de la *fiebre amarilla* y el hambre que durante un trienio (1804-1806) azotó con extrema violencia gran parte de España, para tener una idea de las circunstancias excepcionalmente adversas a que tenían que hacer frente aquellos gobernantes. La Hacienda estaba en quiebra, el comercio con América se resentía de las hostilidades con Inglaterra, muchas casas comerciales de Cádiz quebraron; los *vales reales* se cotizaban muy por debajo de su valor nominal. No se quería imponer nuevos tributos al pueblo; se introdujo por primera vez un moderado impuesto sobre las sucesiones, pero, como de costumbre, los bienes de la Iglesia, por su vastedad y mala administración, eran los más amenazados, y no habría nada que objetar a una política de desamortización eclesiástica si no se hubiera dirigido de preferencia contra los más desvalidos; la ley de 1798, perfectamente estudiada por Richard Herr, ordenaba poner en venta todos los bienes raíces de cofradías, hospitales, hospicios y casas de expósitos. Es verdad que se les prometían a cambio unas indemnizaciones, unas rentas, pero como éstas se pagaron tarde y mal, los resultados fueron desastrosos.

La privanza de Godoy no sólo irritaba al país, en el seno de la familia real reinaba la discordia; el príncipe heredero Fernando odiaba a sus padres; sus aposentos eran semilleros de intrigas y conspiraciones que se apoyaban en Napoleón, encantado de que le facilitaran sus planes de suplantar a la dinastía española; cuando esos planes se materializaron con la entrada en España, so capa de amistad, de grandes contingentes de tropas, Godoy persuadió a los reyes para que marcharan a Aranjuez con la intención de seguir hacia Cádiz y embarcarse rumbo a América, como acababa de hacer la familia real portuguesa; pero un complot muy bien urdido por los enemigos de Godoy dio como resultado el Motín de Aranjuez (marzo de 1808). Carlos IV abdicó en su hijo Fernando; Napoleón se trasladó a Bayona para culminar su traición y convocó allí a los reyes españoles: Carlos IV declaró nula su renuncia, Fernando devolvió la corona a su padre, éste la entregó a Napoleón y Napoleón a su hermano José. La nación española no reconoció estos hechos vergonzosos y se aprestó a recuperar su dignidad. Fue el inicio de un drama de seis años.

Fue también el fin de una época, de una generación entera. Goya fue uno de los pocos que traspusieron la línea divisoria manteniendo su personalidad, su genio, aunque con un colorido muy distinto: a las bucólicas escenas de sus cartones para tapices sucedieron las visiones espantosas de los *Desastres de la guerra*. Fue también 1808 el fin de la Ilustración española, lo mismo en el aspecto político que en el cultural; hasta aquel momento, a pesar de las crecientes dificultades políticas y económicas, había mantenido su vigencia. Godoy fue también, en alguna medida, un *ilustrado;* protegió iniciativas y personajes como el coronel Amorós, portavoz de una reforma de los sistemas pedagógicos; continuaron los esfuerzos por introducir medidas necesarias, aunque impopulares, como la construcción de cementerios fuera de poblado, que arrancaba a la Iglesia una importante fuente de ingresos y agredía una tradición milenaria.

Medidas como ésta alimentaban las acusaciones de impiedad contra aquellos gobernantes, contra todo aquel cúmulo de odiosas *novedades,* a las que además se acusaba de *extranjerizantes.* Menéndez Pelayo, al menos en su primera época (la de los *Heterodoxos*), se sumó a estas descalificaciones y arropó con su inmensa autoridad esa visión negativa de nuestro siglo XVIII, que tenía como antecedente las sátiras y panfletos del que Teófanes Egido llama partido *castizo* o español, por contraposición a los borbónicos o afrancesados; con otros matices, dentro de una línea seudonacionalista, volvemos a encontrarla en cierta escuela de la época franquista que reconocía a nuestro Siglo Ilustrado algunas ventajas materiales, pero le reprochaba haber vendido su alma a una cultura extranjerizante, preludio del liberalismo, de la división religiosa, culpable de haber llevado la tragedia de la división de las dos Españas a unos extremos que terminarían con la guerra fratricida.

A estas alturas no es necesaria una refutación de estas sandeces. La República Literaria siempre fue cosmopolita; si de algo puede acusarse a los ilustrados españoles es de no ser bastante europeos, de viajar poco, de sostener escasa correspondencia internacional; casos como los de Mayans son raros, correspondencias como la que sostuvo Jovellanos con lord Holland eran excepcionales. La influencia francesa era natural, como antes lo había sido la española, pero nunca se afrancesó en España la aristocracia de la sangre y el talento como en Rusia o Prusia, donde el francés era la lengua habitual de comunicación. Hubo, naturalmente (afortunadamente), alguna, no demasiada, lectura de libros franceses, que, por cierto, influyeron bastante en el pensamiento reaccionario español. Parecía desconocer también esa escuela que en la modesta fermentación de nuestro Siglo Ilustrado intervino mucha levadura italiana y no poca de otros países europeos, incluyendo, y no en último lugar, Inglaterra. Fue nuestro siglo XVIII un siglo de renovación nacional, de recuperación de nuestros orígenes, en el que Sancha editó nuestras crónicas medievales, Flórez y Risco alumbraron el tesoro de la *España Sagrada,* Ponz hizo el inventario de nuestras riquezas artísticas, Lorenzana publicó los *Patres Toletani,* Tomás Antonio Sánchez dio a conocer el *Poema del Cid* y el *Libro de Buen Amor,* Mayans publicó la primera *Vida de Cervantes.* Siglo de catalanes españolísimos (Masdeu, Capmany), de la memorable polémica suscitada por la imbécil intervención de Masson de Morvilliers en la *Enciclopedia Metódica* contra la cultura española. Olvidemos, pues, esa leyenda de un siglo XVIII contrario a las tradiciones españolas.

Capítulo IX
Pinceladas sueltas sobre la sociedad española en la Edad Moderna

En líneas generales, la Península Ibérica ha seguido los modelos y patrones demográficos de la Europa central y occidental, con algunas variantes; la más destacada, la menor densidad de población, lo que hay que achacar más bien a deficiencias naturales (acusada orografía, irregularidades climáticas) que a los avatares históricos, pues la experiencia demuestra que existen mecanismos naturales que corrigen los desfases; Italia, con una superficie mucho menor, tenía más población; Francia superaba a todas las naciones europeas con casi veinte millones de habitantes en 1600 y veinticinco en 1750 (lo que explica su liderazgo europeo y las gestas militares de Luis XIV y Napoleón). El caso de Inglaterra es especial; con una población pequeña (cuatro millones de habitantes en el siglo XVI) ya jugaba un papel importante por su situación geográfica y su dinamismo. Pionera luego de la Revolución Industrial, rompió el antiguo paralelismo entre población y recursos agrícolas y dio paso a un nuevo modelo que en nuestros días se ha propagado y explica casos límite como el de Japón: 125 millones de personas disfrutando de un alto nivel de vida en un archipiélago montuoso.

Cálculos poblacionales de alguna fiabilidad son imposibles antes de que se generalizaran las estadísticas, los censos, los registros parroquiales, es decir, hasta los umbrales del siglo XVI, cuando Europa ya se había recobrado de la catástrofe de la Peste Negra y las réplicas que se sucedieron en la segunda mitad del siglo XIV y primera del XV. En los siglos XVI y XVII siguió actuando el bacilo de la peste bubónica con intensidad terrible, asociado con crisis alimenticias que disminuían las resistencias del organismo humano, con recorridos caprichosos que desafiaban todas las medidas de prevención y aislamiento. Cesó después de la peste de Marsella (1720) sin que se sepa bien por qué. El siglo XVIII fue mucho mejor en el aspecto sanitario, aunque tomaron incremento otras plagas: la viruela y la malaria. En España el comienzo del siglo XIX vio la invasión de una nueva plaga, el cólera morbo, procedente, como las anteriores, de Asia.

Cuando pensamos en la alarma que hoy suscita la noticia de la aparición de un brote epidémico en algún lugar tal vez remoto nos imaginamos la angustia que sacudiría a aquellas personas ante la presencia de unos morbos contra los cuales apenas podía hacer nada la pobre medicina de aquella época; la mortalidad por la peste bubónica oscilaba entre el 70 y el 90 por ciento de los atacados, y parecidas cifras se daban en la peste pulmonar y el tifus exantemático. En las poblaciones afectadas se organizaban inmediatamente hospitales de urgencia, se acordonaban calles, se contrataban médicos a precio de oro, se cavaban fosas comunes, se dedicaban presos y esclavos a recoger los cadáveres que aparecían tirados en las calles, se ordenaba la quema de todas sus vestiduras y pertenencias, se quemaban plantas olorosas para purificar la atmósfera y se hacían muchas rogativas, pero la única prevención eficaz era la huida, y esto planteaba problemas enormes, abría fracturas en el tejido social. Los ricos podían huir a lugares alejados o a sus fincas campestres, pero la mayoría de los pobres no tenían dónde ir y si huían aterrorizados los recibían a escopetazos. Madrid apresuró la terminación de su cerca cuando arreció la peste que de 1648 a 1652 causó en Andalucía y Levante pérdidas tremendas.

El estudio (no realizado de forma global) de los comportamientos en esas situaciones extremas es de extraordinario interés; la mortalidad altísima de los barrios pobres en comparación con los de familias acomodadas se explica por la razón antes dicha; la casi inmunidad de los monasterios femeninos tiene la misma explicación, pero los religiosos, los eclesiásticos en general, estaban obligados a quedarse y sufrían muchas bajas, aunque con diferencias muy significativas; ofrecerse a asistir a los apestados en los hospitales era un riesgo casi seguro de muerte. En las autoridades civiles se dieron comportamientos de todas clases, desde altos tribunales de justicia que se trasladaban en masa a lugar seguro, a párrocos, obispos, regidores, que permanecían en sus puestos resolviendo los múltiples problemas que se presentaban, entre ellos el del abastecimiento, porque las comunicaciones se interrumpían. Los perjuicios que ocasionaba la interrupción de las redes comerciales ocasionaba muchas veces que los pueblos dilataran la declaración del estado de peste, y a veces surgía la polémica entre los profesionales de la medicina sobre si las defunciones que se registraban eran o no de tipo epidémico. Restablecida la normalidad quedaban reajustes por realizar y secuelas de largo alcance: llegaban inmigrantes a cubrir los huecos, se concertaban muchos matrimonios entre viudos, sobrevenían herencias inesperadas. Si las bases de la ciudad eran sólidas, el restablecimiento podía ser rápido, pero en otros casos la epidemia confirmaba un estado de decadencia latente; el caso más típico, el de Sevilla, que en 1649 descendió bruscamente de 110.000 a 60.000 habitantes, y durante siglo y medio osciló entre 70.000 y 80.000.

Las repercusiones de orden moral no fueron menos profundas; el temor de la muerte ocasionaba conversiones súbitas, reparaciones, legalización de concubinatos, donaciones con fines religiosos, fiestas votivas a santos intercesores (san Roque y san Rafael eran los más invocados, como saben bien los cordobeses). Puede que esta cercanía con la muerte, sentimiento especialmente vivo en el siglo XVII, influyera en la creciente devoción a las almas del purgatorio, que en el fondo era una visión consoladora, pues a cambio de unos tormentos pasajeros se garantizaba la salvación eterna. Es incalculable el número de retablos dedicados a esta devoción y los fondos que movía, pues, con independencia de las misas que se celebraban al fallecimiento, y que ascendían a centenares y miles en familias con amplios recursos, eran muchas las personas que adscribían en perpetuidad las rentas de una finca a la celebración de sufragios.

Había una verdadera *cultura de la muerte,* con raíces que llegan hasta la Prehistoria, con múltiples repercusiones sociales, artísticas, incluso económicas, porque el mantenimiento de esa sociedad de antepasados a un nivel decoroso necesitaba inversiones, consumía rentas; cada familia de cierto rango mantenía un panteón familiar y a los que no podían tanto les quedaba por lo menos el consuelo de que sus antepasados reposaran en suelo sagrado, en el interior de una iglesia o próximo a ella. Cuando a fines del siglo XVIII se ordenó la construcción de cementerios extramuros la resistencia fue tan general que su total cumplimiento tardó decenios. Considerar a la muerte no como un fin, sino como un tránsito, ayuda a moderar el temor que inspira; mas, por otra parte, el temor a la condenación eterna orientaba la vida hacia la consecución de una «buena muerte», y como, según la teología católica, el destino del hombre depende de que esté o no en estado de gracia en ese momento supremo, incluso los más pecadores confiaban obtener la salvación mediante la absolución en el último instante. Hoy, una persona que sufre un accidente clama por un médico; entonces pedía angustiada un confesor, y no fue nada raro que personas puestas en peligro inminente de muerte se confesaran unas a otras, por ejemplo, en los naufragios. Por las mismas razones religiosas se explica el número extremadamente reducido de suicidios.

En la Edad Moderna española las tensiones sociales seguían siendo vivas y en ocasiones revistieron formas muy violentas, por ejemplo, en el reino de Valencia; pero, en general, el robustecimiento del Estado hizo que las tensiones y transformaciones discurrieran por cauces pacíficos. Siguió vigente el esquema tripartito de la sociedad estamental, aunque mezclándose y contaminándose de mil maneras con la emergente sociedad de clases basada en criterios económicos, justificando la observación de Sancho Panza, exagerada en su formulación, pero acertada en el fondo: «Dos linajes solos hay en el mundo, el tener y el no tener».

Los Reyes Católicos trataron de satisfacer este afán de ennoblecimiento; concedieron bastantes hidalguías en calidad de premios militares, y las cortes de Toro (1504) regularon las condiciones necesarias para fundar mayorazgos, para lo que se precisaba licencia real. A menor escala que los enlaces regios, los de magnates tenían un significado que traspasaba los límites de la privacidad; los Borja valencianos, los Híjar aragoneses, los Cardona catalanes, al aliarse con altas familias castellanas, reforzaron la unión de ambos reinos. A tan alto nivel un casamiento se convertía en asunto de Estado; la reina Isabel, empedernida casamentera, mantenía en su casa muchachas núbiles de las primeras familias de Castilla, velaba por su moralidad y educación, las dotaba en ocasión de su matrimonio, que siempre debía contar con su aprobación, no siempre exenta de favoritismo; por su parte, don Fernando miraba en los enlaces de los grandes no sólo el interés de su nación, sino el de su propia prole; usando de la fuerza deshizo el proyectado casamiento del duque de Medina Sidonia con un miembro de la familia de los Girones y lo convirtió en marido de una hija bastarda de su hijo Alfonso, arzobispo y virrey de Aragón.

El ocaso del reinado de aquellos reyes fue acompañado de un recrudecimiento de las banderías locales; las *parcialidades* de Jerez, Baeza, Trujillo y otras ciudades nobiliarias se reproducían, en parte como legado medieval de luchas familiares, o como medio de controlar el gobierno local y sus provechos. Los linajes leoneses de Benavides y Carvajales habían trasplantado a Baeza sus odios ancestrales; apaciguados en el reinado de los Reyes Católicos, resurgieron durante las Comunidades; también en Sevilla hubo con la misma ocasión un rebrote de las luchas entre los partidarios de los Guzmán y de los Ponce de León. Eran los últimos coletazos de un estado de cosas pretérito; en muchas ciudades los representantes de los bandos empezaron a repartirse los cargos amistosamente, ya por turno, ya por sorteo; así hicieron en Ávila los Ximénez y los Domingo; en Salamanca había, en 1480, 140 caballeros del bando de santo Tomé y 132 del de san Benito; la ciudad estaba llena de torres y casas fuertes; en el origen de las hostilidades estaba la venganza de doña María de Monroy («La Brava») por la muerte de sus dos hijos. La paz real sosegó los tumultos, pero todavía a principios del siglo XIX los regidores de ambos bandos se sentaban en bancos fronteros y sorteaban los cargos municipales. Parecidas situaciones se daban en Valladolid entre los Tovares y Reoyos, en Cáceres con los Carvajales y Ovandos, y en otros muchos lugares.

Incluso en Navarra los agramonteses y beamonteses que se habían combatido durante siglos acabaron por aceptar una convivencia para el reparto de los cargos.

Pero el espíritu de parcialidad y violencia, aunque reprimido por las autoridades reales y descafeinado por las ventas de cargos, que introdujeron en los ayuntamientos multitud de advenedizos, reaparecían, porque es una característica del espíritu humano; por eso, Castillo Bobadilla, que escribió su *Política para corregidores* en 1597, decía: «No hay ciudad, villa, ni aldea que no esté divisa en parcialidades, bandos y ligas contrarias, aun entre amigos y parientes». En los pueblos de señorío era frecuente que hubiera un bando partidario del señor y protegido por él y otro adverso. La Inquisición, con su red de *familiares,* suministraba también un campo abonado; B. Bennassar ha mostrado cómo una importante ciudad andaluza se dividió en sentido vertical en dos bandos interclasistas en torno a la figura dominante de un comisario inquisitorial. Gira también alrededor de temas inquisitoriales y la obsesión por la limpieza de sangre el estudio de Jaime Contreras *Sotos contra Riquelmes,* ambientado en el reino de Murcia.

El estudio, hoy de moda, sobre las oligarquías urbanas tiene gran interés porque se relaciona con otros múltiples problemas de aquella sociedad: las estrategias familiares, las redes clientelares, los *poderosos,* grupo que incluía tanto a los nobles como a los plebeyos enriquecidos, y sus relaciones con el poder central, basadas en un *do ut des* que en el siglo XVII llegó a extremos escandalosos: el rey, los consejos, las juntas, todos los mecanismos de regulación e inspección de la vida local cerraban los ojos a los desafueros de los tiranuelos locales con tal de que suministrasen al gobierno de la nación los recursos que pedía. Los abusos llegaron al colmo en el siglo XVII y disminuyeron en el XVIII gracias a un control más estrecho por parte del Estado de los bienes y rentas de los municipios. Al disminuir (nunca desaparecer) los abusos de los cabildantes disminuyó el interés por disfrutar cargos municipales; no sólo dejaron de venderse, sino que muchos cargos (en ocasiones hasta los dos tercios) quedaron vacantes por abandono de sus propietarios.

Las *bandosidades* locales se enlazaban también con el bandolerismo puro y simple en numerosas ocasiones y lugares.

En Cataluña, el bandidaje relacionado con los enfrentamientos entre *nyerros* y *cadells* fue una de las principales preocupaciones de los virreyes desde mediados del siglo XVI hasta 1640. En Mallorca, las luchas entre Canamunts y Canavalls, extendidas en todas las poblaciones y aldeas en que estas familias tenían propiedades, hicieron casi imposible la vida a los ciudadanos pacíficos hasta que en 1645 el virrey Pérez de Pomar ahogó las revueltas en un mar de sangre. En el reino de Valencia el bandolerismo era más de tipo delincuente que señorial, pero la delimitación es difícil, y se contagió a zonas de La Mancha y de Jaén por la facilidad de escapar a la justicia atravesando la frontera entre Valencia y Castilla.

Es y seguirá siendo materia de discusión en qué medida la degradación política y social en la etapa final de la España de los Austrias se debió a causas externas, a la acción gubernamental o al dinamismo propio del sistema. La sociedad estamental heredada de la Edad Media apenas fue modificada por la legislación general; hay que acudir a las ordenanzas municipales, gremiales, estatutos de corporaciones eclesiásticas y otras disposiciones de rango inferior para apreciar los cambios; por ejemplo, en las grandes recopilaciones no se dice nada o casi nada de los esclavos, de limpieza de sangre, venta de oficios públicos y otros temas de gran trascendencia, lo que, en principio, es un argumento en pro de la dinámica social y en contra del intervencionismo estatal, pero hay que tener en cuenta que ese intervencionismo tenía muchas veces un carácter episódico y hasta vergonzante; no era lógico que el Estado confesara que quería vender hidalguías y títulos de Castilla; sin embargo, los vendía. Por eso hay que admitir que las transformaciones sociales que acabaron convirtiendo aquel imponente edificio en una carcasa vacía de contenido fueron producto de múltiples interacciones entre una dinámica interna y un poder que actuaba presionado por unas necesidades financieras que, a su vez, provenían de intereses dinásticos y necesidades de una ambiciosa política exterior.

Algunos casos concretos ayudarán a clarificar esta maraña. El estamento nobiliario estaba en la base de toda aquella construcción político-social; *point de noblesse, point de monarchie,* decían los contemporáneos de Luis XIV, y en España existía la misma convicción. A falta de una fuerza de orden público, el gobierno confiaba en los hidalgos, en los caballeros; los corregidores podían requerir su concurso en caso de desórdenes públicos. Para negocios de mayor monta: embajadas, reclutamiento de grandes unidades, etc., el rey podía disponer de la persona y bienes de los grandes señores; por eso, aparte del *blindaje* que suponían las leyes del mayorazgo, el Consejo de Castilla tomaba las medidas necesarias para asegurar su supervivencia en cuanto Casa, con independencia de la conducta de los titulares, de las personas individuales; así, la traición y castigo del IX duque de Medina Sidonia no impidió a sus descendientes desempeñar altos puestos y contraer ventajosas alianzas.

Carlos V seleccionó la parte más granada de la aristocracia, concretamente veinticinco títulos, a los que atribuyó el calificativo de *grandes,* y aunque se llamaron *de Castilla,* cuatro procedían de la Corona de Aragón (Villahermosa, Denia, Segorbe y Gandía) y uno de Navarra (Lerin). Sucesivas ampliaciones elevaron su número a un centenar a fines del siglo XVII y casi doble un siglo más tarde. Hablo de títulos, no de personas, porque cada vez fue mayor la acumulación de varios títulos en una sola familia. A pesar del predominio castellano hubo cierto grado de internacionalización, lo mismo en la concesión de grandezas que en la de la divisa borgoñona del toisón de oro. Varios títulos de grandes procedían de Portugal, otros de Italia; había casas, como la del almirante de Castilla, que obtenían del sur de Italia sustanciosas rentas. Llegó a ser éste el grupo de presión más importante de la monarquía; a partir de Felipe III su influencia fue incontrastable; consiguieron lo que parecía imposible: que Felipe IV prescindiera del conde duque de Olivares, y ejercieron una verdadera tutoría en el reinado de Carlos II, con beneficio para sus personas, pero sin peligro para la autoridad monárquica, que Felipe V rescató sin esfuerzo.

Mientras crecía el prestigio de la grandeza disminuía el de los grados nobiliarios inferiores; la simple hidalguía comportaba beneficios, y todo aquel que sobresalía en poder y dinero procuraba adquirirla, pero no por el desacreditado método de la compra, sino por mecanismos fáciles de dominar a los que tenían mando en los ayuntamientos, puesto que eran ellos los que confeccionaban los padrones de hidalgos y pecheros. Superior al del hidalgo era el título de caballero, que carecía de definición jurídica; era una minoría urbana con rentas suficientes para mantener una casa blasonada y servidumbre competente. En el primer tercio del siglo XVII, antes de que los trastornos monetarios embrollaran todos los cálculos, se estimaban en dos o tres mil ducados anuales de renta (de ocho a doce millones de pesetas actuales) el mínimo necesario para que un caballero mantuviera el género de vida noble.

Tratándose de títulos de Castilla (condes y marqueses), la cantidad requerida era mucho mayor: entre ocho mil y sesenta mil ducados, pero hay que tener en cuenta que las relaciones que circulaban para satisfacer la curiosidad de las gentes pecan por exceso, no tienen en cuenta las cargas fijas y mermas, los gastos de cobranza, los gastos de pleitos, los *alimentos* que los primogénitos debían satisfacer a los segundones. También hay que hacer constar que si a un caballero le bastaba poseer un mayorazgo, para un título era requisito casi imprescindible ser *señor de vasallos,* tener el señorío de una población, y ésta es una de las causas del elevado número de compraventas que se realizaron por cuenta de la Real Hacienda; Carlos V vendió pueblos de las órdenes militares; Felipe II vendió muchos pueblos de obispados; el reinado de Felipe III marcó una pausa relativa, pero en el de Felipe IV se vendieron en total cuarenta mil vasallos de realengo; cuarenta mil familias que habitaban en doscientos pueblos. La expresión *vender vasallos* suena demasiado fuerte; en realidad lo que se enajenaba era la jurisdicción real; el señor se convertía en una especie de corregidor perpetuo, sujeto a las leyes y a las autoridades reales; así que, en principio, los vasallos no perdían nada, incluso podían ganar si el señor era de buena condición; pero en la práctica las cosas iban por otro camino: el nuevo señor podía comprar la *tolerancia,* el derecho a nombrar los cargos municipales, la llave de todo el sistema local; tenía facilidades para comprar tierras, y, si era poco escrupuloso, para adueñarse de los propios y baldíos. Por eso muchos pueblos se enredaron en pujas ruinosas para comprar su propia jurisdicción. Los más opuestos a la introducción de señores eran, naturalmente, los hidalgos y caballeros locales.

A fines del reinado de Carlos II, cuando ya no quedaba casi nada por vender, se enajenaron casi trescientos títulos de marquesados y condados a treinta mil ducados; los compradores fueron, en su mayoría, burgueses enriquecidos, no pocos de origen extranjero. No hay que ver en este hecho una supuesta *reacción nobiliaria,* pues tales prácticas más contribuían a envilecer que a realzar el estamento. Algunas de estas familias prosiguieron su ascenso y consiguieron la grandeza, que, entre otras ventajas, les facilitaba el acceso a la corte; la mayoría tuvo la vida provinciana como marco de su vanidad. Los Borbones pusieron orden en esta materia, tendiendo a crear una *nobleza de servicio* que redimiera a la aristocracia de la ociosidad; pero la fuerza de los prejuicios era tan grande que la mayoría de los burgueses que compraron títulos renunciaron a seguir ejerciendo la mercatura.

La nobleza se agrupaba en cofradías locales, pero no tuvo un órgano central representativo; la Iglesia sí, pues a más del apoyo de Roma y de la autoridad moral del arzobispo de Toledo, existía una Congregación de Iglesias que se reunía periódicamente para repartir el importe de unos tributos especiales. En cierto modo el estamento eclesiástico era más débil que el nobiliario; era menos rico, carecía de fuerza material, estaba mucho más controlado por el Estado. Sin embargo, los reyes, que hasta Carlos V temían una posible liga de la nobleza, acabaron por reducirla a la servidumbre, en tanto que la Iglesia, que siempre les había apoyado, no estuvo nunca tan sujeta a su control; tenía más autoridad moral, era más popular, sus censuras espirituales tenían una gran eficacia, y en este punto las cosas cambiaron poco hasta que llegó el apogeo del absolutismo borbónico. Ante una actitud de abierta rebeldía de fray Pedro de Tapia, arzobispo de Sevilla, Felipe IV no se atrevió a reaccionar. Ésta era una de las razones por las que conseguir que fueran elegidos papas favorables era de interés vital para la monarquía; sin consentimiento del papa los eclesiásticos españoles no consentían renunciar a su inmunidad tributaria.

También tenía la Iglesia un mejor sentido de la administración de sus bienes que la aristocracia. «A este paso se quedarán con todo», decía el conde duque de Olivares. Cuando el Concilio de Trento autorizó a los regulares a poseer bienes a título comunitario solamente los franciscanos renunciaron a esta posibilidad. Se ha elogiado la racionalidad de las explotaciones agrarias de los jesuitas en el Viejo y Nuevo

Mundo. Otras comunidades utilizaron medios más ejecutivos: apoderarse de las fincas sobre las que pesaban censos impagados. Pero a la vez continuaban recibiendo donaciones. Las situaciones eran muy variables, desde el convento andaluz limosnero que suplía la escasez de clero parroquial a la iglesia patrimonial, frecuente en el Norte (verdadera institución en el País Vasco), que era una especie de mayorazgo eclesiástico para que pudieran mantenerse los segundones de una familia los titulares de estas capellanías tenían una formación muy deficiente; algunos apenas sabían recitar el Credo y las palabras de la consagración.

Si a pesar de los numerosos abusos se podía decir que el clero, en su conjunto, era popular, había buenas razones para ello; no era una casta, todos tenían acceso al ministerio: el célebre obispo de Segorbe, Juan Bautista Pérez, fue hijo de un sastre, la madre de fray Luis de Granada pedía limosna, la de san Francisco Posadas vendía huevos en el mercado de Córdoba, el padre de don Manuel Ventura Figueroa, que murió siendo presidente del Consejo de Castilla, ejerció de barbero sangrador en el Hospital Real de Santiago. En aquellos tiempos de justicia arbitraria el sacerdocio ofrecía una inmunidad muy apreciada. Lope de Vega, en la *Epístola al Dr. Porras*, justificaba que hubiera tomado órdenes porque:

> «Aunque con tanta indignidad, cobarde,
> el ánimo dispuse al sacerdocio
> porque este asilo me defienda y guarde».

La misión asistencial de la Iglesia, aunque realizada de forma irregular y a veces indiscreta, era otro factor de popularidad. Revestía variadas formas: desde el obligado reparto de limosnas hasta la realización de obras de interés público, como la construcción de un torreón que defendía la entrada del puerto por don Lorenzo Fernández de Córdoba, obispo de Málaga. Los obispos que no eran suficientemente limosneros eran censurados y podían ser amonestados por el Consejo de Castilla, que en unión del confesor real (en el siglo XVIII de la Secretaría de Gracia y Justicia) efectuaba funciones inspectoras sobre la conducta del alto clero. Un sector de la sociedad y la administración abandonado casi totalmente en manos de la Iglesia fue el mantenimiento de los expósitos. Un capítulo muy triste de nuestro pasado; no todos eran ilegítimos; las cifras de abandono de niños se disparaban en épocas de crisis alimenticia. Los ayuntamientos se inhibían; a lo sumo costeaban a un hombre que recogía a los recién nacidos abandonados en las calles, en los portales de las iglesias y los transportaba en condiciones pavorosas a la capital, donde solía haber como anejo al hospital o como edificio independiente un lugar de acogida, siempre con rentas insuficientes para costear la asistencia médica y las nodrizas. Recibían pocas limosnas porque no era prestigioso, no era valorado; se preferían las mandas para rescatar cautivos, dotar doncellas pobres o sacar ánimas del purgatorio. Resultado: de los tres, cuatro o cinco mil niños abandonados anualmente en toda España las tres cuartas partes, y con frecuencia las cuatro quintas partes, morían antes de cumplir un año, y esta situación no mejoró hasta la segunda mitad del siglo XIX; la responsabilidad fue en parte de la Iglesia, que no hizo todo lo que podía, pero se preocupó en mucho mayor grado de las autoridades civiles, que no sólo se desentendieron del problema, sino que permitieron que la fiscalidad se cebara en las pobres rentas de aquellos establecimientos.

La compenetración (salpicada de críticas, pero efectiva) de la Iglesia con el pueblo era motivo de preocupación para el gobierno en momentos de crisis; le interesaba contar con los eclesiásticos para apaciguar al pueblo enfurecido; en tales casos los caballeros ofrecían su espada al corregidor; los frailes sus exhortaciones; en algunos casos se sacaba al Santísimo. Pero se daban otras situaciones distintas: de solidaridad del clero con las demandas populares, incluyendo la clemencia hacia delincuentes vulgares. Era una reacción contra unas leyes penales demasiado duras y con frecuencia injustas. La inmunidad de los reos acogidos en edificios sagrados era defendida por todo el clero como parte de sus privilegios, fuente de conflictos que por su abundancia se hicieron rutinarios. Pero había otra forma de protesta: arrancar los condenados a la última pena de las garras de los ministros de justicia; se quejaban éstos de que había frailes que con el pretexto de asistir espiritualmente al reo colaboraban en tretas, ardides o alborotos para facilitar su fuga. Incidentes de esta clase no alarmaban demasiado a las autoridades, pero sí la complicidad de algunos clérigos en tumultos de mayor cuantía. Los encontramos mezclados en casi todos los grandes movimientos de protesta, empezando por las Comunidades. Disponían aquellos clérigos de un arma de gran eficacia: la predicación, el púlpito. En la época de Felipe IV el rey o el valido tuvieron que escuchar palabras duras que a veces costaron sanciones a los predicadores.

Las enormes rentas de la Iglesia española, además de excesivas, estaban muy mal distribuidas. Aunque puede decirse que en la nominación de prelados los reyes actuaron con recto criterio, el favoritismo aparecía con frecuencia tratándose de las sedes más ricas; los doscientos mil ducados de renta de la mitra toledana, los cien mil de las de Sevilla y Santiago, eran metas preferidas de cazadores de pensiones, segundones aristocráticos y un Fisco en apuros. Muchos palacios episcopales eran cortes en miniatura en las que servían de pajes los hijos de la nobleza local y había carruajes lujosos y maestro de ceremonias. En el otro extremo, curas sin oficio ni beneficio de los que decía el ministro Campillo a principios del siglo XVIII: «Sus vestidos, sus costumbres y su modo de vida son tan denigrativos a la monarquía como indignos de su carácter; andando por todo el reino, viven de limosna, comen en las tabernas y duermen en los hospitales, causando el desprecio que es natural manifestar a los vagos».

Los gobernantes de la Ilustración trataron de introducir un poco de racionalización en el abigarrado conjunto del clero hispano, sobre todo en beneficio de la dignificación de los párrocos rurales; esfuerzos meritorios pero tardíos y en gran parte anulados por los efectos de la inminente revolución.

Quienes no tenían la condición de hidalgo o sacerdote, o sea, la gran mayoría de la nación, formaban parte del estado general o llano. El criterio más usado para distinguir este estamento (si puede llamarse así a un aglomerado inorgánico) de los dos privilegiados era la exención de impuestos. Cuando las necesidades fiscales obligaron a los monarcas a imponer contribuciones a clérigos y nobles, como sucedió en el impuesto de Millones, se tuvo cuidado de que no se les obligase a contribuir en el «Servicio ordinario» que votaban las cortes. Para este efecto los ayuntamientos confeccionaban unos padrones de hidalgos y plebeyos, es decir, de exentos y no exentos, que servían de base para posteriores trámites. La última palabra la tenían las Salas de Hidalgos de las Chancillerías de Valladolid y Granada, que resolvían los pleitos y expedían las *ejecutorias.* Pero gozaban mayor lustre aquellas familias cuya hidalguía era *notoria* y no precisaba ser acreditada con documentos.

Dentro del mundo abigarrado del Estado general había sectores organizados con reglamentos aprobados por las autoridades municipales que les daban cohesión y defendían sus intereses; en primer lugar, los gremios profesionales. También había entre ellos una escala de valores; ciertos gremios reclamaban preeminencia, exención de tributos para productos y ciertos aires de hidalguía. Pleitearon por esos derechos en varias ocasiones los pintores y escultores, los plateros, los médicos y boticarios, los escribanos, es decir, los que estaban en el límite que separaba la pechería de la ansiada hidalguía en un mundo tan obsesionado por el honor, la *honra.* El criterio utilizado, el argumento invocado con más ahínco, era no ser el suyo arte manual; para ello, el pintor necesitaba un ayudante que preparase el lienzo y los colores; el boticario, un mancebo que manejara las alquitaras y la mano del almirez, y hasta había sastres que se jactaban de que ellos sólo diseñaban las operaciones y paseaban por el taller espada al cinto mientras los oficiales utilizaban la aguja y la tijera. El horror al trabajo manual tenía muchos antecedentes, pero nunca fue tan obsesivo como en la Castilla de los siglos XVI-XVIII.

El gremio castellano carecía de la entidad política que dentro del marco municipal poseía en los reinos de la Corona de Aragón; no por eso dejaba de ser un factor de dignificación, ayuda mutua y defensa profesional. Los más prestigiosos tenían además cofradía y hospital, que proporcionaba asistencia social, representación en actos públicos y, en ciertos casos, la tan buscada seguridad de un enterramiento honroso. Desde el punto de vista económico, su gestión era más discutible; preocupados los agremiados por evitar rivalidades y competencias, muchos gremios limitaron el número de oficiales, controlaron la distribución de las materias primas, perpetuaron unas normas que consagraban la rutina y dificultaban innovaciones y progresos técnicos.

El símbolo más destacado de la participación de los gremios en la vida social era su contribución fija a las fiestas del Corpus, y eventual en otras solemnidades como juras y entradas de reyes. Su participación era un honor, porque desfilaban juntamente con las autoridades exhibiendo pendón o bandera; a la vez era una obligación, no pocas veces gravosa, al tener que costear los emblemas, carrozas y arquitectura efímera que servían para dar solemnidad al acto.

Había otras agrupaciones profesionales que también luchaban por romper las barreras estamentales: claustros universitarios, consulados de mercaderes, colegios de abogados, etc., lo que nos conduce al debatido tema de la existencia de una verdadera burguesía en la sociedad española del Antiguo Régimen. En esta cuestión, como en la del feudalismo, las dificultades nacen en gran parte de problemas conceptuales o semánticos: ¿qué debemos entender por burguesía? Desde el punto de vista etimológico, burgués es el habitante de la ciudad. Su predecesor medieval es el *ruano,* que viene a tener la misma etimología: el hombre de la calle. Así se denominaban también los judíos y conversos de Palma de Mallorca. Su función esencial era el comercio y también la finanza, los préstamos; no encajaba en la división tripartita de la sociedad, era ejercida con frecuencia por elementos extraños a la misma, suscitaba rechazos y a la vez se apreciaba su necesidad. El reforzamiento del Estado acrecía la necesidad de administradores profesionales, de funcionarios competentes. Por agregaciones sucesivas de elementos dispares se iba configurando ese grupo social que llamamos burguesía. Las dificultades nacen de que, si bien las diversas ramas de la burguesía no encajan en el esquema estamental tripartito, la realidad impuso siempre acomodamientos y compromisos, y hubo nobles comerciantes y eclesiásticos que ejercían de secretarios, y campesinos que alcanzaban situaciones elevadas, lo que, lo mismo se puede interpretar como ampliaciones lógicas de un modelo que como elementos nuevos, factores de ruptura. En repúblicas tan plenamente burguesas como Venecia y Génova, las ciudades hanseáticas, las ciudades flamencas, hubo también aristocracia y clero en amigable simbiosis, y lo mismo se puede decir de las ciudades de la Corona catalano-aragonesa en nuestra Baja Edad Media, e incluso de algunas ciudades castellanas. La delimitación pende de criterios personales que se pueden aceptar o no. Para un historiador de la solvencia de Vicens Vives, en la España del siglo XVIII los únicos burgueses auténticos eran los comerciantes gaditanos y los fabricantes catalanes; a los demás grupos sólo los considera como «clases medias influyentes», y todavía podrían negar la calidad de burgueses incluso a estos grupos quienes adoptan las mentalidades como criterio preferente, pues sus miembros eran bastante conservadores en materias políticas, religiosas y sociales.

Fijemos nuestra atención en el más importante de estos grupos, el de los financieros y el gran comercio, dos actividades íntimamente relacionadas; la participación de los judíos, que nunca fue mayoritaria, quedó rota en 1492. Los conversos del grupo de Burgos acabaron retirándose de los negocios, y gran parte de sus bienes, y en muchos casos sus propias personas, tuvieron como destino final a instituciones eclesiásticas. En el otro extremo de la Península los miembros del consulado Sevilla-Cádiz tuvieron un comportamiento distinto de los de Burgos, y la comparación entre ambos casos resulta muy instructiva: los burgaleses (que incluían también estirpes del Alto Ebro y La Rioja) constituían un sector homogéneo; su procedencia conversa les inducía a extremar su religiosidad, su ortodoxia católica. Además, fueron empujados a retirarse de los negocios por las adversas circunstancias que reinaban en el mar del Norte desde la sublevación de las provincias flamencas.

En el otro extremo de España el consulado de Sevilla, ampliado a Cádiz y otros antepuertos, tenía como objetivo primordial (pero no exclusivo) el comercio de Indias. Como es lógico, aparecen en las actas muchos apellidos andaluces, pero los mercaderes más *gruesos,* según la expresión de la época, los que solían ocupar los cargos de prior y cónsules, solían ser gentes del Norte, vascos, extranjeros. No tenían dificultades en cuanto a la probanza de limpieza de sangre, y la de oficios la resolvieron con la distinción que ya hizo Cicerón: el comercio al por menor envilece, pero la *mercatura magna et copiosa* no es censurable. Lo que interesa destacar es que a pesar de este flujo incesante de sangre nueva, al verterse en los viejos odres se adaptaba a los moldes de la sociedad tradicional; el frecuente abandono de los negocios a la segunda o tercera generación puede atribuirse a su carácter azaroso, a la mayor seguridad que ofrecían unas inversiones rústicas que en el País Vasco o en Cataluña no encontraba las mismas oportunidades, porque la estructura de la propiedad agraria era distinta; pero emplear los dineros conseguidos en las transacciones mercantiles en comprar un hábito de Órdenes Militares incluso un título de Castilla, costear patronatos y capellanías, adoptar los patrones de *vida noble*, indican que el posible fermento se convirtió en materia asimilada, fagocitada por el medio ambiente. Algo más de auténtico espíritu burgués se detecta en el Cádiz del siglo XVIII y su continuación en el «Cádiz de las cortes».

Segovia era en los siglos XVI-XVII una excepción en Castilla: ciudad con una industria textil que sobrepasaba los límites gremiales, que se aproximaba a los grandes centros textiles europeos. Burgos exportaba la lana en bruto; Segovia la transformaba en los afamados paños que vestían nuestras elites... pero que nunca llegó a conquistar el mercado americano. Por qué al *boom* de la segunda mitad del siglo XVI sucedió la pausa y luego la decadencia no es fácil de explicar; Ángel García Sanz, el mejor conocedor del tema, sugiere que los segovianos no desconocían las mejoras que en otros países de Europa se estaban introduciendo en la industria textil, pero les faltaba vocación empresarial y acabaron sucumbiendo a la tentación del mínimo esfuerzo: exportar lana en vez de transformarla.

Madrid tuvo también una burguesía nacida de la demanda latente en una ciudad grande y rica; había, por ejemplo, que aprovisionarla de grandes cantidades de carbón, y Bravo Lozano ha documentado las importantes fortunas que amasaron algunos de los *obligados*, o sea, de los que contrataron con el municipio el abasto de este producto. Era también Madrid gran mercado de productos de lujo, y había heredado de Medina del Campo el negocio bancario; en ella residían la mayoría de los banqueros regios y de los grandes arrendadores de rentas públicas. El público acogía con curiosidad las noticias sobre estas fortunas hechas, por decirlo así, contra la norma; fortunas que no procedían de rentas nobiliarias ni eclesiásticas. Un clérigo que vivía en el Madrid de Felipe IV y se entretenía enviando a sus amigos *Avisos* de la corte daba cuenta de la muerte de un Ontiveros, mercader de drogas en la calle Postas; había llegado siendo «muchacho bozal de las montañas... y se dice deja setecientos mil ducados», y añadía: «El que en Madrid tiene inteligencia y trato, a cada paso dobla el caudal».

Exageraciones, sin duda, pero con base real, plasmada en el siglo XVIII en la constitución de los Cinco Gremios Mayores de Madrid, entidad creada en 1733, núcleo de muchas actividades, públicas y privadas, beneficiaria de múltiples privilegios estatales y cuyo carácter burgués es indudable.

Madrid siguió siendo, a pesar de todo, un fenómeno aislado en una Castilla que no acababa de salir del marasmo, pero la recuperación demográfica de la periferia, la supresión de las aduanas interiores, la flexibilización del monopolio comercial americano, culminado con la ley de 1778 sobre el libre comercio, todas estas disposiciones, acompañadas de un talante más abierto en cuanto a los tres dogales que seguían encorsetando la sociedad: las pruebas de hidalguía, las probanzas de limpieza de sangre y de limpieza de oficios, impulsaron el nacimiento o expansión de núcleos de burguesía industrial y mercantil en todo el litoral: La Coruña, El Ferrol, una Asturias llena de iniciativas, la Real Compañía Guipuzcoana de Caracas, la extraordinaria expansión industrial y comercial de Cataluña centrada en el algodón, un reino de Valencia lleno de recobrada vitalidad, Cartagena, Málaga, Jerez, Cádiz... Sin duda esta burguesía permanecía demasiado atada a sus vínculos con el pasado, ávida de títulos y honores, propicia al gasto suntuario, menos pecuniosa que la burguesía inglesa o francesa, pero burguesía al fin, es decir, representante de un individualismo no atado a resabios feudales y abierta, o entreabierta (seguían existiendo las listas de libros prohibidos y otros filtros), a las ideas llegadas de ultrapuertos.

Industria, comercio y finanzas constituían las bases tradicionales de la burguesía, pero no las únicas: funcionarios, artistas, oligarquías urbanas y profesiones liberales suministraban también modelos diversos. Entre las profesiones liberales hay que subrayar el destacado papel de los médicos, al menos de los colocados en lo más alto de la pirámide, pues era una profesión muy estratificada: en la cúspide los médicos latinos; después los *romancistas* y los cirujanos; en la base, pero reconocidos también como profesionales, los barberos sangradores y luego la turbamulta de sanadores y *algebristas*.

No se perdió la tradición medieval del médico filósofo, del médico humanista que suministró notables figuras en el Siglo de Oro: Laguna, Vallés, Huarte de san Juan... Comenzó el siglo XVIII con la polémica abierta por los doctores de la facultad de medicina de Sevilla contra los *revalidados* que habían formado una tertulia (germen de la posterior Academia de Medicina, la más antigua de España), a los que acusaban de introducir *novedades* de paracélsicos y cartesianos, erróneas y peligrosas por estar viciadas por *los aires infectos del Norte*. La polémica se diluyó luego en la mucho más amplia que suscitaron las obras de Benito Feijoo y en la que las cuestiones relacionadas con los problemas médicos ocupaban amplio espacio. La actitud de los gobiernos fue benevolente hacia los novadores y la clase médica en general. También patrocinaron una dignificación de la profesión veterinaria, separándola de la de herrador. La política de los gobiernos *ilustrados* culminó con la célebre pragmática de 1783 que decretaba la compatibilidad de cualquier profesión mercantil o menestral con los empleos y cargos honrosos de la república, con lo que, teóricamente, terminaban las discriminaciones y las disputas sobre la *limpieza* de oficios. Era una ley que al Estado no le costaba nada. Pero las situaciones creadas en reinados anteriores con las ventas de señoríos y cargos públicos no hubieran podido anularse sin unas compensaciones que la monarquía absoluta no estaba en condiciones de ofrecer.

Dicha pragmática puede interpretarse como manifestación del espíritu *ilustrado* de los primeros Borbones, tendentes a suavizar la contraposición de clases. Para valorar el gesto en su justa medida hay que tener en cuenta que la monarquía había ya conseguido domesticar a la nobleza y ponerla a su servicio incondicional. Fue la tarea más delicada. En cuanto a los demás aspectos sociales, la monarquía fue poco intervencionista, pero se dio cuenta de ciertas tendencias profundas de las que podría sacar provecho. La más fuerte, el afán de *honra*, de promoción social, la aprovecharon para la venta de oficios, títulos, señoríos. Unas ventas que en unos casos sólo satisfacían vanidades y en otros causaban daños irreparables al tejido social y a la propia Real

Hacienda. Esa lucha de todos contra todos por alcanzar un alto grado de estimación era motivo continuo de roces y conflictos; Felipe II no creyó que perdía su precioso tiempo redactando una pragmática de tratamientos y cortesías regulando materia que a los contemporáneos parecía de tanto interés; en los escritos de la época se observa un interés morboso por saber si a tal príncipe o embajador el presidente de Castilla lo recibió a la puerta o al pie de la escalera; si le dio silla o escabel y otras mil zarandajas que causaban infinitos encuentros por el valor simbólico que tenían para definir el puesto de cada uno en la sociedad. El mismo valor simbólico desempeñaban otros aspectos de la vida *noble,* singularmente el vestido, y cuando en la segunda mitad del siglo XVI empezaron a usarse los coches se planteó la cuestión de regular su uso. ¿Era lícito que el carruaje de un plebeyo enriquecido salpicase de lodo a un caballero pobre? Las numerosas pragmáticas suntuarias trataron de resolver estas cuestiones, siempre atendiendo a los valores tradicionales y siempre con igual escasez de resultados. La última pragmática fue la de 1723, tan mal observada como las precedentes. Después se impusieron en la monarquía ilustrada otras corrientes de opinión; el lujo pasó de ser combatido a ser un elemento de prosperidad, y la tensión social en este punto se aflojó lo suficiente como para que una pragmática de Carlos III sobre el uso de coches en la corte ya no tratara de limitar su uso a los privilegiados, sino de prevenir los accidentes que causaban.

Actitud reservada guardó también la monarquía en cuanto a los estatutos de limpieza de sangre, rasgo característico de la cultura moderna española que en los demás países europeos causaba extrañeza y repulsión. En la propia Roma, donde había muchos judíos, no se entendía aquella obsesión, y los que acudían allí a protestar encontraban oyentes bien dispuestos. El origen de los estatutos está ligado a la conmoción experimentada por la sociedad hispana por los procesos inquisitoriales contra los judaizantes, el reato de infamia que suscitaban, transmisible a las generaciones posteriores, y la combatividad de los propios conversos que no habían sido perseguidos por la Inquisición, o bien tenían antecedentes pero trataban de rehabilitarse (caso de Fernando de Rojas o de los parientes de santa Teresa), y reclamaban puestos en la sociedad aprovechando todas las oportunidades, en especial las ventas de cargos públicos, en concreto de cargos municipales. Medida defensiva teñida con pretextos religiosos fueron los estatutos de exclusión dictados por colegios mayores, cabildos seculares y regulares, Órdenes Militares y luego, en un *crescendo* imparable, por corporaciones de toda clase, incluso modestos gremios de menestrales. La lucha fue especialmente viva en el seno de las órdenes religiosas debido a la vocación monástica de muchos descendientes de conversos.

En todo este movimiento, hoy bastante bien conocido, el Estado, como tal, permaneció hasta cierto punto neutral; observaba la querella entre viejos y nuevos cristianos y procuraba no echar leña al fuego. Si alguna corporación demandaba licencia para promulgar un estatuto, se la otorgaba; si después quería dar marcha atrás, como hizo el cabildo de la catedral de Murcia, no ponía obstáculos. Felipe IV y el conde duque de buena gana hubieran abolido los estatutos y las fastidiosas *probanzas,* pero se limitaron a reformas de detalle, y aun ésas fueron luego eliminadas. La cuestión pasó íntegra a los Borbones, que tampoco quisieron intervenir, aunque ilustrados como Jovellanos se quejaran de las molestias y gastos que originaba escudriñar los antecedentes de los pretendientes a determinados cargos. La inercia era tan grande que, aun después de la revolución liberal, algunas corporaciones siguieron durante años practicando informaciones rutinarias.

Quien resultara desairado en sus pretensiones a causa de las *informaciones* no por ello tenía que renunciar a buscar promoción por otras vías. En realidad, fuera del *sistema* no se encontraba teóricamente nadie, ni siquiera los esclavos, a los que la Iglesia reconocía los derechos más elementales de la persona humana. España, con Portugal y el sur de Italia, eran los únicos países europeos que tenían un número considerable de esclavos. Puede que en la segunda mitad del siglo XVI llegaran a sesenta mil, la mitad en Andalucía. Los negros recibían sin dificultad el bautismo, los musulmanes eran más difícilmente asimilables. Se repartían entre el servicio doméstico y varios trabajos y ocupaciones manuales. Los peor tratados eran los esclavos estatales, empleados en las minas, las galeras o la construcción de fortificaciones.

Los esclavos particulares podían alcanzar mejores situaciones; su condición dependía en gran parte de la de sus amos. Se consideraba obra piadosa concederles la libertad al hacer testamento, pero muchas veces, bajo esta aparente generosidad, se escondía el deseo de desembarazarse de un viejo servidor. Hubo en Andalucía bastantes cofradías de esclavos y libertos, marcos de integración y promoción social. El número de esclavos disminuyó mucho con la separación de Portugal, que era la principal proveedora. Desde fines del siglo XVII ya no era más que un fenómeno residual.

Los pobres de ninguna manera podían considerarse marginados dentro del marco social; por el contrario, de acuerdo con la doctrina evangélica, tenían un puesto de honor, aunque la realidad fuera distinta. El ámbito de la pobreza era flexible: cada gran crisis lanzaba a los caminos legiones de hambrientos en busca de un auxilio que no siempre llegaba, y era frecuente el espectáculo de hospitales abarrotados, muertos en los caminos y plazas públicas... Ante estas grandes calamidades el gobierno de la nación desviaba el problema hacia las autoridades eclesiásticas y municipales y la caridad privada. En épocas normales cada población tenía un número de pobres atendido de manera fija; el catastro de Ensenada enumeraba para toda Castilla algo más de sesenta mil, aunque es seguro que el número real sería mayor. Dentro de esta masa había categorías: atención preferente merecían los pobres *vergonzantes*, personas de buena familia que habían caído en la indigencia y debían ser socorridos a domicilio porque preferirían morir de hambre antes que mendigar. En Madrid y otras ciudades los ciegos formaban agrupaciones de estilo gremial; competencia suya era la venta de relaciones, romances y otras hojas volantes; los había especializados en recitar largas oraciones a las que se atribuían virtudes especiales (ciegos oracioneros); otros alegraban las reuniones festivas con instrumentos musicales y canciones de subido color.

El enlace de estos ciegos con la picaresca lo hallamos en el *Lazarillo de Tormes*, obra enigmática, punto de arranque de un género literario típicamente español. El *pícaro* era un automarginado, por lo común de humilde extracción, pero no raras veces procedente de una familia normal; no era propiamente un rebelde, sino un inadaptado temperamental, incapaz de permanecer mucho tiempo en un lugar y en una profesión; unas veces ejercía de criado, otras de esportillero, o vivía de la estafa y pequeños hurtos. Su caldo de cultivo eran los bajos fondos de las grandes ciudades. La crisis urbana del siglo XVII y las levas de *vagos y mal entretenidos* que se prodigaron en la segunda mitad del siglo XVII acabaron (hasta cierto punto) con este grupo social y la literatura que había suscitado.

De los gitanos hay que hacer también una mención porque, si bien su número era muy escaso, el tratamiento que recibieron es típico de la actitud del gobierno hacia los marginados. Llegaron a España desde Francia en el siglo XV, tras largo éxodo desde la India, su patria de origen. Se presentaban como peregrinos a Santiago. En 1470 aparecieron en Jaén, donde fueron regiamente acogidos por el condestable Miguel Lucas de Tranzo, favorito de Enrique IV. Sigue una etapa de silencio roto por una dura pragmática de los Reyes Católicos en 1499 conminándoles a dejar su vida errante, tomar vecindad y oficio, es decir, *asimilarse,* en el lenguaje actual. No es difícil imaginar lo que sucedió en ese intervalo; los recién llegados no tenían capacidad ni voluntad para dejar su género de vida tradicional; agotada la buena voluntad inicial, suscitarían quejas que motivaron el citado decreto, seguido de otros muchos, prueba de su ineficacia; hubo casos de asimilación en las ciudades; en el campo podían resultar peligrosos; los documentos hablan de bandidaje y asaltos a pequeños lugares. Se les acusaba también de no profesar ninguna religión, aunque la Inquisición sólo instruyó algún que otro caso por prácticas supersticiosas. Quizá era el único grupo social al que se consideraba fuera de la ley; ni ellos la respetaban ni les alcanzaban sus beneficios. En algunas ocasiones se les envió a remar a la galera sin más trámite. La mentalidad represora llegó a su cúspide con el inicuo decreto de 1739 que envió a cerca de diez mil, incluyendo mujeres y niños, a los arsenales. Las medidas antigitanas fueron dulcificadas en el reinado de Carlos III con igual resultado negativo.

Capítulo X

Una era conflictiva

El conde de Toreno tituló su obra clásica *Historia del levantamiento. Guerra y revolución de España* y este título define perfectamente el orden de los sucesos acaecidos en el sexenio 1808-1814, decisivo en la historia de nuestra patria. Primero se produjo un levantamiento, luego una guerra contra el invasor y, simultáneamente, una revolución que alteró el orden político-social vigente desde hacía siglos. El alzamiento fue desde un punto de vista jurídico ilegal, puesto que la junta que Fernando VII dejó al ausentarse de Madrid reconoció las renuncias de Bayona. En el alzamiento participaron todas las clases sociales, aunque desde el principio fue creencia generalizada que el pueblo se rebeló con más unanimidad que las clases altas, y esta opinión se ha expresado lo mismo en sentido elogioso que denigrativo; el inquisidor general llamó al Dos de Mayo «escandaloso tumulto del pueblo bajo». Otros, en cambio, lo decían en sentido elogioso, lo que motivó una respuesta indignada de Capmany, diputado en las cortes de Cádiz: «Cuando nuestro pueblo se movió en masa se movieron todas las partes que la componían». Eso es cierto, pero, dentro de la enorme variedad de comportamientos, creo que hay algo de verdad en la afirmación del protagonismo popular, desinteresado. Mor de Fuentes, que estaba en Madrid el 2 de mayo de 1808, vio a los mozos de cuerda correr a los lugares donde se combatía con los franceses. Se aprecia un contraste con las clases dirigentes, los que tenían algo que perder; cuando llegaron a Jaén noticias de lo sucedido en Madrid, el ayuntamiento acordó «no hacer movimiento alguno que pueda alterar el sosiego y subordinación en que se halla este pueblo», y este caso no fue único ni mucho menos. Al encontrarse momentáneamente sin autoridades reconocidas, la sociedad española actuó con una espontaneidad que nos suministra una valiosísima radiografía.

El rechazo a una intervención extranjera realizada con procedimientos tan viles era general, pero ¿qué querían específicamente las clases populares? Los actos de violencia a que se entregaron las masas en los primeros días pueden dar algunas pistas. En Valencia las turbas asesinaron a muchos residentes franceses, pero éste fue un hecho aislado y duramente reprimido. En general fueron actos contra personas concretas acusadas de sabotear el movimiento: autoridades, altas autoridades; en Valladolid fue arrojado al Esgueva el director de la Escuela de Artillería de Segovia; en La Coruña fue asesinado el gobernador militar; en Sevilla, el conde de Águila, figura destacada de la Ilustración; en Cádiz, el capitán general, marqués del Socorro; en Badajoz, el gobernador militar, conde de La Torre del Fresno; en Cartagena, el general Borja... Perecieron también los corregidores de Jaén, Huesca, Manresa, Villena y otros. La mayoría de estos atentados sin motivos reales, a veces mezclando odios personales con los motivos patrióticos; el exministro Soler fue asesinado en un pueblo de La Mancha, al parecer porque había impuesto cuatro maravedises en cuartilla de vino. Las reacciones fueron diversas; ya hemos dicho que los asesinatos de franceses en Valencia fueron castigados; en Granada, la Junta mandó ahorcar a doce complicados en la muerte del corregidor de Vélez Málaga, que fue extraído con violencia de La Cartuja. En esta explosión de odio salvaje no se puede ver más que una malquerencia contra las autoridades disfrazada de patriotismo. Las autoridades restablecieron el orden; no hubo peligro real de subversión del orden social instituido, pero sí detalles significativos: en muchas partes los campesinos procuraron rehuir o disminuir el peso que representaba el pago del diezmo.

Estos incidentes de los primeros días son borrones lamentables, indicios de insatisfacción, preludio de sucesos posteriores, pero, en conjunto, el ejemplo de un pueblo que, abandonado por sus más altas autoridades, se rebela contra la imposición extranjera tiene una grandeza innegable. La declaración de guerra de la Junta de Asturias a Napoleón asombró a Europa, y más cuando comprobó que no era una amenaza vana; aquello podía ser el principio del fin del coloso. Por desgracia suya y nuestra, Napoleón no sabía nada de los españoles; su reacción le dejó sorprendido y desorientado; mil veces maldijo su ocurrencia no por arrepentimiento, sino por haber sido la causa de su caída, como confesó en su destierro de Santa Elena. Pensaba que los ciento cincuenta mil hombres que había metido arteramente en España, aparentando que se dirigían a Portugal, serían más que suficientes para reprimir cualquier resistencia; no fue así, en Bailén capituló un ejército de veinte mil hombres, hecho sin precedentes que causó una impresión inmensa en Europa; las columnas dirigidas contra Lisboa, Valencia y Zaragoza fracasaron en su empeño. No llevaba el rey José un mes de residencia en Madrid cuando tuvo que replegarse más allá del Ebro.

No había terminado el año 1808 cuando Napoleón al frente de la *Grande Armée* entró en España para restablecer la situación. Lo hizo sólo a medias: entró en Madrid, pero regresó a Francia ante la noticia de que Austria reanudaba las hostilidades; desde entonces la guerra prosiguió monótona, con alternativas, sin que en ningún momento hubiera una paz, ni siquiera un armisticio. Una situación única en las guerras napoleónicas. En la Península llegaron a combatir más de trescientos mil hombres, los mejores que tenía Napoleón; no todos franceses, había muchos polacos, italianos y de otras nacionalidades, sin contar los mamelucos que pintó Goya. El ejército español, ni aun reforzado con la excelente infantería inglesa que desembarcó en Portugal a las órdenes de Wellington, estaba en condiciones de hacer frente al ejército francés; si pudo hacerlo es porque, como ha destacado Miguel Artola, los franceses nunca pudieron oponer a Wellington más de cincuenta o sesenta mil hombres; las cuatro quintas partes de los soldados franceses estaban amenazadas por las guerrillas. Era un tipo de guerra nuevo, una guerra de desgaste que después ha servido de modelo a otras muchas; las guerrillas eran partidas de cien, quinientos e incluso mil hombres integradas por patriotas, aventureros, bandoleros y, sobre todo, desertores de ambos ejércitos. Sus armas eran la movilidad, el conocimiento del terreno y la complicidad de la población civil. Ni pedían ni daban cuartel. Aquella guerra fue de una violencia extrema por ambas partes.

Junto al hostigamiento de las guerrillas, el ejército francés, de ordinario vencedor en campo abierto, se estrelló ante la resistencia de heroicas ciudades. De la de Zaragoza escribió el mariscal Lannes a Napoleón: «Nunca he visto tal encarnizamiento. He visto mujeres que se dejan matar en la brecha». Zaragoza y Gerona sucumbieron, pero no así Cádiz, defendida por formidables fortificaciones que habían sido construidas pensando en un posible ataque inglés. Aburrido de aquel tipo de guerra que no podía ganar, Napoleón acometió la conquista de Rusia con las consecuencias conocidas. La decisiva campaña de 1813 ante una gran coalición europea inflamada por el ejemplo de españoles y rusos hubiera podido ganarla si en Leipzig hubiera podido disponer de los veteranos que tenía inmovilizados en España. Perdió en los dos frentes. Después de la batalla de Vitoria (1813), en la que se recuperó gran parte del inmenso botín que llevaban los invasores, el ejército anglohispano portugués invadió el territorio francés; estaba ya en Burdeos cuando los aliados entraron en París.

La Guerra de la Independencia fue para España lo que la Fiesta de la Federación había sido para Francia: la ocasión de demostrar que la unidad nacional forjada durante siglos había impregnado la conciencia de todos y que podía combinar esa conciencia de unidad con el respeto a la diversidad regional. Las juntas constituidas de forma espontánea alumbraron un órgano central que dio paso a una regencia formada por tres miembros. No formaban parte de ella dos supervivientes del Antiguo Régimen que participaron en la Junta Central: Jovellanos y Floridablanca; ambos murieron sirviendo a la Junta Central, a la que daban un tinte conservador junto con el prestigio de sus nombres y sus eminentes servicios.

La regencia, integrada por tres nombres de escaso relieve político, se plegó a las exigencias de los sectores más avanzados, que pronto empezaron a llamarse *liberales*, voz de origen hispano en su acepción política, que pedían la convocatoria de cortes con el doble fin de ratificar la legalidad del gobierno nacido de la insurrección y servir de instrumento a las reformas que pedían los sectores más avanzados de opinión. Napoleón había ya tenido la misma idea y había convocado en Bayona a una serie de notables; la mayoría se excusaron; los que acudieron elaboraron, o más bien suscribieron, una constitución que Napoleón pensaba sería aceptable para todos los españoles, pues mantenía los principios esenciales del Antiguo Régimen e introducía moderadas reformas. La Constitución de Bayona no tuvo ninguna efectividad, mientras que la de Cádiz llegó a ser durante décadas un referente privilegiado no sólo para los liberales españoles, sino para los extranjeros.

La apertura de las cortes en 1810 fue un hecho decisivo en nuestra historia institucional; tras largo forcejeo con la regencia, que pensaba en una variante de las cortes tradicionales, éstas fueron elegidas por sufragio universal masculino, prescindiendo de la representación estamental (brazo noble, eclesiástico y ciudadano); admitieron doce representantes americanos y, lo que era más grave y novedoso, se declararon representantes de la soberanía nacional dentro de la teoría de la división de poderes. El rey seguiría siendo pieza importante, pero no única, del gobierno de la nación. Este principio, más la serie de disposiciones acerca de la organización territorial, libertad de prensa, abolición de la Inquisición, de los señoríos y otros rasgos fundamentales del Antiguo Régimen, se consignaron en la Constitución de 1812 y en las leyes complementarias.

Fue la de Cádiz una Constitución avanzada, no fruto del consenso, más progresista de lo que podía tolerar una sociedad todavía, en su conjunto, muy tradicional. Proclamaba la unidad religiosa, pero a nadie se le ocultaba que la Iglesia ya no tendría órganos represores. A pesar de la erosión que en los reinados anteriores había sufrido la imagen de la realeza, chocaba a muchos la desaparición del absolutismo regio;

tampoco parecía acertada la introducción de un centralismo radical e igualitario que ignoraba los fueros y tradiciones regionales y locales, según el modelo del jacobinismo francés. No era éste el único rasgo de afrancesamiento que denunciaban los enemigos de la Constitución; contestaban también su legitimidad, porque ni los diputados tenían poder para hacerla ni sus nombramientos eran representativos, pues estando la mayor parte del territorio ocupado por el enemigo se habían elegido gran número de suplentes entre los refugiados en Cádiz, en su mayoría de ideas más avanzadas que las que predominaban en la nación.

En efecto, la Constitución de Cádiz, a pesar de que se ordenó que los párrocos la leyesen y explicasen a sus feligreses, tuvo poco respaldo popular. Cuando Fernando VII, liberado de su confinamiento en el castillo de Valençay, regresó a España no tuvo ninguna dificultad para disolver las cortes, anular la Constitución y volver al régimen anterior. No hubo reacción popular, y los pronunciamientos liberales posteriores se basaron en individuos, en grupos, no en masas.

Encontró Fernando un país devastado por seis años de una guerra terriblemente violenta; en las ciudades el invasor había realizado algunas obras urbanísticas; en los pueblos todo era desolación; las exigencias de la intendencia francesa no se apiadaron ni siquiera en 1810, cuando la deficiente cosecha provocó la muerte por inanición de infinitas personas. En ciertos sectores el destrozo fue permanente; la cabaña lanar de Soria era la más reputada del mundo; sus lanas alcanzaban altos precios en el extranjero, pero las ovejas fueron requisadas para alimentar al ejército invasor y la famosa raza merina quedó virtualmente extinguida. La rapiña de joyas, plata y objetos artísticos tuvo como principal objetivo las iglesias y conventos, pero también afectó a muchos nobles palacios y al mismo patrimonio real; mientras Napoleón languidecía en Santa Elena, su hermano José vivía en América una existencia fastuosa gracias a las joyas que se llevó del Palacio de Oriente. Otras habían servido para costear la guerra y Carlos IV también se llevó no pocas al destierro; así acabó la colección amasada por los reyes de España durante siglos y en la que figuraban piezas únicas.

Entre los muchos problemas que a su regreso encontró El Deseado estaba el trato que había que dar a los que entonces se llamaron los *afrancesados* y hoy llamaríamos colaboracionistas; entonces su conducta mereció una reprobación general, aunque no se pronunciaron sentencias de muerte; no hubo contra ellos una represión tan feroz como las que recientemente hemos visto en varios países europeos, porque tampoco eran hechos análogos; los inculpados se exculpaban diciendo que utilizaron sus cargos en beneficio de los patriotas, partiendo de la base de que la victoria de los franceses parecía un hecho irrevocable. En los últimos años hay una tendencia a reivindicar el ideario y la conducta de los afrancesados, que serían, según esta interpretación, reformadores, *ilustrados,* que habían aceptado el dominio extranjero para liquidar el Antiguo Régimen. Pero el hecho de que todos, casi sin excepción, estuvieran a sueldo del invasor desarbola esta teoría. El ejemplo de los constitucionales de Cádiz demostraba que dentro de las filas nacionales se podía trabajar por la libertad. Hubo entre los afrancesados hombres de valía como Fernández de Moratín, Meléndez Valdés, el arabista Conde, muchos miembros del alto clero: Alberto Lista, Llorente, Reinoso... No les unía ningún lazo ideológico; unos, como el abate Marchena, pertenecían a lo que llamaríamos la extrema izquierda; la mayoría eran liberales moderados, y no faltaban los de tendencia absolutista. Los que de buena fe creyeron que colaborando con el rey José hacían obra patriótica pronto debieron desengañarse al comprobar que era un rey títere, que quien mandaba era Napoleón, y no en beneficio de España precisamente. El golpe más duro fue el decreto que anexionaba a Francia los territorios al Norte del Ebro; Cataluña, medio Aragón, Navarra y el País Vasco eran arrancados a España. Después de la batalla de Vitoria muchos de los afrancesados más comprometidos, quizás doce mil, se refugiaron en Francia; fue la primera de nuestras emigraciones políticas. No pocos se afincaron allí y aun prosperaron, por ejemplo, el banquero Aguado; otros volvieron a favor de sucesivos indultos, y este problema se zanjó en plazo no muy largo.

Entre todas las pérdidas que la guerra ocasionó a España la mayor fue, sin duda, la emancipación de América. Era un hecho que tarde o temprano tenía que producirse, pero que sin la invasión napoleónica hubiera podido realizarse de forma gradual y pacífica. Los legisladores de Cádiz consideraron que los habitantes blancos de aquellas regiones eran españoles a todos los efectos; la salvedad del color de la piel estaba ligada al espinoso problema de la esclavitud, que tardaría mucho en resolverse. Los planes de Napoleón incluían un posible dominio de las Indias españolas. Cuando en 1812 las tropas francesas ocupaban la casi totalidad de la Península, los americanos encontraron un motivo para proclamar su independencia, reforzando la posición de los *precursores,* de los que, como Miranda, ya trabajaban en ese sentido; era una minoría; las circunstancias incrementaron su número y se produjo la guerra civil, pues el gobierno de Fernando VII sólo con gran trabajo pudo reunir los diez mil hombres de la expedición de Morillo. Aquella guerra civil asumía la vieja rivalidad entre peninsulares y criollos enlazando con otros motivos e impulsos: la libertad de comercio, el apoyo de Inglaterra, que, por una parte, auxiliaba a España contra Napoleón y, por otra, alentaba la insurrección de las colonias, el ejemplo de los Estados Unidos... La batalla de Ayacucho (1824) señaló el fin del dominio español en América. De lo que fue un inmenso imperio sólo quedaban Cuba, Puerto Rico y Filipinas.

La pérdida de los ingresos procedentes de América se sumaba a las consecuencias de la guerra para convertir en desastrosa la situación de la Real Hacienda, y otra agravante era la deflación que aumentaba los costos reales y agravaba la carga tributaria. Para hacer frente a tantos y tan graves problemas hubiera sido necesario un estadista muy dotado; Fernando VII no lo era; tampoco fue inferior a sus predecesores; era un hombre mediocre, demonizado luego por unos y otros: por los liberales, por la arbitraria reposición del absolutismo y la persecución a los constitucionalistas; luego también por los absolutistas extremos y los carlistas, porque al final entregó, por razones más bien personales, el poder a los que antes había perseguido. No hay que omitir, sin embargo, que el pueblo madrileño siguió teniéndole afecto, y en la generalidad de España, aunque se apagó el inicial entusiasmo que había despertado, tampoco fue aborrecido hasta que una maquinaria propagandística se puso en marcha.

No eran solamente los liberales los decepcionados; mucho más grave era el descontento del ejército. Desde su profesionalización en el siglo XVIII tenía unas posibilidades de actuación corporativa que le proporcionó la guerra y el eclipse de la monarquía. El ejército será el gran protagonista de la Edad Contemporánea española. Pero a ese ejército profesional se le unió otro irregular formado por los voluntarios, los guerrilleros, los que después de la guerra no querían reintegrarse a la vida civil. No era fácil la soldadura entre dos ejércitos tan distintos: uno de raíz aristocrática, formado en academias; otro popular, curtido en los combates. A esta fractura interna se unía la imposibilidad de pagar unos cuadros sobredimensionados. A los soldados rasos se les intentó compensar con repartos de tierras concejiles; el problema de la oficialidad era más difícil, había cuerpos privilegiados, como la Guardia Real y los artilleros de carrera, que hacían pruebas de hidalguía y tenían mejor paga, y otros que en tiempo de paz sobraban, que se quedaron en el ejército con media paga, excepto algunos cuyos méritos eran relevantes, como Díaz Porlier y Espoz y Mina, ambos guerrilleros de humilde extracción y relevantes méritos, sin ideología definida, pero impulsados hacia el bando liberal, porque la restauración del régimen absoluto por Fernando VII limitaba sus aspiraciones.

Muchos de estos descontentos hallaron un punto de encuentro en las logias masónicas. Resulta curioso que una institución renombrada por su secretismo sea hoy muy bien conocida, porque el secuestro de sus archivos en la última guerra civil ha permitido esclarecer sus actividades. Descartados sus orígenes fabulosos, resulta que hasta fines del siglo XVIII sólo hubo en España algunos masones de origen extranjero. Una masonería nacional no la hubo hasta que los marinos que habían regresado de Brest organizaron una logia en Cádiz que fue descubierta y disuelta. Esta primitiva masonería tenía en su versión británica tintes aristocráticos y religiosos; la versión francesa era más radical, más impregnada en *las luces,* con algunos rasgos de esoterismo y ritual prerromántico que añadían sal y pimienta a sus ceremonias. La invasión francesa trajo logias militares a las principales ciudades, a las que se afiliaron algunos españoles, por curiosidad unos, buscando los beneficios de la fraternidad masónica otros. A no pocos ciudadanos de a pie encantaría mudar su gris existencia convirtiéndose por unas horas en Caballero

Kadosch o Príncipes del Sublime Secreto. Era un medio de ascensión social, muy lejos de toda demagogia. Algunos liberales, perseguidos después de 1814, pensaron que las logias, por su secretismo, podrían ser un lugar adecuado para murmurar y conspirar; así se formó esa masonería política, tan alejada de sus genuinos orígenes y que en ciertas épocas influyó bastante en la vida española. Alcalá Galiano, hijo del héroe de Trafalgar, nos informa con sabrosos detalles de este aspecto meramente político de aquella masonería.

Las intentonas liberales del sexenio 1814-1820 fracasaron, dejando tras de sí el rastro de algunas ejecuciones; no tenían apoyo popular. La moribunda Inquisición empleó sus últimos años de existencia en colaborar con los esbirros del absolutismo. El clero secular era tibiamente realista y el regular ferozmente antiliberal no sólo por motivos doctrinales, sino personales; sabía que su existencia estaba en juego; los franceses habían extinguido los monacales y los liberales proyectaban hacer lo mismo. El exclaustrado muerto de hambre fue una triste realidad en aquella primera mitad del siglo XIX.

Si el panorama interno español no era atrayente, el exterior tampoco incitaba a la esperanza; en el Congreso de Viena España no recibió el reconocimiento a su contribución esencial a la derrota de Napoleón; no se exigió a Francia una indemnización por los daños de guerra, sólo se devolvió una parte de los tesoros públicos robados, y el mariscal Soult pudo seguir disfrutando de la magnífica colección de pinturas que había extraído de Andalucía. Verdad es que ni la altura de nuestros negociadores ni las instrucciones que recibían estaban al nivel de una asamblea dominada por genios de la diplomacia como Talleyrand y Metternich. El mayor interés de Fernando VII era que sus padres siguieran lejos de España, en el romano palacio Barberini, y que a su hermana se la compensara por la pérdida de sus dominios de Italia.

No estuvo Fernando más afortunado en sus gestiones para que la Santa Alianza le ayudara a recuperar las posesiones de América; las potencias del Este (Prusia, Rusia y Austria) eran moderadamente sensibles al argumento de la legitimidad, pero Inglaterra prefería la independencia de las antiguas colonias, en las que vislumbraba un prometedor mercado libre. Lo sorprendente es que en España los decisivos acontecimientos de América no despertaran mucho interés; el comercio de Cádiz estaba arruinado, pero en la mayoría de la nación se comentaban más los asuntos internos. Un ejército reunido con gran trabajo, que en los alrededores de Cádiz esperaba el momento de zarpar para América, escuchó con agrado las propuestas de Rafael del Riego y otros mandos que les aseguraban era más patriótico y mucho menos arriesgado restaurar la Constitución de 1812 que trasponer el océano para ayudar a los últimos defensores de la soberanía española en Indias. Los autores de esta vergonzosa deserción vagaron varias semanas por Andalucía, en medio de poblaciones indiferentes, con unas tropas que disminuían a ojos vistos. El *pronunciamiento* estaba destinado al fracaso cuando las guarniciones de otras ciudades se sumaron y obligaron a Fernando a ceder. Comenzaba otro capítulo de aquel agitado reinado: el Trienio Liberal (1820-1823).

Todas las fuentes: historias locales, memorias, periódicos, coinciden en el carácter ostentoso y bullanguero del Trieno, por lo menos en su primera fase; todo era pretexto para la celebración vocinglera y jubilosa: un decreto, un nombramiento, la visita de un *héroe de la libertad...;* se ponían luminarias, se organizaban manifestaciones acompañadas del son de bandas y cohetes, se pronunciaban discursos callejeros, se colocaban placas, se levantaban monumentos de arquitectura efímera: arcos, columnas, pirámides con retumbantes inscripciones.

Otro rasgo típico era el empeño de asociar, de grado o por fuerza, a la Iglesia a estas manifestaciones jubilosas en las que nunca faltaba el repique de campanas. No faltaban los clérigos liberales que de buena gana tomaban parte en estas expansiones, pero incluso ellos debieron sentirse molestos con la obligación que se les impuso de convertirse en pedagogos y propagandistas del régimen recién implantado mediante lecturas del texto constitucional, exhortaciones desde el púlpito y adoctrinamiento colectivo. Cita un cronista sevillano un documento suscrito el 6 de mayo de 1821 por todos los párrocos de Sevilla exhortando a sus feligreses a asistir a sus explicaciones de la Constitución, «con instancias que en su apremiante estilo o afán de mostrar decidido apoyo a los designios del poder o la intención de consignar la tenaz resistencia del pueblo a su instrucción doctrinal en los derechos y deberes de los ciudadanos». Tiene también relación con esta política de asegurarse el fundamental concurso de la Iglesia la orden de colocar en las fachadas de las parroquias una inscripción recordatoria de que la Constitución reconocía el Catolicismo como única religión del Estado. Algunas de estas lápidas deben quedar; una vi, si no me es infiel la memoria, en la parroquia de Santiago de Totana.

Mal se compaginaban estos intentos de utilizar la gran fuerza moral que aún restaba a la Iglesia con una política anticlerical que se fue radicalizando con rapidez. La supresión de la Inquisición sólo fue lamentada por los más fanáticos; lo que sí lamentamos hoy es que las turbas celebraran el hecho con la destrucción de sus archivos. Otra de las primeras medidas fue la supresión (no acompañada de expulsión) de los jesuitas, que habían sido reintegrados por Fernando VII. La ley de regulares suprimía la totalidad de los monacales (benedictinos, jerónimos, cartujos) alegando su inutilidad, pues poseían grandes extensiones de tierras y no desempeñaban misiones pastorales. Al Sur del Tajo había pocos monasterios, pero en el Norte tal medida tuvo muchas repercusiones; el monasterio de Poblet fue saqueado e incendiado por campesinos, antiguos vasallos del cenobio. En Castilla la Vieja y en Galicia aquellos inmensos cenobios (Sahagún, Celanova, Sobrado, san Esteban...) quedaron abandonados y sus dominios engrosaron a avispados compradores de *bienes nacionales.* Los conventos de frailes no fueron suprimidos en bloque, pero se cerraron muchos y se facilitaron las secularizaciones; más de siete mil frailes de los treinta y cinco mil que había en 1820 colgaron los hábitos en sólo dos años. En cambio, sólo eligieron la secularización 867 monjas.

Fernando VII intentó bloquear la ley de regulares utilizando el derecho de veto que le reconocía la Constitución. También quiso utilizar el mismo derecho cuando las cortes volvieron a poner en vigor, reformado, el decreto de abolición de señoríos de 1811; en ambos casos cedió, asustado, ante motines populares debidamente orquestados. Fallaban los mecanismos constitucionales, si es que alguna vez habían funcionado. Alcalá Galiano, una de las figuras más destacadas del Trienio, escribió más tarde con la clarividencia que da una dilatada perspectiva: «La Constitución había sido restablecida en 1820 por sociedades secretas y por las tropas. Fue, pues, costumbre llevar sus cosas adelante por medios ocultos o por la violencia. Las elecciones eran mera fórmula; se resolvía todo en conciliábulos, y al tiempo de obrar y pesar las razones casi siempre se echaba la espada en la balanza».

Durante muchos años en España sólo se ha hecho una historia política que se quedaba en la superficie de los hechos; no era una historia falsa, sino incompleta; aceptaba como válidas razones que muchas veces eran sólo pretextos; los que gritaban «Viva el rey absoluto» respondían a una mística secular, pero a la vez solían tener motivos personales para desear la permanencia del absolutismo. En el otro bando es difícil creer que la tan repetida consigna «Constitución o muerte» expresara la decisión de morir por un texto legislativo. ¡Demasiado heroísmo cívico para ser creíble! Hoy estamos desvelando motivos más prosaicos (no incompatibles con leales convicciones), pero los resultados de estas investigaciones ofrecen un material heterogéneo, contradictorio a veces, no fácil de interpretar. El seguimiento de carreras individuales parece el método más prometedor para explicar lo que muchas veces parece no tener explicación racional.

En la agitada historia del Trienio discernimos ya características que habrán de repetirse en movimientos posteriores: la radicalización progresiva, la división de los vencedores, el divorcio entre una masa que en un principio había sido aquiescente o pasiva y luego censura que los vencedores abusen de su victoria, en resumen, un balanceo perpetuo que peca por exceso o defecto y pocas veces coincide con el sentir general de la nación. Riego, el héroe popular, resultó ser un fantoche engreído al que el gobierno tuvo que desterrar a su tierra asturiana. Con arreglo a la restaurada Constitución de Cádiz se elige un parlamento en el que, a falta de partidos políticos, se dibuja desde el principio el contraste entre *moderados* y *exaltados*. Al margen surgen *sociedades patrióticas* que son medios de presión sobre el gobierno, según describió Galdós en *La Fontana de Oro*, novela ambientada en este famoso café madrileño.

Los parlamentarios, sobre todo los del bando exaltado, intuían que sólo podían atraerse a las masas completando las medidas políticas, como la supresión de la censura de prensa, con otras de alcance social, como el reparto de propios y baldíos y la supresión del régimen señorial, no ya en el aspecto jurisdiccional, que los señores tenían poco interés en conservar, sino en la clarificación de propiedad de la tierra; materia litigiosa que los tribunales resolvieron unas veces a favor de los pueblos y otras, las más, a favor de los señores.

La orientación antirreligiosa se intensificó en el último año del Trienio a pesar de los intentos del rey por detenerla. Fernando VII nunca había aceptado de buen grado la abolición del régimen absoluto, pero quizás se hubiera resignado a colaborar con un régimen que le garantizara los derechos amplios que le reconocía la Constitución como jefe del Ejecutivo; al comprobar que no era así comenzó a conspirar con los enemigos interiores del liberalismo, que eran muchos y ya organizaban partidas armadas, y con los enemigos exteriores, que también eran muchos, porque, en su versión final, los gobernantes del Trienio acentuaron su radicalismo, a la vez que se ahondaban las divisiones dentro de la grey liberal; contra los masones se crearon unas pintorescas sociedades secretas con el nombre de *comuneros* que aspiraban al disfrute del poder acogiéndose a fórmulas más castizas. En 1823 las potencias reunidas en el Congreso de Verona confiaron a Francia una misión de intervención armada en España; no se trataba sólo de solidaridad monárquica, sino de prevenir el «contagio revolucionario» que ya se había manifestado en Nápoles, Piamonte y Portugal, en donde la Constitución gaditana había servido de paradigma a los movimientos liberales. Chateaubriand no era un reaccionario al estilo español, pero creyó que una expedición victoriosa robustecería su prestigio personal y el de la dinastía; por eso aceptó la misión y envió a España a «Los Cien Mil Hijos de san Luis», que no eran tantos pero sobrepasaron el número cuando se les unieron las numerosas partidas realistas que pululaban por el norte de España.

Que el gobierno «exaltado» de la última fase del Trieno creyera posible rechazar la invasión demuestra hasta qué punto desconocía la situación del país, que en unos sitios acogió a los invasores con simpatía, en otros con indiferencia. El clero, que en un principio comprendía no pocos simpatizantes del liberalismo, había sido maltratado; los pueblos no acababan de ver las ventajas de una desamortización empantanada; incluso la reducción del diezmo a la mitad no produjo ventajas a los campesinos porque lo que dejaban de pagar cómodamente en especie lo pagaban de más en metálico en nuevas contribuciones. No hubo grandes encuentros ni sitios heroicos; tras proferir algunas bravatas, el gobierno liberal partió de Madrid para Andalucía llevando a Fernando como rehén. El último episodio tragicómico tuvo lugar en Sevilla: cuando se le comunicó al rey que debían continuar hasta Cádiz se negó en redondo y el gobierno lo declaró en estado de enajenación mental para obligarle a continuar su peregrinación.

La resistencia en Cádiz fue breve; Fernando VII fue liberado y comenzó lo que, con la retórica fraseología de moda, se llamó «la ominosa década» (1823-1833). La persecución contra los liberales fue cruel, tanto por parte del gobierno como de los realistas. Entre éstos se destacó un grupo más radical que no hallaba bastante enérgicas las medidas represivas; no se había restaurado la Inquisición porque Francia se oponía; Fernando, temeroso de la exaltación de sus propios partidarios, buscaba acomodos, atraía incluso afrancesados, trataba de hallar una *vía media* entre los energúmenos de uno y otro bando. En Cataluña los odios parecían más encendidos por causas que no eran sólo ideológicas; había allí una tradición de guerra y guerrilleros que lanzaba muchas gentes al monte al menor pretexto. Las bandas realistas habían llegado a constituir un esbozo de gobierno en la Seo de Urgell; tras la caída del régimen constitucional tildaban a Fernando de blando, a sus ministros de masones. Tan grave llegó a ser la situación que el rey marchó a Cataluña y restableció la paz sin necesidad de combatir, lo que demuestra que aún conservaba parte de la popularidad que había tenido. Lo mismo indica el fracaso de las tentativas de los desterrados; los extremistas de uno y otro bando se hacían ilusiones, máxime si eran víctimas de los espejismos que son propios del destierro.

Parte de esos espejismos han pasado a la historia tradicional, casi toda de factura liberal, porque ni los carlistas ni los tradicionales, en general, han tenido antes de Menéndez Pelayo ningún historiador capaz de influir en la opinión; ello ha contribuido a enturbiar la visión de una época que ya de por sí es difícil de comprender; hicieron un monstruo de un rey antipático y desafortunado; crearon mitos, plasmados en estatuas y poemas, de los *mártires de la libertad:* Riego, Mariana de Pineda, Torrijos, pero no hubo monumentos ni recuerdo para los cincuenta y dos prisioneros realistas que mandó arrojar al mar el comandante militar de La Coruña, Méndez Vigo, sin que tal atrocidad perjudicara su carrera. Aquel reinado nefasto tuvo un desenlace imprevisto: Fernando, sin sucesión directa, casó por cuarta vez y tuvo dos hijas, Isabel y Luisa. El hecho alarmó a los *ultras,* que ya especulaban con la sucesión de don Carlos, hermano de Fernando y de ideas totalmente reaccionarias. Ni Fernando ni su mujer, María Cristina, eran liberales, pero querían que reinara su hija; para ello tenían que promulgar aquella ley que redactaron las cortes reunidas por Carlos IV y que, por razones desconocidas, había quedado congelada. Intrigas palatinas llenaron los últimos momentos de aquel reinado desastroso; el nuevo se iniciaba con la regencia de una extranjera y una profunda división en el país.

Aun sin problema sucesorio, el reinado de Isabel II habría sido tormentoso por el malestar económico y las divisiones ideológicas. A ellas se añadió la más larga de nuestras guerras civiles.

El fenómeno del carlismo ha suscitado abundante literatura que aún no ha desvelado todos sus secretos porque es de gran complejidad. Parte de aquellos *agraviados* catalanes que Fernando VII había castigado ya se podían considerar carlistas y tenían simpatizantes en toda España. ¿Por qué, a pesar de heroicos esfuerzos, fracasó el carlismo? Tenía un fallo inicial, su candidato, el presunto Carlos V, era una nulidad ideológica; de su insigne homónimo no tenía más que las siglas. Sólo tenía dos ideas bien claras: que nada debía innovarse del régimen absoluto y que sus vasallos tenían el deber de combatir para colocarlo en el trono que le correspondía como rey legítimo. Tenía apoyos exteriores: los soberanos de Austria, Prusia y Rusia sentían por él cierta solidaridad y le procuraron algunos subsidios, pero las potencias liberales, Inglaterra y Francia, le eran hostiles. Por esta parte, empate. La solución tenía que ventilarse dentro de España.

Un mapa del teatro de operaciones puede dar algunas pistas acerca de la desigual inclinación de las regiones en la confrontación dinástica: el carlismo sólo pudo constituir un mini-Estado en el País Vasco-Navarro, que dominó casi en su totalidad, pero sin poder conquistar ninguna de las cuatro capitales. En Cataluña, el carlismo no dominó un territorio fijo; ocupó pueblos, algunos importantes, donde recaudaba un botín y luego los abandonaba, lo mismo que antes habían hecho los guerrilleros de la Independencia. En Valencia, el genio de Ramón Cabrera llegó a construir un embrión de Estado con centro en Morella. En el resto de España no hubo más que partidas en continuo movimiento que saqueaban, cortaban las vías de comunicación, inmovilizaban fuerzas, pero eran incapaces de acciones decisivas.

Los *cristinos* o *isabelinos* tuvieron de su parte el factor que podemos llamar institucional: el testamento real, la jura de la heredera en Madrid, el aparato burocrático, el apoyo del ejército regular y de la nobleza y de la burguesía. El desequilibrio era demasiado grande; en lo más enconado de la lucha podemos calcular que don Carlos tuvo de su parte ochenta mil hombres en armas, de ellos la mitad en el País Vasco y el resto en Cataluña, Valencia y partidas sueltas. Los isabelinos eran, por lo menos, el doble, sin contar la Milicia Nacional que comprendía todos los varones útiles y guarnecía las ciudades. Si, a pesar de todo, la guerra carlista duró siete años y hubo momentos en que parecía que iba a triunfar el pretendiente se debió a las discordias internas del bando isabelino y a que las tropas carlistas estaban más *motivadas,* como suele decirse; los batallones del País Vasco eran muy sólidos y estaban bien aleccionados por un clero adicto que les predicaba su obligación de combatir por su Dios, su rey y sus fueros. En las otras regiones el soldado carlista tenía menos base ideológica; abundaban los aventureros, los campesinos arruinados, los que consideraban atractiva o al menos soportable una vida azarosa en la que tenía asegurado un rancho y una peseta diaria.

Dentro del campo carlista también había personalismos y divisiones; en su territorio Ramón Cabrera no reconocía rivales, pero en Cataluña los jefes de las partidas sólo estaban de acuerdo en que no obedecerían a ninguno que no fuera catalán. La corte itinerante de don Carlos procuraba imitar la rigurosa etiqueta borbónica y también era semillero de intrigas; don Carlos sentía propensión por la camarilla clerical, vista con malos ojos por los militares. Se daban cuenta de que no podían triunfar si no ampliaban el territorio ocupado y entraban en Madrid. Varias expediciones recorrieron las provincias sin resultados durables; entraban en una ciudad, exigían unos donativos, reclutaban algunos partidarios, pero la población permanecía apática y temerosa de las represalias. Por último, se decidió don Carlos a emprender una expedición real que salió de Navarra con sus batallones más escogidos, marchó a Cataluña, luego se le unió Cabrera con importantes refuerzos y tras una marcha de meses llegó a las puertas de Madrid, pero no se atrevieron a forzar la entrada, que parecía fácil. La maniobra no carecía de riesgos, porque los seguía el ejército del general Espartero, pero en el punto que estaban las cosas sólo un golpe de audacia podía salvar la causa carlista.

El regreso de un ejército no vencido, pero tampoco vencedor, a unas provincias ya cansadas y exhaustas aceleró el fin de la guerra; los vascos quisieron salvar lo que para ellos era esencial, sus fueros, y los jefes militares su carrera; en el convenio que Espartero firmó con Maroto se comprometió a recomendar a las cortes que mantuvieran los fueros (lo fueron en lo esencial) y a integrar a los jefes carlistas en el ejército regular. Éstas fueron las bases del Convenio de Vergara, aceptadas por aquellas provincias sin entusiasmo, pero sin especial hostilidad. Los batallones que siguieron fieles a don Carlos cruzaron con él la frontera. Todavía se mantuvo un año Cabrera al frente de sus voluntarios valencianos y catalanes. Aquí no hubo acuerdo ni capitulación, sino entrega o destierro.

Aquellos siete años de lucha feroz, además de retardar la reconstrucción del país, agravaron las discordias internas entre los que empezaron a llamarse *moderados* y los *progresistas*. A primera vista el reinado de Isabel II en sus dos fases: minoría (o regencia), de 1833 a 1843, y gobierno personal de la reina, de 1843 a 1868, ofrece la imagen de un *pandemonium* en el que las figuras se agitaban como en un *corto* de celuloide rancio sin que se puedan distinguir los motivos. La guerra radicalizaba posturas, pero no modificaba las tendencias esenciales, que hay que descubrir tras la sucesión de ministerios y alzamientos que forman la trama de la historia convencional. El marco jurídico del Estado no era fruto de un consenso; cada partido tenía su propia visión, su propio programa, y por eso, las *constituciones*, no tenían la solidez que requiere la ley fundamental del Estado. La Constitución de 1812, suspendida en 1814, reintegrada en el Trienio, sustituida en 1834 por el mucho más moderado Estatuto Real, fue el paradigma de la Constitución progresista de 1837; los moderados implantaron otra en 1845; temporalmente suspendida durante el Bienio Progresista (1854-1856), volvió a estar vigente hasta la Revolución de 1868. Eran constituciones partidistas, no marcos aceptados por todos dentro del cual se desarrollara el juego normal de los partidos.

El marco político de aquel reinado se sintetiza así:

— 1833-1840: Regencia de María Cristina, de tendencia moderada, salvo el paréntesis progresista motivado por el Motín de La Granja.

— 1840-1843: Regencia del general Espartero, progresista, derrocado por generales de tendencia moderada.

— 1843-1854: Mayoría de edad de la reina. Gobiernos moderados.

— 1854-1856: Bienio progresista.

— 1856-1868: Gobiernos moderados y *unionistas.* Conspiraciones progresistas y derrocamiento de la monarquía isabelina.

Dentro de este marco institucional se desarrolla lentamente el proceso de sustitución del Antiguo Régimen por el nuevo. El antiguo orden de cosas se venía desmoronando ya desde fines del siglo anterior: reformas carolinas, primeras desamortizaciones, etc. La evolución siguió con altibajos durante el siglo XIX, dejando incluso algunos flecos pendientes para el XX, pero los hechos esenciales correspondieron al reinado de Isabel II, porque la Constitución de Cádiz no fue más que un enunciado de principios que no tuvieron inmediata aplicación.

En el plano institucional, pero fuera de la órbita legislativa, lo primero que hay que hacer constar es la desaparición del principio de legitimidad, facilitado por la escasa popularidad de los primeros Borbones y el frágil soporte del ideario ilustrado en este punto, porque si la monarquía no tenía fundamento religioso ni popular, ¿en qué se basaba su pretensión de acaparar el poder absoluto? En el siglo XIX cada partido reconoce sólo como legítimo al rey que comparte sus ideas, y este concepto contagió incluso al carlismo, que empezó a exigir a sus reyes *legitimidad de ejercicio* además de legitimidad de origen, o sea, que tenían que aceptar el ideario carlista.

Segunda novedad, también de gran trascendencia: la aparición del ejército como factor decisivo que, en parte, venía a llenar el vacío de poder producido por el ocaso de la monarquía absoluta. El ejército profesional había sido creado por los Borbones inspirándose en el modelo prusiano; era un ejército aristocrático en el que los mandos tenían que demostrar su hidalguía. La tropa se nutría de levas, de mercenarios, pero, cada vez más, de la conscripción, las quintas. Un abismo separaba esta tropa obediente de los jefes. La Guerra de la Independencia transformó este ejército, le inyectó savia popular y lo convirtió en un elemento políticamente peligroso. Fernando VII prácticamente disolvió este ejército después del Trienio; hizo un convenio con los franceses para que mantuvieran varios años sus fuerzas de ocupación y luego empezó a reorganizar un ejército aristocrático y adicto, acompañado de unos voluntarios realistas que reforzarían su lealtad monárquica.

La guerra carlista trastornó estos planes. El ejército permaneció fiel a la monarquía, pero se contagió de las luchas partidistas; hubo jefes militares progresistas y otros afectos al moderantismo; como poseían la fuerza, era grande la tentación de hacer uso de ella en sus opciones partidistas. Así nació la técnica del *pronunciamiento:* un jefe prestigioso, popularizado por sus victorias contra los *facciosos,* denuncia los vicios del personal gobernante y anuncia su intención de derrocarlo. Las variantes eran muchas: unas veces el pronunciamiento triunfa sin oposición, otras hay lucha. Incluso, en una ocasión, los protagonistas no fueron los jefes, sino los sargentos de la Guardia Real (Motín de La Granja). Para que su poder fuera efectivo los generales tenían que disponer de tropas disciplinadas; se las facilitaron las *quintas,* el servicio militar obligatorio, casi universal para los pobres y odiado por su dureza; los ricos se eximían mediante la *redención a metálico*. Este poder militar no era clasista; formaba parte del juego político; cada uno de los protagonistas se inscribía en la órbita de un partido y gobernaba mediante civiles de este partido; los progresistas se apoyaban en Espartero, el general que impidió que los carlistas tomaran Bilbao, pero las tareas de gobierno las llevaban a cabo burgueses como Olózaga y Madoz. De modo análogo, los moderados tenían como principal sostén a Narváez, *el espadón de Loja*, pero en las directivas económicas intervino Salamanca y Claudio Moyano en la reorganización de la enseñanza. De esta manera, la preponderancia militar no llegó nunca a ser una dictadura, fue una mezcla de militarismo y civilismo en dosis diversas, hasta que la Restauración inclinó la balanza hacia el segundo término de la ecuación.

La división territorial tuvo un alcance mucho mayor que el meramente administrativo. El Antiguo Régimen ya conocía las *provincias*. Durante la ocupación francesa se hizo una división inspirada en los *departamentos*. El Trienio también hizo una división provincial, muy semejante a la definitiva, realizada en 1833, y no tan artificial como se ha dicho. En la base estaba el ideal, ya formulado por los ilustrados antes de la revolución liberal, de uniformar y centralizar. El otro término de esta relación dialéctica era la natural variedad de España, manifestada en cada crisis del gobierno central, bien se tratara de las Juntas en la defensa contra Napoleón, bien de las que surgieron en los alzamientos revolucionarios, culminando en la fragmentación cantonal. Cada uno de estos territorios tenía como centro una ciudad de predominio indiscutible. La política local recibió un refuerzo extraordinario al instaurarse el régimen constitucional. Bajo las apariencias de unos ayuntamientos electivos seguían existiendo oligarquías en las que se mezclaban nombres tradicionales con otros surgidos de los cambios sociales. En los momentos de crisis se evidenciaba el protagonismo de las ciudades: Bilbao, Barcelona, Zaragoza, Málaga, Sevilla, Cádiz, La Coruña...

Una de las razones de esta influencia urbana radica en que en las ciudades se desarrollaron los nuevos marcos de sociabilidad, al margen de la Iglesia y a veces contra la Iglesia: cafés, tertulias, ateneos, logias masónicas... También el auge extraordinario que tomó el teatro empalmaba con algunas aspiraciones de los ilustrados, aunque en otro sentido, con otra ideología; y la proliferación de diarios y semanarios. Una fermentación que contrastaba con la pasividad de un mundo rural muy mayoritario pero sumido en la rutina y en el eterno problema de la tierra, fuente casi única de ingresos. El resultado global de las desamortizaciones favoreció más a las ciudades que a los pueblos.

Las desamortizaciones tenían, como sabemos, precedentes, pero el grueso de las operaciones se efectuó en el reinado de Isabel II, concentrándose en dos grandes bloques: la desamortización eclesiástica de Mendizábal y la civil de Madoz, y si la primera se ha hecho más famosa por su carga ideológica y por los destrozos enormes que acarreó a nuestro patrimonio artístico y documental, la segunda tuvo mayores y más nefastas consecuencias para la población rural; la venta de los bienes de propios y baldíos, unida a la generalización de los cerramientos de fincas, la prohibición de antiquísimos usos de aprovechamiento colectivo (espigueo, rastrojera), la decadencia de la enfiteusis y otras formas jurídicas en beneficio de un concepto muy cerrado de la propiedad individual agravaron la situación del campesinado modesto hasta límites extremos, con la agravante de que aquellos centros benéficos (hospitales, asilos), que tradicionalmente acogían a los desheredados, también sufrían las consecuencias de las desamortizaciones, y la Iglesia ya no estaba en condiciones de prodigar limosnas.

En las propias ciudades, especuladores y burgueses se beneficiaron del régimen liberal, mientras el nivel de vida de los desheredados se mantenía muy bajo, e incluso descendía, si ello era posible. La mendicidad, el bandolerismo y el contrabando con múltiples repercusiones, incluso artísticas y literarias, proliferaron, sobre todo en el Sur. La España romántica no se concibe sin la estampa del bandolero que con su trabuco despoja a los viajeros. El contrabando tomó una extensión increíble, sobre todo en dos ramos, el tabaco y los textiles; era un negocio en el que participaban personajes de todo rango, y que tomó visos políticos porque los fabricantes catalanes se quejaban de la competencia de los tejidos ingleses y reclamaban no sólo la represión del contrabando, sino la defensa legal por medio de leyes proteccionistas; fue uno de los motivos de su oposición a Espartero, anglófilo impenitente.

Tradicionalmente la ciudad, si por una parte esquilmaba al campo, por otra ayudaba en períodos de crisis con sus limosnas y asilos a los que acudían a ella. Este equilibrio se quebró al empobrecerse tanto la Iglesia como los ayuntamientos con las desamortizaciones. En las casas de expósitos las horribles tasas de mortalidad se mantenían e incluso aumentaban. El escaso desarrollo industrial ofrecía pocas oportunidades a los que iban a la ciudad en busca de trabajo. Esta acentuación de las diferencias sociales tuvo consecuencias diversas; bajo las apariencias de unos cambios políticos se perfilaban cambios sociales que asustaban a los *beati possidentes,* para los cuales la propiedad llegó a ser el valor más alto, casi una religión. La tradicional desconfianza hacia el pobre, que en la época *ilustrada* había justificado la creación de unos asilos con ribetes carcelarios, inspiró medidas discriminatorias hacia el *jornalero,* categoría inferior a la del artesano. Se excluyó de la Milicia Nacional a quienes no acreditaran un ingreso mínimo de cinco reales diarios y, dentro de esta lógica, que era sustentada por todo el liberalismo doctrinario europeo, se estableció un sistema electoral censitario que limitaba los derechos cívicos a una exigua minoría; cuando llegaban al poder los progresistas rebajaban el nivel requerido; los moderados lo elevaban, pero todo dentro de unos márgenes estrechos. Al terminar aquel reinado sólo unos cien mil ciudadanos, en un país de dieciséis millones de habitantes, tenía derecho al voto. Esto en cuanto al Congreso. Para ser senador había que disfrutar de un cargo elevado o una fortuna considerable.

Conscientes de que bajo las apariencias de unas luchas meramente políticas se estaban incubando unos conflictos sociales, los gobernantes de uno y otro signo fueron creando instrumentos represivos. Tras el Trienio, la desaparición de la Inquisición fue un hecho compensado en parte con la creación de un Cuerpo de Policía. Algún tiempo más tarde (1844) el ministerio moderado de González Bravo creó la Guardia Civil, con misiones especialmente rurales. Policía y Guardia Civil ponían en manos de los gobernantes unas Fuerzas Armadas de las que sus predecesores carecieron o tuvieron sólo de forma rudimentaria (alguaciles, Santa Hermandad), y pudieron utilizarlas tanto para la persecución de la delincuencia vulgar o como instrumentos de presión política.

Las transformaciones institucionales tuvieron, como reflejo obligado, una gran actividad legislativa y codificadora, si bien la lentitud del proceso de transformación requirió muchos años, muchos ensayos, muchos retoques. Concretando este vasto movimiento en pocas fechas esenciales digamos que la Novísima Recopilación editada en 1805 fue el último código universal; después fueron apareciendo los códigos especializados: el de Comercio en 1829, el Penal en 1848, la Ley Hipotecaria en 1861, pero el fundamental Código Civil no llegó a su formulación definitiva hasta 1889 por las complicaciones surgidas al tener que respetar las leyes forales de carácter civil de Cataluña y el País Vasco. Son códigos laicos. No empiezan, como la *Novísima,* reproduciendo una antigua ley sobre «la obligación de todo cristiano y modo de creer en los artículos de la Fe». Las Constituciones posteriores a la de 1812 no empiezan, como ésta, con una invocación a la Santísima Trinidad; las moderadas mantienen la unidad religiosa basada en la religión católica, pero la progresista de 1837 se limita a constatar que es «la que profesan los españoles». No se consentían manifestaciones externas de otros cultos, pero en ciertos momentos las agresiones anticlericales, espoleadas por la guerra civil, fueron de enorme violencia: quema de conventos y matanzas de frailes en Madrid, Barcelona y otras ciudades. Su actitud ante el clero y la religión en general fue el criterio más seguro para diferenciar el programa de los progresistas del de los moderados. En las alas extremas se situaban, en un lado, los carlistas y, en otro, los *demócratas,* nueva formación aparecida al calor de las revoluciones europeas de 1848, que en España apenas tuvieron repercusión por la mano dura de Narváez.

En conjunto, la Iglesia fue la gran perdedora en la gran transformación que sufrió España, sobre todo el clero regular. El concordato de 1851 marcaba el reconocimiento por la Santa Sede de la monarquía isabelina, insistía en la confesionalidad del Estado, reconocía las enormes transferencias de propiedad realizadas por las desamortizaciones a cambio de una dotación estatal para las atenciones de culto y clero, pero la reducción a sólo tres de las órdenes religiosas autorizadas, la secularización de las universidades y la libertad de prensa eran otras tantas brechas por las que podían penetrar las nuevas corrientes ideológicas. La práctica religiosa, ya no obligatoria, descendió en cuantía variable, menos en las clases altas y medias que en las bajas, menos en el Norte que en el Sur. En Andalucía la población campesina empezó a desertar de la misa dominical, aunque se mantuvieran las manifestaciones de religiosidad popular con un contenido más folklórico que auténticamente religioso. Y este proceso no hacía más que comenzar.

Las clases medias resultaron reforzadas en estas décadas con la incorporación de nuevos estratos o el robustecimiento de los ya existentes gracias a la desaparición de las trabas gremiales. El teatro, el periodismo, la literatura folletinesca, aumentaron el número de los que vivían (más mal que bien) de su pluma. El concepto de clase media no era sólo económico, sino cultural; implicaba cierta preocupación por los asuntos públicos y por eso fue un semillero de políticos profesionales; estaba muy relacionado con el ya mencionado auge de los nuevos centros de sociabilidad, se explayaba en los juegos florales, requería (ésta era herencia del pasado) facilidad para versificar puesta al servicio de la sensibilidad romántica; como la práctica del duelo, un delito tolerado, incluso exigido en ciertos casos y a ciertas personas. Los «lances entre caballeros» todavía eran frecuentes en los comienzos del siglo XX, aunque pocas veces con resultados mortales. La indumentaria seguía manteniendo el rango de símbolo diferenciador; el porte de levita y chistera seguía separando las clases altas y medias de las bajas.

El estamento nobiliario sufrió mucho menos que el eclesiástico las consecuencias de la revolución liberal. La desaparición del mayorazgo y la obligación de repartir la herencia entre todos los hijos dio al traste con muchas fortunas nobiliarias; desaparecieron títulos de Castilla, pero se crearon muchos más basados en hechos de armas (Espartero fue príncipe de Vergara) o en el dinero (marquesado de Salamanca). Las categorías inferiores siguieron el proceso descendente iniciado en épocas anteriores; se generalizó el uso del *don* y en la década de los treinta dejaron de confeccionar los municipios los padrones de hidalgos. Desaparecieron las

Salas de Hidalgos de las antiguas chancillerías y dejaron de expedirse las *ejecutorias* de bellas miniaturas, pero el aprecio social por los grados superiores de la nobleza siguió siendo grande. En conjunto, el antiguo estamento nobiliario reconoció a doña Isabel y participó en las tareas parlamentarias de las que salió el nuevo Derecho que el pretendiente carlista quería abolir. Mientras los municipios y las iglesias *de estatuto* abolían las probanzas, se mantenían con igual rigor para el ingreso en las Órdenes Militares y las Maestranzas de Caballería, permanecían los escudos en las fachadas y los genealogistas seguían teniendo abundante clientela en España y sus antiguos dominios americanos. Los pleitos sobre el carácter de los antiguos señoríos inundaban los tribunales con resultados diversos; en la mayoría de los casos los tribunales fallaron a favor de los señores, porque los pueblos no pudieron demostrar que las rentas que pagaban por las tierras procedían de los abolidos derechos jurisdiccionales, no de la propiedad ordinaria. Añadamos que no pocos aristócratas participaron en la rebatiña de las desamortizaciones y siguieron encabezando la nómina de los grandes latifundistas del país.

Después de 1840, terminada la guerra civil, se multiplicaron los síntomas positivos en el orden material; se reorganizó la Hacienda y el Estado recuperó el crédito en las bolsas internacionales. Se abrió la de Madrid, aunque su principal actividad fue la especulación sobre los fondos públicos. La producción agraria aumentó lo suficiente como para hacer frente a un notable incremento de la población, si bien hay que hacer constar que fue consecuencia de nuevas roturaciones más que de un incremento de la productividad. El déficit originado por la pérdida del mercado americano se cubrió con el notable incremento de la producción minera. La esperanza de encontrar un yacimiento fue uno de los espejismos de la época y en no pocas ocasiones se tornó realidad. Acudió bastante capital extranjero atraído por las riquezas mineras; otra parte considerable se invirtió en la construcción de los primeros ferrocarriles. Los Rothschild franceses se comprometieron a fondo en los negocios de España, incluyendo los préstamos estatales. Seguían dormitando las viejas ciudades mesetarias, pero la vida urbana se despertaba con vigor en el litoral; comenzó en Barcelona el

Ensanche de Cerdá, que no fue sólo una empresa urbanística; encerraba también una filosofía de la vida en una ciudad moderna.

¿Progresó España en 1840-1868 al mismo ritmo que las demás potencias europeas? Es difícil decirlo; en todo caso, la diferencia no sería grande, pero continuaba la inestabilidad interna; bajo unas apariencias tranquilizadoras continuaba bullendo la lava del volcán. El caudillismo militar seguía siendo predominante; al envejecido Espartero sucedió don Juan Prim en la jefatura de los progresistas; catalán de Reus, fue una de las figuras más brillantes del siglo, pero su espíritu estaba minado por la ambición, lo mismo que O'Donnell, que acaudillaba la Unión Liberal, una tentativa integradora de la oposición entre moderados y progresistas. Otros espadones, singularmente don Francisco Serrano, duque de la Torre, eran camaleones que cambiaban de color cuando convenía a sus intereses personales. Fallaba la clave de bóveda del sistema: Isabel II, idealizada en sus primeros años por los liberales, no estaba a la altura de las circunstancias; por razones de Estado se le obligó a casarse con su primo don Francisco de Asís; la unión fue un fracaso del que la reina se consoló con aventuras sentimentales que causaron su descrédito. La rodeaba en Palacio una camarilla de aduladores, aventureros y falsas devotas como *la monja de las llagas*. Pero la verdadera causa del odio que inspiraba a los partidos avanzados era que los mantenía sistemáticamente alejados del poder.

Los años finales del reinado fueron muy agitados. La guerra de Marruecos (1859-1860) fue un intermedio pensado por el gobierno O'Donnell para desviar la atención de los asuntos internos; cosa que se logró sólo por un breve espacio de tiempo. Contribuyó al malestar general el paso de una situación de euforia económica a otra de contracción a partir de 1861, que produjo quiebras y paro lo mismo en las ciudades que en el campo. En la capital se produjeron hechos de extraordinaria gravedad: la *noche de san Daniel* fue un violento choque entre la policía y los estudiantes en la Puerta del Sol con motivo de la destitución del rector de la universidad en 1865. En el mismo año se reunió el primer congreso obrero español. El siguiente, la sublevación de los sargentos del cuartel de san Gil originó un gran derramamiento de sangre en las luchas callejeras y posteriores ejecuciones.

La situación había llegado ya a un punto sin retorno. Una vez más tomó el gobierno Narváez, mientras progresistas, demócratas y republicanos firmaban en Ostende un pacto para derrocar a los Borbones. Por una coincidencia fatal murieron casi a la vez los dos apoyos más firmes de Isabel II: O'Donnell y Narváez, mientras encabezaban la sublevación dos antiguos favoritos: Prim y Serrano. Contaban también con la escuadra del almirante Topete, fondeada en Cádiz, y las guarniciones andaluzas. Las consignas que gritaban los sublevados eran rotundas: *¡Viva España con honra!* y *¡Abajo los Borbones con toda su descendencia!* Sólo hubo un choque, favorable a los sublevados, en el puente de Alcolea, cerca de Córdoba. La reina, que veraneaba en San Sebastián, se internó en Francia con el favorito de turno sin intentar más resistencia, lo que da idea de su aislamiento (septiembre de 1868).

Capítulo XI
Revolución y Restauración

Como ya había ocurrido en el Trienio, en el Sexenio Revolucionario (1868-1874) se cumplió la ley de que la reacción contra una situación gobernante iba más allá de lo necesario para sintonizar con los deseos de la mayoría de la población. A un régimen moderado en exceso sucedió un golpe de timón a la izquierda, generando una inestabilidad que agotó pronto las posibilidades del nuevo régimen. En efecto, en el corto período de seis años se sucedieron los siguientes gobiernos:

— 1868: Gobierno provisional encabezado por el general Serrano.

— 1869: Cortes constituyentes. Regencia de Serrano que nombra primer ministro a Prim.

— 1870: Proclamación de Amadeo I. Abdica en febrero de 1873.

— 1873: Primera República.

— 1874 (enero): Golpe de Estado del general Pavía. Dictadura militar con Serrano como presidente del Ejecutivo. En diciembre, golpe militar en Sagunto; el general Martínez

Campos proclama rey a don Alfonso XII, que entra en Madrid el 14 de enero siguiente. Entre tanto, gobierno-regencia presidido por don Antonio Cánovas del Castillo.

Como puede apreciarse, la velocidad de los acontecimientos fue tal que no basta señalar el año, hace falta indicar el mes y en ocasiones el día. Cinco cambios de régimen en seis años. La línea de eventos dibuja un círculo que comienza con un destronamiento y termina con la entronización de un hijo de la reina destronada. El motor de los cambios es siempre una fuerza armada acompañada de comparsas civiles; mas, por primera vez, aparecen grupos proletarios que combaten sin respaldo militar. A los antiguos conflictos se mezclaban otros proporcionando a esta época una densidad histórica que (como el levantamiento de 1808) ofrece al historiador la oportunidad de analizar el contenido y aspiraciones de aquella sociedad hasta en sus capas más profundas.

Al socaire de aquella revolución surgieron en las ciudades más dinámicas juntas revolucionarias de tendencias muy avanzadas, y también unos Voluntarios de la Libertad, nueva versión de la Milicia Nacional, con un programa que incluía aspiraciones políticas, económicas y sociales: sufragio universal, libertad de cultos, abolición de las odiadas quintas y de los derechos de *consumo* percibidos a la entrada de las ciudades sobre artículos alimenticios. Triunfante la rebelión, se formó un gobierno provisional en el que el general Serrano representaba a los unionistas y Prim a los demócratas. Se apoyaba en las clases burguesas que identificaban la república con la anarquía y no quería cambios sociales profundos; todo lo más, algunas medidas compensatorias para las clases populares. Las juntas y los voluntarios fueron disueltos. Antes de terminar el año 1868 ya en algunos puntos de Andalucía los proletarios habían expresado violentamente su frustración por el giro que tomaban los acontecimientos.

Las elecciones, cuyo grado de sinceridad no es fácil determinar (sin duda hubo una gran abstención de los elementos reaccionarios), dieron una gran mayoría al gobierno, pero por primera vez resultaron elegidos cincuenta y dos diputados republicanos, la mayoría en las ciudades periféricas. La discusión de la Constitución de 1869 dio lugar a torneos oratorios dentro del gusto de la época. El cénit se alcanzó en el tema de la libertad religiosa, defendida por don Emilio Castelar, «el hombre del Sinaí». Fue aprobada con el voto en contra de cuarenta diputados partidarios de mantener la unidad religiosa. El otro gran debate, concerniente a la forma de gobierno, también se saldó con una gran mayoría a favor de la monarquía, pero ¿qué monarquía? La búsqueda de un monarca por parte de Prim es uno de los actos más bochornosos de nuestra historia, e indirectamente fue la causa de la guerra francoprusiana, porque la Francia de Napoleón III se opuso, con muy malos modos, a la elección de un príncipe alemán. Al fin aceptó Amadeo de Saboya, hijo de Víctor Manuel II, recién proclamado rey de Italia.

Don Amadeo hubiera sido un buen rey constitucional, pero carecía de apoyos sólidos. Apenas desembarcó en Cartagena recibió la noticia de que el general Prim, su principal valedor, había sido asesinado en Madrid, probablemente por republicanos exaltados. También recayeron sospechas sobre el conde de Montpensier, cuñado de Isabel II y aspirante a sucederle. Las cortes reconocieron rey a don Amadeo por una mayoría corta y nada entusiasta, dividida en banderías acaudilladas por Sagasta, más conservador, y Ruiz Zorrilla, monárquico sin convicción en la etapa del rey Amadeo que tras la Restauración fue un furibundo conspirador republicano. La «buena sociedad» de Madrid hizo el vacío al nuevo rey; los problemas se acumulaban. Los católicos rehusaban todo contacto con el hijo del rey piamontés, que había despojado de sus dominios al papa. Los carlistas se preparaban para una nueva guerra y en Cuba surgía el separatismo armado. Aquella lucha contra todos descorazonó al joven rey. La ocasión para abandonar un trono que se había convertido en una carga se la proporcionó un decreto separando de la carrera a jefes artilleros insubordinados. El día siguiente de su abdicación (11 de febrero de 1873) Congreso y Senado reunidos votaron por gran mayoría la república. No era una aspiración mayoritaria, pero no les quedaba otra salida a los hombres que habían hecho la revolución. No querían la vuelta de los Borbones. Mucho menos la del pretendiente carlista. Y no era cosa de volver a mendigar otro candidato en las cortes de Europa.

La Primera República tuvo una existencia muy breve y agitada; se discutió una Constitución, pero no hubo tiempo de promulgarla; se sucedieron cuatro presidentes del Poder Ejecutivo: dos catalanes, Figueras y Pi y Margall, y dos andaluces, Salmerón y Castelar, lo que concuerda con el protagonismo de estas dos regiones; Cataluña tenía una importante masa obrera industrial; Andalucía tenía también focos industriales, como Málaga, y la mayor concentración de jornaleros agrícolas; dos sectores que veían impacientes cómo se desarrollaban las etapas revolucionarias sin que mejorasen sus míseras condiciones de trabajo. Los conflictos habían comenzado muy pronto, desde 1868; en Málaga los obreros asaltaron el palacio de los marqueses de Larios, los más importantes y multiformes empresarios de Andalucía; también fueron asaltados los fielatos de consumos. La municipalidad, asustada, ofreció a los obreros en paro un jornal de seis reales, pero los trabajos que les encargaba eran simplemente destrucciones: destrucción de murallas (un rasgo muy corriente en aquel período), destrucción de conventos (también actividad típica y funesta desde el punto de vista artístico). En Jerez, lo mismo los campesinos que los trabajadores de las bodegas estaban muy radicalizados, a pesar de que la industria vinícola no estaba en crisis, pero los salarios y las condiciones de trabajo eran malas. Lo mismo sucedía en Cataluña: los obreros textiles querían, sobre todo, una reducción de las agobiantes jornadas de trabajo. ¡Pedían la jornada de sesenta y cuatro horas! Los patronos, asustados por las tentativas librecambistas del gobierno, se resistían. En Cataluña, la situación era más complicada que en Andalucía, porque había una agitación carlista importante y un incipiente nacionalismo, latente en el partido republicano federal que acaudillaba Pi y Margall. Tanto Cataluña como Andalucía eran el punto de mira de los propagadores de la I Internacional. Como es sabido, Marx dedicó mucha atención a los problemas españoles, pero en aquellas primeras fases el socialismo de inspiración marxista quedó ampliamente superado por las tendencias anarquistas que lideraba Bakunin.

El foco catalán y el andaluz eran los más preocupantes para el gobierno por su radicalismo, pero no los únicos; había también mucha inquietud en las zonas mineras del Norte, en Alcoy, población alicantina de antigua conflictividad industrial, y, por supuesto, en Madrid. Pero la explosión del cantonalismo se verificó, salvo excepciones, en el gran arco litoral desde Cataluña hasta Andalucía. El cantonalismo era, desde el punto de vista político, la caricatura del federalismo; concebía éste el Estado español como el resultado de la unión voluntaria de grandes unidades territoriales independientes, combinando, según el modelo proudhoniano, variedad y unidad, gestión política y reforma social. Pero si en Cataluña federalismo y cantonalismo podían apoyarse en una tradición histórica, en Murcia y Andalucía no fueron más que pretextos para expresar un localismo irracional y un conato de revolución social de tintes demagógicos. Cada ciudad proclamó su propio cantón, gobernado por una junta revolucionaria que repartía armamento, acuñaba moneda y en algunas ocasiones declaraba la guerra al cantón vecino.

Pi y Margall sentía escrúpulos por combatir a los que se reclamaban de su doctrina y entregó la presidencia a Salmerón, republicano unitario que no dudó en confiar al ejército la misión de reducir a los cantones; sin grandes dificultades se restableció el orden en Granada, Sevilla, Valencia, Alcoy y otras ciudades, pero cuando le sometieron algunas sentencias de muerte pronunciadas por tribunales militares prefirió dejar la presidencia. Se hizo cargo de ella don Emilio Castelar, dispuesto a salvar la república al precio que fuera; la conquista de Málaga requirió grandes esfuerzos y la del cantón de Cartagena no se produjo hasta el año 1874; los cantonales cartageneros se batieron con heroísmo; disponían de un arsenal bien provisto y enviaron buques de guerra en misiones que estuvieron a punto de provocar un conflicto internacional.

Las maneras expeditivas de Castelar disgustaban a muchos diputados; Castelar se sentía respaldado por todos aquellos, monárquicos, republicanos o indiferentes, que temían la generalización del caos y la anarquía; estaban recientes los sucesos de la *Commune* de París, tenía asegurado el apoyo de don Manuel Pavía, gobernador militar de Madrid, que había tomado parte activa en la represión de los cantonales, pero Castelar no quería un golpe de Estado; se presentó a las cortes el 2 de enero de 1874 y fue derrotado; el día siguiente, después de una noche de insomnio, los diputados fueron expulsados del parlamento por las tropas enviadas por Pavía. El general Serrano se hizo cargo de la presidencia del Ejecutivo con carácter interino, pero sin muchos deseos de abandonarlo. Era una situación parecida a la del mariscal Mac Mahon en Francia, con la diferencia de que el mariscal sólo tenía que preocuparse de solventar las consecuencias de la derrota frente al Imperio Alemán y en España, después del aplastamiento del cantonalismo, quedaban dos conflictos militares pendientes: el carlismo en el Norte y, en Cuba, la rebelión encabezada por un rico hacendado con el apoyo de criollos y esclavos negros. La indefinición del gobierno de Serrano, falto de legitimidad, de programa y de apoyos sólidos, auguraba un rápido desenlace; lo mismo que un año antes la república había llegado a falta de otra salida, ahora la restauración monárquica se perfilaba como la única solución. Don Antonio Cánovas del Castillo, consejero de Isabel II, que había obtenido de ella su abdicación en favor de su hijo Alfonso, trabajaba confiado en una restauración por cauces legales; se le anticipó el general Martínez Campos con el pronunciamiento de Sagunto (29 de diciembre de 1874) y triunfó porque enfrente no había nada consistente.

El breve experimento republicano tuvo consecuencias profundas y durables. Los daños materiales se cifraban en pérdidas humanas durante los múltiples disturbios, descenso de la producción industrial, daños en el patrimonio cultural y agravamiento de la situación financiera. La deuda pública, que en 1868 sumaba 3.390 millones de pesetas, pasaba de 10.000 millones en 1874. Uno de los arbitrios para hacer frente al déficit fue la venta de las minas de Riotinto a una compañía inglesa por 93 millones de pesetas. Ciertamente, aquel yacimiento riquísimo estaba muy mal gestionado, pero su enajenación se hizo con tal precipitación y tal falta de estudios previos que no se valoraron zonas importantes de la cuenca, por lo que las ganancias de la compañía fueron escandalosas. Los burgueses que en un principio fueron favorables a la revolución quedaron asustados por el radicalismo obrero; la Iglesia, herida por la libertad de cultos y la destrucción de edificios religiosos, y los propios republicanos muy divididos entre sí. No pocos (los *posibilistas* de Castelar) dispuestos a transigir con una monarquía que respetara los principios democráticos.

La Primera República dejó en las masas proletarias sentimientos encontrados de nostalgia, frustración y aun traición de ideales soñados, y en las clases medias el despego hacia una época de confusión y anarquía; faltó a los dirigentes republicanos pragmatismo y unidad ante los enemigos comunes. Pero hay que reconocer que eran hombres de buena voluntad, dotados de una ética laica de raíz krausista que podría servir de ejemplo a los políticos de nuestros días. No todo fue negativo en aquel ensayo: la aspiración a una sociedad más justa, el interés por la educación popular, tan desatendida, su postura antiesclavista, la proclamación de la libertad religiosa, eran semillas arrojadas a un campo todavía inmaduro.

La restauración se materializaba en la proclamación de un príncipe de diecisiete años de edad que había recibido educación en Inglaterra, por indicación de Cánovas, como preparación a su papel de rey constitucional, que se manifestó dispuesto a desempeñar en el manifiesto que lanzó desde el colegio militar de Sandhurst. La carrera de su mentor es típica para el estudio de las posibilidades de ascenso que ofrecía el Nuevo Régimen; en el Antiguo ese ascenso apenas podía conseguirse más que con ilustres apellidos o el dinero, pero Cánovas, hijo de un malagueño maestro de escuela, se abrió paso en Madrid como periodista y autor literario, colaboró con el general O'Donnell, fue ministro en gabinetes unionistas de fines del reinado de Isabel II; durante el Sexenio derivó hacia posturas conservadoras y preparó una restauración por vías pacíficas. El golpe de Estado de Sagunto no lo apartó de su camino; Martínez Campos fue recompensado, pero el jefe indiscutible de la nueva situación política era Cánovas, y esa autoridad la conservó hasta su muerte, pues se esforzó por lograr una alternativa más progresista dentro del nuevo régimen y el jefe de esa opción alternativa, que fue Sagasta, estaba lejos de tener la cultura y el prestigio del jefe conservador.

Entre los muchos problemas con que se encontró la monarquía restaurada ninguno era tan grave como la guerra carlista. El carlismo había atravesado años muy difíciles y parecía llamado a extinguirse por la incapacidad de los sucesores del titulado Carlos V, muerto en el destierro; su hijo Carlos, conde de Montemolín, hecho prisionero en San Carlos de la

Rápita tras una descabellada aventura, renunció a sus derechos, luego se retractó de la renuncia y murió totalmente desacreditado. Recayó luego la jefatura carlista en un don Juan cuya vida y costumbres eran la antítesis de los ideales carlistas. Se le forzó a renunciar basándose en el principio de la legitimidad de ejercicio, que había que acumular a la de la sangre. El desconcierto en el bando carlista era grande.

De este bache vinieron a sacarle las dotes del nuevo candidato, Carlos María Isidro (Carlos VII), y, sobre todo, los sucesos del Sexenio. Un importante sector de opinión, sobre todo en las clases conservadoras y el clero, vió en el carlismo la opción más adecuada contra el anticlericalismo, la subversión social y el desprestigio de la rama borbónica isabelina. Don Ramón Nocedal encaminó este sector *neocatólico* hacia el carlismo con la esperanza, infundada, de que podría triunfar por medios pacíficos. Se renovaba la vieja pugna entre la orientación clerical y la militar, encabezada ésta por don Ramón Cabrera; pero, signo de los tiempos, Cabrera había cambiado mucho; su exilio en Inglaterra, donde casó con una dama protestante de alto rango, le hizo ver los asuntos de España bajo un prisma distinto; el antiguo «tigre del Maestrazgo», con el cuerpo cubierto de heridas, se negó a acaudillar una nueva guerra civil, reconoció al rey liberal y fue proscrito por el rey carlista.

La impopularidad del rey Amadeo parecía ofrecer una ocasión propicia al carlismo, pero fueron los excesos de la República los que caldearon el ambiente y atrajeron nuevos reclutas al carlismo. Las motivaciones fueron variadas, pero, como en la primera carlistada, la defensa de la religión, presuntamente amenazada, fue esencial. No andan descaminados los que dicen que las carlistas fueron las últimas guerras de religión. La cuestión foral también estuvo presente, e incluso con más fuerza, porque el federalismo había reavivado sentimientos latentes en la antigua Corona de Aragón; por eso el pretendiente dirigió una proclama a catalanes, valencianos y aragoneses prometiendo la devolución de los fueros: «Y España sabrá que en la bandera donde está escrito Dios, Patria y Rey están escritas las legítimas libertades». Pero tanto allí como en algunas comarcas de Castilla los carlistas no pudieron constituir más que partidas volantes, mientras que en las provincias vascas y Navarra se formó, como en la primera guerra, un miniestado con una administración, una universidad, la de Oñate, que expedía títulos, y una corte en Estella, descrita por Valle Inclán en su *Sonata de Invierno.* Pero como en la primera guerra, las capitales seguían en poder de los liberales, al amparo de sus murallas, sus guarniciones y una burguesía urbana cuya mentalidad e intereses no eran los de la hidalguía rural, tradicionalista y enemiga del centralismo liberal. Los fines de los combatientes carlistas seguían siendo los mismos, los expresados en las estrofas del *Oriamendi:* «Cueste lo que cueste / se ha de conseguir / ver al rey don Carlos / en su corte de Madrid». Tergiversan y mienten los nacionalistas cuando pintan a los adalides carlistas como independentistas. La transformación de carlistas derrotados y frustrados en nacionalistas fue un fenómeno posterior.

Como en la primera guerra, los carlistas cometieron el error de primar como objetivo la conquista de Bilbao, empeño que no consiguieron y en el que perdieron sus mejores jefes. La Restauración fue para su causa un golpe definitivo; ya no podían presentarse como defensores únicos de la religión y la paz social. A pesar de sus gestas heroicas y algunas victorias resonantes (en Lácar estuvo a punto de caer prisionero el propio Alfonso XII), la desproporción de fuerzas era demasiado grande; en febrero de 1876 Primo de Rivera reconquistó Estella. Pocos días después el rey carlista repasaba la frontera con quince mil hombres, núcleo de otra emigración política.

La segunda guerra carlista no había terminado, como la primera, con un pacto, y por eso las condiciones del vencedor fueron más duras: no hubo reconocimiento de grados a los militares vencidos, los fueros vasco-navarros fueron suprimidos, los antiguos organismos de gobierno vasconavarros sustituidos por diputaciones, se implantaron las impopulares *quintas,* que muchos mozos evadían expatriándose a Francia o Ultramar. Aun así, quedaron importantes retazos: el Código Civil de 1889 recogió normas de las antiguas regiones forales. Respecto a la participación de las provincias vascas en los gastos generales del Estado, se llegó, después de muchas discusiones y resistencias, a la concesión de unos *conciertos económicos* en virtud de los cuales recaudaban y administraban sus contribuciones, pagando al

Estado una cuota que siempre ha sido inferior a lo que exigiría la estricta justicia (véase el librito aleccionador de Gonzalo Martínez Díez, *Fueros sí, pero para todos*). Consecuencia de aquellas ventajas fiscales fue el auge de la banca vizcaína, sólo superada por la madrileña.

El movimiento pendular característico de la política contemporánea española pasaba de la agitación del Sexenio a la calma chicha de la Restauración; si la primera se consumió pronto en su propia hoguera, la calma superficial de la segunda marchaba a un ritmo lento en el que se repetían gestos tradicionales, como un reflujo de pasadas modas; en el Palacio de Oriente volvía a sonar la marcha de alabarderos, volvían las recepciones y las capillas públicas, volvían también las fiestas mundanas en los viejos palacios de la aristocracia madrileña y en los palacetes que surgían a lo largo de la Castellana. Se tranquilizaba la burguesía urbana y rural, y los aislados chispazos de protesta social la confirmaba en la necesidad de apoyar la monarquía restaurada; se recobraba también la Iglesia de pasadas alarmas; se organizaban misiones para volver a la buena senda a los descarriados; se restablecían las órdenes religiosas a pesar de las limitaciones que imponía el concordato, e incluso, a fines del siglo, hallarían refugio en España religiosos expulsados de la Francia republicana.

Francia y Suiza eran las dos únicas repúblicas europeas; el régimen monárquico estaba tan asentado en Europa que los republicanos españoles preferían referirse a las repúblicas americanas como referentes de un régimen que proporcionaba paz y prosperidad. Se citaba como ventaja del régimen monárquico la de poder anudar alianzas mediante enlaces regios. Después de una interrupción de varios años, España sentía la necesidad de tener una política exterior. Tras la guerra francoprusiana y la proclamación del Imperio Alemán (1871) hubo años de paz y tranquilidad porque la nueva potencia hegemónica no abusó de su victoria; Alemania, liderada por Bismarck, se alió con Austria e Italia y mantuvo buenas relaciones con Inglaterra y Rusia. Alfonso XII, aconsejado por Cánovas, tomó nota de esta realidad; tras un matrimonio por amor de breve duración, contrajo matrimonio con una sobrina de Francisco José de Austria, María Cristina de Habsburgo, pero este acercamiento al grupo hegemónico de las potencias centrales no llegó a ser alianza formal; España prefirió un aislamiento poco espléndido cuyas consecuencias pagaría en 1898, pero ¿hubiera aceptado alguna potencia europea garantizar a España sus colonias? En cuanto a la opinión pública, estaba tan mal informada de la realidad europea que reclamó la guerra contra Alemania por la pretensión de ésta de ocupar unos islotes del Pacífico (las Carolinas) que teníamos completamente abandonados.

Durante la Restauración la vida política se estructura en los partidos con más vigor que antes, porque éstos son más definidos y porque decae el poder militar. Se impone, en palabras de Seco Serrano, el Civilismo sobre el Militarismo. No había habido una depuración masiva de los mandos militares y todavía se registraron algunos chispazos, algunos pronunciamientos impulsados desde su exilio parisino por Ruiz Zorrilla, el que fue ministro demócrata de Amadeo, convertido luego al republicanismo. Pero el fracaso de estas tentativas patentizaba el cambio de mentalidad acaecido en los altos rangos militares; abundaban los de antecedentes republicanos, pero recordaban los actos de insubordinación de la tropa durante la república. La monarquía les garantizaba prestigio social y buenos sueldos: un coronel ganaba en 1900, 7.500 pesetas; un capitán, 3.000; un segundo teniente, 1.950 (un maestro de escuela, 825). Muchos militares seguían interesados en la política, pero dentro del marco de los partidos políticos, única fuerza organizada; según dijo don Antonio Maura en uno de sus discursos parlamentarios, no había en España otro tipo de organización sobre el que pudiera asentarse el poder: «Aquí no hay jerarquías sociales; aquí, ni sacerdocio, ni milicia, ni aristocracia, ni categoría social alguna lleva incluida participación alguna en las funciones públicas; la sociedad española es la más llana y menos articulada de Europa». Esto era cierto, y en gran parte herencia del absolutismo austriaco y borbónico que había respetado las diferencias económicas, pero no había consentido rivales en el uso de la soberanía. Desaparecido el absolutismo regio, se habían constituido por generación espontánea unas agrupaciones artificiales: los partidos.

El partido conservador, liderado por Cánovas, era sucesor del moderado isabelino, remozado en su doctrina y reforzado con aportes de personas de clase alta y media desengañadas o interesadas; gobernó durante ocho de los diez años del reinado de Alfonso XII. El liberal se formó trabajosamente, teniendo como núcleo antiguos progresistas y demócratas, y no pocos republicanos *posibilistas*. Su jefe, don Práxedes Mateo Sagasta, estaba muy lejos de tener la autoridad de Cánovas, pero tenía más don de gentes y se adaptó perfectamente a su papel de pieza de recambio y banderín de enganche para constituir el turno pacífico de partidos que fue el eje de la Restauración. Otros partidos minoritarios quedaron alejados del poder o recibieron un puñado de actas como migajas del festín; el partido carlista quedó debilitado por la escisión de los católicos intransigentes, *integristas*, capitaneados por don Ramón Nocedal, con escasa fuerza numérica, aunque sólida implantación en el clero. El partido socialista se fundó en 1879 teniendo como base la Asociación del Arte de Imprimir, pero hasta 1909 no consiguió Pablo Iglesias un acta de diputado por Madrid; los nacientes partidos regionalistas no tenían todavía representación parlamentaria.

El consenso que Cánovas buscaba para la Constitución excluía los extremos; se basaba en un bipartidismo poco diferenciado; aun así, tenía el mérito de no ser una Constitución partidista; era la sexta después de las de 1812, el Estatuto Real de 1834, la Constitución progresista de 1837, la moderada de 1845 y la que surgió de la revolución de 1868; la Constitución republicana de 1873, aunque diseñada, no llegó a tener efectividad, como tampoco la tuvo la napoleónica de Bayona. ¡Demasiadas constituciones para que el país las tomara en serio! La de 1876 duró medio siglo; estuvo en suspenso desde 1923 por el golpe de Estado de Primo de Rivera, aunque no fue formalmente abolida hasta que se promulgó la Constitución republicana de 1932. La de 1876 instituía una monarquía fuerte; el rey no sólo era jefe del Ejecutivo, sino que tenía un derecho de veto sobre el Legislativo y participaba en la composición de un Senado que, por el origen y categoría de sus miembros, contrapesaba el carácter democrático del Congreso. Otra baza muy fuerte para la institución monárquica: el rey era el jefe nato de todas las fuerzas militares de mar y tierra. El carácter transaccional de la Constitución se aprecia en que reconocía los derechos individuales, pero dejaba para una regulación posterior quiénes tenían derecho a sufragio. La vieja disputa entre unidad religiosa y libertad de cultos se zanjó con una declaración de *tolerancia* que respetaba el carácter confesional del Estado y restringía las manifestaciones públicas de cultos no católicos.

Alfonso XII murió en plena juventud (1885). Se temió que republicanos y carlistas aprovecharan la circunstancia de recaer la regencia en una extranjera para provocar disturbios; Cánovas pensó que un gobierno liberal era más adecuado a la situación y entregó el poder a Sagasta. No se alteró la tranquilidad de un país bien hallado con la paz después de las aún recientes agitaciones. La tentativa republicana de Villacampa, instigada desde París por Ruiz Zorrilla, fue la última militarada hasta el golpe de Primo de Rivera en 1923. Contribuyó a la estabilidad el nacimiento de un hijo póstumo, el futuro Alfonso XIII. Contribuyó también al clima de estabilidad la coyuntura económica favorable que atravesó Europa entre los años setenta y noventa (Segunda Revolución Industrial), de la que España participó en modesta medida. Entró mucho capital extranjero, sobre todo en el negocio minero por la gran demanda exterior; los compradores de Riotinto y otras minas de cobre hicieron negocios fabulosos a costa de esquilmar nuestros yacimientos; lo mismo puede decirse de los yacimientos de plomo argentífero de Andalucía y Murcia, del mercurio de Almadén y de las minas de hierro de Vizcaya; hasta diez millones de toneladas anuales llegaron a salir del puerto de Bilbao con destino a los altos hornos de Inglaterra y Alemania; en España se convertía en acero un escaso millón, suficiente para dar un inusitado aspecto industrial a la ría del Nervión y arruinar a la siderurgia andaluza; Vizcaya tenía muy cerca el carbón de Asturias, y no lejos el de Gales, de mejor calidad, mientras los rudimentarios altos hornos de Málaga, alimentados con carbón vegetal, sólo consiguieron arrasar bosques; en cuanto terminaron las guerras carlistas la supremacía vizcaína volvió a imponerse.

La agricultura también tuvo décadas de bonanza: el trigo de la Meseta se defendió de la competencia americana con barreras arancelarias; los vinos tuvieron años de enorme prosperidad aprovechando la devastación de los viñedos franceses por la filoxera antes de sufrir los nuestros la misma plaga. La economía catalana era más compleja: tenía una viticultura de calidad, exportaba frutos secos, pero su principal motor era la industria textil, algodón sobre todo, pero también lana (Sabadell, Tarrasa). No eran fábricas competitivas a nivel europeo por su pequeño tamaño; por eso coincidían los catalanes con los agricultores castellanos y andaluces en reclamar una protección arancelaria. Ese auge económico que llegó hasta mediados de los noventa impulsó el crecimiento urbano con ritmos muy distintos, desde el espectacular despegue de Bilbao a la atonía de Cádiz. Madrid y Barcelona llegaron al medio millón, con características muy distintas, pero con el similar resultado de impulsar una industria de la construcción que daba ocupación a muchos jornaleros de zonas agrarias deprimidas. El banquero Salamanca se había arruinado como consecuencia de la revolución de 1868; veinte años después, el barrio que lleva su nombre volvía a multiplicar sus calles, anchas para la época, y sus edificios señoriales con anchas puertas cocheras.

La calma chicha de la Restauración fue la edad de oro de los dos partidos turnantes; sus diferencias eran leves: si decimos que en el conservador había más aristócratas y en el liberal más burgueses, la afirmación resultaría engañosa, porque las excepciones eran muchas; más exacto sería decir que en el liberal había sectores anticlericales que faltaban en el conservador, que tenía resabios librecambistas que faltaban en el segundo, que guardaba algo de la tradición populista, de la afirmación de la soberanía nacional, de los derechos del hombre y del ciudadano; por eso, mientras Cánovas había retrocedido desde el sufragio universal masculino hasta un voto censitario que reducía los votantes a menos de un millón, entre propietarios, funcionarios y «capacidades», Sagasta volvió en 1890 al sufragio universal, aunque tan decidido como su rival a ganar las elecciones como fuera, con la diferencia de que Cánovas disponía para el trabajo sucio de un experto excepcional, el antequerano Romero Robledo, mientras que Sagasta no necesitaba a nadie para realizar una tarea que conocía a fondo.

El castellano tiene, para designar estas prácticas políticas electorales, una palabra de rancio abolengo, pues deriva de costumbres que estuvieron en uso en las Indias: *caciquismo;* se aplicó al gobierno municipal antes de aplicarse a la totalidad; era vicio antiguo y tampoco exclusivo de España; los prefectos de Napoleón III no eran menos enérgicos en la defensa de los candidatos gubernamentales que nuestros gobernadores de la Restauración, y lo mismo podría decirse de otros países y regímenes donde el sufragio fue sistemáticamente manipulado; pero en España el sistema adquirió un virtuosismo excepcional, vigente no sólo en período electoral, sino en todo tiempo y lugar, combinando el rígido centralismo ubicado en el edificio edificado en el siglo XVIII en la madrileña Puerta del Sol para Casa de Postas con los miles de centros de administración local (nueve mil ayuntamientos) conectados unas veces directamente y otras a través de los gobiernos civiles. El aparato era el mismo para los dos grandes partidos de turno; los demás partidos también disponían de medios de tutela y presión, pero de forma localizada y rudimentaria, lo que limitaba su eficacia.

El sistema combinaba el palo y la zanahoria; para los pequeños favores bastaba dirigirse al cacique local; en asuntos de más envergadura éste acudía al representante provincial del partido, y en caso necesario a Madrid. Esta inmensa tela de araña cubría toda la nación, funcionando de forma alternativa, unos años en favor de los liberales, otros de los conservadores, lo que no impedía que un cacique del partido en la oposición también tuviera poder, porque se respetaban; hoy por ti, mañana por mí. Era frecuente que en una familia hubiera miembros de los dos partidos. Para que en el momento crítico de la elección municipal o nacional se recogiera el fruto era preciso cuidar asiduamente el huerto; en el archivo de Romanones se conservan miles de cargas que revelan cómo el gran hombre gestionaba a uno un empleíllo, a otro la exención de quintas... En estos casos era frecuente que el candidato saliera por *su* distrito en virtud del artículo 29 de la ley electoral, es decir, por falta de contrincante; en cambio, el candidato *cunero,* sin arraigo en la provincia, necesitaba mayores esfuerzos, y algunas (raras) veces se daba el caso de que a pesar de los *pucherazos,* suspensión de alcaldes recalcitrantes y otras medidas extremas, el candidato oficial fuera derrotado.

El caciquismo tenía también aspectos paternalistas; los grandes caciques conseguían ventajas para sus distritos, sobre todo si llegaban a ministros: don Juan de la Cierva dotó a Murcia de universidad; los Pidal hicieron mucho por Asturias. Los ejemplos podrían multiplicarse. El caciquismo se ha defendido, o, por lo menos, explicado, como instrumento necesario para adaptar una sociedad con bajo nivel cívico, económico y cultural a un sistema político muy avanzado. Con el paso del tiempo fue evolucionando; los gobiernos encontraban, sobre todo en las grandes ciudades, más resistencias; se logró la estabilidad de los funcionarios, que antes cambiaban con los cambios de gobierno (lo que en Estados Unidos llamaban *spoil system*), dando lugar a la dramática figura del *cesante*. Pero seguía siendo vital para muchos miles de españoles que su partido estuviera en el poder, de ahí la rápida rotación de gobiernos: seis en los diez años del reinado de Alfonso XII; ocho en los diecisiete años de Regencia. Cuando un gobierno conservador estaba más de dos años disfrutando de las mieles del poder, los liberales se impacientaban, amenazaban romper la baraja, y viceversa. Se evitaba que la Corona tuviese que intervenir; el gobierno dimitía alegando dificultades internas y sus rivales accedían al poder y fabricaban desde Gobernación una mayoría confortable en torno a dos tercios, dejando al partido en la oposición el resto, y algunos pocos escaños para republicanos y carlistas en sus reductos más sólidos.

Este cuadro, trazado a grandes brochazos, necesitaría de algunas o muchas pinceladas adicionales para representar fielmente lo que fue la vida política española medio siglo. Habría que decir que si en los niveles medios y bajos de la vida política había mucha corrupción, las altas figuras rara vez incurrieron en ella; por el contrario, no fue el conde de Romanones el único a quien su afición a la política le costó mucho dinero. Otra advertencia: la solidez de los dos grandes partidos turnantes era más aparente que real; dentro del canovista había disidencias que después de la muerte del jefe llegaron a la ruptura completa; en cuanto al liberal, era un conglomerado, una federación de grupos liderados por grandes caciques regionales; tras la muerte de Sagasta (1903) los liberales se dividían en *romanonistas, albistas, garciprietistas,* etc. Al debilitamiento interno se unía el ataque exterior de los movimientos obreros y del republicanismo, que trataba de recuperarse del descrédito y la represión que sufrieron tras el episodio cantonalista.

La Guerra de Cuba sólo hasta cierto punto puede considerarse un detonante *exterior* al sistema, pues, en realidad, el descontento que reinaba en la gran isla era fruto del favoritismo y desgobierno de la metrópoli. A Cuba llegaron a lo largo del siglo XIX hombres y capitales tras la emancipación del continente; creció la población y la prosperidad; la producción de azúcar en grandes *ingenios* se convirtió casi en un monocultivo que necesitaba grandes masas de trabajadores; la esclavitud seguía imperando a pesar de las promesas de abolición; también llegaban emigrantes españoles que aumentaban la población urbana y solían dedicarse al comercio; funcionarios e inmigrantes formaban un partido *españolista* enemigo de reformas, sostenidos en la metrópoli por todos los que se beneficiaban de aquel estado de cosas: políticos *cuneros,* exportadores castellanos y catalanes de trigo y textiles, grandes propietarios absentistas y beneficiarios de la explotación de la mano de obra negra. Las anunciadas reformas políticas y sociales no llegaban. Entre 1868 y 1878 tuvo lugar una guerra, o más bien guerrilla, provocada por el malestar de los hacendados criollos, a la que puso fin el general Martínez Campos con promesas y algunos miles de duros oportunamente distribuidos; pero el descontento seguía; el *grito de Baire* dio comienzo a otra guerra más breve, pero más encarnizada y de carácter más popular; negros y mulatos nutrían la mayor parte de los grupos insurrectos.

Martínez Campos empleó, esta vez sin éxito, la misma táctica que en la guerra anterior. Sagasta, descorazonado, pasó el testigo a Cánovas. El jefe conservador declaró que para combatir el separatismo España sacrificaría «hasta el último hombre y la última peseta». Martínez Campos fue reemplazado por Wéyler, dispuesto a emplear medidas radicales; se enviaron a Cuba más de 150.000 hombres; las partidas insurrectas no sumaban ni la cuarta parte, pero contaban con el apoyo de la población rural; para evitarlo, Wéyler ordenó *concentrar* esa población rural en áreas vigiladas; así se lograban éxitos militares que hacían prever una victoria, pero se suscitaba otro peligro terrible: la mala imagen exterior, basada en relatos sobre el sufrimiento de la población civil. La *prensa amarilla* de Estados Unidos se apoderó del tema, lanzó una campaña de insultos y calumnias, preparó a la opinión pública para una guerra contra España. Así, la Guerra de Cuba tomaba una preocupante dimensión internacional.

Cánovas fue asesinado en 1897 por el anarquista italiano Angiolillo, según dijo para vengar a los anarquistas procesados y ejecutados en Barcelona. Recaía el poder en los liberales; un envejecido Sagasta tuvo que hacer frente al más espinoso problema con el que se había enfrentado España desde la Guerra de la Independencia. La tardía concesión de la autonomía a Cuba no surtió ningún efecto; se dibujaba con claridad el peligro de una confrontación con Estados Unidos, cuyo interés por anexionarse la Perla de las Antillas era notorio; por lo pronto, exigían a España que humanizase la guerra; bajo cuerda barajaban dos soluciones: intervención armada o adquisición por medios diplomáticos. El presidente MacKinley era partidario de la segunda. Ocurrió entonces un hecho cuya génesis sigue siendo misteriosa: el hundimiento del acorazado *Maine* anclado en el puerto de La Habana. La imputación a una mina española era absurda; lo menos que deseaba España era provocar un conflicto con Estados Unidos. Sin embargo, ésa fue (y sigue siendo) la tesis oficial de Estados Unidos.

El gobierno norteamericano declaró la guerra a España impulsado por la opinión pública; hubiese preferido comprar la isla, con lo que tendría más libertad de acción, pero si hacía una «guerra de liberación» tenía que concederle la independencia. En cambio, el gobierno español recibió el ultimátum con la natural consternación, pero también con cierta sensación de alivio, porque en el estado a que habían llegado las cosas una derrota honrosa proporcionaba una salida al régimen. El país estaba harto de aquella guerra; indignaba a las masas populares que sólo fueran los que no podían pagar las dos mil pesetas que costaba la *redención* de un soldado; se comentaban amargamente los tremendos fallos políticos y militares; Cajal, en sus *Memorias,* nos ha dejado testimonios de la incompetencia que producía muchas más bajas por enfermedades que por acciones de guerra en las filas del ejército. Crecía una agitación de tipo republicano y proletario que amenazaba al trono, a la dinastía. Se imponía el fin de la guerra al precio que fuera; las potencias europeas veían con simpatía la causa de España, pero no hasta el punto de ofrecerle ayuda militar; en vender la isla no había que pensar, sólo quedaba ser derrotados con honor.

Este propósito se cumplió a medias; no se podía pedir a España que venciera a un coloso; en 1898 los Estados Unidos tenían cuatro veces más habitantes que España y triple renta *per capita;* la relación era de 1 a 12. Esto no lo sabía el público. El gobierno sí. Pero la derrota estuvo también marcada por el signo de la improvisación y la incompetencia; la orden al almirante Cervera de salir del puerto de Santiago de Cuba fue tan absurda como la forma de salir los buques: uno a uno, ofreciendo fácil blanco a un enemigo muy superior. Para los que no se dejaban engañar por irresponsables campañas de prensa, el resultado de las hostilidades estaba previsto, lo que sorprendió fue la rapidez y magnitud del desastre, y también la dureza de las condiciones de paz, pues, a más del abandono de Cuba, los negociadores norteamericanos exigieron la entrega de Puerto Rico, donde no se habían registrado alteraciones, y de Filipinas, donde sí había una guerrilla de carácter independentista. Parece que en la exigencia de Filipinas influyó el gobierno inglés, que temía que aquel archipiélago cayera en poder de los japoneses.

Tal fue, en muy resumidas cuentas, el *desastre* del 98 que tanta tinta hizo correr y en el que se añadieron, a las pérdidas materiales, abatimientos y desengaños colectivos; se tomó conciencia de la verdadera dimensión de España, del puesto que ocupaba en el mundo o, como entonces se decía, en el *concierto* de las naciones, pero las temidas revueltas internas no se produjeron; alguna partida carlista merodeó unos días por el Maestrazgo; algunos republicanos creyeron llegada la ocasión propicia, pero, en definitiva, no se alteró el orden interno. Otro matiz favorable cabe apuntar: no hubo venganzas raciales en las pérdidas coloniales; los españoles que quisieron liquidar sus negocios en Cuba y Puerto Rico lo hicieron sin problemas y aportaron capitales a la empobrecida metrópoli. Los que prefirieron seguir allá no fueron molestados.

La honda conmoción producida por la pérdida de las últimas colonias fue un hecho nuevo; el español no tenía tradición imperialista; vio con disgusto las guerras de

Flandes, acogió indiferente e incluso aliviado la pérdida de los dominios europeos por el Tratado de Utrecht. Ni siquiera se conmovió por la separación de Portugal, aunque en este caso ya no estaban sólo en juego intereses dinásticos, sino solidaridades peninsulares íntimamente ligadas al ser de España. Tampoco le afectó, y esto sí parece inexplicable, la emancipación de América. ¿Cómo explicar entonces el trauma que ocasionó el 98? Pues, aunque se comentó y censuró que el pueblo siguiera abarrotando los cosos taurinos y la mayoría de los ciudadanos estuviera más preocupado por sus problemas personales que por los del país, es evidente que aquellos acontecimientos causaron frustración y dejaron huella. Las explicaciones pueden ser múltiples: los ciudadanos habían vivido en su propia carne la tragedia; los odios internos que relegaron a segundo plano los acontecimientos del continente americano estaban amortiguados al finalizar aquella centuria; había más información, se habían seguido al día las contingencias de la guerra, pero, sobre todo (y esto me parece un factor esencial), la conciencia nacional estaba más despierta por la acción de la prensa y de la escuela; había un *nacionalismo español,* no tan vivo como los que habían surgido en el resto de Europa, pero lo suficientemente activo como para provocar amargura, desencanto; no afán revanchista, sólo un leve prejuicio antiyanqui.

En el conjunto de Europa también produjo malestar aquella derrota, síntoma del declive de la hegemonía europea en el mundo. España despertó simpatías puramente platónicas; el kaiser Guillermo II de Alemania, muy dado a ensoñaciones y proyectos fantásticos, pensó en una acción conjunta que mostrara la solidaridad europea, pero sus consejeros le hicieron ver que nada podría hacerse sin la colaboración de Inglaterra, la primera potencia naval, y los ingleses, aunque también miraban con aprensión el acelerado crecimiento y el talante agresivo de su antigua colonia, no sólo no se sumarían a una eventual demostración, sino que en este caso concreto revivían viejos fantasmas contra el país católico, inquisitorial, de donde había partido la Invencible. Cuando el primer ministro, lord Salisbury, en un discurso famoso aludió a las *naciones moribundas,* aunque el tema tenía relación con China, todos entendieron la alusión a

España. Poco antes, Inglaterra había infligido a Portugal la humillación de un ultimátum que puso fin a sus planes de enlazar Angola y Mozambique, y los franceses también recibieron en Fashoda un palmetazo semejante al que recibió Portugal en aquel emblemático 98. América para los yanquis y África para los ingleses. El papel de los latinos estaba en baja, pero ninguna nación sufrió esta adversa coyuntura con tanto rigor como España.

Las reacciones provocadas por el desastre se asocian no sólo con indispensables reajustes en la economía nacional y en la estructura del Estado, sino con una toma de conciencia más profunda, que podría relacionarse con el hecho de que a fines del siglo XIX ya empezaban a designarse como *intelectuales* a los escritores influyentes en la vida pública. Caro Baroja escribió, a propósito de las personas que concurrían a la tertulia de su tío, que la llamada *generación del 98* no es más que «una lucubración pedantesca para opositores a cátedras de literatura», y no es el único que piensa así; mas, sin entrar en debates sobre dicha generación, es evidente que se dio un contraste, como el que ya existió en el siglo XVIII, entre una decadencia política y un alto nivel cultural, y que la literatura *regeneracionista* continúa la línea de los *arbitristas* y *proyectistas,* de los preocupados por los *Males de la Patria* (título de una obra de Lucas Mallada) y sus posibles soluciones.

Es también indudable que antes del desastre existía ya una abundante literatura crítica. Costa es el caso más conocido, pero los ejemplos abundan; veamos, por ejemplo, cómo hablaba el historiador Cesáreo Fernández Duro en 1882: «En la aldea, quien hace ahorros se va a la capital a prestar al 60 por ciento. En más alta esfera, el que nació con bienes de fortuna en poco se separa de esta senda. ¿Cómo queréis que así prospere el país?». Los hombres del 98 tenían un sentido social; hijos de la burguesía, sentían la falta de solidaridad de ésta con las clases desfavorecidas; se acercaron a los círculos ácratas y socialistas, luego se apartaron al ver que eran recibidos con mal talante; unos se refugiaron en la mera creación literaria, otros siguieron teniendo una vocación política dificultada por los tupidos filtros que oponía el caciquismo. Quizás tienen razón los que niegan la existencia de una «generación», pero es imposible negar que los acontecimientos de aquel año influyeron en el pensamiento y la obra de Azorín, Unamuno, Baroja, Menéndez Pidal, Asín Palacios y que su exuberancia, su creatividad, fueron un contrapunto positivo a circunstancias muy negativas. Para salir de la sima lo primero era tomar contacto con la realidad de la España profunda, despojarse de los oropeles románticos, buscar un sendero, una meta, y ahí surgían las diferencias: partidarios de la tradición, partidarios de la europeización. Divergentes en los medios, convergían en los fines: promover las aguas estancadas y trabajar por una España mejor.

Capítulo XII
El reinado de Alfonso XIII

En el Antiguo Régimen los cambios de reinado eran acogidos con esperanzas de cambio a mejor y se acrecentaba la tendencia a planificar, aconsejar, contribuir a la mejora de la nación. Todavía en el siglo XIX el advenimiento de Fernando VII y luego el de Isabel II fueron acompañados de pronósticos venturosos que no se cumplieron; quizás por eso la proclamación de Alfonso XII y luego de su hijo no suscitaron demasiado interés; la literatura *regeneracionista* no estuvo ligada a cambios en la cúpula del poder. La proclamación de la mayoría de edad de Alfonso XIII (1902) no tuvo consecuencias apreciables en la marcha de los acontecimientos, aunque el joven rey, un muchachito consentido, rodeado de una aduladora servidumbre palatina con aires de camarilla, quería intervenir en la vida política algo más de lo que le permitía el marco constitucional. Estaba animado de las mejores intenciones, pero no tenía ni los poderes ni las cualidades necesarias para dominar las tendencias que corroían el edificio levantado por el canovismo y para el que no se veía ninguna alternativa. Mirando en conjunto aquel reinado, y a pesar de que hubo momentos brillantes y avances innegables, se nos aparece como un plano inclinado que condujo al régimen hacia su traumático final.

No había paralelismo entre este modelo y el que prevalecía en Europa; la Europa de 1900 en parte era producto de las guerras napoleónicas, pero más directamente de las revoluciones de 1848 y la guerra francoprusiana. Era una Europa en plena expansión económica y científica, pero muy dominada por los nacionalismos, las rivalidades nacionales y un militarismo que ensombrecía el horizonte y dedicaba una gran parte de los recursos de los Estados a una futura guerra que se consideraba inevitable. La fundación del Imperio Alemán había despertado temores que Bismarck trató de disipar; renunció a nuevas conquistas; se aseguró la alianza de Austria y de Italia sin romper la amistad con Rusia y puso empeño en mantener buenas relaciones con Inglaterra. Los acuerdos de Berlín regularon las apetencias colonialistas sobre el continente africano. América no figuraba políticamente en los planes bismarckianos. Guillermo II, soberano impulsivo, sin programa definido, al adoptar un gran programa de expansión naval se enajenó la amistad de Inglaterra, y al apoyar las ambiciones balcánicas de Austria se indispuso con Rusia. En cambio, la Francia vencida tejía con gran habilidad el cerco diplomático de Alemania. Sin que en ninguna de las partes implicadas hubiera una voluntad de guerra, por el juego de las alianzas, por el sometimiento de los gobiernos a unos planes militares elaborados por los Estados Mayores sin atender a las realidades políticas, se estaba forjando la Guerra Europea pero no fue el choque instantáneo previsto, sino una interminable guerra de desgaste; cuatro años que cambiaron Europa y pusieron fin a la Belle Époque, a la fase final del «largo siglo XIX».

En nada coincide este esquema con el desarrollo histórico de la España de Alfonso XIII, aunque sufriera sus consecuencias. España aparecía como una potencia marginal y secundaria que no tenía ni la capacidad ni la voluntad necesarias para intervenir con voz propia en lo que solía llamarse «concierto europeo». Cuando en 1900 las potencias europeas enviaron una fuerza militar conjunta a China, donde había estallado el movimiento xenófobo de los *boxers*, España no participó. En cambio, París atraía a literatos y artistas españoles; el anticlericalismo militante de la Francia de 1900 encontró aquí bastante eco. Alemania atraía a los conservadores, a los científicos, a los melómanos. Persistían hábitos germánicos en las corrientes derivadas del krausismo. Pero en España no interesaba la alta política, ni la diplomacia secreta de las cancillerías que acabaron llevando a Europa al desastre; por razones de vecindad y por la existencia de un «problema del Estrecho» se acordó buscar para el joven rey una novia inglesa; España tuvo una participación en el tratado de Algeciras, que demostró el creciente aislamiento de Alemania en el plano internacional. Pero en este terreno de la política internacional España no tenía ni la voluntad ni los medios de desempeñar un papel destacado.

Respondiendo a las críticas de la dictadura de Primo de Rivera, el conde de Romanones escribió un libro en el que defendía el patriotismo de los «viejos políticos» y su obra de gobierno. Las cifras que cita y que reflejan los progresos materiales de España en la etapa de la Restauración son exactas; España aumentó su riqueza en términos absolutos, pero ¿acortó distancias en una Europa en plena expansión? Es dudoso; por lo pronto el crecimiento demográfico era lento; los 18,5 millones de habitantes de 1900 rozaban a duras penas los 20 diez años después, no por deficiente natalidad, que (salvo en Cataluña) era alta, sino por unas elevadas tasas de mortalidad, producto de la deficiente alimentación de las clases populares y de unas condiciones higiénicas deplorables. El incremento de la emigración en los primeros años del siglo actual es otro dato revelador. A mediados del XIX hubo una importante emigración desde Almería, Murcia y Alicante hacia la región de Orán, recién conquistada por los franceses. La gran estampida europea hacia los Estados Unidos no atrajo a los españoles, que preferían los países de habla hispana, con importantes repercusiones a uno y otro lado del océano; sin el medio millón de españoles que desembarcaron en Buenos Aires y allí se apiñaron sin intentar una verdadera colonización, la huella italiana en la república Argentina hubiera sido predominante. En menores proporciones Brasil, México y Cuba también recibieron contingentes importantes. Los motivos, las circunstancias y los lugares de origen abarcaban un amplio abanico; el jornalero andaluz, extremeño o manchego no podía permitirse el lujo de una travesía costosa; los gallegos y asturianos continuaban una tradición secular, hallaban allá apoyos familiares, algunos regresaron a disfrutar aquí de la fortuna adquirida. En los pueblos de Aragón azotados por la sequía y en las superpobladas huertas levantinas, Francia se ofrecía también como una buena salida; los españoles en Francia, que en 1901 eran sólo 80.000 ascendían a 351.000 en 1931.

Las estadísticas sobre producción y niveles de vida comparados están llenas de trampas insalvables, pero algunas cifras pueden proporcionar una aproximación. La imagen que proporcionan es la de un país que se esfuerza por seguir a los que van en cabeza en Europa en su carrera desenfrenada. En las últimas décadas del XIX la economía de la Europa occidental había crecido a un promedio del 1,4 por ciento anual; España alcanzaba un aceptable 1,1. Pero en 1910 el ingreso medio por habitante era, en Alemania, 35 libras oro por habitante; en Francia, 38; en Inglaterra, 53; en España, sólo 20. Marchábamos al par de las demás naciones, pero el retraso de la primera mitad del XIX no había podido recuperarse.

Mejor que cifras abstractas se obtiene una idea del nivel de vida estudiando los presupuestos familiares; las dos o tres pesetas diarias de un peón, las cuatro o cinco de un trabajador cualificado eran en realidad bastante menos porque sólo se cobraba por día efectivo de trabajo, y aunque un litro de leche costaba diez céntimos y veinte un kilo de pan, sólo bastaban al sustento de una familia dedicando el 50, el 60 y hasta el 70 por ciento de los ingresos a alimentación. La familia del trabajador vivía siempre al borde de la miseria, atenida a la caridad pública o privada en caso de enfermedad o paro y acudiendo, siempre que era posible, a reforzar sus magros ingresos con el trabajo de mujeres e hijos.

A pesar de las oportunidades que les brindaban estas circunstancias no fue nada fácil la tarea de los «redentores sociales»; agrupar y organizar aquellas masas inestables exigió grandes esfuerzos. El Partido Socialista Obrero Español se fundó en Madrid en 1879, en una reunión a la que acudieron 14 tipógrafos, otros tres obreros especializados y cinco intelectuales. Su presidencia la tuvo hasta su muerte el tipógrafo Pablo Iglesias. En 1886 apareció el primer número de *El Socialista* y se creó en Cataluña la Unión General de Trabajadores, pero no fue en Cataluña, sino en las zonas industriales del Norte donde el Partido Socialista arraigó, lentamente; en las primeras elecciones a las que se presentó Pablo Iglesias, el año 1891, en Madrid, sólo obtuvo mil y pico votos. El talante hosco, estrechamente obrerista, de aquel socialismo inicial desanimó a los intelectuales que ensayaron una aproximación; Unamuno, que colaboró entre 1894 y 1896 en el semanario bilbaíno *La Lucha de clases*, se despidió muy pronto dando un portazo: «Soy socialista convencido (escribía a un amigo) pero los que aquí figuran como tales son intratables: fanáticos necios de Marx, ignorantes, ordenancistas, ciegos a las virtudes de la clase media... Me incomodé cuando les oí la enorme barbaridad de que para ser socialista hay que abrazar el materialismo». A Unamuno, como a Costa y otros intelectuales de fuerte personalidad e independencia, la disciplina partidista les repugnaba; les atraían algunos aspectos del anarquismo, sin llegar a identificarse con ésta ni con ninguna otra tendencia. Con el tiempo las posturas se suavizaron; hubo auténticos intelectuales en el PSOE pero sin que el «obrero intelectual» alcanzara en el partido el relieve que tuvo en otros países europeos.

El individualismo hispano casaba mejor con las tendencias anarquizantes que adquirieron mucha fuerza entre las masas proletarias catalanas y los jornaleros andaluces, sin olvidar su presencia en Zaragoza y otros puntos. El ápice de esta tendencia fue el anarquismo terrorista que en toda Europa causó pavor por los magnicidios acumulados entre uno y otro siglo y que en España se manifestó en atentados como los del Liceo barcelonés y la bomba de Mateo Morral con ocasión de la boda de Alfonso XIII. Las represiones policiales suscitaban represalias: asesinatos de Cánovas y Canalejas. Este furor ciego, patológico, contra lo que los anarquistas consideraban una sociedad injusta eran actos individuales de psicópatas, pero estaban relacionados con estados de ánimo colectivos que también desembocaban en actos de violencia incontrolables como los crímenes de la *Mano Negra* en Jerez y las terribles luchas sindicales de la Barcelona de los años veinte.

La Restauración había reconocido a los obreros el derecho de huelga, pero dentro de unas normas que no se respetaban; los huelguistas cometían actos de violencia, tenían poca capacidad de resistencia porque sus pobres ahorros se agotaban pronto; si tenían que capitular, la revancha de los empresarios era implacable; aprovechaban la victoria para despedir sin indemnización no sólo a los dirigentes, sino a los obreros más ancianos. Los choques con la Guardia Civil podían resultar mortíferos porque las fuerzas de Orden Público no disponían de más elementos disuasivos que el sable y el fusil; en 1902 un choque con los huelguistas de La Línea se saldó con treinta muertos.

Una cantidad de víctimas igual o mayor se había producido en Riotinto cuando los vecinos se manifestaban contra la emisión de gases sulfurosos que realizaba la empresa británica para beneficiar el cobre. Ocurrió la tragedia el 4 de febrero de 1888 y estaban los liberales en el poder. No se exigieron responsabilidades, no se abrió siquiera un expediente. Los políticos liberales mostraban tan escaso celo como los conservadores por realizar una política de reformas sociales; quizás menos aún. Cánovas coincidía con Bismarck en la necesidad de atajar los progresos del socialismo realizando reformas, aunque la guerra de Cuba y su asesinato le impidieron llevarlas a cabo. En 1900 Silvela promulgó la ley sobre accidentes de trabajo y otra limitando la jornada laboral de los menores. Tres años después las cortes conservadoras crearon el Instituto de Reformas Sociales y aprobaron la ley sobre el descanso dominical. El papa León XIII había publicado en 1891 la encíclica *Rerum Novarum,* moderadamente reformista, pero lo suficiente para que ni los partidos de turno ni la propia Iglesia la acogieran con entusiasmo. Los burgueses de cualquier credo o partido veían la salvación del obrero en el sometimiento a la moral tradicional, sobriedad, hábitos de ahorro (!), sociedades de socorros mutuos y, por parte del Estado, la vigilancia sobre la pureza de los alimentos y, a lo sumo, alguna intervención para garantizar un precio máximo del pan.

La conflictividad social se aliaba muchas veces con otro problema que, en principio, nada tenía que ver, el anticlericalismo. Bajo este término se englobaban actitudes muy distintas: desde el agnosticismo respetuoso al odio más exaltado. El famoso artículo 11 de la Constitución canovista marcaba un punto de equidistancia que irritaba a los extremistas de uno y otro signo y que no casaba bien con el vigente Concordato de 1851 que declaraba el carácter católico del Estado y el monopolio eclesiástico de ciertos servicios esenciales; no sólo la enseñanza pública sería religiosa en todos sus grados, sino que se reconocía a los obispos el derecho a inspeccionar su cumplimiento en los centros docentes. Se había desvinculado el registro civil de las certificaciones parroquiales, pero el casamiento religioso era el único reconocido para unos ciudadanos que, en principio, se reputaban católicos: quienes quisieran contraer matrimonio civil debían hacer constar documentalmente su condición de no católicos. Américo Castro recordaba con indignación que para casarse «por lo civil» tuvo que aportar abjuración escrita de la religión católica. Se mantenía el carácter religioso de los cementerios; quienes profesaran otra religión, quienes murieran en circunstancias que acarrearan la excomunión, por ejemplo, los que morían en duelo, debían recibir sepultura en un cementerio civil separado del católico.

Otro punto que el concordato dejaba sin aclarar era el de las órdenes religiosas autorizadas; mencionaba a las de san Vicente de Paúl y san Felipe Neri «y otra orden de las aprobadas por la Santa Sede»; nunca se determinó cuál sería esa tercera. A favor de esa imprecisión pulularon las órdenes antiguas y de nueva creación, con especial dedicación a la enseñanza, lo que tenía un doble resultado, superponer a la enseñanza oficial otra más estrictamente confesional y dotar a dichas órdenes de recursos económicos, no pocas veces con la largueza que revelan las construcciones emprendidas, mientras que el clero secular sólo escasos complementos podía agregar a la dotación oficial.

En torno al 1900 la extinción de las congregaciones religiosas en Francia, fruto de las pasiones exacerbadas por el «caso Dreyfus», provocó el éxodo a España de comunidades enteras, que se instalaron en antiguos cenobios abandonados, como el de Silos; fue una invasión pacífica que en número no superó algunos centenares y en calidad aportó a la Iglesia hispana un refuerzo nada desdeñable; muy acorde además con la tradición de un país que por haber recorrido muchas veces las vías amargas del exilio estaba moralmente obligado a otorgar una reciprocidad hospitalaria. Otros motivos igualmente fútiles servían de pretexto para actitudes anticlericales: congresos católicos, peregrinaciones a Roma e incluso episodios individuales sacados de la crónica de sucesos, como el que dio pie a que Pérez Galdós estrenara en 1901 el drama *Electra*, con repercusiones en toda España de increíble apasionamiento.

En ese vendaval había, sin embargo, más ruido que nueces; los grados de anticlericalismo eran muchos; en general, era más fuerte en el Sur y el Este que en el centro y Norte; más en las ciudades que en los campos; más en las clases bajas que en las altas y medias; pero las excepciones a estas reglas eran tan numerosas que le quitan mucho valor; había muchas familias de clase media en las que la mujer era asidua practicante, los hijos iban a un colegio de frailes y el padre de familia despotricaba contra la Iglesia en la tertulia vespertina. No había nada de común entre el agnosticismo de correctas maneras de muchos intelectuales como Ortega o Ramón y Cajal y el odio feroz del proletariado anarquizante; durante un siglo se había alimentado de una subliteratura en la que se pintaba a los curas como aliados de los capitalistas, enemigos del pueblo, y a los conventos como antros en los que se albergaban los vicios más repugnantes. Hay que tener esto presente para comprender sucesos ulteriores.

La Iglesia observaba estos hechos con indignación, clamaba contra los abusos de la libertad de prensa, algunas veces intentó acudir a los tribunales con nulo resultado. Se aferraba a los procedimientos tradicionales: obras de caridad, misiones. Las Damas catequistas reunían grupos de obreros a los que enseñaban artículos del catecismo a cambio de algunos donativos de ropa o alimentos («¡Las tías zorras...!», exclamaba un personaje de Baroja).

En principio, ni por su personal ni por su programa podía incluirse a los partidos de turno en el debate clerical, pero la estrategia política fue marcando distancias. El partido conservador absorbió a gran parte de los antiguos carlistas, pero continuaban irreductibles los *integristas,* un grupo desgajado del carlismo, al que acusaba de no ser bastante enérgico en la defensa del dogma católico. Eran pocos, pero muy combativos y con bastante penetración en el clero. A su frente estaba don Ramón Nocedal, que desde *El Siglo Futuro* dirigía furibundas campañas contra los *mestizos,* los traidores que, con el marqués de Pidal al frente, habían constituido una Unión Católica aliada del partido conservador. Las disensiones alcanzaron tal violencia que el papa Pío X intervino reprobando los excesos del integrismo. El gesto tenía más valor porque Pío X, sucesor del acomodaticio León XIII, no estaba lejos de ser él mismo un integrista, intransigente en las negociaciones con la república Francesa y perseguidor del *Modernismo,* tendencia surgida en medios universitarios católicos con el propósito de cerrar las grietas que se estaban abriendo entre el Catolicismo y las nuevas tendencias científico-filosóficas. Que en la Iglesia española el Modernismo careciera de representantes y que en el tratamiento del problema integrista el papa adoptara una actitud moderada indican el escaso nivel intelectual del clero español. *Razón y Fe,* la revista de la Compañía de Jesús, se distinguía por su conservadurismo; en los seminarios se educaba a los futuros sacerdotes en una atmósfera de aislamiento frente a nocivas influencias exteriores. A los obispos parecían preocuparles más los mínimos grupitos protestantes que la apostasía de las masas. La facultad regalista de elegir prelados garantizaba a la monarquía la adhesión de las altas autoridades eclesiásticas, pero en la masa clerical no faltaban integristas y carlistas.

Las relaciones entre anticlericalismo y problemas sociolaborales eran complejas; había un republicanismo popular de anticlericalismo muy agresivo en ciertas regiones; en Valencia lo capitaneaban Blasco Ibánez y Rodrigo Soriano; en Cataluña, Alejandro Lerroux, de quien se sospechaba (la cuestión sigue sin aclararse) que recibía secretos apoyos del ministerio de la Gobernación para que apartara a la masa obrera del catalanismo. Dentro del socialismo el anticlericalismo era de rigor, aunque no tema prioritario; más bien temía que los republicanos lo convirtieran en «el opio del obrero» y lo apartaran de sus fines esenciales. Sospecha no infundada, porque el partido liberal, al quedar sin objetivos políticos y no queriendo entrar en la senda de las reformas laborales, prefería desviar la atención popular hacia curas y frailes; estrategia confesada en fecha tardía, cuando ya las cosas no tenían remedio, por el conde de Romanones.

En este panorama confuso y contradictorio se produjo un hecho de orígenes mal esclarecidos y de consecuencias importantes: la Semana Trágica de Barcelona. El origen fue un llamamiento de reservistas hecho en julio de 1909 para enviarlos a la zona española del protectorado de Marruecos donde se habían producido agresiones de los rifeños. En son de protesta las sociedades obreras de la capital y su comarca decretaron la huelga general. La autoridad militar respondió con la declaración del estado de guerra. Hubo disturbios en muchas ciudades, pero sólo en la capital catalana adquirieron extraordinaria gravedad; se asaltaron armerías, se levantaron barricadas y hubo muchos muertos y heridos en los enfrentamientos con la tropa. La revuelta no tuvo plan, ni finalidad clara ni caudillo definido. Lerroux, que estaba en el extranjero, regresó e invitó a los revoltosos a «levantar el velo de las vírgenes y elevarlas a la categoría de madres» o, dicho con más claridad, a seducir a las monjas. Lo que sorprende es el carácter ferozmente antirreligioso del levantamiento; los setenta edificios incendiados no eran fábricas, cuarteles, oficinas ni palacios: exclusivamente iglesias, conventos, centros asistenciales y colegios religiosos. Hubo una réplica militar dura ante la inercia de la población civil, no simpatizante con los revoltosos pero tampoco dispuesta a jugarse la vida en defensa del orden. Un tribunal militar dictó cincuenta condenas a muerte, sentencia no excesiva en aquellos tiempos teniendo en cuenta la gravedad de los sucesos, que habían originado centenares de víctimas. La sorpresa fue la tremenda reacción internacional contra el gobierno Maura; salieron a relucir los tópicos sobre la España inquisitorial; hubo manifestaciones en muchas capitales; en Bruselas se levantó un monumento a Francisco Ferrer Guardia. Ferrer era un pedagogo libertario catalán, sospechoso a la policía por su amistad con Mateo Morral, el autor del atentado contra los reyes en la calle Mayor. Se le condenó a muerte como instigador de los sucesos de 1909, aunque las pruebas no eran terminantes. La aureola de sabio y mártir de la libertad era pura propaganda; Ferrer fue un fanático de recia voluntad, pero de cortos alcances, y eso en el interior de España se sabía muy bien, pero los enemigos de lo que Maura representaba aprovecharon la ocasión para montar una campaña política de gran violencia. Los gritos de «Maura sí» y «Maura no» resonaron en toda la Península. ¿Cuál era el motor de tal apasionamiento?

Antonio Maura, abogado mallorquín, demostró su fuerza de voluntad ascendiendo a cumbres oratorias en una lengua que no era la materna; empezó su carrera política de la mano de su cuñado Gamazo, figura relevante del partido liberal. Ministro de Ultramar en 1892, elaboró un proyecto de autonomía para Cuba que de haberse aplicado en sazón oportuna pudo haber procurado una salida airosa al problema cubano. Incómodo dentro de su propio partido, se pasó al conservador, sucedió a Silvela en la dirección del mismo y alcanzó la Jefatura del Gobierno en 1907. Sus proyectos eran ambiciosos; aspiraba a terminar con el ostracismo en que vegetaba España tras el 98; para ello debería asumir sus responsabilidades en el norte de África y rehacer una escuadra; pero lo que alarmó a la clase política fue su proyecto de sanear la vida pública española, acabar con el sistema caciquil, vigorizar las entidades municipales y satisfacer las aspiraciones regionalistas, pensando sobre todo en Cataluña. Estas medidas no eran muy del agrado del rey, con el que no simpatizó nunca porque su carácter estaba muy alejado de la obsequiosidad palatina. No agradaba a las izquierdas, y menos aún teniendo como brazo ejecutor a un duro como su ministro de Gobernación, don Juan de la Cierva. Y lo que es más grave, también suscitaban muchos reparos dentro de su propio partido sus jactancias de insobornable y sus proyectos de acabar con la red caciquil que era el escabel en que se asentaba la política corriente.

El rey se alarmó al comprobar la intensidad que tomaba la protesta antimaurista. Pablo Iglesias declaró que contra Maura consideraba lícito recurrir al atentado personal. Podría haber un deslizamiento de los liberales hacia la República. La colaboración entre los dos grandes partidos gubernamentales estaba rota. La salida impuesta fue la dimisión del gobierno y la elección de nuevas cortes; pero Maura no perdonó el gesto al rey ni a los liberales y declaró que no podrían contar con su colaboración los que habían puesto «la turbina en la cloaca». Era el final del Pacto del Pardo. Los capitostes conservadores no compartían aquella decisión victimista y, según su parecer, suicida. La jefatura del partido pasó a Eduardo Dato y Maura quedó en una situación ambigua, ni dentro ni fuera, aclamado por unas «juventudes mauristas» que tenían ya un aire anticipado de gilrroblistas y pieza de repuesto (o más bien, pieza de museo) utilizable en circunstancias excepcionales.

Don José Canalejas era gallego, como Montero Ríos, Pablo Iglesias, Dato ¡y tantos otros! Persistía la oriundez periférica de los grandes muñidores de la política, con la excepción cada vez más acusada de los catalanes. Canalejas gobernó la política española durante un azaroso bienio, 1910-1912. Sus retos más apremiantes eran recomponer la colaboración de los partidos de turno, hacer frente a la agitación laboral y reconducir por vías pacíficas una *cuestión clerical* que seguía presente en las primeras páginas de los periódicos y en los disturbios callejeros. Canalejas, que comprendía lo poco que se jugaba en tan aparatosa controversia, trató de apaciguarla con algunas concesiones a los energúmenos de ambos bandos; autorizó el uso de *símbolos externos* en los lugares de culto no católico y el Congreso aprobó una *Ley del Candado* que limitaba la instalación de nuevas órdenes religiosas, pero que quedaría sin efecto si no se dictaba una ley general de asociaciones antes de dos años, como así sucedió. A las provocaciones callejeras, al anticlericalismo soez de Nakens en *El Motín* y otros libelos del mismo jaez contestaban los católicos militantes ya con defensas doctrinales de una unidad católica sin fisuras, herencia de Lepanto y el concilio de Trento, ya con aparatosos despliegues de religiosidad popular, contramanifestaciones y congresos multitudinarios como el Congreso Eucarístico que contó con la presencia ostensible de Maura y todos los ex ministros conservadores.

En materia social Canalejas sólo llevó a cabo retoques, sin valientes medidas de fondo que su partido no hubiera apoyado. Aunque le repugnaba la aplicación de la pena de muerte no dudó autorizarla en casos especialmente graves como la sublevación republicana de la fragata *Numancia* o el atroz linchamiento del juez de Cullera. Al producirse una amenaza de huelga general de ferroviarios ordenó la militarización del personal. De esta suerte, execrado por la extrema derecha también se convirtió en blanco de los anarquistas; uno de ellos, en solitario, lo mató de un tiro en la madrileña Puerta del Sol. Así era entonces de rudimentaria la protección policial de los políticos.

Con el asesinato de Canalejas el partido liberal recayó en sus divisiones y su inoperancia; García Prieto, Alba, Romanones tenían sus propias clientelas, se sustituían en el poder hasta agotar una legislatura, cuidaban de mantener en sus programas algunas notas diferenciales que no escondían una unidad sustancial cuyo principio básico era el mantenimiento del *status quo.* En esta situación sorprendió a España el estallido de la guerra europea que apasionó extraordinariamente, no por lo que tenía de lucha por la hegemonía política de Europa, que entonces entrañaba la hegemonía mundial, sino por las afinidades ideológicas que se atribuían a los contendientes proyectando hacia el exterior nuestras divisiones internas. Las izquierdas eran *aliadófilas,* porque Francia era la defensora de la libertad y los derechos del hombre; olvidaban que a su lado luchaba la Rusia zarista. Los militares y los católicos hacían hincapié en la afrenta de Gibraltar, admiraban la eficacia del militarismo prusiano, no querían acordarse del atropello de Bélgica ni del exterminio de los armenios. El Estado español no había contraído compromisos formales; sólo acuerdos sobre Marruecos y el ámbito del Estrecho. En el palacio de Oriente se equilibraban las influencias de la reina, inglesa, y de la reina madre, austriaca. Don Alfonso ganó gran popularidad fuera de España creando un servicio de información sobre prisioneros y desaparecidos. Por encima de sus preferencias la inmensa mayoría de los españoles deseaba la neutralidad. Romanones creía que esa postura podía dañar gravemente a España en el caso de una victoria de los aliados. Luego se vio que no era así. Abandonó pronto su primer impulso de sumarse a los aliados.

Fue acertada nuestra política de neutralidad aunque, junto con ventajas indudables, nos llegaran las salpicaduras del conflicto. Quedaba abierta la frontera francesa, y por ella se exportaron productos que los aliados demandaban y pagaban sin discutir. Los mares eran peligrosos a causa de la guerra submarina decretada por Alemania y que afectaba, sobre todo, a la exportación de productos alimenticios a Inglaterra. Nuestro mercado interior quedó muy desorganizado; hubo desabastecimientos importantes, enriquecimientos súbitos, improvisaciones lucrativas. Las 6.273 empresas creadas en el quinquenio 1911-1915 con un capital global de 1.218 millones de pesetas pasaron en el siguiente a ser 12.454 con 4.427 millones. ¡Gran oportunidad para especuladores y arribistas! Y gran consternación en muchas familias obreras que a duras penas habían conseguido arrancar al patrono un pequeño aumento de salario mientras el coste de la vida subía un 50 por ciento. Eran circunstancias propicias para la gran huelga general revolucionaria con la que hacía tiempo venían soñando anarcosindicalistas y socialistas como instrumento para forzar la caída del régimen. El comité central de huelga señaló como fecha el 13 de agosto de 1917 y como objetivo el derrocamiento de la legalidad vigente y unas «elecciones sinceras» que prejuzgarían el futuro de la nación.

Resulta increíble que personas inteligentes y responsables, como Julián Besteiro y otros dirigentes socialistas, creyeran que se podía derribar a un régimen con actos de violencia callejera; la burguesía republicana y regionalista no respondió; el campo estuvo ausente; el movimiento se limitó a una semana de sangrientos choques entre huelguistas y soldados en Madrid, varios puntos de Cataluña y Asturias; en total, setenta muertos, infinidad de heridos, miles de detenidos, consejos de guerra y duras penas, la mayoría luego conmutadas; el comité de huelga fue condenado a cadena perpetua pero sus componentes recobraron la libertad al ser elegidos diputados el siguiente año. Pero la huella de la huelga revolucionaria de 1917 era aún profunda en 1931.

Alemania pidió el armisticio en noviembre de 1918. Tras cuatro años de hostilidades Europa era un campo de ruinas; los vencedores estaban exhaustos y los vencidos deshechos. Unas paces duras, injustas, aumentaron los daños de la guerra. Imperios seculares se derrumbaron; Alemania, convertida en república democrática, conservó su unidad, pero desaparecieron el Imperio Austrohúngaro, el Otomano y el Zarista, sustituido este último por una dictadura del proletariado con ambiciones de encabezar una revolución universal. España, en conjunto, ganó con su política de neutralidad. Se equivocaron los que creyeron que sería objeto de postergación por parte de los vencedores; por el contrario, en la Sociedad de Naciones, generosa utopía que tuvo principios prometedores, España tuvo un puesto de miembro semipermanente de su Consejo, y su representante, don Salvador de Madariaga, fue una de las personalidades más influyentes y respetadas de aquella institución.

Como resultado de una balanza comercial favorable durante los años de guerra, la reserva de oro del Banco de España creció hasta más de ochocientas toneladas. Sabemos que el destino final de esta suma colosal fue el pago (a precios abusivos) de los suministros de la Unión Soviética a la España republicana durante la guerra civil, pero mientras permaneció en los sótanos de la calle Alcalá fue una garantía muy sólida para nuestras finanzas públicas. El enriquecimiento de ciertos sectores de la sociedad española repercutía por conductos diversos sobre el conjunto; en una Europa arruinada España aparecía como un islote de prosperidad. Algunos se pasaron de listos, como los que compraron marcos alemanes de posguerra a precios de saldo y se encontraron con que no eran más que papel mojado, pero otros especuladores más avisados, como don Juan March o don Francisco Cambó, obtuvieron fortunas colosales. La forma desordenada del crecimiento, las injusticias consiguientes, los reajustes necesarios tras el hundimiento de industrias improvisadas podían haberse resuelto con una dirección firme, apelando a lo poco que había disponible: los restos de los dos grandes partidos históricos, el prestigio que aún rodeaba la figura de Maura, llamado en dos ocasiones a presidir gobiernos de concentración nacional, la colaboración de los nacionalistas de la Lliga Catalana... En conjunto, parches de cuya ineficacia se quejó Alfonso XIII en un discurso improvisado en Córdoba y que sentó muy mal a la clase política. Ciertamente, los problemas eran muchos y muy graves:

a) Religioso. El único que, sin desaparecer, perdió intensidad. Las interminables discusiones entre clericales y anticlericales y entre católicos liberales e integristas dejaron de estar a la orden del día. Se criticó la consagración de España al Corazón de Jesús y el discurso que con tal motivo pronunció el rey en el Cerro de los Ángeles. En cambio, Alfonso XIII se opuso rotundamente a un gran plan de propaganda y acción social católica que había diseñado el Episcopado.

b) Problemas sociales. Más enconados que nunca en el quinquenio 1918-1922, con dos focos principales de actividad: Cataluña y la Baja Andalucía. La industria en la comarca de Barcelona y en la cuenca del Llobregat había sufrido en gran medida las consecuencias de la crisis postbélica. La masa obrera, en gran parte producto de la inmigración desde otras regiones, había escapado de la influencia del radicalismo lerrouxista y gravitaba en torno a la Confederación Nacional del Trabajo de carácter anarcosindicalista que mantenía su hegemonía con una disciplina de hierro. La violencia era múltiple; frente al Sindicato Único, dominado por los cenetistas, autoridades y empresarios apoyaban un Sindicato Libre que agrupaba disidentes y mercenarios. Centenares de víctimas regaron con su sangre las calles de Barcelona, y de otras ciudades; en Zaragoza fue asesinado el cardenal Soldevilla; en Madrid, Eduardo Dato pagó con su vida la represión contra los sindicalistas barceloneses. Hubo condenas a muerte dictadas por tribunales militares, deportaciones, enrolamientos forzosos en la Legión Extranjera; en 1923 la represión casi había acabado con el anarcosindicalismo catalán, pero el fuego permanecía bajo las cenizas, y también en Aragón, Valencia y centros urbanos de Andalucía.

Pero las masas campesinas del Sur seguían otra estrategia y otros derroteros. Las noticias que llegaban de la Revolución Rusa despertaron viejos mitos milenaristas sobre una inminente «vuelta de la tortilla» en la zona clásica del latifundismo andaluz, las campiñas de Jaén, Córdoba, Sevilla y Cádiz. «Apóstoles» llegados de Cataluña les predicaban la buena nueva: unión, acción directa, ningún contacto con políticos o socialistas *pasteleros*. Repartían folletos y fundaban ateneos libertarios como alternativa a la taberna donde pasaban las horas ante un vaso de vino y un platillo de altramuces. Durante el que se llamó «trienio bolchevique» (1919-1921) menudearon las huelgas, incendios de cosechas y algún que otro atentado. Pero el jornalero andaluz demostró menos capacidad de resistencia que el catalán; se cansó pronto, dejó de cotizar, de asistir a las reuniones, volvió a la postura fatalista sin haber conseguido nada. En el resto de España los comportamientos fueron muy variados; en Galicia primaba la cuestión de los «foros» o rentas tradicionales que gravitaban sobre los predios agrícolas. En estos años se avanzó mucho en el problema de la redención de estos censos, que se completó algún tiempo después. En este panorama agitado, las campiñas de Castilla, cuya producción triguera estaba protegida por los aranceles, fueron un islote pacífico donde se desarrollaba un interesante experimento de asociacionismo católico.

c) Problema de Marruecos. Los tratados internacionales habían atribuido a España un protectorado sobre la costa del reino de Marruecos. Era un hueso duro de roer; en el Oeste de este montuoso territorio de 20.000 kilómetros cuadrados de extensión había algunas ciudades (Tánger, Tetuán, Larache, Xauen) de muy antigua tradición hispana, aparte de las dos plazas de soberanía, Ceuta y Melilla. Pero la mayor parte del territorio estaba ocupado por tribus indómitas que no reconocían ninguna autoridad. Cada cabileño tenía su viejo fusil del que se servía con habilidad; la importancia de las cabilas se medía por el número de fusiles: unos centenares, las más pequeñas; unos millares, las mayores; si en un momento dado se unían, su fuerza resultaría temible, y esto es lo que sucedió por la torpeza de los que dirigían la política africana. El alto comisario, general Berenguer, había conseguido, mezclando algunas demostraciones de fuerza con agasajos a los «moros notables», que se reconociera el protectorado español en la zona oeste. En el Este, después de alejar de Melilla el acoso que padecía, el general Silvestre emprendió una ofensiva para enlazar con la zona sometida del Oeste y terminar la «pacificación». Pero desestimó la fuerza de la *harka* que tenía enfrente y en tres días de combate la mayor parte de su ejército quedó destruido, contándose él mismo entre las víctimas. El desastre de Annual (julio de 1921) fue tan terrible por las pérdidas como vergonzoso por la ineficacia de los mandos.

d) Problema militar. Estrechamente relacionado con el problema de Marruecos pero con raíces muy anteriores. Don Carlos Seco Serrano ha explicado en una obra clásica ya citada *(Militarismo y Civilismo en la España contemporánea)* cómo Cánovas se esforzó, con notable pero no completo éxito, por apagar el ruido de los sables que dominaba desde la Guerra de la Independencia el escenario político español. La Restauración consagró la supremacía del poder civil, pero el militar seguía siendo muy fuerte. Como herencia de la Guerra de Cuba, Alfonso XIII heredó un ejército hipertrofiado, con una oficialidad numerosa y mal pagada; 500 generales y más de 20.000 oficiales para 100.000 soldados; los gastos de personal absorbían la mayoría del presupuesto y el disponible para material era insuficiente.

En el pueblo seguía muy arraigado el odio a las *quintas*, que es uno de los rasgos de nuestro siglo XIX; el *quinto* arrancado a su familia era un obrero o un campesino que no podía pagar la *redención*, y esa injusticia adquiría caracteres dramáticos en tiempos de guerra. La Ley de Servicio Militar de 1912 hizo universal la obligatoriedad del servicio, pero las clases altas y medias no estaban dispuestas a que sus hijos recibieran el trato que se daba en los cuarteles a los reclutas ordinarios, y surgió la figura del soldado *de cuota* que mediante el pago de una cantidad comía y dormía en su casa, y servía en activo sólo durante seis meses. Yo he visto patentizada la división interna de aquella sociedad cuando en el cuartel formábamos a un lado los *cuotas*, altos y lustrosos, tratados con miramientos por los sargentos, y, en otro, los *quintos* de reemplazo, bajitos y de piel renegrida, marcados por el trabajo desde la infancia.

Aquel divorcio entre ejército y sociedad civil que Cánovas intentó cerrar rebrotó en los años siguientes al desastre del 98; la oficialidad reaccionaba de modo desproporcionado a las críticas y su actitud llegó a ser tan violenta que los políticos, asustados y en contra de sus convicciones, votaron (1906) una antidemocrática Ley de Jurisdicciones que atribuía a tribunales militares el conocimiento de los delitos contra la patria y el ejército.

Esa fachada monolítica que el ejército ofrecía ocultaba profundas divisiones internas, sobre todo por cuestiones de favoritismo en los ascensos; un sector importante defendía las *escalas cerradas*, los ascensos exclusivamente por antigüedad. El encarecimiento de la vida ocasionado por la guerra europea incidió tan negativamente en los sueldos militares como en los civiles. El malestar se concretó en la creación de unas Juntas de Defensa que algunos tildaron de «sindicalismo militar». Las Juntas constituyeron un poder *de facto* con el que los gobiernos tuvieron que contar hasta que, divididas y desacreditadas, desaparecieron.

El desastre de Annual fue un golpe muy fuerte para el prestigio de las Fuerzas Armadas, no sólo por el hecho en sí, sino porque hubo grupos que resistieron hasta la muerte en Zeluán y Monte Arruit esperando un socorro que no llegó a tiempo. El general Picaso elaboró un expediente que revelaba faltas gravísimas en los mandos, y no son pocos los que creen que en el golpe dictatorial de 1923 influyó el deseo de que las cortes no discutieran ese expediente.

e) Regionalismos y nacionalismos. El espíritu uniformizador y centralista de la Constitución de Cádiz pasó con leves retoques a la legislación posterior. A lo largo del XIX, paralelamente al despliegue de los particularismos en toda Europa, también en España se fue ensanchando la brecha entre la España legal y la España real que en unas regiones sólo ocasionó desajustes y en otras con más tradición de autogobierno llegó a convertirse en problema de primera magnitud.

El incremento de competencias del Estado, que fue invadiendo todas las áreas de actividad, suscitaba rechazos, atacaba tradiciones, reforzaba las tendencias hacia la afirmación de lo propio, de lo que caracteriza, de lo que distingue. La sustitución del universalismo *ilustrado* por el apego a las raíces populares propio del romanticismo tuvo en España los mismos efectos que en toda Europa, con más o menos intensidad, según las regiones. La historiografía es un buen criterio de distinción en este punto; hasta hace pocos decenios Andalucía no tuvo más historia que la que redactó Joaquín Guichot a mediados del pasado siglo, en contraste con una historiografía local muy rica; en Cataluña, Galicia, Navarra y provincias vascas, las historias locales convivían con otras que abarcaban la totalidad del país. En muchos casos se trata de una historiografía lastrada por condicionamientos ideológicos y sentimentales; parten de una imagen mítica y no siempre resisten la tentación de alterar o seleccionar los hechos. Suele haber en estos casos un empeño especial por dar una imagen de continuidad; verdad a medias; algunas relaciones había entre el foralismo vasco y catalán y el rebrote nacionalista, pero más bien como reinterpretación de unas situaciones pretéritas, de unos hechos sacados de contexto.

Las migraciones internas que enviaron oleadas de obreros del Sur a las regiones industriales del Norte suscitaban rechazos, expresados, por ejemplo, en *La Aldea Perdida* de Palacios Valdés; la llegada de mineros de otras regiones turbaba el panorama apacible de los valles asturianos. El mismo tema, pero con mucha más fuerza, llegando al más crudo racismo, está en la base del separatismo de Sabino Arana. En Cataluña la reacción, sin ser tan fuerte, no dejó de existir, tomando tintes culturales y religiosos. Los nacionalismos han acogido gentes de diversas tendencias, pero en sus orígenes predomina la ideología derechista, católica, con gran influencia clerical. En el caso de Cataluña, el nacionalismo federalista de Pi y Margall y el romanticismo literario y tradicionalista de Verdaguer y los Juegos Florales eran dos rutas diversas que conducían a conclusiones análogas: la defensa de la tierra, de lo nuestro.

Pero en el caso de Cataluña también había otro factor: el económico. El auge de Cataluña exigía un esfuerzo constante y un apoyo sin reservas del Estado, porque el principado no es rico en materias primas; la falta de carbón obstaculizaba la implantación de una siderurgia, la industria textil era poco competitiva, necesitaba aranceles protectores. Si el mercado interior no crecía, la expansión industrial se agotaba, y en parte eso explica la negativa reacción de Cataluña ante el 98: imposible crecer, pensaban muchos, si seguimos integrados en un país con limitados horizontes. La estrecha vinculación entre política y economía explica la indignación por la inoperancia de los partidos de la Restauración y la exigencia de autogobierno. El programa de las Bases de Manresa elaborado en 1892 por un grupo de entidades no era independentista, pero abarcaba un espectro amplísimo de reivindicaciones. Los avances políticos se sucedieron con rapidez: creación de la *Lliga* regionalista, *Solidaridad catalana*, respuesta a la Ley de Jurisdicciones que englobaba a los diputados catalanes de todo signo; Mancomunidad catalana (federación de diputaciones), importante concesión del gobierno Dato en 1913 aplicable a cualquier región, pero que sólo en Cataluña tuvo efectividad. Nada cedía el gobierno central de sus atribuciones, pero bastó que colaborasen las cuatro diputaciones provinciales para obtener avances sustantivos, sobre todo en el terreno cultural.

El catalanismo de principios de siglo ofrecía un elenco de personalidades encabezadas por la figura señera de Cambó, empresario, mecenas, político de amplia visión que trabajó por el progreso de Cataluña en beneficio propio y de toda España. Pero también había maximalistas; pocos días antes de que Primo de Rivera, capitán general de Cataluña, impusiera la dictadura militar ocurrieron en Barcelona, en la celebración anual en homenaje a Casanovas, incidentes antiespañoles que irritaron profundamente al ejército.

Eran, pues, muchas y muy graves las circunstancias que ensombrecían el panorama político en el otoño de 1923; pero la más grave era la inoperancia total de los partidos clásicos. El último gobierno constitucional del reinado de Alfonso XIII integrado por los más destacados políticos liberales, demostró la misma parálisis que parecía aquejar a todo el régimen; la situación en Cataluña no mejoraba; tampoco la guerra de Marruecos, estancada; el gobierno rescató los prisioneros entregando al jefe rifeño Abd el Krim una cantidad que utilizó en la compra de armamento. El descontento era general y el golpe de Estado de 13 de septiembre de 1923 recibió una aprobación casi universal. Un estado de espíritu generado por el cansancio y la indignación que en el ciudadano corriente, el hombre de la calle, generaba un estado de cosas que el duque de Maura, en sus *Memorias*, describe así: «Tenían fines subversivos las huelgas generales renovadas sin cesar, con el solo intervalo indispensable para prepararlas, después de producidas por la anterior los máximos estragos y libertados sus fautores merced a alguna patente de impunidad, que solía ser la amnistía, arrancada a la misericordia o al miedo de los gobernantes. Una buena mañana se declaraban en huelga los funcionarios de Correos, otra los de Telégrafos, otra los de Hacienda.... Casi todos los días "hombres de acción" (definición eufemista de ladrones y asesinos) sembraban el dolor y la muerte con explosivos, arramblando de paso con los bienes ajenos. Frecuentemente, asimismo, jurados o tribunales venales o pusilánimes absolvían a los pocos facinerosos que capturaba la policía».

Cataluña era la región más castigada por este estado de cosas y donde más se reclamaba una solución al precio que fuera. No es una coincidencia que de allí arrancase el movimiento militar. Tampoco es coincidencia que la sombra de la Rusia soviética se extendiese amenazadora sobre Europa y que el fascismo italiano ofreciese en sus primeros momentos imágenes tranquilizadoras tanto para el hombre de la calle como para la monarquía, puesto que la de Víctor Manuel parecía adaptarse perfectamente con la dictadura mussoliniana. La complicidad de Alfonso XIII con Primo de Rivera no está demostrada, pero sí la aceptación complacida del hecho consumado. Sorprendió la noticia al rey en San Sebastián, y la única medida que tomó al suceder el *pronunciamiento* fue aconsejar la huida a Francia de don Santiago Alba, ministro de Estado, en quien el dictador personificaba, no sabemos bien por qué, todos los males de la «vieja política».

Según el propósito anunciado por los militares sublevados, no se trataba de establecer un cambio de régimen, sino de sacar al país del letargo en que había caído por la decadencia del sistema. ¿Sería un paréntesis más o menos largo o un cambio total de sistema? Los ejecutores del golpe de Estado no lo aclararon; en la primera fase, el llamado Directorio militar, parecía que consideraban su labor como interina. La segunda fase, el Directorio civil, apuntaba en la dirección de un cambio de régimen que hacía imposible toda vuelta atrás, todo empalme con la legalidad representada por la Constitución de 1876, nunca formalmente derogada.

El régimen de Primo de Rivera no tenía ninguna semejanza con los de Espartero, Narváez o Serrano. No era el gobierno de militares de un partido determinado; era una interina toma del poder por parte de la clase militar sin adscripción ideológica determinada aunque muy influida por el regeneracionismo, por los principios de Costa e incluso el maurismo. Generales reemplazaron a los ministros, militares de menos graduación a los gobernadores civiles; apolíticos de confianza se pusieron al frente de las comisiones gestoras municipales. Algo influyó en la parva ideología de los sublevados el corporativismo y otros principios fascistas pero destacaban con más nitidez las negaciones que las afirmaciones: no al desorden, no a cualquier tipo de separatismo. Se apoyaba, sin insistir demasiado, en la legalidad monárquica, y también se quiso evitar cualquier viso de clericalismo; las gestiones del clero por obtener una subida de sueldo cayeron en el vacío.

Dos grandes retos se ofrecían de entrada al Directorio: el orden público y la guerra de Marruecos. El primero se resolvió rápidamente; cayó la piedra en el charco y se callaron las ranas; se detuvo a unos cabecillas, otros huyeron; apenas hubo que recurrir a la violencia. Fue como cuando a un profesor que no consigue hacerse respetar, sucede otro nuevo del que se temen las reacciones. Espectacular fue sobre todo el cambio en aquella Barcelona inhabitable convertida en una balsa de aceite de la noche a la mañana. Lo de Marruecos era más serio. Primo de Rivera no formaba parte del grupo de los militares *africanistas.* No creía que fuesen rentables los esfuerzos que España hacía para dominar aquella tierra pobre e indómita. Incluso estaría dispuesto a cambiar Ceuta por Gibraltar; postura que lo enfrentaba a los africanistas, entre los que ya descollaba Francisco Franco, jovencísimo general. En 1924 se sublevaron las cabilas de la zona occidental del protectorado que hasta entonces habían permanecido pacíficas. La evacuación de los numerosos puestos militares distribuidos por el interior resultó una tarea penosa, sangrienta y desmoralizadora. Fue la propia megalomanía de Abd el Krim la que resolvió la situación, provocando el levantamiento en el Marruecos francés. En 1925, tras un acuerdo de cooperación militar francoespañol, fue ocupada la bahía de Alhucemas, a la vez que el mariscal Pétain, con 150.000 hombres, restablecía la autoridad de la potencia colonial en la zona francesa. El 1926 el jefe rifeño se entregaba a los franceses, que lo deportaron a la isla de Reunión.

Terminaba la que para España había sido durante demasiados años una pesadilla.

Muchos analistas creen que en este momento Primo de Rivera podía haber dejado el poder de forma airosa; el propio Primo lo pensó, pero renunció porque el poder atrae y porque se dio cuenta de que no dejaba una herencia estable; apenas se rumoreó su retirada los «viejos políticos» (bestia negra del dictador) se agitaban, se reorganizaban; aquel trienio habría sido sólo un intermedio sin consecuencias. En vez de retirarse, Primo de Rivera convirtió la dictadura militar en dictadura civil. Sin duda, una de las torpezas del dictador fue su odio implacable a esos «viejos políticos» que no eran peores que el resto de sus conciudadanos; era el sistema que representaban lo que estaba corrompido, pero las personas eran aprovechables y, en gran parte, deseosas de cooperar. También fue muy torpe su actitud respecto a sus compañeros de armas. El cuerpo de artillería tenía la tradición de mantener las «escalas cerradas», esto es, rechazar los ascensos que no fueran por antigüedad para evitar favoritismos. No demostraron mucho sentido del deber ni de la realidad los artilleros cuando respondieron a la orden de renunciar a dicho privilegio con un amago de sublevación. Fracasó, pero dejó posos amargos que se unieron a otros que, por motivos diversos, minaban la disciplina militar. Si no había unidad en el ejército, la dictadura no tenía razón de ser. Idéntica falta de tacto se puso en evidencia en el tratamiento del problema regionalista; es verdad que en el caótico año 1923 la audacia de los separatistas requería una respuesta. Circulaban mapas en los que Cataluña y Euskadi, separadas por el río Gállego, aparecían como repúblicas contiguas que se repartían los recursos hidráulicos del Alto Aragón. Otros panfletos preconizaban la alianza de las repúblicas de Cataluña, Euskadi, Galicia y el Rif. Pero se trataba de grupos pequeños, radicalizados; la Dictadura no debió perder la gran baza que significaba el apoyo de la burguesía catalana, ni el rey debió perder el apoyo que Cambó le brindó en momentos difíciles.

Alfonso XIII se identificó en los primeros años con la Dictadura; esto es indudable, y lo que, en último término, le costó la Corona. En sus años juveniles pecó por exceso de protagonismo; después se encontró cómodo descargando en Primo de Rivera la responsabilidad de gobernar un país que parecía ingobernable; había llegado a ser un consumado deportista; el polo y el tiro de pichón le ocupaban agradablemente muchas horas. Cuando los ex presidentes del Congreso y el Senado le recordaron que si no convocaba cortes faltaría a su misión como soberano constitucional hizo oídos sordos. Se encontraba cómodo y además creía servir los intereses de España. No se opuso a la transformación del Directorio militar por un Directorio civil, que significaba lo contrario de lo que sugerían las palabras; no era el comienzo de una normalización de la vida política, sino el intento de perpetuar el régimen dictatorial bajo unas apariencias de civilismo constitucional. Es posible que influyera el ejemplo del fascismo italiano, que por entonces (1925) se convertía en partido único, pero los casos eran muy diferentes: en Italia había unas raíces sociológicas nacidas de la Gran Guerra que apuntaban al partido único, y unas figuras prestigiosas (D'Annunzio, Gentile) que respaldaban esas tendencias. En España la Unión Patriótica y el Somatén fueron caricaturas lamentables que se deshicieron sin dejar rastro en cuanto les faltó el apoyo de los sables. Y no mayor aprecio mereció una Asamblea Nacional consultiva nombrada a dedo donde se discurseó durante algún tiempo sin ningún resultado. El nuevo personal político se componía de ingenuos, oportunistas, despistados y algunos elementos caciquiles; pero la mayoría del viejo aparato resistió, sintiéndose a la vez inseguro y agraviado.

Sin embargo, en el trienio 1926-1928 el espectador descubría en el panorama español imágenes halagüeñas, y así lo reflejaron no pocos visitantes. Confluían la paz interior y exterior lograda con la pleamar de la *Prosperity* que emanaba de la bolsa neoyorquina y encontraba eco en una Europa restaurada. Al terminar la Gran Guerra ya se conocían el automóvil, el avión, el teléfono, la máquina de escribir, la radio, el cine y otros descubrimientos, pero fue en los años veinte cuando pasaron a formar parte de la cultura de las masas. Los indicadores económicos de la época dictatorial reflejan la favorable coyuntura: el consumo de electricidad pasó de 1.040 millones de kw/h. en 1922 a 2.609 en 1930. Los vehículos de motor matriculados crecieron en el mismo tiempo de 11.052 a 25.658. El primer millón de toneladas de acero se alcanzó en 1929. La mejora de las comunicaciones recibió especial atención: un ambicioso plan de ampliación de la red ferroviaria no tuvo tiempo de ejecutarse y se gastó mucho dinero en obras que quedaron a medio hacer; pero mejoró mucho la red de carreteras y los teléfonos no sólo se multiplicaron por tres en siete años, sino que gracias a la cooperación con la tecnología norteamericana fueron durante años los más avanzados de Europa.

Dos nombres simbolizan esta faceta de la Dictadura: el conde de Guadalhorce, creador de las confederaciones hidrográficas, y don José Calvo Sotelo, autor de los estatutos municipal y provincial y, desde 1925, ministro de Hacienda. Le incumbía la difícil tarea de financiar esta política de inversiones públicas sin aumentar de forma ostensible el déficit y la Deuda Pública. Difícil tarea en la que logró un éxito limitado: mediante la creación del Monopolio de Petróleos (Campsa) y mejoras en la gestión de tributos logró un aumento sustancial de ingresos, pero no tanto que no se produjera un déficit, porque el proyecto de impuesto sobre la renta encontró mucha resistencia y no pudo implantarse. Quizás una política social más avanzada hubiera proporcionado raíces más profundas a la dictadura, pero es dudoso e inverificable. La verdad es que el cambio relativamente rápido de la imagen del dictador es un buen tema para el estudio de la psicología de las masas. Las causas profundas de su deterioro no hay que buscarlas ni en la defensa de la legalidad constitucional, que interesaba a muy poca gente, ni en los desacreditados caciques ni en el sector minoritario del ejército que se creía agraviado ni en los sindicatos obreros, porque la CNT no se había repuesto de la represión y el Partido Socialista estaba dividido e incluso, en una porción significativa, dispuesto a colaborar. Influía en su moderación el informe adverso que de su viaje a Moscú trajo don Fernando de los Ríos. La posición más radical se desgajó del PSOE formando el Partido Comunista Español. Las manifestaciones públicas de protesta vinieron del sector intelectual y estudiantil, contestadas con torpes e ineficaces medidas represoras: sanciones a Unamuno y Blasco Ibáñez, cierre del Ateneo de Madrid y huelgas universitarias. Éstos eran ya síntomas muy preocupantes, pero la masa del pueblo permanecía indiferente. La oposición más temible precisamente porque no se basaba en la violencia, sino en la sátira demoledora, se amplificaba rápidamente en aquellos medios que más podían perder con cambios sociales profundos: en las tertulias burguesas, en los salones aristocráticos, en las sacristías. Se criticaba y ridiculizaba todo lo que hacían el dictador y sus acólitos.

El rey acabó por darse cuenta de la soledad que lo rodeaba. Menudearon los contactos con los viejos colaboradores traicionados, las peticiones de consejo, las insinuaciones a Primo sobre la conveniencia de «buscar una salida». Pero el dictador se hacía el sordo, no quería confesar que lo que había edificado era un castillo de naipes y aseguraba a sus íntimos que no se dejaría *borbonear.* Hasta que, aumentando la tensión, Primo cometió un error garrafal: dirigir una consulta a los capitanes generales preguntándoles si seguía disfrutando de su confianza. Reconvenido por el monarca dimitió y, siguiendo una tradición ya secular, se expatrió a París, donde murió poco después.

Esto ocurría en enero de 1930. Muy poco antes se había iniciado la crisis económica universal como consecuencia de la bajada de valores en Wall Street, pero las consecuencias tardaron en sentirse en España. Se manifestaron más como crisis monetaria (baja de la cotización de la peseta) que como crisis económica, pero los enemigos de la monarquía (pues ya no se trataba de una crisis de gobierno, sino de régimen) explotaron mucho esa carta. El monarca sentía el peso de la soledad, acrecentada por la muerte de su madre, que nunca vio con buenos ojos la aventura dictatorial. Empezó a jugar con la idea de la abdicación, pero antes decidió pilotar él mismo la «vuelta a la normalidad». Tarea difícil, quizás no imposible dirigida por políticos más diestros. Pero los elegidos fueron, primero Dámaso Berenguer, jefe del Cuarto Militar del rey, muy desacreditado por su gestión como alto comisario en Marruecos. Después, tras su rotundo fracaso, el almirante Aznar, todavía más inútil.

Berenguer empezó a poner en práctica la acordada fórmula de vuelta a la normalidad mediante escalonadas concesiones. Se aflojaría la censura poco a poco; se celebrarían elecciones locales, y más tarde se elegiría una asamblea constituyente. La táctica de concesiones graduales resultó catastrófica; no amortiguaba la caída, sólo la hacía más lenta y dolorosa. Es posible que, si en vez de ese procedimiento suicida, se hubieran convocado elecciones generales la situación se hubiera salvado, de momento. O quizás sólo se hubiera logrado que la agonía fuera más larga. Lo cierto es, siguiendo el hilo de mis recuerdos, que a la monarquía y su representante la hundieron, más que los seis años de dictadura primorriverista, los quince meses de una torpe transición en la que el país se ejercitó en vilipendiar a la monarquía y su representante. Huelgas, manifestaciones y pintadas inundaban España de un cabo a otro; el desgaste de la autoridad era terrible y el «¡Sálvese el que pueda!» grito general. Periódicos colaboracionistas descubrían de pronto aficiones republicanas; logias y *talleres* masónicos se animaban con el ingreso de nuevos miembros. Los que pretendían continuar o recuperar una vida política activa tomaban posturas diversas; intelectuales apolíticos se agrupaban ofreciéndose «al servicio de la república». Dos conocidos políticos conservadores, Niceto Alcalá Zamora y Miguel Maura, hijo de don Antonio, plantaban banderín de enganche para una república respetuosa con las tradiciones. Otros, sin ir tan lejos, se desvinculaban no del régimen, sino de su representante. Don José Sánchez Guerra se declaraba «monárquico sin rey» y fue precisamente él quien protagonizó el episodio más humillante de aquel descenso a los infiernos: recibió encargo de formar un gobierno que preparara elecciones constituyentes y fue a la Cárcel Modelo a pedir la colaboración de algunos miembros del comité revolucionario allí detenidos. Colaboración que no logró. Saltándose las formas legales, un grupo de militares intentó acelerar el proceso mediante un pronunciamiento en Jaca que terminó con el fusilamiento de dos oficiales. Así, las medidas duras se mezclaban de forma incongruente con las del más puro entreguismo.

Los resultados de las elecciones municipales del 12 de abril de 1931 sorprendieron por su contundencia a los propios republicanos. Triunfaban en el conjunto del país las candidaturas monárquicas, pero vencían los republicanos en casi todas las capitales de provincia, cuyo voto se reputaba más auténtico. Nada más saberse el resultado ondearon banderas republicanas por todo el país y en algunas localidades (Barcelona, Eibar) se proclamó aquel mismo día la república. En palacio, el rey, aparentemente tranquilo, desoía las propuestas de Cierva de intentar una defensa armada del régimen. Parece que la deserción de Sanjurjo, jefe de la Guardia Civil, fue factor determinante en su decisión de no intentar una defensa armada de su Corona. La noche siguiente marchó al exilio, que vivió en tono menor, siguiendo la tónica de declive de la idea monárquica. Carlos IV y María Luisa vivieron su exilio romano en el inmenso palacio Borghese. Isabel II mantuvo todavía aires de corte en el palacio Castilla de París. Alfonso XIII se limitó a ocupar una *suite* en un hotel de Roma. Desde allí siguió los avatares de la política española, aunque pronto se convenció de que Franco nunca le devolvería el trono.

Capítulo XIII

La Segunda República y la guerra civil

Nacía la Segunda República española de forma apresurada, sin maduración suficiente, recogiendo la herencia de un régimen que había caído víctima de sus propios errores. Suele decirse que fue una república sin republicanos y hasta cierto punto es verdad, porque los partidos republicanos históricos nunca lograron reponerse de las divisiones y desilusiones que marcaron la Primera República y los que surgieron después no tenían suficiente rodaje. En agosto de 1930 se habían reunido en San Sebastián representantes del republicanismo histórico, de los socialistas de Prieto y del catalanismo radical del coronel Maciá para acordar un programa (Pacto) de acción. El gobierno provisional de la República incluía representantes de estos partidos y dos neorrepublicanos conservadores: Maura y Alcalá Zamora.

Daba la Segunda República sus primeros pasos en un ambiente de exaltación y júbilo que recordaba los comienzos del Trienio. No duró mucho este ambiente jubiloso y la afirmación de que se había producido un cambio fundamental en la historia de España «sin romper un cristal». Los sucesos de mayo en Madrid (quema de conventos, agresiones al periódico monárquico *ABC*) empezaron a dar a la república el «perfil agrio y triste» que lamentaba Ortega.

La situación adquirió especial gravedad en Barcelona y Sevilla; en la capital catalana porque, apenas conocido el resultado de las elecciones, Maciá proclamó la república catalana y fue precisa una intervención urgente de Madrid para que se agregara «dentro de la República Federal Española».

En Sevilla, la Exposición Iberoamericana había dejado como legado (igual que la Exposición de Barcelona) bellos edificios, pero también una grave herencia social. Al terminar las obras quedaron en paro miles de obreros; se había anunciado un porvenir esplendoroso sin ningún fundamento, porque la exhibición de obras de arte no genera puestos de trabajo. La vieja tradición anarquista de la capital andaluza resurgió con tal potencia que los problemas sociales de Sevilla (ampliables a una vasta zona de Andalucía) fueron grandes quebraderos de cabeza para los dirigentes republicanos.

Otro inicial error de perspectiva (disculpable por la facilidad y magnitud del triunfo) fue la creencia de que el aplastante triunfo republicano era un hecho consumado, irreversible. No se daban cuenta los triunfadores de la cantidad de mesianismo y novelería que habían intervenido en los acontecimientos de abril de 1931; tanto mayor fue su desconcierto cuando las elecciones de noviembre de 1933 pusieron de manifiesto un cambio de tendencia. Otras torpezas habría que cargar en la cuenta de los vencedores, sobre todo en materia religiosa y en el tratamiento de la cuestión obrera, como veremos. Y no dejó de parecer mezquina la medida de confiscar al ex rey una fortuna personal obtenida por medios legales.

Estos síntomas inquietaban a los observadores independientes, de los que había muchos entre las filas, muy densas, de la intelectualidad. Unos se entregaron o mantuvieron desde el principio, sin reservas, bien al Partido Socialista, como Julián Besteiro o Fernando de los Ríos, o al republicanismo burgués que tenía en don Manuel Azaña su más eximio representante; otros (Unamuno, Marañón, Ortega...) pronto se situaron en posiciones críticas y se dieron cuenta de que, aunque la república les reservaba embajadas y otros honores, el poder efectivo caía en manos de hombres mediocres, de ampulosos oradores *(tenores)* o de extremistas *(jabalíes)*, según la terminología de Ortega y que en sus manos inexpertas podía disiparse todo el caudal de buena voluntad que en ellos había depositado el pueblo español. ¿Cómo podía, por ejemplo, justificarse el cambio de la bandera bicolor por la tricolor que a la mayoría de los españoles no les decía nada? De pronto se encontraron con que la *bandera de España* se había convertido en *la bandera monárquica* y que ese gesto inútil daba lugar a incidentes y resentimientos que no había ninguna necesidad de haber provocado.

Las elecciones generales, celebradas sin la tradicional presión caciquil, dieron un amplio triunfo a republicanos y socialistas; en las cortes constituyentes, reunidas en julio de 1931, el partido más numeroso (116 escaños) era el socialista, en el que todavía no se manifestaba con fuerza la oposición entre el ala moderada de Prieto y la radical de Largo Caballero. Le seguía el Partido Radical de Lerroux con 90 diputados. Don Alejandro había evolucionado tanto desde sus años mozos que el antiguo demagogo era ahora la esperanza de los que querían una república burguesa y acogedora. Los aspectos turbios del personaje, que se había labrado una fortunita por medios poco claros, perjudicaban la imagen del partido, muy representado en todo el ámbito español. Seguía otro partido de reciente creación, el Radical Socialista, que no recogía lo mejor, sino lo peor de ambos. Más alta calificación merecía Acción Republicana, típico partido republicano burgués; su líder, don Manuel Azaña, fue, sin duda, el personaje más destacado de la Segunda República. El catalanismo izquierdista de la Esquerra estaba representado por 36 diputados; la derecha clásica, centrada en los medios rurales de Castilla, dispuesta a acatar la legalidad republicana, estaba representada por los 26 diputados *agrarios*. Maura y Alcalá Zamora sólo habían conseguido reunir unos grupos muy pequeños de republicanos conservadores y la minoría vasconavarra agrupaba tanto a los escasos representantes de la derecha foral y católica como a los herederos de Sabino Arana.

La Constitución que surgió de las deliberaciones de estas cortes fue unicameral, muy influida por la Constitución alemana de Weimar. Definía España como «una república de trabajadores de todas clases», decretaba la total separación de la Iglesia del Estado, admitía la posibilidad de autonomías regionales, extendía el sufragio universal a las mujeres, no sin encarnizada resistencia de quienes veían una amenaza para la República en el voto de la mujer, y «renunciaba a la guerra como instrumento de política internacional». Avanzada, idealista, utópica... de todo tenía esta Constitución a la que no se podía negar que ocuparía un lugar destacado en el pensamiento político europeo de la época, amenazado ya muy seriamente por el avance de los totalitarismos de izquierda y derecha.

Don Niceto Alcalá Zamora, ex ministro de Alfonso XIII, fue elegido presidente de la república. Era un representante del clásico cacique andaluz, con formación jurídica, oratoria pomposa y una considerable fortuna en las buenas tierras de la campiña cordobesa. Siempre concedió tanta importancia a los menudos sucesos de su ciudad de Priego como a los generales de la nación. Si se pretendía con su nombramiento tranquilizar a las derechas, que ya estaban sacando clandestinamente dinero del país, sólo se consiguió a medias. El verdadero hombre fuerte de este primer bienio republicano fue don Manuel Azaña. Oscuro funcionario y relevante escritor, tenía, por su actitud despegada y altiva, una notable capacidad para concitarse admiración y odio. En sus inapreciables *Memorias* habla mal de todos; ni quería ni buscaba ser popular y, sin embargo, si concitó odios, también recibió muchas y calurosas adhesiones. Tenía desinterés, patriotismo y otras notables dotes de gobernante. No eludía los problemas; cuando el presidente de la república le encargó formar gobierno había cuatro, todos graves y urgentes: la reforma militar, las autonomías regionales, el problema obrero y la cuestión religiosa. Azaña se dispuso a resolverlos al frente de un gobierno en el que figuraban socialistas y regionalistas catalanes y gallegos, más su propio pequeño grupo de Acción Republicana. Los radicales de Lerroux se autoexcluyeron, tendiendo a formar bloque con las derechas.

El problema militar se resolvió hasta cierto punto concediendo el retiro con todo el sueldo a los militares que no se sintieran identificados con la república. Era una solución costosa y de discutible eficacia; muchos de aquellos «retirados de Azaña» formaron parte en las filas de los insurrectos de 1936. La reorganización interna consistió en reducir la oficialidad a límites razonables y aumentar la operatividad del ejército.

El problema autonómico suscitó enconadas resistencias; la Constitución preveía la posibilidad de autonomías regionales, aunque no se pronunciaba la palabra *federalismo*. La cuestión del Estatuto de Cataluña era insoslayable y dio lugar a manifestaciones de gran violencia dentro y fuera del parlamento. Derechas e izquierdas se habían puesto de acuerdo en Cataluña para votar un proyecto de estatuto de autonomía que en la posterior discusión en las cortes quedó bastante recortado. Aun así, concedía a Cataluña una amplia autonomía, con un gobierno *(Generalitat)*, cortes, ingresos propios, concesiones lingüísticas y Tribunal de Casación. En amplios sectores (no sólo en las derechas clásicas) este proyecto se consideró atentatorio a la unidad de España. Los vascos también redactaron su propio estatuto, pero Navarra se descolgó del proyecto, y las reticencias de las izquierdas sobre el carácter derechista y clerical de las fuerzas autonómicas retrasaron su aprobación hasta los comienzos de la guerra civil.

La cuestión religiosa también dio pie a hondas divisiones. Los sectores más razonables del clero comprendían la necesidad de hacer concesiones, y ésta era también la opinión del nuncio Tedeschini y de Pío XII. Pero al frente de la Iglesia española estaba un estrafalario personaje, don Pedro Segura, a quien Alfonso XIII conoció en su visita a las Hurdes, apreció su celo pastoral y no se le ocurrió mejor idea que hacerlo Primado de España, ni a Segura mejor ocasión para expresarle su agradecimiento que en documento público cuando renunció al trono. Segura fue apresado y conducido a la frontera acusado de evadir caudales de la Iglesia.

El tono burdamente anticlerical que predominaba en el parlamento hacía prever que se declararían disueltas todas las órdenes religiosas. Azaña, en un hábil y larguísimo discurso, logró que sólo se disolviera la Compañía de Jesús; las demás subsistirían aunque con fuertes limitaciones; la más seria, la prohibición de enseñar. La dura Ley de Congregaciones se consideró en los medios derechistas y católicos una victoria de las logias. La masonería, bastante decaída, se había revigorizado tras la implantación de la república. Se corrió la voz de que la condición de masón facilitaba los avances en la carrera política, no sin motivo, pues, constituyendo el 1 por mil de la población adulta de la nación, llegaron a contar con casi la mitad de los diputados. El propio Azaña, aunque sin convicción, juzgó provechoso hacerse iniciar en una logia madrileña. Martínez Barrio, la más reputada autoridad de la masonería española, veía con preocupación esta politización de la Orden sin poder evitarla. ¡Poco imaginaban los arribistas lo caro que pagarían aquellas ventajas!

En el pronunciamiento del general Sanjurjo, ocurrido en agosto de 1932, intervinieron factores diversos: no se consideraba bien remunerado por su actitud, decisiva para el derrocamiento de Alfonso XIII. Ahora, ante la marcha que tomaba el apoyo que le prestó, consideraba que la república había sido un error y se disponía a enmendarlo recurriendo a la clásica cuartelada. Pero sólo un corto número de tropas respondieron a su llamada. Fracasado el intento, fue condenado a muerte, indultado y encerrado en una prisión militar, donde continuó conspirando. Otros conjurados de signo monárquico fueron desterrados a los arenales del Sahara.

La gravedad de los sucesos relatados no iguala, sin embargo, la de los causados por la conflictividad laboral. Continuaban influyendo en todos los países occidentales las consecuencias de la Gran Depresión, pero con mucha menos intensidad en España que en los más industrializados y más dependientes de la coyuntura internacional. El motor de la economía española seguía siendo la agricultura, y precisamente aquellos años iniciales de la república fueron favorables, el paro bajó, los salarios por día trabajado (*peonadas*) aumentaron hasta cuatro y cinco pesetas. Esto no bastaba para cubrir las demandas de los jornaleros, que ligaban la idea de la república a la revolución social y el reparto de tierras. Hubo choques sangrientos con la Guardia Civil y la recién creada Guardia de Asalto; el más sonado, el que ocurrió en el lugarejo de Casas Viejas (Cádiz), donde un grupo de anarcosindicalistas se defendieron en sus pobres viviendas hasta el fin. Los supervivientes fueron objeto de represalias atroces. Azaña, mal informado, declaró en el Congreso, antes de conocer los resultados de una comisión investigadora, que en Casas Viejas había pasado «lo que tenía que pasar». Ningún otro suceso le perjudicó tanto ni contribuyó tan directamente a su fracaso como gobernante.

Incluso los más apasionados de su pensamiento político coinciden en que Azaña tenía escasa sensibilidad para los temas sociales. Pero la culpa no era de él solo, sino de su partido, basado en una burguesía liberal muy celosa del derecho de propiedad y cercana del modelo del radicalismo francés. La discusión de la Ley de Reforma Agraria duró más de un año, plazo que consideraban excesivamente largo los que llevaban esperando siglos. Los técnicos aseguraban que un trabajo bien hecho, tanto desde los puntos de vista económicos como jurídicos, tenía que ser detenido. Se trataba de repartir latifundios, pero ¿qué es un latifundio?, ¿qué indemnización se dará al propietario?, ¿cuál será el destino de las tierras expropiadas? Los campesinos veían entonces la posesión individual de la tierra como el ideal, la tan esperada *hora del reparto*. Los socialistas preferían que el dominio eminente fuera estatal y que la explotación se encomendara a sindicatos campesinos. «En esta discusión llegaron los perros...». La represión de los implicados en el complot de agosto de 1932 facilitó algo las cosas, a costa de atropellar las leyes; se decretó la expropiación sin indemnización de las tierras pertenecientes a los grandes de España, una medida de represión política sin base legal. A pesar de todo, cuando cayó el gobierno Azaña (otoño de 1933) se habían *asentado* poco más de ocho mil familias de campesinos. ¡Eran casi un millón los que esperaban su lote!

La conflictividad social urbana en fábricas, minas y servicios no era menos preocupante. En estos sectores se apreciaba con mayor intensidad la mala coyuntura internacional. La bajada de la peseta favorecía las exportaciones, pero los empresarios rehusaban invertir ante un panorama nada claro. En Cataluña se temía una vuelta al pistolerismo y las huelgas generales; Pestaña y Peiró, dirigentes relativamente moderados de la CNT, cedieron el paso al anarquista Durruti y su Federación Anarquista Ibérica (FAI), que preconizaba la revolución total. En Madrid, Zaragoza, Sevilla, Asturias y País Vasco la tensión era muy fuerte; desde 1932 a 1933 el número de huelgas se triplicó y aumentó mucho la violencia contra los patronos y los *esquiroles*. La finalidad inmediata de casi todas las huelgas era obtener un salario más elevado;

el tope se situaba en 10-12 pesetas diarias. La jornada de ocho horas estaba ya prácticamente adquirida, pero sólo se cobraba por día trabajado y aún no existían la mayoría de los servicios sociales de los que hoy disfrutamos.

Don Niceto Alcalá Zamora se regocijaba del desgaste del gobierno Azaña; todo lo separaba de aquel hombre: el temperamento, las ideas, la carrera política y los ideales para el futuro. Don Niceto había sido elegido miembro de la Academia Española y aportaba a las sesiones fichas con palabras y acepciones nuevas, algo que a Azaña le tenía sin cuidado. De Lerroux también lo separaba todo y, sin embargo, podría convivir mejor con el viejo y corrupto ex emperador del Paralelo. Alardeaba don Niceto de una moral rigurosa; la república había reducido a dos los diez millones de pesetas que la Hacienda monárquica atribuía, en calidad de lista civil, al jefe del Estado. Don Niceto ahorraba de esa cantidad y periódicamente informaba a la prensa de las devoluciones que efectuaba a la Hacienda.

Don Niceto estaba molesto por el giro que había seguido la república; ni como católico ni como terrateniente había respondido a lo que él deseaba, a lo que había prometido a sus electores. Por eso tuvo una gran satisfacción, aprovechando el desgaste del socialazañismo, para declarar disueltas las cortes y encargar a los radicales la elección de otras nuevas. Las elecciones de noviembre de 1933 dieron un triunfo, no abultado pero claro, a las derechas. Los perdedores trataron de paliar el desastre distinguiendo entre derechas, centro o izquierdas, pero esto sólo eran artificios contables; había derechas y extremas derechas, izquierdas y extremas izquierdas, pero el *centrismo* era una entelequia. Las sorpresas fueron muchas: en Cataluña, la Lliga (formación no centrista, sino típicamente derechista) batió limpiamente a la Esquerra. En Asturias, los votos socialistas de los centros fabriles y mineros fueron superados ampliamente por el voto rural que representaba los prados, las vacas y la sidra. Sorprendió a muchos la derrota de la izquierda en la Andalucía latifundista, que se achacó a la consigna de abstención dada por los anarquistas. Se le reprocha también a los socialistas el retraso de la reforma agraria y la Ley de Términos Municipales que impedía colocar trabajadores de otros pueblos, mientras no se hubiera agotado el cupo de los propios. La participación de la mujer por primera vez en las elecciones debió beneficiar a las derechas en los sectores de clase media, no en los obreros, en los que las mujeres no eran menos radicales que los varones.

El vencedor absoluto era José María Gil Robles, profesor salmantino, presidente de la Confederación de Derechas Autónomas (CEDA). Se declaraba republicano, pero su historial y sus maneras no tranquilizaban a los republicanos auténticos. Pertenecía a aquel sector de la derecha que proclamaba en los artículos de *El Debate*, por la pluma de don Ángel Herrera, la accidentalidad de las formas de gobierno, supeditándolas a los intereses de la religión y la patria. Nada garantizaba que no abandonara la república como había abandonado la monarquía. Pero había en él actitudes más preocupantes: se hacía aclamar «¡Jefe, jefe!» como los adeptos de Mussolini vociferaban «¡Duce, duce!», y no era ésta la única semejanza entre su actitud y la de los dictadores de otros países europeos. Se comprende que su nombramiento como jefe del gobierno español no se considerara prudente. Un Lerroux envejecido y desacreditado llevaría la responsabilidad, aunque el poder efectivo radicara en Gil Robles.

Hay autores que llaman *Bienio negro* a esta etapa de gobierno radical-cedista. Parece demasiado truculenta la denominación, a menos que se aplique al tremendo episodio de octubre de 1934. Los pecados de Gil Robles fueron más bien de omisión que de acción. Parecía como si después de haber anhelado el poder no supiera exactamente qué hacer con él. Porque era un programa poco estimulante proclamar una amnistía a los implicados en la conjuración de Sanjurjo, suavizar las relaciones con la Iglesia y suspender la Ley de Términos Municipales, cuando el país necesitaba medidas enérgicas para justificar el cambio de rumbo. Hubo una reacción patronal no bien estudiada, probablemente exagerada, que resultó especialmente nefasta en el ámbito rural. El paso ya cansino de la reforma agraria todavía se hizo más lento, y cuando en el parlamento se debatía la cuestión de los *yunteros* de Extremadura y un diputado de la mayoría, al preguntar un diputado socialista qué harían aquellos hombres con su yunta, gritó: «¡Que se la coman!», no tuvo arrestos para declararlo expulsado del partido. Don Manuel Giménez Fernández, ministro de Agricultura, que se había lisonjeado de aplicar las doctrinas socialcatólicas, dimitió ante la evidente falta de voluntad de su partido por parar la contrarreforma impulsada por empresarios y latifundistas. Gil Robles se disculpó más tarde (¡demasiado tarde!) alegando las resistencias que su política social encontraba en su propio partido.

La inoperancia de la coalición entre la CEDA y los radicales ya llevaba en sí misma su propia sanción en el general desencanto que produciría un cambio de timón en la próxima consulta popular. Pero había en el sector izquierdista gentes que ni querían esperar ni buscar una solución pacífica. Así se fue forjando el ambiente que desembocó en la Revolución de octubre de 1934. Planeada a nivel nacional como huelga general revolucionaria por el partido socialista con alguna participación comunista y anarquista, sólo tuvo consistencia en Asturias, donde tomó la forma de una agresión de tremenda violencia a una población que el año anterior había votado en distinto sentido. Esta «primera batalla de la guerra civil», en palabras de G. Brenan, tuvo como tropas de choque a los mineros; provistos de abundante dinamita y de las armas de la fábrica de cañones de Trubia, los sublevados asaltaron cuarteles de la Guardia Civil, fusilaron civiles, invadieron Oviedo, destruyeron la Cámara Santa y la universidad. Los refuerzos que llegaban desde Castilla La Vieja eran incapaces de detener aquel ejército revolucionario; por eso Gil Robles ordenó el envío de unidades del ejército de Marruecos, regulares y legionarios, lo que dio a la contienda un sesgo aún más feroz. Dos semanas duró la lucha. Nunca ha podido hacerse el recuento exacto de las bajas, sólo se sabe que los muertos fueron centenares, miles los heridos y miles también los detenidos, entre ellos Largo Caballero; Prieto, que inexplicablemente se había implicado en esta descabellada intentona, consiguió huir.

Al mismo tiempo, pero por razones distintas, se desarrollaba otro episodio revolucionario en Cataluña. Lluis Companys, que había sucedido a Maciá como presidente de la Generalitat, proclamó el «Estado catalán dentro de la República Federal Española». Pero las masas obreras permanecieron quietas y bastaron unos disparos de cañón para provocar la rendición de los sublevados. El catalanismo puro tenía muchos votantes, pero pocos militantes.

La sensación de que el gobierno había triunfado duró poco. Era capaz de reprimir, pero no de crear, mucho menos de ilusionar, y los radicales aparecían cada vez más como un lastre. Fue don Niceto, que quizás se creía maquiavélico cuando estaba labrando su propia tumba, quien transmitió al gobierno la queja de un súbdito alemán a quien personajes próximos a Lerroux estaban extorsionando con la esperanza de que le autorizarían el funcionamiento de un aparato de juego de ruleta llamada *estraperlo*. El escándalo fue el comienzo del fin para los radicales. Recayó el gobierno en un político gallego de segunda fila, don Manuel Portela Valladares, a quien don Niceto pensaba manejar; su plan recordaba el más viejo estilo caciquil: formar un encasillado en el que predominaran candidatos moderados; como si pudieran fabricarse elecciones desde el Ministerio de la Gobernación igual que sucedía antes de la Dictadura. El plan fracasó y las elecciones, celebradas en un clima de gran crispación, dieron unos resultados tan alejados de lo que pretendía Portela que insistió en dimitir en el acto.

Sin embargo, los resultados de aquellas trascendentales elecciones de febrero de 1936 no eran muy distintos de los registrados en las anteriores; la mayoría de los electores votó lo que había votado antes, pero los anarcosindicalistas esta vez no se abstuvieron, y aunque su aportación no llegaba al millón de votos bastaron a desnivelar la balanza; en Cataluña volvió a ganar la Esquerra, en Andalucía ganó el Frente Popular y también, por pequeño margen, en Madrid.

Para mejor comprensión de este panorama electoral hay que tener presente que dos grandes partidos se habían roto ante la presión de los acontecimientos: Martínez Barrio se había separado de Lerroux, descontento por su política de alianza con Gil Robles, y había fundado partido propio. El partido socialista no se había escindido legalmente, pero las diferencias entre el sector de Prieto, pragmático y moderado, y el de Largo Caballero, radical y procomunista, se habían ahondado de tal forma que se combatían incluso llegando a la agresión personal. Las alianzas electorales variaban según las regiones, pero había dos referentes principales: el Frente Popular era una coalición muy amplia que tenía como base el partido socialista, mientras las derechas, muy divididas, formaban alianzas ocasionales. El resultado en votos mostraba un país dividido en dos de forma casi matemática; según Tuñón de Lara, las izquierdas obtuvieron 4.645.116 votos; las derechas, 4.503.524, y el centro medio millón. Pero las particularidades de la ley electoral, que primaba a los vencedores, hicieron que este empate no se correspondiera con el reparto de escaños, netamente favorable a las izquierdas.

A un país dividido en dos mitades debería corresponder o un gobierno de coalición o el gobierno de una mitad en consenso con la otra mitad. Pero no era ése el clima que predominaba en la primavera de 1936; la masa no era extremista, pero había sectores muy violentos en ambos bandos; era la hora de las venganzas, de las revanchas, y cuando un gobierno (el que formó Casares Quiroga) se declara *beligerante* contra sus adversarios puede temerse lo peor. Todo fue esperpéntico en aquel *semestre rojo* que siguió al *bienio negro,* desde la huida de Portela y otros que se sentían amenazados hasta la forma de destituir al presidente de la república; porque Alcalá Zamora había tenido la habilidad de hacerse odiar por todos; su renuncia o destitución sería consecuencia de su manera caciquil de conducirse, pero elegir como motivo de la destitución que no debió pronunciar la disolución de las cortes, cuando las izquierdas la venían reclamando y le debían su triunfo es el colmo de la incongruencia.

La sustitución de Alcalá Zamora por Azaña resultaba además nefasta, porque retiraba de la política activa a un hombre que todavía conservaba prestigio y una visión clara de la realidad; pero para don Manuel, cansado de la política activa, desengañado, pesimista, era una tentación refugiarse en sus soliloquios y ver los toros desde la barrera del Palacio de Oriente. Debió tener, por lo menos, más acierto al elegir presidente del gobierno, porque Casares Quiroga, miembro de un partido regionalista gallego (ORGA), ni dominó la situación ni se enteró de la conspiración militar que desembocó en la guerra civil.

Otros personajes habían aparecido entre tanto en escena. La Falange Española no era más que un grupúsculo que obtuvo pobrísimos resultados en las urnas, pero José Antonio Primo de Rivera tenía cultura, energía y vocación de entrega a la política en una coyuntura en la que sabía que podía dejarse la piel; Francisco Franco todavía no era conocido como posible figura política, pero sus relaciones con

Gil Robles y sus gestiones con Portela para que hiciera caso omiso del resultado de las elecciones y proclamara el estado de guerra demuestran que ya estaba muy implicado en la política activa.

La conflictividad era muy variada: rural y urbana; económica e ideológica (incluyendo grandes dosis de anticlericalismo). Había huelgas y lo contrario: el trabajo ejecutado sin permiso del dueño y del que se pasaba factura. El gobierno creía disminuir la tensión con una censura que nada resolvía, porque los hechos eran patentes. Como el sector más conflictivo era el agrario, en especial en todo el Sur y Sudeste, el gobierno tomó dos medidas básicas: evitar a toda costa enfrentamientos con la fuerza pública que pudieran causar derramamiento de sangre; pasara lo que pasara no debía haber otro Casas Viejas. En segundo lugar, acelerar los asentamientos de jornaleros reduciendo al mínimo los trámites.

Los proyectos para hacerse con el poder por medios violentos menudeaban en ambos campos. Las juventudes socialistas se entrenaban militarmente. Primo de Rivera contrató pistoleros. Los carlistas, muy disminuidos en Vizcaya y Guipúzcoa por la competencia nacionalista, tenían todavía masas aguerridas en Navarra y Álava. No se ha demostrado que hubiera una trama organizada de las izquierdas más radicales para hacerse con el poder. Por parte de las derechas sí había dos, una monárquica, que confiaba obtener el apoyo de Mussolini, y otra militar, cuyos hilos tejía el general Emilio Mola desde su puesto de gobernador militar de Pamplona. He dicho «por parte de las derechas» y no sé si la expresión es exacta, porque en la conspiración había de todo: monárquicos y republicanos, católicos y masones. Generales como Aranda, Cabanellas o Queipo de Llano de ninguna manera cabían en la rúbrica *derechas;* unos conspiraban por motivos personales, otros porque creían que la marcha de los acontecimientos ponía en peligro al ejército como unidad corporativa, y otros estaban convencidos de que España se estaba deslizando hacia la anarquía; opinión compartida por muchos viejos y auténticos republicanos. Caro Baroja refiere que Portela dijo a su tío poco antes de las elecciones: «Si las ganan las derechas la república durará algo. Si ganan las izquierdas cuente usted con su fin». Y ya terminada la guerra, en julio de 1939, escribía Prieto a Negrín: «Pocos españoles de la actual generación están libres de culpa por la infinita desdicha en que han sumido a su patria. De los que hemos actuado en política, ninguno».

Suele citarse el asesinato de Calvo Sotelo por Guardias de Asalto como desencadenante de la sublevación; en realidad, ya estaba todo previsto; se contaba con fallos, pero no con que fueran tantos y tan grandes; la sublevación triunfó en ciudades donde los conjurados tenían pocas esperanzas de éxito y fracasó en otras donde se daban circunstancias propicias para el triunfo. Un hado adverso quiso que la conspiración reuniera las condiciones necesarias y suficientes para transformar el previsto golpe de Estado en guerra civil; si el pronunciamiento hubiera triunfado en Madrid o en Barcelona todo se hubiera resuelto en un día o en pocos días; si hubiera fracasado en Sevilla, todo el artilugio conspiratorio se hubiera hundido, porque la intervención del ejército de África era la pieza clave del plan.

Los autores de ese plan sabían que era aventurado; aunque descuidado e incompetente, el gobierno había tomado algunas precauciones: había colocado hombres que le parecían seguros en los altos puestos de mando; había multiplicado los permisos a la tropa, de forma que en julio de 1936 los cuarteles estaban casi vacíos. No se contaba con los aviadores. La marina estaba más dividida, pero, en conjunto, si entre la oficialidad había muchos favorables a los insurrectos, la marinería era francamente hostil. Luego estaba el enigma del comportamiento de la Guardia Civil y los Guardias de Asalto. Fueron muy diversos y no podían preverse *a priori*. Pero lo que más distinguía el *movimiento* proyectado del *pronunciamiento* clásico era la actitud de las masas; si el gobierno les distribuía armas serían miles de hombres fuera de control. Por eso, Mola avisaba que el alzamiento previsto debía ser duro, inexorable. El terror como medio de intimidación fue, desde el primer momento, una reacción habitual y ya muy experimentada en las fuerzas gubenamentales y una táctica premeditada en las insurrectas. Pero ninguna previsión podía imaginar el grado de horror que alcanzaría.

La sublevación comenzó el 17 de julio en Marruecos, se extendió a la Península el 18 y durante varios días se sucedieron las vicisitudes, los cambios de mano, conquista y reconquista de ciudades de uno y otro bando. Cuando la situación se estabilizó hasta cierto punto, cuando pudo hacerse un balance y bosquejar unas fronteras, se advirtió: primero, el mapa era resultado de un forcejeo, no respondía a realidades humanas; había comarcas muy derechistas en mano de *rojos* (por ejemplo, el Maestrazgo) y viceversa. Segundo, la zona gubernamental era más amplia, poblada e industrial que la *nacional,* argumento que esgrimía Prieto por las ondas de la radio como garantía de victoria. Las grandes ciudades, las grandes industrias, el oro del Banco de España, estaban en poder del gobierno. Los sublevados (prescindiendo de los territorios insulares) formaban dos áreas: una al Norte (Castilla-León y Galicia), extensa, pero asediada; en Aragón, los nacionales retrocedían hacia Zaragoza empujados por las columnas anarquistas catalanas. En el Norte tenía que hacer frente a los focos vascos y asturianos. En el Sur la progresión hacia Madrid había quedado detenida en Somosierra y el Alto del León.

El otro bloque, al Sur, era más pequeño, pero más dinámico; aplastados los intentos de resistencia del proletariado urbano en Sevilla, de los mineros de Riotinto y de algunos campesinos, Queipo de Llano hacía la primera demostración de la eficacia de la propaganda radiofónica como arma de guerra. No todo era pura jactancia en las palabras de Queipo: por el Estrecho estaba pasando poco a poco el ejército colonial, los recursos alimenticios del Valle Bético crearían allí un oasis de bienestar y las fábricas de armamento de Sevilla fueron una fuente de aprovisionamiento de municiones para el ejército del Norte, que hasta la conquista de Bilbao carecía de suministro propio. Era vital por eso para los mandos nacionales reunir ambas zonas, pero el inicial control del Estrecho por la escuadra gubernamental retrasó el paso del ejército de África. Si el 25 de julio hubieran estado reunidos en Sevilla los treinta mil hombres del ejército marroquí podrían haber avanzado por Córdoba hacia Madrid y resolver la guerra en pocos días. En vez de eso dicho ejército fue llegando por pequeños paquetes, en aviones proporcionados por Mussolini, y una vez en España se desmenuzó en pequeños contingentes, enviando moros y legionarios a levantar la decaída moral de Valladolid, otros a aliviar la presión de los mineros sobre Oviedo, y cuando se organizaron las columnas no se atrevieron a marchar en línea recta por terreno enemigo sin cubrir los flancos, sino que en una operación cautelosa, muy acorde con el espíritu minucioso de Franco, avanzó por el Oeste, apoyando el flanco izquierdo en la frontera de un Portugal amistoso. Tras muy sangrientas batallas en Mérida y Badajoz llegaron a Talavera de la Reina el 3 de septiembre, enlazando con las tropas de Mola. Desde allí la progresión se hizo todavía más lenta; defendiendo el flanco derecho con el Tajo, las columnas se desvían hacia Toledo (donde resistía el Alcázar) por motivos más bien propagandísticos que militares. Llegaron las columnas franquistas a las afueras de Madrid el 1 de noviembre. ¡Habían tardado tres meses en recorrer la distancia que los separaba de Sevilla! En esos tres meses el gobierno de la República había tenido tiempo de rehacerse, introducir un poco de orden en sus filas y recibir ayuda internacional. Otro posible desenlace rápido se desvaneció cuando el CTP (Cuerpo de Tropas Voluntarias) italiano, tras la fácil conquista de Málaga, intentó un avance rápido en dirección a Guadalajara para enlazar con otra ofensiva franquista desde el Jarama hacia el Este. Las dos operaciones fracasaron y la caída de Madrid, que Franco asociaba, sin demasiados motivos, con el fin de la guerra, se aplazó por tiempo indefinido. Lo que se había proyectado como golpe de Estado fulminante se transformó en guerra, larga y costosa.

Hubo otra ocasión de acelerar el fin de la guerra cuando, en la primavera de 1938, tras la caída del frente del Norte, los nacionales avanzaron por el frente de Aragón hasta Lérida. Hubiera sido posible continuar el avance hasta Barcelona, pero se impuso un criterio de prudencia porque existía el peligro de una intervención francesa en favor del gobierno Negrín, y la ofensiva nacionalista, aunque consiguió aislar Cataluña, patinó en las montañas del Maestrazgo sin conseguir llegar a Valencia. Esta falsa maniobra fue consecuencia de los condicionamientos que la política internacional imponía a los combatientes de los dos bandos.

En 1936 la Alemania de Hitler no sólo había avanzado mucho en su rearme, sino en la formulación de una nueva estrategia basada en la utilización de aviones y tanques, mientras Francia pensaba en una guerra al antiguo estilo y confiaba en la *Línea Maginot*. El gobierno francés de Frente

Popular encabezado por el socialista León Blum deseaba ayudar a sus correligionarios de España, pero su capacidad armamentística no alcanzaba ni de lejos a la de Alemania. Además, Hitler contaba con el apoyo incondicional de Mussolini, mientras que los marxistas franceses sólo a regañadientes eran sostenidos por los conservadores británicos, dispuestos a hacer sacrificios para evitar la guerra. Al fondo estaba la gran incógnita, la Rusia de Stalin, a la que no se quería de ninguna manera dar ocasión para que se inmiscuyera en los asuntos del Mediterráneo. Del choque de estas opuestas tendencias surgió un punto muerto: la No Intervención, que significaba el fracaso rotundo de la tendencia a la resolución pacífica de los conflictos, la aceptación egoísta del sacrificio de un pueblo en aras de los intereses de las grandes potencias. El grado de cumplimiento de la No Intervención fue variado y, en general, deficiente, tanto en cuanto al suministro de hombres como de material. Italia fue la primera en intervenir ayudando a los franquistas a controlar el Estrecho y estorbando el desembarco de tropas catalanas en Mallorca. No era un secreto que los italianos aspiraban a reforzar su posición en el Mediterráneo como consecuencia de la guerra y que los alemanes tenían también planes sobre las Canarias.

Después de vacilaciones iniciales Mussolini se comprometió a fondo con la causa franquista; le iba en ello su prestigio, sobre todo después del revés de Guadalajara. En total envió unos cincuenta mil hombres, pero más decisivos fueron los dos mil cañones, la mayoría viejos, pero con una potencia de fuego terrible, como se evidenció en la fase final de la campaña de Cataluña. Alemania envió pocos hombres, pero seleccionados, especialistas en tanques y los aviadores de la Legión Cóndor.

Los países amigos del Frente Popular enviaron una cantidad equivalente de hombres y material. Sin los *ratas* soviéticos el dominio del aire por los aparatos italianos y alemanes se hubiera hecho abrumador. Fue Rusia la que aportó a los republicanos la mayoría del material bélico del que tenían necesidad; pagado, eso sí, a precio de oro; de aquella reserva de oro que se había ido acumulando en el Banco de España a lo largo de muchos años. La aportación humana se concretó en las Brigadas Internacionales, sobre las que existe copiosa documentación, renovada en los últimos años por la apertura de los archivos soviéticos. Se confirma el predominio del comunismo en su reclutamiento y dirección, pero hubo también muchos aventureros e idealistas en sus filas. La guerra siempre pone de relieve lo mejor y lo peor del ser humano.

La contienda española apasionó y dividió a la opinión mundial, que proyectaba sobre el conflicto español sus propios problemas y desgarraduras. En general, los partidos derechistas y los católicos sentían simpatías por los sublevados, pero esto sólo puede afirmarse con muchas reticencias y excepciones, como lo muestra la división de los católicos franceses. El propio papa Pío XI era víctima de sentimientos encontrados; sentía el dolor de la Iglesia española tan salvajemente atacada y a la vez desconfiaba de la ideología nazifascista que se estaba introduciendo en España y cuyas raíces anticristianas conocía por experiencia propia. Para la Unión Soviética la guerra de España fue una oportunidad para aflojar el cerco exterior y adquirir cierto barniz democrático a los ojos de los mal informados, pues precisamente la guerra de España coincidió con las más terribles *purgas* del régimen estalinista. Es posible que muchos de los asistentes al II Congreso Internacional de Intelectuales reunido en Valencia en 1937 ignoraran o tuvieran un conocimiento incompleto de estos hechos, pero resulta imperdonable que se vilipendiara a Gide por haber expresado una moderada crítica en *Retour de l'URSS*. La única excusa que podrían alegar Negrín y sus seguidores es que Rusia era el aliado más seguro de la república española. Así lo manifestó más tarde refiriéndose a la «odiosa servidumbre» a que tuvo que someterse. En mayo de 1938 enunció trece puntos como bases de una paz sin vencedores ni vencidos; en febrero de 1939, cuando ya la suerte de la república estaba jugada y perdida, redujo los trece puntos sólo a tres: independencia de España, autodeterminación de los españoles en cuanto a su futuro y compromiso por ambas partes de renunciar a represalias. Unas intenciones muy nobles, pero carentes de realismo. La única manera de evitar represalias hubiera sido una ocupación internacional por tiempo indefinido. Igualmente ilusorio era su plan de continuar la lucha en la zona centro, tras la caída de Cataluña, en espera de la conflagración inminente. Azaña y Martínez Barrio, refugiados en Francia, se negaron a secundar el plan con toda razón, como mostró la experiencia. ¿Qué hubiera ocurrido si al llegar las *panzerdivisionen* a Hendaya hubiera gobernado en España un régimen hostil al Eje?

No por desplome súbito, sino por sus pasos contados, por un proceso de continuo deterioro, la situación de la Segunda República, que en agosto de 1936, estabilizados ya los frentes, parecía no sólo defendible, sino técnicamente ventajosa, sufrió grandes reveses en el verano de 1937, quedó en posición de inferioridad tras el aislamiento de Cataluña en 1938 y acabó en desastre a principios de 1939. Las causas son conocidas y pueden resumirse en dos: insuficiente apoyo externo y falta de unidad interna. La república recibió ayudas, pero fueron más eficaces aquellas de las que se benefició Franco. Hizo un esfuerzo por superar la anarquía inicial, consiguió construir un ejército eficiente, pero sus gobiernos carecieron de la férrea autoridad que tuvo el de Francisco Franco. La disidencia interna más importante era la que separaba a falangistas y tradicionalistas. El decreto de Unificación fue pura fachada: falangistas y *requetés* seguían divididos; casi el único que usaba a la vez la camisa azul y la boina roja era Franco, pero a efectos prácticos, a efectos militares la unidad de mando se cumplió sin consentir la menor transgresión. ¡Qué contraste con lo que ocurría en la zona republicana!, divisiones, tensiones que al fin desembocaron en las sangrientas jornadas de mayo de 1937 en Barcelona que significaron la destrucción de la CNT.

No es de extrañar por ello que el último acto de aquella tragedia por parte gubernamental fuera el estallido de una guerra civil dentro de la guerra civil: casadistas contra negrinistas, o sea, partidarios de romper con los comunistas, tendencia preconizada por Segismundo Casado, jefe del ejército del Centro, contra el propósito de continuar la resistencia encarnada por el doctor Negrín. La primera postura estaba apoyada por don Julián Besteiro y la mayoría de los oficiales de carrera, confiados en que «entre militares nos entenderemos mejor», lo que revela un total desconocimiento de la mentalidad de los vencedores, en los que no cabía un átomo de generosidad con los vencidos, como lo demostraron exigiendo a los casadistas, una vez eliminados los comunistas, la rendición incondicional. El mismo criterio inhumano se aplicó a Besteiro, muerto poco tiempo después en la prisión de Carmona sin consideración a los servicios que había prestado a la causa de la paz.

Motivos de disensión fueron también, dentro del bando republicano, las querellas nacionalistas, apaciguadas, pero no extintas, por la lucha contra el enemigo común. La instalación del gobierno central en Barcelona relegó a segundo plano la autoridad de la Generalitat de Cataluña. Su presidente, Lluis Companys, fugitivo tras la ocupación militar en la última etapa de la guerra, fue extraditado por las autoridades parisinas sometidas a Hitler y fusilado en el castillo de Montjuich en octubre de 1940. La autonomía vasca, concedida *in extremis* por las cortes republicanas, tuvo una fugaz existencia. Aun después de la ocupación del País Vasco por las tropas franquistas, el gobierno republicano tenía interés en mantener una apariencia de colaboración; Negrín incluyó en su gabinete a don Manuel Irujo como ministro de Justicia. Una de las tareas que se propuso fue autorizar el culto católico, lo que suscitaba grandes resistencias entre los más extremistas y también en el propio clero catalán, que no tenía interés en que se propagara la falsa imagen de una libertad religiosa recobrada tras los horrores padecidos. A lo más que se llegó fue a una tolerancia de hecho en la que, como en los primeros tiempos del Cristianismo, se decía misa y se celebraban otros actos de culto en lugares escondidos ya conocidos por los fieles.

La persecución a la Iglesia fue, aparte de una atrocidad, un tremendo error, y de los que más perjudicaron a la causa republicana. A pesar de las leyes sobre laicización del Estado hubiera podido llegarse a un acuerdo, pero la intransigencia y el maximalismo ya reflejados en algunos artículos de la Constitución republicana se convirtieron en persecución abierta desde los primeros días del nuevo régimen. No esperaron a ver qué actitud tomaba la Iglesia ante el pronunciamiento; desde el 18 de julio los hostigamientos y agresiones, tan frecuentes desde las elecciones de febrero, se convirtieron en persecución abierta, y tan encarnizada que más de una vez un angustiado alcalde o gobernador civil esperaba en balde la llegada de auxilios porque los *auxiliadores* estaban muy ocupados quemando iglesias. El paroxismo del odio pertenecía a los anarcosindicalistas, y como en los primeros tiempos su influencia en Cataluña era total, allí se dieron casos increíbles; el arzobispo de Tarragona, Vidal i Barraquer, debió su vida a la intervención de Companys, pero Ventura Gassols, a pesar de ser consejero de Cultura de la Generalitat, tuvo que huir por proteger a católicos. Lo mismo le ocurrió a Carrasco i Formiguera, con la agravante de que los nacionales lo apresaron cuando se dirigía a Vizcaya, todavía en poder de los bizcaitarras, y lo fusilaron a pesar de que el mismo papa solicitó su indulto.

Parece imposible llevar más allá el odio, y los esfuerzos hechos por una y otra parte para acercar posturas fueron baldíos; la propaganda republicana, que aprovechó con tanta habilidad episodios como los de Guernica y el fusilamiento de García Lorca, fracasó al querer explicar al extranjero lo que sucedía en España. Al decir que el monasterio de El Escorial se encontraba «en perfecto estado a pesar de la proximidad del frente», callando que sus moradores habían sido asesinados, al poner como ejemplo de tolerancia que en plena guerra la Junta para la Ampliación de Estudios editaba un texto visigodo sobre la Virgen María, es lógico que pensaran: «¿Esto es todo lo que podeís alegar?».

En el bando opuesto también hay mucho que señalar y criticar, singularmente la pastoral colectiva del episcopado español de 1 de julio de 1937 calificando de Cruzada la guerra que dirigía Franco. Una pastoral desafortunada, tanto por la doctrina como por las consecuencias, aunque puede alegarse en descargo de los autores las circunstancias espantosas en que entonces vivía la Iglesia española. No tienen razón los que hoy exigen a la Iglesia que pida perdón por ello; no tienen razón porque no es lógico que las víctimas pidan perdón a los verdugos. Es sobre su conducta en la época posterior, durante el franquismo, cuando la Iglesia española tiene muchas explicaciones que dar y muchas cosas de qué arrepentirse.

Como en 1808, los acontecimientos de 1936 pueden calificarse de «Guerra y Revolución». Muy señaladamente en la zona republicana, y también acerca de este punto, hubo y sigue habiendo polémica. Los anarcosindicalistas no querían que las hostilidades se utilizaran como pretexto para aplazar la revolución social. Los demás partidos no eran de la misma opinión; incluso los comunistas pensaban que había primero que ganar la guerra. Se llegó así a una situación compleja; hubo en la zona republicana ciudades y comarcas en las que las relaciones de producción se alteraron poco y otras en las que se produjeron cambios revolucionarios. Muchas industrias pequeñas, familiares, siguieron funcionando sin cambios. En las empresas importantes los sindicatos obreros sustituyeron al empresario huido o muerto. En otros casos se les asignó un puesto directivo, pero casi siempre se registró una baja en la producción.

En el sector agrario fue donde se registraron los cambios más revolucionarios: las colectivizaciones agrarias llegaron a sumar cinco millones y medio de hectáreas, casi la mitad del suelo cultivable; la mayoría regidas por la CNT, FAI, pero muchas también por la UGT. En principio, el ingreso en la colectividad era voluntario, pero fueron muchos los casos de adscripción violenta. Hubo al principio un entusiasmo seguido de una desilusión, una baja de productividad y un distanciamiento con el gobierno que culminó con la disolución de las comunas agrarias creadas y regidas por los anarquistas en Aragón. Al terminar la guerra el experimento podía darse por fracasado. En la zona franquista la rigurosa disciplina y la prohibición de huelgas impulsaron la producción, y éste fue otro factor nada despreciable de su victoria militar.

Aunque en la guerra de España se probaron nuevas armas, en conjunto fue una guerra *antigua,* más parecida a la Primera que a la Segunda Guerra Mundial, incluso por el desnivel entre las víctimas en el frente y en la retaguardia. Aunque hubo algunos bombardeos impresionantes de ciudades que sufrieron mucho (Madrid, Barcelona, Guernica) y también asedios durísimos (Oviedo, Teruel, Belchite), la mayoría de las bajas de guerra, las bajas de militares, lo fueron en el frente: algo más de ciento cuarenta mil, bastantes de ellas de extranjeros, voluntarios en uno y otro bando. Pero hubo una cantidad de bajas por represión política que en conjunto debieron igualar o superar esta cifra.

Es ingrato este tema de las víctimas civiles por motivos políticos, sociales, religiosos. No raras veces por motivos personales. Es, repito, un tema ingrato, pero imposible de silenciar, porque es el componente más atroz de la guerra civil. Los cálculos que se han venido haciendo son muy dispares y en parte reflejan no sólo la insuficiencia de las fuentes, sino la fuerte carga ideológica del tema, la mezcla y la imprecisión de los conceptos. Los prisioneros fusilados en la plaza de toros de Badajoz en 1936, los guerrilleros muertos después de 1939, ¿pueden computarse como bajas de guerra o como represaliados? Últimamente se están haciendo investigaciones serias que, si no resuelven el problema, nos acercan a su solución; los trabajos coordinados por Santos Juliá en *Víctimas de la Guerra Civil* corrigen las cifras de Salas Larrazábal y proponen, para 24 provincias; un total de 72.527 víctimas de la represión franquista y 37.843 para la republicana (22 provincias). Propone dicho autor duplicar las cifras para calcular la de toda España, pero teniendo en cuenta que entre las provincias investigadas se cuentan las de mayor población (Madrid, Barcelona, Valencia, Sevilla, etc.), me parece más lógico un incremento del 40 o 50 por ciento, en cuya hipótesis habría habido 108.000 ejecuciones imputables a los franquistas y 57.000 a los gubernamentales. Diferencia lógica, por otra parte, pues la represión franquista se extendió a toda España y duró hasta bastantes años después de terminada la contienda.

Capítulo XIV
El franquismo

Para muchos españoles el franquismo es pura historia; para otros muchos es todavía una mezcla de historia y vivencia, y es muy aleccionador ver cómo las revelaciones de las memorias personales, de los documentos que se sacan a la luz, en unos casos confirman y en otros modifican o desmienten ideas que en su tiempo pasaban por evidentes. El relato de aquellos hechos deja impresiones contradictorias en el lector actual; por una parte, sorprende la variedad y densidad de los sucesos de toda índole: culturales, económicos, humanos, y por otra, los testigos de la época la recordamos como una prolongación inacabable de lo mismo, un drama que aburre y exaspera por su duración y su monotonía. La escena se animó a partir de los años sesenta; antes era una repetición inacabable de los mismos temas, los mismos discursos y en el centro el mismo personaje, pues si hay alguno en la historia que haya permanecido igual a sí mismo tanto tiempo es, sin duda, Francisco Franco.

La psicología del personaje ha sido analizada desde diversos ángulos, y a pesar de los muy encontrados enfoques, hay coincidencias que se imponen porque son evidentes: fue un hombre de *chance* en grado increíble; la muerte de Calvo Sotelo, Sanjurjo, Mola y José Antonio apartó de su camino hacia el poder supremo los rivales más cualificados. En su larguísimo mandato no surgió dentro de España ninguna oposición que pudiera inquietarlo, y cuando los sucesos internacionales llegaron a un punto en el que parecía imposible que no fuera derrocado, el panorama evolucionó de tal manera que encontró apoyos inesperados. Fue un caso singular y quizá irrepetible, sin conexión con los *espadones* de nuestro siglo XIX, ni con el bonachón y extravertido don Miguel Primo de Rivera, ni con los dictadores grotescos y corruptos del tercer mundo, ni con los coetáneos jefes de los movimientos totalitarios: Mussolini, Hitler, Stalin, que, cada uno en su estilo, tenían don de gentes, un soporte ideológico y un partido. Franco carecía de calor humano; helaba al interlocutor no con la majestad de Felipe II, sino con su frialdad de pescado. No fue un asceta; con frecuencia abandonaba su mesa de despacho atiborrada de papeles para dedicarse a la caza o la pesca; su verdadera pasión era el poder, y lo satisfizo más allá de toda expectativa; hay que remontarse hasta Felipe II para encontrar otro personaje histórico que acumulase tanto poder y con tal fruición. «Mi magistratura es vitalicia», decía sin molestarse en probarlo. ¡Tan evidente le parecía! Lo que suscitaba controversias es la fuente y la naturaleza de ese poder. Sigue habiendo quienes llaman a su régimen *fascista,* aunque pienso que más bien por inercia que por razones objetivas. De los totalitarismos que han imperado en la Europa reciente, el fascismo fue el menos totalitario y el menos sanguinario. Mussolini compartió su poder con un monarca y un Gran Consejo que acabaron con él.

Tal desenlace, en el caso de Franco, era imposible. Tuvo apariencias fascistoides el franquismo por motivos históricos y por oportunismo muy dentro del gusto de la época; en los años treinta lo mismo los marxistas que las formaciones derechistas desfilaban, cantaban himnos, desplegaban banderas. Lo hacían también los falangistas. El poder de Franco no emanaba de Falange, sino, en primer lugar, del ejército, luego de amplios poderes fácticos amenazados por la revolución y de grandes masas populares poco o nada interesadas en la política y que ansiaban paz y orden. Del fascismo clásico el franquismo, a través de Falange, tomó ciertos signos externos: saludo, camisa, léxico (las *jerarquías*) y un sentido social que es lo que se puede anotar en su haber como más positivo. Pero las relaciones entre Estado, Falange y Movimiento nunca fueron claras porque la única fuente real de poder era el Caudillo. A Franco le resultaba cómodo contar con Falange para dar una apariencia de civilidad a su régimen y para descargar en él tareas ingratas, pero nunca le dio verdadero poder. Nunca cedió Franco una partícula de poder, y esto lo experimentaron muy pronto lo mismo los falangistas de Hedilla que los tradicionalistas de Fal Conde.

Tenía, sin embargo, que prestar gran atención a dos huesos duros de roer: los generales monárquicos y la Iglesia. De los primeros se desembarazó gracias a una combinación de astucia y de torpezas cometidas por el entorno del príncipe don Juan, heredero de la Corona por abdicación de Alfonso XIII, realizada en febrero de 1941 en Roma, donde falleció poco después. La posible competencia con la Iglesia por el dominio de áreas de poder le preocupaba mucho más, y fue uno de los grandes ejes de la política de Franco en toda la dilatada época en que rigió los destinos del país. Franco fue un creyente sin problemas ni fisuras; poco practicante en su juventud, aumentó con el tiempo su religiosidad, fenómeno corriente en su tiempo, visible incluso en miembros de la emigración y producto del adoctrinamiento religioso de la juventud española en las primeras décadas del siglo. Mas, si bien aumentó su práctica religiosa hasta lindar la superstición (¡el brazo incorrupto de santa Teresa!), siempre distinguió entre prácticas devotas y cuota de poder que se debía reservar a la Iglesia en la sociedad española, y en este punto se mostró inflexible. La Iglesia española merecía el apoyo total del Estado como reparación a sus sufrimientos y premio a su colaboración en la reforma de una sociedad tan hondamente afectada por propagandas y leyes que se estimaban tan destructoras de la unidad religiosa como de la unidad patria. En este punto Franco asumía plenamente los principios del llamado *nacionalcatolicismo,* la unidad del ideal religioso y del patriótico. Y en este punto, Falange, sin llegar a la identificación con los ideales católicos propia del carlismo y de los partidos que se habían agrupado en los partidos de derecha, quedaba muy lejos no sólo del claro sentido anticristiano del nazismo, sino del moderado anticlericalismo del fascio italiano. En España estos problemas no se entendían bien por falta de información, y la postura claramente antinazi del Vaticano, en unos años en que el movimiento franquista necesitaba la ayuda alemana, produjo al régimen no pocos quebraderos de cabeza; incluso se prohibió la difusión de la encíclica *Mit brennender Sorge* en la que Pío XI denunciaba el anticristianismo de la doctrina hitleriana.

A partir del 18 de julio todas las leyes republicanas lesivas a la Iglesia quedaron anuladas y restablecida la legislación anterior sobre confesionalidad del Estado, ayuda económica a la Iglesia, legislación familiar, enseñanza, etc. Lógica era la solidaridad entre dos instituciones que tenían ideales semejantes y enemigos comunes, lógica también y justa la protección a una Iglesia tan cruelmente perseguida, pero desde los primeros momentos se advirtieron en esta colaboración fisuras que con el tiempo se convertirían en peligrosas grietas. Una parte de la Iglesia se dio demasiada prisa por recuperar el terreno perdido y conquistar otros: la Ley de Educación Secundaria de 1938 que se hizo firmar a Franco cuando la ofensiva de Teruel no le permitía atender asuntos no militares con conocimiento de causa, rebasaba todo lo que la Iglesia, sobre todo las órdenes enseñantes, deseaban en provecho propio y menoscabo de la enseñanza estatal; la colaboración muchas veces pecaba por excesiva y destinada a impresionar a las masas con su teatralidad y aparato: misas de campaña, entradas del Caudillo en iglesias bajo palio, etc. Apuntaba en ciertas jerarquías eclesiásticas un afán de control y una jactancia de su influencia en el ámbito político que debía haber empleado en obtener medidas de clemencia para los presos y sancionados. Algo hizo la Iglesia española en este terreno, pero poco; mucho menos de lo que hubiera podido lograr si hubiera adoptado una actitud firme. Por su parte, el Estado llevaba hasta el límite sus concesiones, pero se mantenía inexorable ante cualquier actitud de disidencia; a pesar de todas las gestiones, Vidal i Barraquer no pudo regresar a la sede tarraconense.

En la posguerra el Estado aflojó algún tanto su talante represivo, pero la Iglesia no sólo lo mantuvo en cuanto a la fe y las costumbres, sino que incluso se hizo más exigente; libros y películas que permitía circular la estricta censura estatal eran denunciadas por los prelados. Las confesiones no católicas volvieron a una semiclandestinidad, lo que no libró a centros y capillitas protestantes de ser asaltadas en 1947, sin reparar en que con tales actos perjudicaban gravemente al gobierno de Franco en unos momentos en los que sufría un acoso internacional. Deseaba la diplomacia franquista afirmar un concordato con la Santa Sede, pero ésta no quería comprometerse con un régimen que estaba siendo objeto de un amplio acoso diplomático desde 1945. Cuando mejoró la situación internacional de Franco se procedió a redactar y firmar el concordato de 1953. Su gestación fue rápida y las facilidades que ofrecía el Estado español eran tan generosas que la curia romana llegó a sospechar una trampa; pero no había ninguna trampa, el régimen franquista estaba dispuesto a dar todo a la Iglesia a cambio de una sola cosa: seguir disfrutando del secular privilegio de nombrar los obispos. Hoy la lectura de aquel concordato produce extrañeza, y más aún que por ambas partes se le considerase modélico; a la Iglesia española le atribuía privilegios exorbitantes de todo género: jurídicos, fiscales, educativos, castrenses... No sólo se garantizaba la enseñanza de la religión católica «como materia ordinaria y obligatoria» en todos los centros docentes, estatales o privados, sino que la enseñanza de cualquier materia debería ajustarse a los principios del dogma y la moral de la Iglesia Católica, y añadía (art. 26): «Los ordinarios (o sea, los prelados) ejercerán libremente su misión de vigilancia sobre dichos centros docentes en lo que concierne a la pureza de la fe, las buenas costumbres y la educación religiosa», y hubo obispos que ejercieron este derecho de inspección.

Esto sucedía bajo el pontificado de Pío XII, ya por entonces enfermo y demasiado influido por una curia de ideas muy tradicionales. El cambio inaugurado por el pontificado de Juan XXIII y el Concilio llenó de estupor a la Iglesia española y al régimen, y aquella alianza entre el Trono y el Altar empezó a resquebrajarse.

Contando con el ejército, la Iglesia y los representantes más destacados de la vida económica, las manifestaciones de una oposición interior no podían pasar de tentativas individuales enérgicamente reprimidas; pero el desarrollo de los sucesos internacionales puso al régimen franquista en peligro inminente de desaparición. Los triunfos iniciales del Eje alimentaban la tentación de entrar en guerra, pero Franco se limitó en 1939 a declarar la No Beligerancia de España. Se discute sobre sus verdaderas intenciones cuando la fulminante victoria de la Wehrmacht llevó las tropas alemanas hasta los Pirineos. Es indudable que Franco y su entorno pensaron que la guerra estaba decidida y que España podría ganar subiéndose al carro de los vencedores como había hecho Italia. Sin embargo, el paso decisivo no se dio por motivos discutidos, en los que probablemente intervinieron factores diversos: el agotamiento del país, la indefensión de nuestras costas ante ataques aéreos y marítimos, el nulo entusiasmo de los militares ante la perspectiva de volver a empuñar las armas, la indecisión característica de Franco y su innata desconfianza, pues Italia ya había manifestado su interés por controlar el estrecho de Gibraltar y los alemanes también manifestaban apetencia por Canarias, pretensiones que chocaban con el patriotismo de Franco, enemigo de ceder ni una pulgada del territorio nacional. En las negociaciones que tuvieron lugar en Hendaya entre Hitler y Franco y las entrevistas de Serrano Súñer en Berlín y Roma se hicieron proyectos, incluso se tomaron acuerdos que hubieran significado para España la ruina total. Afortunadamente, había otro factor favorable: el escaso interés de Hitler por la aventura mediterránea a la que quería arrastrarlo Mussolini. Cuando desistió de la operación Gibraltar y decidió la invasión de Rusia, Hitler firmó la sentencia de muerte de su régimen y aseguró la supervivencia del español. En qué medida este notabilísimo éxito se debió a las circunstancias o a la política de Franco es y seguirá siendo materia de discusión. Lo que está claro es que cuando el 8 de noviembre de 1942 Roosevelt anunció a Franco el desembarco en África del norte, asegurándole a la vez que nada tenía que temer si guardaba una actitud de neutralidad, el régimen franquista pudo considerarse a salvo hasta cierto punto.

Sólo hasta cierto punto, porque, sea por fidelidad al antiguo aliado, sea porque Franco no acababa de creer en la posibilidad de una derrota militar de Alemania, continuó proporcionándole información, materias primas y otras facilidades. La retirada de la División Azul y la ruptura de relaciones con Japón fueron gestos de última hora que no contrapesaban las acusaciones de los rusos, de los frentepopulistas franceses y otros muchos enemigos interiores y exteriores. 1945 fue un año terrible para España en todos los sentidos: la sequía ocasionó la pérdida de las cosechas; el racionamiento, de pésima calidad, no alcanzaba a proporcionar a las poblaciones un mínimum de subsistencia, y a la vez se producían enriquecimientos ilícitos, corrupciones en grande y pequeña escala que se ocultaban cuidadosamente, y unas desigualdades oficiales de trato, como el racionamiento extra para las autoridades y las fuerzas de orden público, que evidenciaban la vacua palabrería de los eslóganes oficiales.

Estas circunstancias que agobiaban la existencia de los que vivían en el interior de España alentaban las esperanzas de quienes ya especulaban con la inminente caída del régimen; ante todo, los emigrados. La emigración política de 1936-1939 fue mucho mayor que las de liberales y carlistas en el siglo anterior. Los cuatrocientos mil españoles que atravesaron la frontera francesa al producirse el derrumbamiento de Cataluña se redujeron a unos cien mil después del regreso de la mayor parte de ellos. Otros grandes contingentes fueron a diversos países de América española. Fue el gobierno mexicano el que les dispensó mejor acogida. Emigración selecta de la que formaron parte millares de profesionales muy cualificados, incluyendo el 12 por ciento del escalafón de catedráticos de universidad. Hubo episodios conmovedores, como la expatriación de Ignacio Bolívar, director del Museo de Ciencias Naturales. Tenía ochenta y nueve años cuando salió de España, y al preguntarle a dónde iba contestó: «¡A morir con dignidad!».

Otros aspectos de la emigración son más turbios; se constituyeron unas sociedades de apoyo (SERE, JARE). De la gestión de esta última se encargó Prieto, y cuando le preguntaron qué resultado pensaba obtener, contestó en su estilo desgarrado: «Llenarme de mierda», aludiendo a los problemas que planteaba administrar el tesoro del Vita, un barco que transportaba caudales del Estado, de particulares, de instituciones, incautados por el gobierno republicano. ¿Figuraba entre ellos el riquísimo monetario del Museo Arqueológico Nacional incautado en noviembre de 1936 y del que nunca más se supo? En todo caso, una pérdida más de las infinitas que causaron las guerras y revoluciones. Alcalá Zamora declaró que renunciaba a recibir nada de dichos caudales. La mayoría de los exiliados no fueron tan puntillosos y con ellos se constituyeron empresas que proporcionaron sustento a los emigrados, a la vez que enriquecieron el patrimonio económico y cultural de México. En estos medios las noticias sobre la derrota del Eje y la situación insostenible de Franco produjeron el júbilo natural. Se había formado un gobierno republicano en el exilio y se reunieron cortes a las que asistieron los escasos supervivientes de tantas tragedias. Se trazaban planes y se buscaban alianzas.

Los refugiados republicanos en Francia eran más impacientes; muchos habían perecido en los campos de concentración alemanes; otros habían militado en las filas de la resistencia; algunas unidades entraron con De Gaulle en el París liberado. El derrumbe inmediato del régimen de Franco les parecía fácil e inminente. Con la deformada visión propia de todos los exiliados creían que en cuanto aparecieran en España la población se les uniría con entusiasmo. El gobierno francés no hizo nada para impedir que algunos miles de combatientes antifranquistas atravesaran la frontera pirenaica; pero la reacción de la población osciló entre la indiferencia y el rechazo activo. Las infiltraciones sólo consiguieron aumentar el número de partidas de guerrilleros que recorrían varias zonas del país creando inseguridad en los medios rurales, pero sin esperanzas de conseguir ningún resultado efectivo.

Más que en estas escaramuzas era en el nivel diplomático donde residía para Franco el inminente peligro. España fue excluida de la ONU. Se pronunciaron solemnes condenas. Se retiraron casi todos los embajadores acreditados en Madrid. Don Juan, el pretendiente, creyó llegada su hora. Estaba, y lo estuvo toda su vida, muy mal informado y aconsejado. Publicó en Lausana un manifiesto en el que propugnaba la restauración de la monarquía como único medio de devolver a España la paz y la unidad interna, liquidar las consecuencias de la guerra civil y reintegrar el país a la comunidad internacional. Dos años más tarde reiteró estas mismas ideas desde Estoril, a donde se había trasladado para seguir más de cerca los acontecimientos. Franco no perdonó nunca a don Juan, a pesar de que posteriormente cambió su tono y sus planteamientos. A la ofensiva exterior Franco replicó con medidas coyunturales que no alteraban la esencia del régimen; España siguió siendo un estado policial con las comisarías llenas de fichas y las cárceles atestadas de presos, pero se prescindió del saludo brazo en alto. Se promulgó un fuero de los Españoles asegurando derechos puramente teóricos, porque no se desarrollaban las leyes pertinentes. Martín Artajo, un hombre de Acción Católica, se puso al frente del Ministerio de Asuntos Exteriores.

Paralelamente a estos movimientos el exilio se movía, quería dar una sensación de estabilidad y moderación sin lograr apoyos, porque colocar al frente del gobierno en el exilio a un hombre tan sectario y desprestigiado como Álvaro de Albornoz no era el método más eficaz para reclutar adhesiones, y el plan de Prieto de organizar, de acuerdo con los monárquicos, un referéndum institucional nadie podía tomarlo en serio. La situación de España en 1945, con mucha sangre reciente y mucho odio, era semejante a la que hoy reina en Bosnia o en Kosovo; organizar un referéndum hubiera requerido una ocupación internacional, tarea de la que las potencias no querían encargarse.

Pero, con independencia de las torpezas y errores de sus adversarios, de la ayuda de sus pocos amigos exteriores (el Portugal de Salazar, la Argentina de Perón), lo que salvó al franquismo fue la guerra fría iniciada apenas terminó la caliente. En la conferencia de Potsdam, Truman y Churchill, a pesar de su poca simpatía por Franco, lo defendieron como integrante del sector que se reservaban en el Oeste frente a un imperialismo estalinista que sumergía la Europa central y oriental. Franco se benefició una vez más de su buena estrella; Francia reabrió sus fronteras y el régimen completó su fachada institucional, beneficiándose además del amplio apoyo popular que le granjeó la equivocada política de cerco y acoso. No fue difícil a la propaganda del régimen transmitir a las masas la impresión de que el comunismo, con la complicidad de las democracias occidentales, atentaba contra la libertad y la independencia de España. Quizás nunca gozó Franco de más popularidad que en aquellos difíciles años, cuando las muchedumbres se reunían en grandes manifestaciones y refrendaban con amplias mayorías las Leyes Fundamentales.

Entre ellas había una de especial trascendencia: la Ley de Sucesión, que Franco dio a conocer a don Juan por medio del almirante Carrero Blanco, que empezaba a funcionar como brazo derecho del dictador. La ley definía a España como «un Estado católico, social y representativo que se constituye en reino conforme a la tradición». La ley no afectaba a los poderes de Franco, que seguirían vigentes hasta su muerte. Al producirse la vacante, el gobierno y el Consejo del reino someterían a las cortes la elección de un candidato que debería ser la persona de sangre real con más derechos, español, católico y con no menos de treinta años de edad, el cual debería jurar las Leyes Fundamentales antes de entrar en el ejercicio del cargo. Don Juan, asombrado, dijo que aquello no sería la monarquía tradicional, sino una monarquía electiva como en tiempos de los godos, pero, en vez de resignarse a lo inevitable (no había otra fuerza efectiva capaz de restaurar la monarquía en España), protestó ruidosamente; sólo consiguió que Franco lo descartara; en su lugar se pactó que el príncipe don Juan se educaría en España con vistas al futuro. Un referéndum aprobó la ley sucesoria por amplio margen.

En la década de los cincuenta empezaron a notarse síntomas de deshielo y a recogerse los frutos de los sacrificios anteriores: se abolió el odioso racionamiento y dejó de ser un delito comprar y vender pan blanco; perdieron o minoraron sus ilícitas ganancias los *estraperlistas* de alto, medio y bajo pelaje que medraban a costa de la miseria del pueblo; empezaron a funcionar los pantanos recién construidos; mejoró el transporte, pensando ya en futuros ingresos por el turismo; se levantaron hoteles en Mallorca y la Costa del Sol. En el quinquenio 1951-1955 todos los indicadores económicos se disparan y el de producción industrial crece hasta el 6,6 por ciento anual. Es un reflejo de la extraordinaria pujanza de la reconstrucción europea, que se expande a pesar de barreras proteccionistas y rigideces estructurales. Y apuntan los primeros síntomas de que ese crecimiento europeo necesitará de la colaboración de la mano de obra española, acabando con el paro encubierto y dando salida a una demografía que se recuperaba rápidamente del bache producido por la guerra.

Mientras el mundo occidental se recuperaba de los destrozos de la Segunda Guerra Mundial, la tensión internacional no cesaba de agravarse por el expansionismo del régimen estalinista, que amenazaba al mundo con un holocausto nuclear y provocaba reacciones tan desmedidas como el macartismo norteamericano. Y esos fenómenos negativos tenían para el régimen franquista consecuencias muy positivas; Estados Unidos pasa por alto escrúpulos democráticos y negocia el ingreso de España en la ONU, a la vez que instala en nuestro suelo bases aéreas y en Rota una base para submarinos. Estamos en 1953, el año de la firma del concordato. El cerco internacional antifranquista no sólo ha sido roto, sino que ha sido sustituido por una estrecha colaboración. En los medios de la emigración se disipan todas las ilusiones; unos vuelven, otros se resignan a morir en el exilio, o bien están con un pie dentro y otro fuera, incómodos en ambas posturas; el caso quizás más dramático, el de Ortega y Gasset, que se hizo la ilusión de presenciar e incluso colaborar en un cambio sustancial en el ambiente español.

La historia humana tiene leyes, comportamientos, que, como los del corazón, parecen independientes de la cabeza, de la lógica. El aislamiento internacional había fortificado el régimen de Franco dándole fuerzas para resistir lo que parecía una crisis mortal. La sustancial mejora de relaciones iniciada en los años cincuenta desencadenó en cambio crisis internas y descubrió oposiciones latentes. El ejército seguía fiel a Franco y al régimen. También las fuerzas empresariales. Las novedades surgieron de la actitud de la universidad, el mundo del trabajo y de la Iglesia. La actitud de los intelectuales y de la universidad había pesado mucho en la crisis final de la monarquía; por eso, y también por motivos ideológicos, el mundo de la enseñanza y la cultura había sido sometido a depuraciones personales, censura, adoctrinamiento y vigilancia, tareas en las que colaboraron oficialmente Falange y en otro plano distinto la Iglesia. Las atrocidades de los primeros momentos se cambiaron luego por procedimientos que se pretendían más sutiles pero que se revelaron inútiles y aun contraproducentes. Muchos sancionados no sólo consiguieron que se les indultara, sino que se incorporaron con verdadero entusiasmo a las filas del vencedor. Las tareas de adoctrinamiento llevadas a cabo por los falangistas en los cursos de Formación del Espíritu Nacional y por la Iglesia en los cursos obligatorios de formación religiosa fueron un fracaso rotundo por mala elección del personal y el uso de métodos rutinarios y faltos de atractivo. El dirigismo en la prensa se reflejaba en unos contenidos aburridos y un índice de audiencia escaso. La llamada «Prensa del Movimiento» formada a base de la incautación de edificios y maquinaria de periódicos republicanos era un agujero negro que costaba muchos millones al Estado. *Arriba,* órgano oficial del Movimiento, fundado por Primo de Rivera, se instaló en los talleres de *El Sol;* se beneficiaba de cupos preferenciales en la distribución de papel y en los años cuarenta superó los cien mil ejemplares, pero después entró en una decadencia acelerada; en los años setenta tiraba quince mil ejemplares, pero sólo una pequeña parte de ellos eran objeto de venta.

Considerando las circunstancias en que se desenvolvía la cultura en la época franquista, algunos hablan de *erial.* El calificativo es inadecuado; ciertamente, la emigración en el orden exterior, la censura y otras cortapisas en el interior dañaron enormemente la cantidad y calidad de la producción literaria y científica. Pero los escalafones de universidades e institutos de Enseñanza Media (estos últimos todavía entonces centros prestigiosos) contenían gran cantidad de excelentes profesionales que se esforzaban por superar los escollos que se atravesaban en su camino: censura, falta de recursos, incomunicación; el material científico disponible era escaso, las novedades bibliográficas llegaban con cuentagotas, importantes revistas extranjeras habían cesado de recibirse desde 1936. Pero en el terreno de la creación literaria e histórica, más autosuficiente, a los supervivientes de la generación anterior, Menéndez Pidal, Azorín, Baroja, Benavente, Plá, García Gómez y muchos más, se agregaban continuamente otros nombres que testimoniaban no haber disminuido el caudal de potencia creativa que alumbró España a fines del siglo anterior. No puede llamarse erial un territorio donde brotan figuras como Camilo José Cela, Buero Vallejo, Torrente Ballester, Zubiri, Laín, Delibes, Carande, Vicens Vives y tantos otros, sin contar con un buen puñado de excelentes poetas, músicos, cineastas y artistas. Lo que sí hay que confesar es que en aquellos años de interminable y fastidiosa espera se creía que, en ciertos cajones reservados, obras maestras aguardaban la oportunidad de poder ver la luz. Esas expectativas sólo en muy pocos casos se han cumplido.

Los estudios históricos pueden servir de ejemplo de la revigorización que supuso la reanudación de los contactos con el mundo exterior. Por su carga ideológica la Historia siempre ha tenido la desgracia de ser utilizada como arma propagandística. Los planes de estudio franquistas no sólo mantuvieron esta tendencia, sino que en los cursos paralelos de Historia que impartía el profesorado falangista se llevaba hasta la caricatura. Pero los historiadores profesionales mantuvieron en general un tono objetivo y científico. Sobrevivían al choque de la guerra los trozos dispersos del positivismo documentalista de raíz germánica, contrapunto científico a la vulgarización histórica de herencia romántica que en las bibliotecas familiares representaba la historia de don Modesto Lafuente y en tono popular las obras de Castelar.

La renovación de los estudios históricos en Europa se adscribe en buena parte a la revista francesa *Annales,* que acogió sucesiva o simultáneamente varias escuelas o tendencias que alimentaron polémicas fecundas. Hay una tesis consagrada según la cual el historiador catalán Jaime Vicens Vives regresó del Congreso Internacional de Historia de 1950 trayendo en la maleta una nueva visión del quehacer histórico que, con su gran dinamismo, puso en práctica apoyado por buen número de colaboradores. Es una versión demasiado simplificada de los hechos, pero subraya la realidad de un giro motivado por influencias externas. Ahora bien, por las mismas fechas el panorama intelectual español se ve sacudido por la polémica entre Américo Castro y don Claudio Sánchez Albornoz que (a mil leguas los dos de los planteamientos de *Annales)* se interrogan sobre el ser y existir de España. Es una polémica un poco pasada ya de moda y de rosca, pero que, comparándola con el mensaje de Vicens y su escuela y completándola con las excelentes tesis que por entonces elaboran hispanistas como Pierre Vilar, B. Bennassar, Pierre Ponsot, B. Vicent y otros demuestra: *a)* que no era tan árido el panorama intelectual de España en las décadas centrales de nuestro siglo, y *b)* que el exilio (al que pertenecían Castro y Sánchez Albornoz) no significó una pérdida total de valores, no se cortaron amarras, fue otro medio de mantenerse en contacto con el exterior.

Por primera vez en 1956 se produjeron en la Universidad de Madrid incidentes de cierta gravedad que costaron el cargo a don Joaquín Ruiz Jiménez, que había llegado con propósitos renovadores al Ministerio de Educación. En años sucesivos se registraron nuevos incidentes; los de 1956 contaron con el apoyo de varios catedráticos universitarios que fueron sancionados; pero la principal demanda de los estudiantes recibió satisfacción; se suprimió el SEU, organismo que expresaba la hegemonía oficial de Falange en la vida estudiantil universitaria.

Por la tradición de los alborotos universitarios y por dañar la imagen de la vida cultural franquista, estos incidentes resultaban molestos pero no eran una amenaza grave para el régimen. El factor que parecía revestir mayor gravedad provenía del mundo del trabajo; de allí había surgido un peligro mortal para la Segunda República (y, por supuesto, había contribuido a que la primera tuviera corta vida y desastrado fin) Franco y sus hombres eran conscientes de esa realidad. Ni el Caudillo ni Falange eran entusiastas del sistema capitalista, profesaban un populismo expresado en mensajes simplistas: «Ni un hogar sin lumbre, ni un español sin pan», y otros que en la época del racionamiento y el estraperlo se prestaban a la ironía fácil. Aunque el proletariado revolucionario había sufrido tremenda represión parecía que allí se escondía la mayor amenaza. No fue así, porque el curso de la historia humana marca rumbos inesperados; tan pronto se forman peligrosos remolinos en un mar en calma como se disipan por sí mismas turbulencias amenazadoras. La cuestión agraria arrastraba siglos de conflicto y en 1940 no se percibían síntomas de mejoría; un cuarto de siglo más tarde el problema se había resuelto de una vez por todas por cauces inesperados, ligados a las grandes transformaciones que se estaban experimentando en la sociedad occidental. El franquismo triunfante había anulado no sólo las revolucionarias incautaciones de fincas, sino todos los planes de reforma agraria. En su lugar se pusieron en práctica dos medidas acertadas pero de escasa amplitud y de muy lenta aplicación: la concentración parcelaria y la colonización interior.

La concentración parcelaria era un remedio contra el minifundismo y sus perjuicios: terreno perdido en lindes, cuestiones sobre derechos de paso, dificultad de aplicar la mecanización en parcelas minúsculas. Se hizo una labor interesante, aunque de pocos vuelos, se pusieron cataplasmas para no acudir a la cirugía.

El Instituto de Colonización continuó una obra ya iniciada; ahora en mayor escala, utilizando las superficies ganadas para el regadío para crear parcelas demasiado pequeñas en régimen de lotes provistos de viviendas unifamiliares. Los regadíos del Guadiana fueron la más ambiciosa experiencia con resultados muy trompeteados, pero que en el conjunto español sólo representaban un alivio para el problema que representaba el millón de jornaleros del sur de España y otra tanta cantidad de pequeños propietarios que malvivían en todo el ámbito peninsular. La solución llegó por sí misma mediante una combinación de factores inesperados: aumento de la productividad del suelo, posibilidad de migración, ya a los puestos que dentro de España creaban la industria y los servicios en las ciudades, ya en una Europa que necesitaba mano de obra para su reconstrucción. Se abandonaron terrenos poco productivos, recobraron su vocación forestal y ganadera muchas tierras que se habían roturado abusivamente. El censo agrícola, reducido a una cuarta parte, produjo más alimentos en condiciones de trabajo más dignas. El mítico *reparto* de tierras dejó de ser el ideal de una población obrera que, si permanecía en el ámbito rural, quería seguir modos de vida y condiciones de trabajo parecidas a las del obrero urbano.

Frente a la pacificación espontánea del agro, en la industria siempre quedó un rescoldo de las viejas luchas. El régimen intentó, mediante los sindicatos verticales, superar el tradicional enfrentamiento empresario-obrero, pero esto sólo se logró sobre el papel; en el fondo, los intereses seguían siendo distintos. No había problemas de paro, sino de reubicación de la mano de obra, y también un grave problema de capacidad profesional que se quiso resolver con los institutos y universidades laborales. Los focos de inquietud obrera seguían teniendo soterrada virulencia en Cataluña y la cornisa cantábrica; hubo huelgas ilegales (todas las huelgas eran ilegales) en Asturias, Cantabria y País Vasco. Aparte de las reivindicaciones sindicales y salariales existían en esas provincias problemas estructurales muy serios; una gran parte del equipo industrial tenía que ser por completo renovado, y las minas, sobre todo las minas asturianas de hulla, producían pérdidas enormes. Fue en esa zona donde comenzaron su aventura las Comisiones Obreras, unas veces toleradas, otras perseguidas, levadura de un marxismo de nuevo cuño que ya no debía seguir siendo un espantajo para la burguesía. Había un problema obrero, pero planteado en términos muy distintos de los que habían ensangrentado a España en las décadas anteriores.

A ese clima social, no idílico pero tampoco trágico, contribuían el aumento general del nivel de vida, la válvula de seguridad que (con sus dramas personales y familiares) era la emigración, y también la creciente extensión de la Seguridad Social, quizás el aspecto más positivo de aquel régimen. Los primeros pasos se habían dado en los comienzos del siglo: leyes de accidentes de trabajo, reglamentación del trabajo de los menores, descanso dominical, jornadas de cuarenta y ocho horas... La Segunda República poco pudo hacer en su breve y azarosa vida. Lo esencial de la Seguridad Social tal como hoy la conocemos la llevó a cabo José Antonio Girón de Velasco, ministro de Trabajo entre 1941 y 1957; a él se debieron el Seguro de Enfermedad, el Plus de Cargas Familiares, farmacia gratis, la paga de Navidad y otras conquistas. Hay también que señalar la paulatina extensión de los beneficios de la Seguridad Social a los campesinos.

No era mera coincidencia que Girón fuera cesado cuando subió al poder el equipo del Opus Dei. Girón representaba el dirigismo paternalista en que se había convertido la doctrina social de Falange después de ser absorbida por el Estado franquista. Los *opusdeístas* eran una familia político-religiosa de nuevo cuño, de indudable originalidad. Fundada por el beato José María Escrivá de Balaguer, representaba en el siglo XX una innovación que algunos comparan a la que Íñigo de Loyola introdujo en el Catolicismo militante del siglo XVI. No es de extrañar que aquella institución que su fundador tituló la Obra Divina *(Opus Dei)*, recordando el lema de los benedictinos, contara desde el principio con la animadversión de entidades rivales: propagandistas católicos y jesuitas. Pero tuvo desde el principio también altos apoyos. Era una novedad audaz compaginar la vida seglar y la vida religiosa, franquear la zanja que se había ido abriendo entre Iglesia y sociedad. El Papado, que ya había hecho algún experimento con los *curas obreros* y había fracasado, apostó a esta otra carta mucho más elaborada, que no miraba a los obreros, sino a los profesores, los banqueros, los *tecnócratas*. Tarea más fácil, cosecha más lucida. Tanto más cuanto que ofrecía anchurosas perspectivas a los que querían combinar la tarea del obrero que siega la mies del Señor con una posible promoción personal.

España, que no recibió las ayudas del Plan Marshall, restañó las heridas de la guerra con gran lentitud y grandes sacrificios, haciendo amplio uso de la inflación provocada por la continua emisión de billetes del Banco de España. Quizás no había otra alternativa para evitar el colapso, pero la continua inflación, que había reducido el valor adquisitivo de la peseta de 1936 a quince céntimos en 1956, falseaba todos los planes de futuro, dificultaba proyectos a largo plazo, reducía a la miseria a ahorradores de toda la vida e incitaba a gastar rápidamente la ganancia obtenida. Hacia 1957 la combinación de este proceso inflacionista con la rigidez de un sistema económico con alto grado de intervención y los principios de apertura que se colaban por las rendijas desequilibraron la balanza comercial española de tal manera que los asesores financieros de Franco tuvieron que comunicarle que sólo quedaban divisas para tres o cuatro semanas. Entonces, las perpetuas vacilaciones y aplazamientos del dictador tuvieron que decidirse, y como le habían informado de que el Opus Dei tenía un equipo muy competente de financieros, a ellos encomendó la solución del conflicto. Por primera vez entraron representantes de la Obra en el gobierno nombrado en febrero de 1957, y su presencia se incrementó en posteriores remodelaciones ministeriales a costa de otras *familias* del régimen que habitualmente entraban también en la cesta. Pero no deja de ser muy típico del modo de proceder de Franco que en ese ministerio de 1957 que se estrenaba con ciertos aires de modernidad y aperturismo entrara también, como ministro de Información y Turismo (responsable de las publicaciones y espectáculos), Gabriel Arias Salgado, representante de los más pacatos y obtusos criterios en cuanto a ideología y moralidad pública.

El Plan de Estabilización fue un conjunto de medidas de saneamiento monetario tomadas con la cooperación y el consejo de altas autoridades financieras internacionales y que tenían por objeto reducir el déficit público y la inflación, unificar los múltiples cambios exteriores de la peseta, definirla en términos de equivalencia en oro fino y atraer sobre España la confianza y los caudales del exterior. Terminadas estas medidas en 1961 se procedió a elaborar el primero de los Planes de Desarrollo, siguiendo el modelo que por entonces había puesto de moda Francia; su base era promover la industrialización mediante una planificación indicativa que combinaba los estímulos estatales con la iniciativa privada. Deberían también servir los *polos de desarrollo* para ampliar el mapa industrial español y romper el casi monopolio de Cataluña y el País Vasco. La industrialización de Madrid se hizo sin necesidad de un polo específico y alteró la imagen tradicional de una ciudad de burócratas combinándola con otra dotada de un poderoso cinturón industrial que se extiende hasta Guadalajara. Hubo polos que tuvieron franco éxito, como los de Burgos, Huelva y Zaragoza; otros, como el de Sevilla, sólo obtuvieron discretos resultados, y también los hubo que fracasaron sin apelación. No se ha conseguido, por ejemplo, que Extremadura y La Mancha se doten de una modesta infraestructura industrial. Pero, en conjunto, los *polos* contribuyeron a un crecimiento espectacular que bastará ilustrar con un par de ejemplos: la producción de energía eléctrica, que era en 1900 sólo de 128.000.000 kwm, pasó en 1935 a 3.272 millones; quince años después, a pesar de los desastres de la guerra, se había duplicado, 6.916 millones, cifra que se triplica en los diez años siguientes y se vuelve a triplicar en la siguiente década. En 1975 se alcanzaron los 82.000 millones y ya la electrificación había llegado a los rincones más apartados del país modificando todos los hábitos y condiciones de vida. Candilejas, velones, quinqués y velas de sebo pasaron a ser objetos de museo.

El otro indicador elegido es de alcance sociológico más restringido, pero mide mejor la amplitud de la industrialización: la producción de acero, limitada casi a los viejos Altos Hornos de Bilbao, alcanzó con gran dificultad el millón de toneladas durante la dictadura de Primo de Rivera. Este tope no se volvió a recuperar hasta mediados de los años cincuenta, pero en 1970 ya se habían sobrepasado los siete millones y en 1975 los once millones, uno de los más altos del mundo.

Tras la frialdad de estas cifras adivinamos cambios inmensos: con esa riada de acero se fabrican barcos y coches en cantidades antes impensables; se posibilita la fuerte demanda de obras públicas y se hace posible también un incremento en la construcción de viviendas que supera todas las previsiones porque el español no sólo aspira a tener vivienda en propiedad, sino que la clase media, cada vez en mayores proporciones, quiere tener una segunda vivienda. En industrias tradicionales, por ejemplo, las textiles, los incrementos son mucho menores, pero es interesante anotar el ascenso espectacular de la industria editorial española, hoy una de las mayores de Europa.

La financiación necesaria llegó por varios conductos: las remesas de emigrantes crecieron hasta las turbulencias económicas de fines de los años sesenta; en cambio, el crecimiento del turismo no se detuvo y, aunque era un turismo barato, la oferta española era tan variada que llegó a competir con la francesa y la italiana. El tercer factor fue la entrada de capital extranjero, atraído por la estabilidad política y social, las perspectivas de crecimiento de un país poco desarrollado y la posibilidad de contar con una base de penetración en la Unión Europea mediante la implantación en un país cuya integración se adivinaba próxima.

No se consiguió este crecimiento sin contrapartidas pesadas: desplazamiento de grandes masas de población, rupturas familiares, abandono de muchas pequeñas entidades de población, salarios más bajos que en el resto de Europa, destrucciones medioambientales favorecidas por la especulación y la escasa sensibilidad hacia un ecologismo todavía muy poco desarrollado, y no se trataba sólo de paisajes naturales dañados o destruidos, sino de cascos urbanos que en veinte años sufrieron más daños que en los siglos precedentes. También aquí la unión entre desarrollo económico y corrupción fue característica de la época, de todas las épocas de dinero fácil y escasos controles administrativos. Quiebras como la de SOFICO, *affaires* como el de MATESA, forman también parte del panorama del franquismo final.

Las transformaciones en el mundo rural fueron también profundas, hasta el punto de que técnicas milenarias, enseres y aperos de uso corriente quedaron convertidos en piezas de museo cuyo uso había que explicar a los visitantes. Los planificadores no estaban inclinados a invertir grandes sumas en la mejora del agro, sobre todo en grandes obras de regadío, porque la rentabilidad que podía obtenerse de esas inversiones no podía ser tan grande ni tan rápida como en los proyectos industriales, pero el gobierno insistió, acertadamente, en llevarlas a cabo por motivos sociales, para crear una riqueza más estable que la industrial o la de servicios, para redimir tierras sedientas, para frenar la despoblación rural, y esos fines se han alcanzado en gran medida, aunque no con el mismo éxito; los regadíos de Aragón y Extremadura no han dado de sí todo lo que se esperaba; patético es el caso de Aragón, donde la mitad de toda la población está concentrada en la capital. Pero hay también resultados brillantes; el trasvase Tajo-Segura, aunque no haya alcanzado las metas soñadas, ha enriquecido mucho el conjunto de la región murciana; las perforaciones realizadas en el sureste de Almería han permitido captar unos caudales de aguas subterráneas que antes se perdían en el mar y hoy sirven de base a una gran riqueza hortofrutícola. Los kilómetros y kilómetros de plásticos no forman un paisaje agradable, pero gracias a ellos Almería ya no es la cenicienta de España. En total se riegan hoy tres millones y medio de hectáreas, y ese 7 por ciento de la superficie nacional produce, sin los sobresaltos meteorológicos propios del secano, más de la mitad de toda la producción agraria.

Estos cambios materiales han ido acompañados de otros de todo orden; puede afirmarse que las transformaciones experimentadas en las décadas de los sesenta y setenta no tienen igual en toda nuestra milenaria historia, y eso podrá apreciarse cada vez con más claridad con la perspectiva que da la lejanía.

No sabemos si el régimen franquista hubiera podido sobrevivir a su fundador en una época de cambios menos dramáticos. Es dudoso por el carácter muy personal de aquel régimen. Franco no consintió que se edificase un verdadero poder fuera del suyo. En los consejos de ministros se debatían problemas administrativos, nunca políticos; las cortes, el Consejo Nacional del Movimiento, eran instituciones de pura fachada; las elecciones y plebiscitos fueron, sin excepción, trucados, incluso sabiendo que podrían ganarse dejando que el pueblo se manifestara en libertad. Y esa actitud se mantuvo hasta el fin. Recuerdo una elección a concejales en la que todos los candidatos eran adictos al Movimiento. Ningún riesgo había en que se votara libremente; sin embargo, al empezar el escrutinio llegó un emisario del gobierno civil con las actas ya redactadas. El que las llevaba había sido alumno mío, se turbó un poco al verme y dijo: «Don Antonio, esto hay que hacerlo así porque si no, ya sabe usted, vienen los comunistas...». La verdadera razón era que en una elección libre quizás ganaría el gobierno, pero entrarían representantes de la oposición, y eso no lo consiente una dictadura.

El comunismo servía de espantajo, pero los enemigos más peligrosos del régimen eran otros. El ejército, principal apoyo, era un bloque sin fisuras, pero la Iglesia, otro presunto baluarte, empezó a tambalearse; la protesta obrera creció mucho por unos cambios en los que pagaba parte de la factura del enriquecimiento con liberalizaciones y recortes salariales; reaparecían los nacionalismos periféricos y existía la posibilidad de que la gran masa neutra que venía apoyando al régimen por inercia, por temor a cambios bruscos, a revivir dramas pasados, efectuara un lento viraje. Había también que tener en cuenta otros factores, incluyendo los exteriores, que cada vez cobraban más fuerza. Analizar el peso respectivo de cada uno en los orígenes del Gran Viraje es tarea tan apasionante como compleja por la naturaleza diversa de esos factores y las interacciones producidas, como en una complicada reacción química.

El concordato representó el punto culminante de la colaboración entre la Iglesia y el régimen en beneficio mutuo. «¡A mí écheme usted obispos!», decía un orondo director general a quienes acudían en solicitud de alguna prebenda. Era fuerte baza la recomendación de un obispo. La fachada exterior del edificio eclesial español era deslumbrante. Una mirada crítica al interior infundía menos optimismo; se enseñaba mucha teología, pero, con pocas excepciones, se alimentaba del tomismo tradicional. Los teólogos renovadores (Congar, Rahner, Teilhard de Chardin) eran ignorados o mirados con desconfianza. La falta de comunicación se reveló en el desconcierto que al episcopado español produjo desde un principio el rumbo del Vaticano II. Casi todos los obispos españoles formaron parte de lo que Pablo VI, aplicando un poco de vaselina a la escocedura, llamó *«gloriosa minoritas»*, los 200 obispos (entre más de mil) que votaron contra el decreto de libertad religiosa.

La Iglesia española acató el nuevo rumbo que marcaba el Concilio, pero en su seno se agravaron las tensiones hasta formar dos bloques bien definidos: los que aceptaban sin reservas el nuevo espíritu y los que lo acataban a regañadientes y con brotes de insubordinación. Dentro de la Conferencia Episcopal, organismo colegial recién creado, el arzobispo de Toledo, Enrique Tarancón, representaba la primera tendencia, y el obispo de Cuenca, Guerra Campos, la segunda. La cuestión tenía repercusiones políticas evidentes, porque el grupo tradicional o inmovilista permanecía dentro de la atmósfera del franquismo, mientras en el innovador se le pedía al régimen una reconversión como la que había efectuado la Iglesia, tomando como norte la libertad y el respeto a los derechos humanos. Cada uno de estos dos sectores segregó unos grupúsculos extremistas: del sector integrista salieron, por ejemplo, los *Guerrilleros de Cristo Rey;* del aperturista, grupos afines o proclives al marxismo. Y en otros rumbos, mezclando las nuevas rutas eclesiales con los reverdecidos nacionalismos aparecían los curas y frailes vascos simpatizantes e incluso colaboradores con ETA, y en Cataluña las actividades de Escarré, abad de Montserrat, o las manifestaciones de curas reclamando democracia en Barcelona, vapuleados por la policía, espectáculo de muy subido color e inédito en España.

Para Franco y sus colaboradores estas actitudes de sectores numerosos del clero español eran traicioneras. El almirante Carrero incluso tuvo el gesto, muy poco elegante, de recordar a la Iglesia los favores y el dinero recibidos de Franco. Roma se esforzaba por aplacar los ánimos. Pablo VI, precisamente porque siendo arzobispo de Milán había tenido roces con Franco, se esforzó por dar pruebas de buena voluntad, pero había una demanda a la que no podía renunciar, porque estaba dentro de la doctrina conciliar. Pidió a Franco que renunciara a la presentación de obispos. Ante la negativa recurrió a una añagaza hábil pero que habría sido más convincente si hubiera ido acompañada de la renuncia a los privilegios concordatarios: dejó de nombrar obispos titulares y nombró para ocupar las vacantes obispos auxiliares, sobre los que el concordato no decía nada.

Estas disensiones hirieron profundamente a un Franco que ya estaba en franco declive físico y mental. Nunca fue muy receptivo a influencias exteriores; percibía los cambios que se operaban en su entorno pero no comprendía su raíz ni asumía sus consecuencias. El núcleo duro de Falange permanecía también vigilante, desconfiado, impermeable. Se había confiado en que la apertura económica facilitaría una moderada apertura política, y algo se avanzaba en este sentido pero muy poco. En 1962, el año en que se inauguró el Concilio, el año en que se puso en ejecución el primer plan de desarrollo, los medios oficiales de comunicación organizaron un escándalo fenomenal porque representantes de las fuerzas democráticas del interior habían acudido a un congreso en Múnich; hubo sanciones contra los personajes implicados y en la prensa del Movimiento volvió a declamarse hasta la saciedad contra el «contubernio de Múnich», versión actualizada del famoso «contubernio judeo-masónico».

Sin embargo, aunque con grandes cautelas y retrasos se registraban avances; don Manuel Fraga consiguió sacar adelante una Ley de Prensa que suprimía la censura previa, aunque el gobierno conservaba otros medios de control, como pudo comprobar Antonio Fontán cuando se clausuró su periódico *Madrid,* por una alusión a la conveniencia de que los gobernantes, como había hecho De Gaulle, «se retiraran a tiempo». Avance era también la promulgación de una Ley Orgánica del Estado que separaba las presidencias del Estado y del gobierno y preveía la constitución de unas asociaciones políticas (se quería evitar a todo trance el nombre de partidos) sobre cuya naturaleza se discutió largo tiempo sin llegar a ningún resultado.

La lentitud de los cambios resultaba preocupante porque, como queda dicho, la decadencia vital de Franco era cada día más evidente y urgía buscar un sucesor. Había que llevar a la práctica la solución monárquica prevista desde muchos años atrás nombrando la persona en quien recaería la Corona de España. Descartado un pretendiente carlista de la rama de los Borbón Parma, descartado también por el veto de Franco don Juan a causa de sus veleidades liberales, el camino quedaba expedito para el príncipe don Juan Carlos, designado heredero de la jefatura del Estado el 22 de julio de 1969 como fruto de intensas presiones de dos personas que tenían directo acceso a Franco: el almirante Carrero y el ministro López Rodó, personalidad relevante del Opus Dei.

Pero todavía quedaban seis años de gobierno de un Caudillo senil, que se resistía a dejar el poder, aun después de que una grave enfermedad le obligara a ceder temporalmente su ejercicio. Fueron seis años pródigos en acontecimientos; no se interrumpió el crecimiento; seguían inaugurándose pantanos y hoteles; la afluencia de la juventud a las aulas universitarias se hacía masiva, desbordaba todas las previsiones. Al mismo tiempo se precisaba la actividad de ETA en el País Vasco con rasgos cada vez más sangrientos, y en el panorama internacional la presión descolonizadora obligó a renunciar a los últimos vestigios del que fue el mayor imperio colonial del mundo. La descolonización de Guinea Ecuatorial se hizo en las peores condiciones posibles; aquel gobierno tan diestro en manipular las elecciones en la metrópoli fue incapaz de lograr que el destino de Guinea recayera, por vías aparentemente legales, en un tirano sanguinario. El abandono de la zona norte de Marruecos fue consecuencia inevitable de la renuncia de Francia al protectorado; pero el acto final del drama, la Marcha Verde sobre el Sahara, tuvo un desenlace tan adverso para los presuntos liberados como poco gallardo para España. Para Franco, tan identificado con la presencia de España en Marruecos, el abandono de aquellos territorios, por el hecho en sí y por las circunstancias que lo rodearon, fue el más amargo trance que se podía imaginar como colofón a cuarenta y un años de ejercicio de un poder sin límites.

Franco murió, tras larga y penosa agonía, el 20 de noviembre de 1975. Había gobernado durante un tiempo suficientemente largo como para que a la generación que sufrió directamente las consecuencias de la guerra sucediere otra que conocía aquellos terribles hechos por relatos, no por vivencias personales. La diferencia es muy grande. Por eso, en aquel otoño había recelo en ciertos sectores, expectación en otros, pero tranquilidad en la masa. Se cumplían las previsiones sucesorias: la proclamación de don Juan Carlos y doña Sofía no fue acogida con grandes manifestaciones de júbilo porque durante muchísimos años la organización de Prensa y Propaganda había extendido sobre ellos y la institución que encarnan un velo de silencio no exento de insinuaciones malévolas. El sentimiento monárquico estaba maltrecho; los soberanos se aplicaron a restaurarlo con su conducta ejemplar. La primera fase de aquel reinado corresponde a lo que suele llamarse la Transición, una de las más originales e interesantes etapas de nuestra historia; ha suscitado estudios numerosos, muchos testimonios de admiración y se le ha considerado como modelo a imitar por los países que quieren realizar de modo pacífico el difícil paso de una situación dictatorial a otra de normalidad democrática. No todas las imitaciones han sido felices; España se benefició de unas circunstancias internacionales favorables y de un deseo muy extendido de evitar los errores y tragedias del pasado, porque «de los escarmentados salen los avisados». Si consideramos como fin de la Transición la aprobación por referéndum de la Constitución de 1978 que nos rige, fueron tres años, con una primera fase de ambigüedad e inmovilismo correspondiente al gobierno de Arias Navarro, seguida de otra plena de cambios fundamentales bajo el liderazgo de Adolfo Suárez. Fue en este momento cuando no pocos de los que habían intervenido en la primera fase de la transición (incluido Fernández Miranda) se llamaron a engaño al comprobar que el cambio era mucho más radical de lo que habían previsto, y este estado de espíritu de una minoría decepcionada explica el fallido golpe del 23-F.

Este interesantísimo período se sitúa entre la auténtica historia, completa y madura, y aquellos otros tiempos más recientes en los que la historia se mezcla con el reportaje más o menos sólido. Para una visión adecuada de los últimos veinte años, tan ricos en acontecimientos de toda índole, faltan aún documentos, faltan testimonios y falta, sobre todo, perspectiva. Pero tenemos ya la intuición del papel decisivo que representan para el ser de España y sus moradores, para su papel histórico de mediadora entre los pueblos que la integran y esa otra unidad superior que es el mundo occidental al que pertenecemos, estas etapas finales del milenio.

Índice de nombres

Este libro, «España, tres milenios de historia», fue escrito por Antonio Domínguez Ortiz (1909-2003), uno de los más importantes historiadores españoles del siglo xx, docente en varios centros de enseñanza media, miembro de la Real Academia de la Historia, *doctor honoris causa* por numerosas universidades y Premio Príncipe de Asturias de Ciencias Sociales en 1982.

Impreso en Madrid
2010